엔터테인먼트 사이언스 III

엔터테인먼트
통합 마케팅

First published in English under the title
Entertainment Science: Data Analytics and Practical Theory for Movies, Games, Books, and Music
by Thorsten Hennig-Thurau and Mark B. Houston, edition: 1

ENTERTAINMENT SCIENCE

Data Analytics and Practical Theory for Movies, Games, Books and Music

엔터테인먼트 사이언스 III

엔터테인먼트
통합 마케팅

토르스텐 헤니그-투라우(Thorsten Hennig-Thurau) · 마크 B. 휴스턴(Mark B. Houston) 지음

이청기 · 김정섭 · 조영인 · 조희영 · 박정은 · 이규탁 · 이은혜 옮김

한울
아카데미

옮긴이의 글

'누가 감히 앞날을 점칠 수 있나요?(Who dares to predict the future?)' 또는 '어떻게 될지 아무도 몰라요(Nobody knows anything)'. 이 말들은 다른 곳에도 더러 통용되겠지만 엔터테인먼트 분야에서 보다 확실하게 소구되는 불문율과 같은 통설입니다. 한국 시간으로 2021년 4월 26일 새벽 일흔네 살의 대한민국 배우 윤여정은 영화 〈미나리〉로 제93회 미국 아카데미상 여우조연상을 수상해 세계를 놀라게 한 것은 물론 국내에서도 코로나19 팬데믹에 찌든 '우울한 봄' 분위기를 단숨에 날려 버렸습니다.

차디찬 죽은 땅에서 미려한 라일락을 꽃피우듯이 강인한 생명이 움트는 봄날이 너무 아름다워 역설적으로 '4월은 잔인한 달(April is the cruellest month)'이라 했던 영국 시인 T. S. 엘리엇의 명시 「황무지(The Waste Land)」의 주조(主調)와 상통할 정도였습니다. 윤여정이 수상 직후 〈미나리〉의 공동제작사인 플랜B의 대표이자 유명 배우 '브래드 피트'에게 그간의 아쉬움을 따지듯 던진 위트 있는 수상 소감은 앞서 제시한 불문율처럼 엔터테인먼트 콘텐츠의 운명을 역설적으로 보여 주었습니다.

윤여정의 소감은 22억 원에 불과했던 〈미나리〉의 제작비를 좀 더 많이 투자했어야 하지 않느냐는 마음속 묻어 둔 이야기를 다소 직설적으로 토로한 것이지만, 역설적으로는 브래드 피트가 〈미나리〉의 히트를 전혀 예감하지 못했다는 방증이기도 합니다. 엔터테인먼트는 그래서 '서프라이즈 비즈니스'입니다. 할리우드에서 웬만한 상업영화의 제작비가 편당 수백억 원에 달하는 실정에서 아무리 독립영화라 해도 22억 원이라는 제작비는 그 규모가 너무 작았다고 평할 수 있습니다. 그러나 히트를 예감했다면 누구라도 보다 많은 투자를 했을 것입니다. 정반대의 입장에서 보면 22억 원이라는 적은 금액을 투자하고서도 영화가 아카데미 상도 받고 국제적인 관심을 끌어 예상하지 못한 수익도 거두게 되었으니 수익률 면에서는 '초대박'인 것입니다.

할리우드나 충무로에서는 마찬가지로 많은 제작비를 투자했어도 흥행에 이르지 못하는 사례가 부지기수입니다. 독립영화나 단편영화가 의외의 화제를 불러일으켜 관객몰이를 하기도 하지만 제작비 투자 유치와 마케팅, 홍보에 많은 공을 들인 상업영화라도 극장에 걸지도 못하는 경우가 많습니다. 그런 현실에서 〈미나리〉의 성공 사례는 엔터테인먼트 상품 성패의 불가측성과 서프라이즈 효과를 적확하게 설명해 주는 사례였습니다. 이는 엔터테인먼트 산업 종사자와 연구자들에게도 뜨거운 연구거리를 제공했습니다.

한국에서도 아이돌 그룹 방탄소년단(BTS)과 그 소속사 하이브(옛 빅히트엔터테인먼트)의 성공 사례는 미국 하버드 경영대학에서도 발 빠르게 한국에 찾아와 회사 관계자들을 인터뷰하고 경영 성과를 분석한 뒤 ≪하버드 비즈니스 리뷰≫에 "Big Hit Entertainment and BTS: K-Pop Reaches for a Global Breakthrough"와 "Big Hit Entertainment and Blockbuster Band BTS: K-Pop Goes Global" 등과 같은 연구 논문을 내놓을 만큼 세계적인 관심을 끌었습니다. 그만큼 이들의 성공은 불가측성과 의외성이 뚜렷했기 때문입니다. 미국, 영국 같은 주류 음악 시장에서 볼 경우 시장 규모가 작은 나라인 한국의 아이돌 그룹이 세계 음악 시장을 석권한 것부터가 너무 낯설고 놀라운 이슈였을 것입니다.

하이브는 2012년 최초의 아이돌 그룹 '글램'을 내놓았지만 안착에는 실패한 데다 추가 투자를 받지 못해 존폐 위기에 내몰렸기에 그때의 상황에서 보면 누구도 성공을 예상하지 못했을 것입니다. 이때 투자 회사 SV인베스트먼트는 BTS도 없던 시절 이 회사의 가능성을 믿고 40억 원을 투자했습니다. 하이브의 입장에서는 매우 어렵게 설득해 투자를 받은 것입니다. 이렇게 결성된 7인조 BTS는 선한 영향력의 전파를 목표로 신세대를 대변하는 노랫말과 세계 음악의 유행성과 한국 문화의 고유성을 결합한 멜로디와 안무를 창출해 선보이고, '참여형 아이돌' 콘셉트로 레거시 미디어에 의존하지 않고 동참 촉진형 소셜 미디어 전략을 구사해 아미(ARMY)라는 충성도 높은 팬클럽의 지원을 받아 글로벌 스타로 우뚝 섰습니다. BTS가 대히트한 덕분에 투자사인 SV인베스트먼트도 2018년 1088억 원을 회수하며 원금 대비 27.2배의 투자 수익을 거두었습니다. 성공 운명의 동반자였던 것입니다.

하이브는 세계 음악 시장의 제패라는 일단의 성과에 그치지 않고 음악적 영향력의 수명과 기세를 더욱 지속 및 확장하기 위해 최근 미국의 스쿠터 브라운이 설립한 아타카홀딩스를 10억 5000만 달러에 인수해 세계 1위의 기획사로 위상을 확보했습니다. 아타카홀딩스는 음악 관련 매니지먼트와 영화·TV를 아우르는 종합 미디어 지주회사로서 아리아나 그란데, 저스틴 비버, 제이 발빈, 데미 로바토 등 세계적인 팝 스타가 소속된 레이블 그룹을 산하에 두고 있기에 하이브의 목표인 음악 산업 혁신, 선한 영향력의 실천, 삶의 변화 추동 등을 실현하며 현재의 운명을 더욱 빛나게 증강하려는 구상을 실행한 것입니다.

이렇듯 〈미나리〉와 BTS의 성공은 대중문화의 힘이 세상을 크게 바꾸는 '컬처 파워 시대' 엔터테인먼트 경제학과 경영학의 규범과 원리를 잘 설명해 주는 대표 사례입니다. '하이 리스크 하이 리턴(high risk, high return)'의 메커니즘이 작동하는 엔터테인먼트 상품은 일반 상품의 운명이나 가치 사슬 특성과 전혀 다른 경우가 많습니다. 따라서 엔터테인먼트 산업 경영자와 투자자들은 제작비를 어느 정도 쏟을 것인지, 어떻게 상품을 기획하고, 제작 팀의 창의성이 어떻게 발휘되게 할 것인지 특별히 심사숙고할 수밖에 없습니다. 연구자들도 이 과정과 결과를 예민하게 주시하며 경험적·이론적·통계적 산물의 탐색과 도출에 관심을 보이고 있습니다.

이 책은 원제가 '엔터테인먼트 사이언스(Entertainment Science)'로서 엔터테인먼트 산업 경영자들은 물론 학자, 연구자들의 고민을 해결해 주는 데 큰 보탬이 되는 학술서입니다. 따라서 한국엔터테인먼트산업학회에서 활동하며 인연이 된 학자 7명이 마음을 모아 2020년부터 방대한 번역 작업에 나서 책이 나오게 되었습니다. 엔터테인먼트 분야에서 실무 경험이 많은 현장 전문가 출신과 아티스트 출신 학자들이 대거 참여함으로써 실무와 이론, 산업 현장과 학계의 괴리를 최대한 줄이는 이해도와 통찰력이 높은 번역서를 출간하려 한 것이 특징입니다.

구체적으로 번역 작업에는 KBS 콘텐츠전략팀장, KBS 미디어텍과 KBS 아트비전의 이사, e-KBS 대표 등을 지낸 이청기 KBS공영미디어연구소 연구위원, ≪경향신문≫ 문화부 기자 출신으로 현장 경험과 연구 경험이 조화된 엔터테인먼트 산업 전문가인 성신여대 김정섭 교수, 한국무용가이자 배우, 안무가 출신으로 동국대·추계예술대 강사이자 한국문화예술연구소장을 맡고 있는 조영인 박사, 한국영화아카데미 프로듀싱 과정을 나와 CJ CGV, CJ ENM, 타임와이즈인베스트먼트 등에서 영화·문화 콘텐츠 투자·유통 분야의 풍부한 실무 경험을 쌓은 바 있는 영화 산업 전문가 중앙대 조희영 교수, 클래식과 전자 바이올린 연주를 오가는 크로스오버 바이올리니스트 출신으로 실용음악 및 음악교육 전문가인 경희사이버대 박정은 교수, 케이 팝(K-pop)과 대중음악 전문가로 이름이 높은 한국조지메이슨대 이규탁 교수, 미국 브로드웨이와 한국에서 뮤지컬 주연배우로 활동한 뮤지컬 보컬 실기, 작품 분석, 공연 등 뮤지컬 전문가인 동국대 이은혜 교수가 각각 참여했습니다.

이 책을 공들여 번역하여 한국의 지식사회에 널리 보급하기로 한 것은 전적으로 이 책이 갖는 독보적인 특성과 매력 때문입니다. 이 책은 첫째, 가장 현대적인 관점에서 미국과 유럽 지역의 연구 실적 및 통찰력을 결합하여 다양한 장르의 엔터테인먼트 상품의 성공 법칙을 경험적·이론적·통계적으로 통합 분석 및 도출하여 제시했고, 둘째, 기획·투자-제작-배급·유통-이용 등 가치 사슬 전 과정에서 적용되어야 할 이론, 법칙, 전략을 일목요연하게 제시해 실용적 가치가 높습니다. 한마디로 엔터테인먼트 상품이 갖는 흥행과 실패의 불가측성에 특히 주목하여 이를 해소하기 위한 수단으로 강력한 실무 경험, 정교한 이론, 이를 뒷받침하는 방대한 데이터의 통계 분석을 동원한 것입니다. 위험은 가능한 한 축소하고 기대는 더욱더 높이려는 관점에서 이 책의 독자가 될 경우 남다른 과학적인 통찰과 혜안을 얻어 엔터테인먼트 비즈니스 예측력을 강화하도록 고려했습니다.

이 책의 저자인 토르스텐 헤니그-투라우와 마크 B. 휴스턴 교수는 각각 독일과 미국의 엔터테인먼트 산업·경제학 전문가로 이름이 높습니다. 토르스텐 헤니그-투라우는 독일의 저명 경제학자로 주로 미디어·영화·소셜미디어 경제, 관계 마케팅을 연구했으며, 현재 뮌스터대 마케팅 센터 마케팅·미디어 연구위원회 의장을 맡고 있습니다. 마크 B. 휴스턴은 미국의 마케팅 학자로 주로 채널·영화 마케팅 및 혁신 전략을 연구했으며 현재 텍사스크리스천대(TCU) 닐리비즈니스 스쿨 마케팅학과 교수로 일하고 있습니다. 이 두 사람은 학계의 관련 논문과 연구 사례를 집대성하고, 관련

업계 전문가들에 대한 인터뷰와 그들이 제공하는 산업 현장의 살아 있는 데이터를 축적해 이를 바탕으로 이 책을 저술했기에 활용 가치가 매우 높습니다.

이 책은 원서의 경우 단권이지만 분량이 방대하여 총 3권으로 나누어 I~III권 시리즈로 구성했습니다. I권은 6개 장으로 구성했습니다. 1장은 '어떻게 될지 아무도 몰라요'라는 통설은 잊어라: 이제는 엔터테인먼트 사이언스의 시간이다'라는 제목에 따라 이 경구가 엔터테인먼트 사이언스가 산업의 새로운 불문율이 되어야 하는 이유를 설명하고 책의 내용 및 책 전반에 걸친 주요 용어들을 간략히 풀이했습니다.

2장은 경영·경제학의 관점에서 엔터테인먼트의 기본 원리를 다루었습니다. 3장은 엔터테인먼트 상품이 독특한 이유, 즉 주요 특성을, 4장은 엔터테인먼트 시장이 독특한 이유를 각각 분석했습니다. 5장은 엔터테인먼트 상품의 필수적 비즈니스 모델로서 가치를 창출하고 돈을 버는 것에 관해, 6장은 엔터테인먼트의 소비 측면에 관해 각각 서술했습니다.

II권은 엔터테인먼트 상품의 히트를 결정하는 요소를 4P(Product, Promotion, Place, Price) 관점에서 III권과 더불어 기술했습니다. 그중 II권은 상품(Product)에 대해 II권 전체를 통해 깊이 있게 다루었으며, III권에서는 나머지 3P(Promotion, Place, Price)를 서술했습니다. 먼저 II권의 1장은 엔터테인먼트 상품 결정 중 위대한 엔터테인먼트에 필요한 스토리 등 경험 품질에 대해, 2장은 기술, 장르 등 상품의 탐색 품질 등에 대해 각각 다루었습니다. 3장은 엔터테인먼트 상품 결정 중 품질 지표로서의 브랜드를, 4장은 성공적인 새로운 엔터테인먼트 상품을 개발하는 방법을 각각 제시했습니다.

III권은 4P 중 나머지 3P(Promotion, Place, Price)와 함께 엔터테인먼트 통합 마케팅 전략을 다루었습니다. 1장은 엔터테인먼트 커뮤니케이션 결정 대상 가운데 유료 채널인 '페이드 채널(paid channel)'과 소유 채널인 '온드 채널

(owned channel)'을 각각 상술했습니다. 2장은 엔터테인먼트 커뮤니케이션 결정 대상 가운데 입소문 등의 평가형 채널인 '언드 채널(earned channel)'을 소개했습니다. 3장은 엔터테인먼트의 유통(배급) 과정을 다루는 엔터테인먼트 유통 결정 메커니즘을, 4장은 엔터테인먼트 가격 결정 전략을 각각 다루었습니다. 마지막으로 5장은 엔터테인먼트 상품과 커뮤니케이션, 유통, 가격 결정을 조합해 엔터테인먼트 상품의 가치를 높이고 소비를 촉진하는 통합 마케팅을 다루면서 블록버스터와 틈새 상품에 관해서도 상술했습니다.

옮긴이들 모두는 모쪼록 이 책이 출간되어 학생들은 물론 엔터테인먼트 산업과 학계 종사자들이 관련 지식과 실무의 지평을 넓히는 데 큰 도움이 되었으면 하는 바람을 갖고 있습니다. 번역 작업에 혼신을 다한 옮긴이들은 한 팀을 이루어 번역에 동참한 인연을 평생 소중히 여기며 지난 1년간 고역스러운 작업을 해낸 것에 대해 서로 위로하고 감사의 뜻을 표했습니다. 기획과 편집을 위해 수고한 한울엠플러스(주)의 김종수 사장, 윤순현 실장, 배소영 팀장 등 출판사 관계자들에게도 깊은 감사를 표합니다. 많은 독자들에게, 특히 학생, 연구자들과 산업 관계자들에게 유용한 책이 되기를 소망합니다. 독자 분들에게는 특별히 깊은 감사의 마음을 전합니다. 이 책과 인연을 함께한 지은이, 옮긴이, 출판인, 유통인, 판매인, 독자, 응원자, 출판 담당 기자 등 모든 분의 행복을 기원합니다.

2021년 6월 15일

옮긴이 일동

엔터테인먼트 사이언스 III — 엔터테인먼트 통합 마케팅

엔터테인먼트 사이언스 I — 엔터테인먼트 경영·경제학

1장 '어떻게 될지 아무도 몰라요'라는 통설은 잊어라: 이제는 엔터테인먼트 사이언스의 시간이다!
1부 상품, 시장, 소비자: 엔터테인먼트 경영·경제학
2장 엔터테인먼트의 기본 원리
3장 엔터테인먼트 상품이 독특한 이유: 주요 특성
4장 엔터테인먼트 시장이 독특한 이유: 주요 특성
5장 가치 창출, 수익 창출: 엔터테인먼트 상품의 필수 비즈니스 모델
6장 엔터테인먼트의 소비 측면

엔터테인먼트 사이언스 II — 엔터테인먼트 상품 경영론

2부 엔터테인먼트 경영과 마케팅: 무엇이 엔터테인먼트 상품을 히트하게 만드는가?
1장 엔터테인먼트 상품 결정 1: 엔터테인먼트 경험 품질
2장 엔터테인먼트 상품 결정 2: 탐색 품질과 브랜드 아닌 지표
3장 엔터테인먼트 상품 결정 3: 품질 지표로서의 브랜드
4장 엔터테인먼트 상품 결정 4: 성공적인 새로운 엔터테인먼트 상품 개발 방법

서문

영화, 게임, 책, 음악을 통해 수십억 명의 사람들에게 영감을 불어넣는 엔터테인먼트 산업의 특징은 종종 '어떻게 될지 아무도 몰라요'라는 통설로 대변됩니다. 전설적인 시나리오 작가 윌리엄 골드먼(William Goldman)에 의해 30여 년 전 처음 등장한 이 발언에 따르면 엔터테인먼트 상품의 생존과 성공은 그저 경영적 직관과 본능에 달려 있으며 엔터테인먼트 상품을 위한 경제적 규칙이나 법칙은 존재할 수 없습니다.

골드먼의 발언은 새로운 영화나 비디오 게임 단 한 편의 제작과 마케팅에만 통상 1억 달러 이상이 소요되고 때로는 5억 달러까지도 달하는 최근 엔터테인먼트 업계의 예산 규모와 현저히 상충합니다. 이 책에서는 엔터테인먼트 사이언스를 하나의 대안으로서, 더욱 시의적절하게는 하나의 패러다임으로서 소개합니다. 거의 무제한의 데이터와 컴퓨터 파워의 시대에 엔터테인먼트 사이언스의 스마트 애널리틱스와 강력한 이론은 의사결정자들에게 귀중한 통찰력을 제공할 수 있을 것입니다. 골드먼의 발언을 폐기하려는 우리의 목표가 창의성과 직관을 폐기하려는 욕망과 혼동되어서는 안 됩니다. 엔터테인먼트 사이언스는 데이터 분석과 이론을 창의성이나 직관 같은 기본적 기술을 대체하는 것이 아니라 보완적인 자원으로 여깁니다.

이 책은 마케팅, 경제학 등 다양한 분야의 학자들이 엔터테인먼트의 성공이나 실패 요인에 대해 축적한 지식을 체계적으로 탐구해 제공합니다. 엔터테인먼트 상품을 관리하고 업계의 진로를 결정하는 많은 사람이 이러한 지식을 모른 채 지나쳐 왔습니다. 그러나 대부분의 연구가 엔터테인먼트 비즈니스의 특정 영역만 고립적으로 다루고 있어 해당 지식과 관련해 통합성 부족의 문제도 제기되어 왔습니다.

이 책의 주요 공헌은 엔터테인먼트 산업에 대한 35년 이상의 고품질 학술 연구를 담은 독특한 금고를 열어 미래 및 현재 의사 결정자들이 접근할 수 있도록 한다는 것입니다. 다시 말해, 우리는 할리우드의 실용적인 기술을 하버드, UCLA, 와튼, TCU(텍사스크리스천대) 및 뮌스터대—학자들이 엔터테인먼트 사이언스의 발전에 이바지한 전 세계 여러 곳 중 극히 일부만 언급한다면—의 지적 능력과 연결합니다. 그러나 우리의 목표는 훨씬 더 야심 찹니다. 우리는 엔터테인먼트 산업에서 '좋은' 마케팅 및 관리란 어떻게 정의되는가에 대한 포괄적인 접근 방식을 독자들에게 제공하고자 하며, 이를 위해서는 많은 다양한 연구를 잘 짜 맞춰진 퍼즐처럼 통합해야만 합니다. 이러한 통합적 성질이 이 책을 이론 구축 자체에 대한 시도로 만듭니다. 전반적으로 이 책은 무엇이 엔터테인먼트 상품을 성공으로 이끌며, 어떤 것들이 엔터테인먼트로서는 실패하는가에 대한 설명을 핵심으로 하는 엔터테인먼트 사이언스 이론의 첫 번째 초안으로 간주할 수 있습니다. 이 이론은 많은 틈과 공백이 남아 있는 이론이며, 일부 영역은 다른 영역보다 더 강력한 주장, 풍부한 데이터 및 더 엄격한 통계 방법으로 뒷받침됩니다. 그러나 이 계속 발전되는 특성은 모든 종류의 이론에서 전형적이며, 그러기에 이론이란 태생적으로 확고하거나 최종적인 경우가 드뭅니다.

엔터테인먼트 사이언스(책과 이론)의 핵심은 확률론적 세계관입니다. 이 책은 종종 묵과되었으나 골드먼 발언의 근간이 되어 온 결정론적 관점을, 엔터테인먼트 산업에서의 성공은 결정론을 따르는 것이 아니라 오로지 확률적이라는 주장으로 대체합니다. 새로운 엔터테인먼트 상품이 시장에서 성공할 것인가에 대해 누구도 확신할 수는 없다는 골드먼의 신봉자들도 옳지만, 이 책에 포함된 산업 메커니즘, 소비자 패턴 및 마케팅 도구에 대한 통찰력을 모든 경영자가 가슴에 담아 둔다면 다음번에는 성공 확률을 높일 수 있습니다.

학자들이 영화, 게임, 책 또는 음악의 성과에 빅데이터 세트에 대한 엄격한 분석 방법을 적용해서 생성된 결과에 가치를 더하는 것은 바로 이 확률적 관점입니다. 그러나 우리는 엔터테인먼트 학자들과 다른 분야의 학자들이 이미 기업과 그 고객의 행동에 대해 발전시킨 강력한 이론을 고려하지 않으면 엔터테인먼트 산업의 이론과 그 적용이 실제로 제 역할을 할 수 없다고 믿습니다. 그것이 우리가 이 책을 창의성, 데이터 분석 및 좋은 이론의 조합으로 구성한 이유입니다. 즉, 고전적으로 표현하자면 오늘날 엔터테인먼트 산업에서 성공하기 위해서는 창의성과 직관이라는 엔터테인먼트의 전통적인 요소를 보완할 수 있는 강력한 분석과 훌륭한 이론을 결합하는 것만큼 실용적인 것은 없습니다.

이 책은 다양한 독자 그룹을 대상으로 합니다. 비즈니스 또는 창작 예술 전공 학생이거나 다른 산업 종사자로서 엔터테인먼트와 이를 제공하는 기업들에 매료된 사람들을 대상으로 합니다. 이 책이 이 독특한 산업에 관한 관심을 심화시키고 경제 메커니즘을 더 잘 이해하는 데 도움이 되기를 바랍니다. 엔터테인먼트에 관한 과학적 연구의 많은 부분을 엔터테인먼트 사이언스라는 통합적 이론으로 정리하면 학자들의 차기 연구에 영감을 주고 흥미로운 '미지수들'을 식별하는 데 도움이 될 뿐만 아니라 학자의 작업을 구성하고 새로운 인식을 해석하는 데 도움이 됩니다. 우리는 또한 이 책을 자기 생각에 도전하는 것을 좋아하고, 의사 결정자로 성장할 방법을 찾고 있으며, 승자를 선택하고 패자를 피하는 기업의 능력을 향상하려는 현재 엔터테인먼트 기업의 의사 결정권자들을 염두에 두고 썼습니다. 우리의 디지털 시대는 엔터테인먼트 사이언스의 여러 매력적인 측면에 대해 이러한 모든 그룹 간의 활발한 교류를 가능하게 하고 촉진하는 도구를 제공합니다.

웹사이트 http://entertainment-science.com 및 https://www.facebook.com/EntertainmentScience 커뮤니티에 참여하도록 초대합니다. 이곳들은 또한 새로운 발견 및 발전에 대한 최신 정보의 업데이트 공간이 될 것입니다.

독자 여러분이 엔터테인먼트 사이언스의 세계로 뛰어들기 전에 설명하고 싶은 것이 더 있습니다. 우리 두 사람은 모두 훈련된 마케팅 학자이기 때문에 이 책이 경쟁 세계에서 고객을 확보하는 데 초점을 맞춘 시장 중심의 관점을 취한다는 것은 놀라운 일이 아닐 것입니다. 고객이 실제로 설득되고 시장과 관련된 목표를 달성하는 데 필요한 내부 조직 프로세스에 대해서는 훨씬 덜 다루고 있습니다(한 가지 예외는 혁신 프로세스의 조직입니다. 그 이유는 이와 관련한 조직적이고 절차적인 문제들이 고객에게 강력한 새로움을 제공하는 데 있어서 말 그대로 분리될 수 없는 사항들이기 때문입니다). 시장 중심 접근 방식은 전반적인 기업 전략을 참조하는 의사결정을 의미하며, 우리는 시장 중심 의사결정에서 성공 또는 실패가 어떻게 발생할 수 있는지 강조합니다. 우리는 시장 중심의 관점을 취하는 것이 엄청난 가치가 있다고 믿고 있으며, 오늘날 엔터테인먼트 산업에서 일어나고 있는 많은 변화는 우리의 사고방식을 공유하는 기업(예: 아마존 및 넷플릭스)에서 기인한다고 생각합니다.

또한, 종종 유리되기 마련인 엔터테인먼트 실무와 학계를 결합하는 것을 목표로 책을 집필하려면 때때로 어느 한쪽의 표준 언어에 반하는 용어를 사용하게 된다는 사실을 강조하고 싶습니다. 극단적인 예로 엔터테인먼트 산업에 대한 가치 사슬 분석의 결과로 영화관은 '상영관'이 아닌 영화 배급사로 지칭할 것입니다. 또한, 스튜디오/레이블은 소매업체가 소비자들에게 상품을 배포하는 것과 꼭 마찬가지로 상품을 소비자에게 유통하려는 소매업체들에게 상품을 '판매'하는 주체들입니다. 유통은 여전히 마케팅 믹스의 중요한 부분으로 남아 있습니다(이 책에서도 한 장을 할애했습니다). 하지만 산업적 관점에서 볼 때 엔터테인먼트를 갈망하는 사람들에게 영화를 배급하는 것은 극장입니다. 업계에서 선택한 용어의 적절성에 대해 결코 이의를 제기하지 않는다는 점을 강조하는 것이 우리에게는 중요합니다. 그러나 우리의 야망은 다른 시장과 산업에서 형성된 지식까지도 전파하는 것입니다. 일반적 이론과 모델이 때때로 확립된 '산업 언어'에 반하는 방식으로 실행되기 때문에 개념과 용어의 조화가 필요합니다. 독자들 가운데 (극장을 통해 관객에게 영화를 상영하는 행위를 스스로도 '극장 배급'이라고 부르는 데 익숙한) 산업계 대표들이 이 절차를 용인해 주셨으면 합니다. 양측이 서로 배울 수 있기를 바랍니다.

또한, 엔터테인먼트 세계의 다른 두 대륙 출신인 두 저자의 조합은 부가가치를 가져옵니다. 우리 둘 다 국제적인 관점을 가지고 있지만 '지구 중심적' 접근 방식과 북미(마크 B. 휴스턴) 및 유럽 대륙(토르스텐 헤니그-투라우)의 지역별 지식을 결합합니다. 이를 통해 전 세계 여러 지역에서 다양한 언어로 공개된 엔터테인먼트 통찰력을 다룰 수 있었습니다. 물론 세계화 시대에 엔터테인먼트의 세계는 그 두 대륙보다 훨씬 더 큰 세계를 이루며, 엔터테인먼트 세계의 다른 지역에서도 통찰을 가져오고자 했으나 이러한 지역들이 책에서 부족하게 표현되었음을 독자들은 느끼게 될 겁니다. 이 편향을 용서해 주십시오. 적어도 우리는 시도는 했습니다.

책을 쓰는 것은 집단적인 노력이라는 말을 자주 듣는데 이보다 더 정확한 표현은 없습니다. 우리는 우리의 생각을 형성하게 해 준 다양한 그룹의 사람들에게 깊이 감사합니다. 그들은 때때로 우리의 아이디어에 의문을 제기했고 영감을 주었습니다. 많은 동료의 직간접적 기여 없이는 엔터테인먼트 사이언스가 존재하지 않을 것이라고 말하면서 시작합니다. 특히 다양한 엔터테인먼트 산업 연구 프로젝트의 공동 저자들인 수먼 바수로이(Suman Basuroy), 사빈 베스트(Sabine Best), 마티아 보드(Matthias Bode), 뵨 본넨캄프(Björn Bohnenkamp), 수비말 채터르지(Subimal Chatterjee), 하이펭 '알랑' 첸(Haipeng 'Allan' Chen), 미셸 클레멘트(Michel Clement), 도미니크 달빗츠-베그너(Dominik Dallwitz-Wegner), 펠릭스 에거스(Felix Eggers), 여호수아 '조시' 엘리아스버그(Jehoshua 'Josh' Eliashberg), 파비안 펠드하우스(Fabian Feldhaus), 스테판 푹스(Stefan Fuchs), 티모시 헤스(Tim(othy) Heath), 토르스텐 헤잇잔스(Torsten Heitjans), 빅터 헤니그(Victor Henning), 바바라 힐러(Barbara Hiller), 줄리안 호프만(Julian Hofmann), 람 자나키라만(Ram Janakiraman), 셰인 존슨(Shane Johnson), 알레그라 캐진스키(Alegra Kaczinski), 앤-크리스틴 쿠퍼 냅[Ann-Kristin Kupfer (Knapp)], 브루노 코허(Bruno Kocher), 라울 큐블러(Raoul Kübler), 안드레 마르샹(André Marchand), 폴 마르크스(Paul Marx), 줄리앤 메티스(Juliane Mathys), 문상길(Sangkil Moon), 박은호(Eunho Park), 노라 팔러 보더 홀테(Nora Pähler vor der Holte), 리시카 리시카(Rishika Rishika), 헨리크 새트러(Henrik Sattler), 리카르다 샤우르테(Ricarda Schauerte), 레오 송(Reo Song), 샤리하리 하리 스리드하르(Shrihari 'Hari' Sridhar), 프란지스카 볼크너(Franziska Völckner), 잔프랑코 '조니' 월시[Gianfranco 'Johnny' (a.k.a. Frank) Walsh], 찰스 '척' 와인버그(Charles 'Chuck' Weinberg), 베렌드 위렝가(Berend Wierenga), 캐럴라인 비르츠(Caroline Wiertz), 올리버 '올리' 럭(Oliver 'Olli' Wruck)에게 감사드립니다. 우리가 이 책에서 우리의 작업이라 할 때 우리는 당신들을 염두에 두었습니다. 하디다(Hadida, 2009)와 펠토니에미(Peltoniemi, 2015)가 우리에게 가장 영감을 준 엔터테인먼트 연구 분야를 구조화하기 위한 학자들

의 초기 시도에 더해서 앤-크리스틴과 본은 이 책의 기초를 제공한 엔터테인먼트와 미디어 강의를 공동으로 개발했기에 특별히 감사를 드립니다. 그리고 로니 베렌스(Ronny Behrens)는 특별히 언급할 필요가 있는데 그가 이 책의 혁신 관리(innovation management) 장을 우리와 공저하며, 피드백을 해 주었고, 여러 편집 이슈를 도와주었습니다. 더 나아가 이 책이 출판 연도에 스무 번째 열릴 멜론 이코노믹스 필름 엔터테인먼트 콘퍼런스에 매년 모인 학자들과의 상호 협력으로부터 받은 많은 도움은 글로 표현하기 힘듭니다. 브루스 맬런(Bruce Mallee)은 이 콘퍼런스에 동기를 부여하고, 만든 강력한 분입니다. 우리는 항상 그의 지도력과 지지에 감사합니다. 그에게 이 책을 증정합니다. S. 아브람 '에브리' 래빗(S. Abraham 'Avri' Ravid)과 올라브 소렌손(Olav Sorenson)은 이 책의 저술 작업이 빠르게 진행될 수 있게 해 주었습니다. 그리고 많은 분들, 특히 달린 치숄름(Darlene Chisholm), 아트 드 배니(Art De Vany), 아니타 엘버스(Anita Elberse), 나타샤 포스(Natasha Fourth), 알레그레 하디다(Allegre Hadida), 모리스 홀브룩(Moris Holbrook), 아미트 조시(Amit Joshi), 용 리우(Yong Liu), 조르디 매켄지(Jordi McKenzie), 자말 샴지(Jamal Shamsie), 마이클 D. 스미스(Michael (D.) Smith), 제이슨 스콰이어(Jason Squire), 해롤드 '할' 보겔(Harold 'Hal' Vogel), 조시, 척, 수먼, 앤-크리스틴과 같이 위에 언급한 많은 공동 저자가 수년간 놀라운 아이디어 인큐베이터 역할을 해 주었습니다.

또한, 우리의 과거와 현재의 동료 교수들로부터의 지적인 도움에 빚을 졌습니다. 토르스텐에게는 토르스텐 비젤(Thorsten Wiesel)과 뮌스터대의 만프레드 크라프트(Manfred Krafft), 아르민 로트(Armin Rott), 볼프강 키슬(Wofgang Kissel), 바이마르의 바우하우스대에서 영감을 받은 탐 그로스(Tom Gross), 캐롤린 비르츠, 또한 빈스 미첼(Vince Mitchell)과 런던 시티대에 있던 조 렘펠(Joe Lempel)에게 빚을 졌습니다. 마크는 밥 레온(Bob Leone), 에릭 요크스턴(Eric Yorkston), 크리스 화이트(Chris White)를 포함해 텍사스크리스천대의 동료들에게 감사합니다. 그리고 텍사스A&M대의 마케팅과 교수들, 미주리대의 코믹콘 광인 피터 블로치(Peter Bloch)에게 감사합니다. 우리 대학들은 책을 쓸 수 있게 연구 검색에 시간과 노력을 투자할 인터넷 대역폭과 자원을 제공해 주었습니다.

그러나 우리 책은 많은 다양한 역할과 기능 속에서 엔터테인먼트 산업의 일부인 숱한 위대한 이들의 도움이 없었다면 학계와 산업의 다리를 연결하지 못했을 것입니다. 그들이 데이터와 맥락을 공유하며 우리의 프로젝트를 돕고 영감을 제공해 주었기에 가능했습니다. 여기서 이름을 일일이 열거하기는 힘들지만 가장 도움을 주었고 함께 일하며 즐거워했던 분들은 안드레아스 바레이스(Andreas Bareiss), 말테 프로브스트(Malte Probst), 마이클 쾰멜(Michael Kölmel), 잰 리커스(Jan Rickers), 위프라이드 베라우어(Wiffried Berauer), 디트마어 귄터체(Dietmar Guntsche), 안드레아스 크라머(Andreas Kramer), 캐럴라인 번하트(Caroline Bernhardt) 그리고 빅데이터와 빅 무비스 콘퍼런스를 2016년 포츠담과 베를린에 있던 토르스텐과 함께 공동 주재했던 자니스 펑크(Janis Funk)에게도 감사합니다. 또한, 마이클과 디트마어의 웰키노(Welkino) 팀, 번하드 글로글러(Bernhard Gloggler), 크리스틴 베버(Christine Weber), 로거 그로티(Roger Grotti), 그리고 디즈니 저머니(Disney Germany)의 로버트 로스버그(Robert Rossberg), 폭스 저머니(Fox Germany)의 볼커 라우스터(Volker Lauster), 저마 태츨래프(Germar Tetzlaff)와 동료들, 그리고 카러 프리츠(Kalle Fritz), 그의 스튜디오카날 저머니(StudioCanal Germany) 팀, 그리고 마르셀 렌츠(Marcel Lenz), 그리고 바이마르 소재 영화제작사 오스트리트(ostlicht) 소속의 귀도 슈바프(Guido Schwab)에게 감사합니다. 물론 책 내용 중 독자들이 동의하지 않는 부분이 혹시라도 있다면 그 책임은 오롯이 저자들의 몫입니다.

추가로 이 책에서 제공하는 많은 인사이트는 바이마르의 바우하우스대와 뮌스터대의 학부, 석사, 박사 과정 학생들의 도움이 없었다면 존재하지 않았을 것입니다. 그 학생들은 아이디어와 이론의 틀을 짜고 큰 도움을 주었습니다. 연구 보조원으로서, 다양한 중요한 발견인 데이터베이스를 구성한 것은 이 책에 중요하게 다뤄졌습니다. 그들 중 여러 분이 위에 언급되어 있고, 그들은 엔터테인먼트 학자나 경영자가 되었습니다. 토르스텐의 뮌스터에 있는 레브루스튜벨 슈에르테(Lebrustubl Schuertte)를 관리하는 탄자 거링호프(Tanza Geringhoff)와 함께 노라 팔러, 리카르다 샤우르테가 원고의 마무리 작업과 검수를 도왔습니다. 캐진스키와 우츠 릴(Utz Riehl)도 도와주었습니다. 더 나아가 잭 그림스(Jack Grimes)와 텍사스A&M대의 프레이언 차드리(Preyan Choudhuri)는 이 책의 기술적 부분을 도와주었습니다. 뮌스터대의 키라 슈렌더(Kira Schlender)는 웹사이트를 놀라울 정도로 구성해 주었고, 카이 포캄프(Kai Pohlkamp)는 데이터 분석과 이론이라는 의자를 책 표지 사진으로 창조해 주었습니다. 마리스 하트마니스(Maris Hartmanis)와 그의 스튜디오인 텐스(Tense) 팀은 여러 디자인으로 도와주었고, 의자들을 책의 로고로 만들어 주었습니다.

마지막으로, 우리 가족들과 가까운 친구들에게 고마워해야만 합니다. 토르스텐은 그의 오랜 친구인 올리, 앨릭스 데세니스(Alex Deseniss) 그리고 수십 년 동안 끊임없는 토론에서 엔터테인먼트 취향의 공간을 만들어 준 엔터테인먼트 액션 리서치(entertainment action research)와 수많은 시간을 함께 한 로니 지에츠(Ronnie Zietz)에게 고마움을 표합니다. 그러나 가장 먼저 그와 20년 이상을 함께한 아내 클라우디아와 모든 보이 그룹 중 가장 훌겨운 이들인 프레더릭(〈워킹 데드(Walking Dead)〉의 첫 시즌을 함께한 것은 확실히 끈끈한 경험이었습니다), 패트릭(우리는 EA'S FIFA를 함께했습니다), 톰(무한대로 그 너머까지)에게 그들이 주었던 무한한 사랑과 지지에 고마움을 표합니다. 마트는 30년 이상을 함께한 아내 낸시와 수많은 영화에서의 공범자들인 존, 엘리스와 윌 그리고 뛰어난 게이머인 셰인(이 책으로 발생한 마크 몫의 수익금은 최근 그의 Mario or Super

Smash Bros 타이틀에서 사용되었습니다)에게 감사합니다. 가족들의 영감과 끝없는 지극한 인내가 있었기에 이 책이 나왔습니다. 우리는 서로에게, 또한 여러분 한 사람 한 사람에게 큰 신세를 지고 있습니다.

독일 뮌스터에서 토르스텐 헤니그-투라우(Thorsten Hennig-Thurau)

미국 포트워스에서 마크 B.휴스턴(Mark B. Houston)

참고문헌

Hadida, A, L. (2009). Motion picture performance: A riview and research agenda. *International Journal of Management Review, 11*, 297-335.

Peltonenmi, M. (2015). Cultural industries: Product-market characteristics, management challenges and industry dinamics, *International Journal of Management Reviews, 17*, 41-68.

엔터테인먼트 사이언스 III — 엔터테인먼트 통합 마케팅

III권은 커뮤니케이션(promotion), 유통(place), 가격(pricing) 결정 및 이를 기초로 통합 마케팅 결정론에 대해 탐구한다. 1장은 소비자와의 커뮤니케이션 중 페이드(paid: 유료) 채널과 온드(owned: 보유) 채널에 대해, 2장은 전문가 비평과 같은 언드(earned: 평가형) 채널에 대해, 3장은 유통 결정에 대해, 4장은 가격 결정론에 대해 설명하고, 마지막으로 5장은 4P를 기반으로 엔터테인먼트 통합 마케팅을 다루면서, 블록버스터와 틈새상품 개발법을 제시한다.

1장

엔터테인먼트 커뮤니케이션 결정 1

페이드 채널, 온드 채널

1. 통제할 것인가 말 것인가: 3가지 소통 범주에 관한 몇 가지 이야기

'품질이 좋으면 성공한다(quality finds its way)'라는 신화는, 말 그대로 신화일 뿐이다. (II권 4장에서 언급된 필요조건들을 충족하는) 훌륭한 상품은 분명 도움이 되지만, 그것만으로는 새로운 엔터테인먼트 상품의 성공을 보장할 만큼 충분치 않다. 대신, 해당 상품에 대해 소비자와 커뮤니케이션하는 것 역시 매우 중요한데, 그것은 커뮤니케이션이 경험, 검색, 또는 검색과 유사한 행위 같은 상품에 잠재된 가능성을 끌어올리기 때문이다. 종종 상품과 커뮤니케이션 전략은 밀접하게 연관되어 있다. 왜냐하면, 상품의 다양한 특징이 가진 성공 잠재력은 특정한 커뮤니케이션 접근법에 의존하기 때문이다. 엔터테인먼트 마케팅 전략의 일부로서 커뮤니케이션이 갖는 중요성은 그것을 위해 편성된 엄청난 예산을 통해 드러난다. 이러한 투자는 그것 자체로 전략의 원천을 구성한다.

이 책에서 우리가 말하는 커뮤니케이션이란 간단히 (엔터테인먼트) 상품과 관련된 정보의 흐름을 뜻한다. 오늘날 엔터테인먼트 제작자들은 각기 다른 다수의 커뮤니케이션 채널에 직면하고 있다. 우리는 이 채널들은 3개의 범주로 나눈다. (TV나 인쇄 매체 광고와 같은) '판매 채널(페이드 채널, paid channel)', (상품의 포장뿐만 아니라 페이스북에서 영화 SNS 도메인을 포함하는) '소유 채널(온드 채널, owned channel)', 그리고 '평가 채널(언드 채널, earned channel)'이 바로 그것이다. 전자의 두 범주가 대체로 직관적이어야 하는 반면, 후자는 약간의 설명을 필요로 할지 모르겠다. 그것은 소비자와 '독립적인' 시장 주체 간에 이뤄지는, 다른 종류의 커뮤니케이션을 포함한다. 그것은 상품에 관한 다음과 같은 형태의 커뮤니케이션을 담아낸다. 첫째, (평가 형태를 띠는 커뮤니케이션이라면) 소비자의 입소문 형태, (예측의 형태를 띠는 것이라면) 출시 전의 요란스러움으로 구체화되고 공유되는 커뮤니케이션. 둘째, 상품에 대한 소비자의 반응을 반영하는 정보(예: 차트와 베스트셀러 목록이 우수함을 암시하는 것). 셋째, (상품 리뷰를 진행한) 전문가나 비평가들, 그리고 (해당 상품에 상을 준) 엔터테인먼트 업계 사람들과의 커뮤니케이션. 보통 우리가 '언드(earned)'에 따옴표를 붙이는 것에 주목하라. 이 채널을 통해 이뤄지는 커뮤니케이션은 보통 긍정적인 것이지만, 항상 그렇지는 않다는 것도 분명하다. 소비자의 입소문은 굉장히 치명적일 수 있으며, 전문적인 리뷰 역시 마찬가지이다[영화 〈갱스터 러버(Gigli)〉를 생각해 보라. 이 영화는 소비자와 비평가로부터 증오에 가까운 엄청난 비난을 받는 바람에 주연배우였던 벤 애플렉과 당시 그의 약혼자였던 제니퍼 로페즈의 커리어를 위협할 정도였다].

세 범주의 주요한 차이점은 엔터테인먼트 관리자가 어느 정도까지 통제할 수 있느냐에 있다. 통제 가능 범위는 매우 높음(즉, 당신은 페이드 커뮤니케이션 채널에서는 지불한 만큼 얻을 수 있다)에서 약간 높음(소비자의 능동적인 기여가 필요한 온드 채널의 경우), 낮음('언드' 미디어의 경우 공평한 일이건 불공평한 일이건 무슨 일이든 허용된다)까지

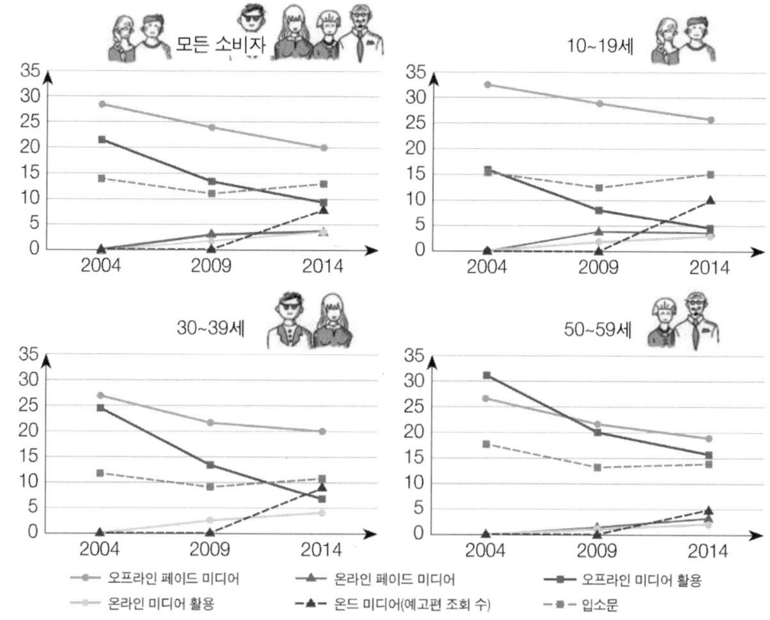

〈그림 1.1〉 독일 내 영화 정보 출처(연도별·연령별 분류)

주: 숫자는 영화에 대한 정보를 해당 연도에 특정한 출처로부터 얻었다고 밝힌 소비자의 비중이다. '오프라인 페이드 미디어'는 TV, 신문, 옥외 광고를 포함하며 '온라인 페이드 미디어'는 인터넷 광고를 뜻한다. '온드 미디어'는 유튜브 등의 인터넷 플랫폼에 게시된 예고편의 조회 수이다. '오프라인 미디어 활용'은 TV와 신문 보도인 반면 '온라인 미디어 활용'은 소셜 미디어 등 인터넷의 비(非)광고성 정보를 뜻한다. Studio Tense 그래픽 지원.
자료: FFA(2005, 2010, 2015) 참조.

이다. 관리 엔터테인먼트 커뮤니케이션에의 큰 도전은 통제 가능성이 유효성(有效性)과 매우 밀접한 관련이 있는 것은 아니라는 점이다. 〈그림 1.1〉은 소비자들이 극장에 보러 가게 되는 신작 영화의 정보 출처라고 여기는 것을 보여 준다. 이 수치는 독일연방영화위원회(German Federal FIlm Board) 연감의, 독일 시장을 대표하는 2만 명의 소비자를 바탕으로 한 것이다.

비록 10년 전보다 오프라인 페이드 미디어를 언급하는 소비자의 비율은 감소했지만, 우리는 통제하기 매우 쉬운 페이드 미디어가 다수의 소비자에게 여전히 영화에 대해 알게 해 주는 주요 정보 출처임을 알 수 있다.[1] 그러나 관리자들이 통제하기 훨씬 어려운 입소문이 그 뒤를 바짝 쫓고 있다. 그리고 온드 미디어(예: 온라인 영화 예고편)가 가장 높은 성장률을 보이고 있다. 이 소비자 리포트에 따르면 그것은 이제 TV나 인쇄 매체의 콘텐츠보다 더 자주 활용되는 정보 출처이며, 거의 입소문만큼 빈번하게 이용된다. TV는 (편집된 오프라인 콘텐츠의 존재 자체를 모르는) 어린이와 십 대 사이에서 (여전히) 최고이다. 그리고 그들은 친구와 (회사 소유의) 온라인 정보 출처에 다른 세대보다 훨씬 많이 의존한다. 반면 더 나이 든 소비자들은 십 대가 무시하는 바로 그 편집된 오프라인 콘텐츠에서 자극을 받아 영화를 보러 간다고 답한다. 이 나이 든 소비자들은 디지털 정보원(源)으로부터 훨씬 영향을 덜 받는다. 따라서 영화제작자들은 자신의 타깃 집단이 어디인지를 더 잘 알아야 한다.

그러나 얼핏 보기에는 굉장히 소중한 것처럼 보이는 이러한 자가 보고된 서베이 결과는 문제투성이이기도 하다. 간단히 말해, 소비자들은 스스로 어떻게 결정을 내렸는지 잘 기억하지 못한다는 것이다. 우리의 기억 체계는 극장이나 인터넷에서 예고편을 시청하는 것과 같은 능동적인 절차를 유지하는 방향으로 편향되어 있으며, 수동적인 것(예: TV나 웹사이트에서 광고를 보는 것)은 잘 기억하지 못한다. 사회적 바람직함의 문제도 있다. 즉, TV 광고에 영향을 받는 것은 전혀 자랑스러운 일이 아니지만, 전문적인 영화 리뷰를 읽는 것은 우리 대부분이 다른 이에게 알리는 경향이 있다.

엔터테인먼트 사이언스의 조사는, 더욱 철저한 조사 방법을 통해 이러한 편향성을 극복하려고 한다. 하지만 철저함에는 대가가 따른다. 대부분

---

1) 오프라인 광고 효과 감소치의 대부분은 TV나 인쇄 매체가 아닌 옥외 광고이다. 그러나 TV와 인쇄 매체의 편집된 콘텐츠는 사람들의 인식과 관련된 힘 대부분을 잃었다.

의 학술 연구는 한 번에 하나의 커뮤니케이션 범주에 초점을 맞추며 폭넓음을 포기하는 대신 세부 사항과 깊이를 추구한다. 이 책을 쓸 당시, 우리는 엔터테인먼트의 맥락에서 3개의 모든 커뮤니케이션 범주를 포함한 연구는 단 2개를 찾았을 뿐이다. 음악가를 대상으로 한 첸 등(Chen et al., 2015)의 연구, 한 TV 드라마 6개 회차의 시청자를 분석한 러벳과 스텔린(Lovett and Staelin, 2016)의 연구가 그것이다. 두 연구 모두 모든 커뮤니케이션 채널을 종합적으로 다루지는 않았지만, 모든 범주의 데이터를 동시에 고려했다. 아래에서 각기 다른 커뮤니케이션 범주에 관해 논할 때, 우리는 이들의 조사 결과에 각별한 관심을 기울일 것이다. 탄력성과 같은 '표준' 측량법을 사용하는 것은 각기 다른 분야의 연구 결과를 비교하는 데 도움이 될 것이다.

이 장에서 우리는 전자의 두 범주인 페이드와 온드 커뮤니케이션 및 두 커뮤니케이션이 상품 성공에 끼치는 영향에 대해 알아볼 것이다. 엔터테인먼트 커뮤니케이션을 핀볼 게임에 비유한다면 우리는 관리 통제 가능성을 이 논의의 발사구로 삼아, 통제 가능성이 약한 소셜 미디어의 온드 채널 분야로 들어가기에 앞서 페이드 채널로 논의를 시작할 것이다. 다음 장에서 우리는 통제 가능성이 가장 약한 '언드' 채널에 대해 논할 것이다.

이 장의 페이드와 온드 커뮤니케이션에 관한 우리의 논의는 주로 커뮤니케이션 실행 계획—'얼마나 쓰느냐'와 '언제 커뮤니케이션하느냐'에 관한 문제들—을 중심으로 이뤄진다. 그러나 엔터테인먼트 사이언스의 연구자들은 당신의 뜻에 따라 커뮤니케이션 콘텐츠 자체와 그것의 형태—'무엇을 커뮤니케이션하느냐'의 문제—에도 보충적이고 근본적인 약간의 설명을 제공했다. 논의는 여기서부터 시작이다.

2. 무엇을 전달할까: 엔터테인먼트 소통 채널을 채워 주는 콘텐츠 설계하기

> [예고편은] 가장 중요한 광고 수단이다… 그 정도로 중요한 것은 없다.
>
> — CBS 필름 회장 테리 프레스(Terry Press)(LaFrance, 2014 인용)

전부는 아닐지라도, 대부분의 엔터테인먼트 커뮤니케이션은 소비자가 새로운 상품의 존재를 알게 되는 것(즉, 브랜드 인지도를 만들어 내는 것)을 목표로 한다. 그리고/혹은 소비자에게 매력적인 친숙함과 자극을 제공할 해당 상품의 잠재력에 대한 정보(즉, 흥미로운 브랜드 이미지를 형성하는 것)를 제공하려 한다. 엔터테인먼트 커뮤니케이션이 이러한 목적을 달성하려면 어떤 기준을 충족시켜야 할까?

우리는 모든 엔터테인먼트 커뮤니케이션의 근간으로 여겨질 수 있는 예고편으로 논의를 시작한다. "다가올 매력의 시사회"(Kernan, 2004: 1)로서, 예고편은 영화와 TV 콘텐츠, 비디오 게임의 중요한 커뮤니케이션 형식이다(Grainge and Johnson, 2015). 심지어, 가끔 출판사가 소비자들에게 새로운 소설에 대해 알려 주기 위해 예고편을 사용하기도 한다(유튜브에서 '책 예고편'을 검색해 보라). 독일연방영화위원회에 따르면, 약 22%의 소비자가 예고편을 통해 새 영화에 대해 알게 된다고 말했다. 심지어 일부 연령대에서는 이 형식에 대한 의존도가 더 높다. 2013년에 유튜브 한 곳에서만 영화 예고편의 조회 수가 10억 회 이상으로 추산되며(Kehe and Palmer, 2013), 우리는 이 수치가 그때 이후로 줄어들지 않았을 것으로 예상한다.

몇몇 독자는 영화 〈로맨틱 홀리데이(The Holiday)〉에서 아만다가 그녀의 예고편 편집 기술 덕분에 할리우드 영화사들로부터 '거액의 돈(big bucks)'을 받았던 것을 기억할 것이다. 우리는 그러한 기술—'그저 그런' 예고편이 아닌 '훌륭한'

예고편을 만드는 기술—의 종류가 무엇인지에 대해 엔터테인먼트 사이언스가 어떤 이야기를 해 줄 수 있을지 보게 될 것이다. 그 후 우리는 그보다는 덜 역동적인 엔터테인먼트 커뮤니케이션 수단인 포스터에 대해서도 같은 작업을 할 것이다. 그렇게 예고편(과 포스터) 형태의 필수 요소에 대해 알아본 후, 모든 종류의 엔터테인먼트 커뮤니케이션 형태에 영향을 끼치는 핵심적인 질문을 던질 것이다. 제작자는 새로운 상품에 대해 어느 정도의 정보를 제공해야 하는가? '불충분함'과 '과도함' 사이의 미묘한 균형이 있다!

1) 무엇이 강렬한 예고편을 만드는가?

(1) 예고편의 규칙, 과거와 현재

예고편은 매우 복잡한 마케팅 도구이다. 왜냐하면, 그것은 우리가 II권에서 이야기했던, 품질과 관련된 3가지 종류의 정보를 모두 갖추고 있기 때문이다. 첫째, 예고편은 소비자에게 어떤 스타가 참여하는가['추론 단서(inferential cues)']처럼 상품에 어떠한 알려진, 혹은 알려지지 않은 매력이 포함되어 있는지를 말해 준다. 둘째, 예고편은 종종 상품의 전반적인 질['대체 단서(substitute cues)']을 표시하는 수상 내역 혹은 비평가의 호평에 대해 언급해 준다. 셋째, 또한 예고편은 실제 상품에서 발췌한 부분을 제공하는데, 이것은 샘플의 역할을 한다. 샘플로서의 특성은 예고편을 다른 형태의 광고와 커뮤니케이션과 차별화한다. 예고편은 혼합(hybrid) 양식으로, 커뮤니케이션 요소와 상품 자체의 요소를 뒤섞은 것이다(예: Grainge and Johnson, 2015). 보통 소비자들은 예고편이 편향되어 있음(상품의 가장 훌륭한 구성 요소만을 보여 준다는 것)을 인식하고 있지만, 더불어 그것을 "가치 있는 짧은 형태의 콘텐츠"로 인정한다(Grainge and Johnson, 2015: 149). 여러 리뷰에서 볼 수 있는 것처럼, 예고편은 디지털 비디오 플랫폼에서 사람들의 관심을 끈다.

디지털 시대와 플랫폼은 소비자들의 예고편 접근성을 확장했을 뿐만 아니라, 예고편이 디자인되는 방법도 만들어 냈다. 영화관에 갇혀 있어서 예고편을 볼 수밖에 없는 '억류된' 관객에게 보여 주는 대신 인터넷에 게시한다면, 예고편은 반드시 수용자의 '관심을 끌어야' 한다. 그리고 다른 엔터테인먼트 상품의 디지털 샘플과 마찬가지로, 영화 예고편은 들불처럼 빠르게 퍼져야 하며 거대한 수용자 네트워크 속에서 계속 공유되고 재공유되며 널리 퍼질 수 있다.[2)]

역사적으로 예고편은 본편 필름을 '매우 적극적으로 팔았으며(hyper-sold)'(1940년대), 수용자에게 직접 말을 거는 것과 같은 광고 기법(예를 들어 배우 제임스 스튜어트가 히치콕의 영화 〈이창(Rear Window)〉의 예고편에서 어떻게 했는지 검색해 보라)[3)]을 적용했다(1950년대와 1960년대). 그러나 1980년대가 되어 수용자들이 적극적인 판매 전략에 대체로 둔감해지자, 영화사들은 더욱 교묘한 판매 전략을 개발했다(LaFrance, 2014).[4)] 그러나 바이럴 공유를 불러일으키고 (디지털상으로) 장안의 화제를 만들어 내기 위해, 이제 제작자들은 예고편을 보완적인 '독립 상품'으로 내놓고 있다.

최종 상품의 요소에는 추가 영상, 원본 영상을 덧붙이며, 이러한 영상들은 가끔 예고편만을 위해 만든다. 예를 들어, 〈헝거게임: 모킹제이 파트 1(The Hunger Games: Mockingjay-Part 1)〉의 첫 번째 티저는 악당 스노우 대통령의 가짜 TV 연설이었다. 더불어 이제 팬과 미디어가 예고편을 프레임별로 분석하기 때문에(예: Plumb, 2015), 의문점을 촉발하거나 숨겨진 메시지를 삽

---

2) 이 장의 '핀볼' 비유 섹션을 참고할 것.

3) 아니면 그냥 https://goo.gl/rMU426을 클릭하라.

4) 만일 예고편의 종합적인 역사적 고찰에 관해 관심이 있다면, 커넌(Kernan, 2004)을 반드시 읽어 보라.

입하게 되었다. 〈스타워즈: 깨어난 포스(Star Wars: The Force Awakens)〉의 예고편에서 전설적인 루크 스카이워커가 등장하지 않자, 수백만 명의 팬들이 인터넷에서 토론을 벌였다. 그러나 예고편의 독자적인 특성은 그것 자체의 문제가 있다. 한 최고 경영자(CEO)는 적어도 몇몇 소비자들은 요즘의 예고편을 영화 관람을 유도하는 것이 아니라 소비자의 엔터테인먼트 욕구를 그것만으로 충족시켜 버리는 (불필요한) 상품으로 취급하고 있을지도 모른다고 우리에게 말했다. 하지만 실증적인 증거가 없기 때문에, 이 자기 잠식 효과는 현시점에서는 추측일 뿐이다.

(2) 예고편의 3가지(혹은 그 이상의) 호소력

미디어 이론가들은 각각의 예고편을 분석하여 수용자에 대한 예고편의 주요 호소력을 알아내기 위해 노력해 왔다. 이러한 노력의 결과로 커넌(Kernan, 2004)은 제작자들이 관리할 수 있는 예고편의 주요 특징 5개를 발견했다. 3개는 콘텐츠 관련 호소력으로 영화의 장르, 줄거리, 출연하는 스타이다. 나머지 2개는 '볼거리(spectacle)'와 '리얼리즘'(그럴듯함의 다른 이름, 해당 개념에 대해서는 1권의 소비자 행동 관련 장의 논의를 참조하라)으로, 콘텐츠 요소가 영화 속에서 어떻게 구현되느냐에 따라 변형되는 요소이다. 스타이거(Staiger, 1990)가 밝혔듯이 이러한 호소력들은 긴 역사가 있는데, 적어도 제작자들이 영화를 극장주들에게 팔기 시작한 1915년부터 '셀링포인트(selling points)'로 사용되어 왔다.

커넌은 이 호소력들을 흥분과 친숙함이라는 기본적인 개념과 연결한다. 그녀는 예고편 속 장르 호소력 홍보가 "친숙함에 크게 의존하고 있다"라고 주장한다(p.45). 반면 더욱 특정한 줄거리 관련 정보는 소비자가 그 존재를 알아채 주기를 바라며 제작자가 만든, '새로운' 이벤트를 보여 주는 데 필수적이다. 콘텐츠 관련 호소력인 스타는 가장 덜 구체적이다. 스타는 그들의 과거 영화나 공적인 삶을 통해 우리가 연상하는 것들(즉, 친숙한 매력)을 불러일으키지만, 더불어 새로운 모험에 대한 우리의 희망에 불을 붙여 주기도 한다.[5] 우리는 〈스타워즈: 깨어난 포스〉의 예고편에 나오는 해리슨 포드(Harrison Ford)의 대사 "츄바카, 우리는 집에 왔어"의 친근한 호소력을 이 책의 다른 부분에서도 찾아볼 수 있지만, 거기에서 우리는 친근함만을 느끼지는 않았다. 그의 늙은 목소리 속에는 새로운 모험과 자극의 선언도 있지 않았던가? 용어의 정의에 따르면, '볼거리'는 영화가 제공하게 될 자극에 관한 약속이며, 리얼리즘/그럴듯함은 우리가 얼마나 콘텐츠의 호소력과 볼거리를 즐기게 될지를 완화한다.

일부 학자들은 소비자들이 최종적으로 상품을 채택하게 하는 것과 더불어 예고편을 좋아하게 만드는 이 호소력들 하나하나의 상대적인 역할을 실증적으로 밝혀내기 위한 초기 단계 연구에 착수했다. 핀스터월더 등(Finsterwalder et al., 2012)은 영화 예고편이 어떤 식으로 '질'과 '콘텐츠 관련' 수용자의 기대치에 영향을 끼치는지에 초점을 맞췄다. 당시 곧 개봉 예정이던 영화들의 예고편 다수를 봐야만 했던 뉴질랜드의 소비자 12명과 나눈 질적 인터뷰에 기초하여, 저자들은 배우가 영화의 '질'과 관련된 기대치에 가장 큰 영향을 끼치는 요인이라고 주장했다. 반면 영화 '콘텐츠'에 대한 소비자의 기대치는 예고편에 나오는 장르 관련 정보에 가장 강하게 영향을 받는다. 나아가 핀스터월더 등은 예고편의 '스타일', 음악, 줄거리를 영화에 대한 소비자의 기대치 결정 요인으로 지정했다.

카레이와 데버니츠(Karray and Debernitz, 2015)는 예고편의 호소력에 관한, 보기 드문 정량적 조사를 시행했다. 이들은 (2010년에서 2011년 사이) 북미 전역

---

5) II권의 브랜드 관련 장에 서술된, 왜 우리가 일반적으로 엔터테인먼트 스타를 가치 있게 평가하는지에 관한 논의도 참고하라.

의 영화관에서 개봉된 영화 예고편 140개를 다음과 같은 기준에 따라 분류했다. ① 예고편이 영화의 성공에 긍정적인 영향을 끼친 것으로 판명된 몇 가지 기준을 사용하여 보여 주는 영화 줄거리, ② 유머와 폭력 같은 콘텐츠 요소(장르와 콘텐츠 변인의 결합), ③ 예고편 내 장면의 개수 및 공개 시간 등과 같은 기술적인 요소. 그 후 이들은 이러한 변인들이 해당 영화의 '성공'에 어떻게 영향을 끼쳤는지를 알아보기 위해 이벤트 연구(event-study) 기법을 사용했다. 보통 예고편은 영화가 공개되기 전에 나오기 때문에, 이들은 영화의 상업적 성과 대신 가상의 증권거래소인 '할리우드 증권거래소(Hollywood Stock Exchange, HSX.com)' 해당 영화의 '주가'를 이용했다.[6] 예고편의 변수와 영화 개수를 탐색 요인(explanatory factor)으로, 영화의 '비정상 수익'(즉, 예고편 출시로 인한 영화의 '주가' 변동)을 종속 변인으로 하여 OLS(Ordinary Least Squares) 회귀분석을 적용한 결과, 카레이와 데버니츠는 줄거리 요인이 영화 팬들에게 가장 강한 영향을 준다는 것을 발견했다.

특히 하나의 '성공적인' 줄거리 구성 요소(예: 해피엔딩)를 예고편에 더하면 흥행 수익 예상치가 60만 달러 늘어나는 결과가 나왔으며, 이들이 연구한 10개의 구성 요소를 모두 더하면 예상 수익보다 600만 달러가 늘어났다. 폭력과 유머 역시 상업적 기대치를 올려 주었는데, 하나의 추가적인 장면당 30만 달러의 가치가 증가했다. 그러나 장면의 총 개수는 부정적인 영향을 끼쳤다. 너무나 많은 장면은 관객을 혼란스럽게 하고 예고편의 정서적인 호소력을 제한하는 것으로 드러났다. 이 모든 결과는 실제 효과를 측정하는 대신 거래인들의 집단 지성을 반영하는, 예고편 구성 요소들의 실제 가치에 대한 근사치에 불과하다는 것을 명심하라.

---

6) HSX에서 소비자는 신작 영화의 가상 주식을 거래할 수 있다. '주가'는 영화의 재무 실적에 대한 해당 게임 내 '투자자들'(즉, 게임 참가자들)의 기대치를 반영한다.

넷플릭스와 함께한 엔터테인먼트 사이언스 연구자들의 최근 연구에서, 류 등(Liu et al., 2018)은 코미디 영화 예고편 100개를 소비자들에게 보여 준 후 소프트웨어로 그들의 표정을 분석했다. 이들의 '장면별' 마르코프 연쇄 몬테 카를로(MCMC: Markov Chain Monte Carlo) 실험 분석은 실험 참가자들의 행복이 몇 개의 예고편 구성 요소에 영향을 받는데, 이 행복함은 영화 시청 의도와 깊은 관련이 있다. 예고편 장면의 개수는 부정적인 효과를 주지만, 예고편 후반부에 있는 긴 장면은 관객의 행복함(그리고 영화 시청 의도를 직접적으로!) 증가시킨다. 예고편 음악의 음량과 트렌드 역시 관련이 있다.

그렇다면, 데이터 분석가들에게 예고편을 만들라고 하면 되지 않을까? 2016년 영화사 폭스(Fox)는, 당신이 예상했을지도 모르지만, 인공지능(AI)을 다른 공포 스릴러 영화 〈모건(Morgan)〉에 대해 바로 그 일을 해 달라고 IBM을 고용했다(Smith, 2016). IBM은 공포영화 100개의 예고편을 대상으로 자신들의 시스템을 훈련했다. 이들은 시각 요소, 오디오, 각 장면의 구성 요소를 포함하고 있는, 자신들이 '순간(moment)'이라고 명명한 단위로 각각의 예고편을 분해했다. 그 후 이들은 영화 〈모건〉의 전편을 시스템에 입력한 후, 이전 예고편들에 담긴 순간들과 닮은 부분들을 찾아내게 했다. 이 세트를 바탕으로 (여전히 인간인) 영화제작자가 예고편에 10개의 순간을 삽입했다.

'효과적인 순간'을 구성하는 것들을 완벽하게 이해하고 거기에 인간 고유의 창조력을 더하는 것이 필수라고 하는 엔터테인먼트 사이언스의 논리에 따라, 해당 예고편은 활기 없고 새롭지도 않았다. 하지만 이 예시는 산업이 데이터 분석을 어떻게 이용할 수 있는지—(소비자의 욕구를 더 잘 다루기 위한 시도로서) 훌륭한 예고편을 만들기 위한 도구가 아닌, 시간을 절약하고 비용을 절감하기 위한 도구—를 시사한다. "절차에 걸리는 시간을 수 주에서 몇 주로 줄이는 것, 그것이 인공지능의 진정한 힘이다"(Smith, 2016).

2) 무엇이 강력한 포스터 광고를 만드는가?

예고편은 엔터테인먼트 광고의 지배적인 콘텐츠 양식이지만, 그것만 있는 것은 아니다. 일반적으로 엔터테인먼트 사이언스의 연구자들이 포스터와 같은 정적인 커뮤니케이션 양식 연구에는 적은 시간을 투자하기는 했지만, 주목할 만한 연구로는 영화 인쇄물 광고 콘텐츠를 분석한 라오 등(Rao et al., 2017)이 있다.

이들은 소비자에게 '정보'를 제공하는 포스터의 구성 요소에 초점을 맞추고 (엔터테인먼트 마케팅의 통합된 블록버스터 개념에 대해 논할 때 다시 언급하게 될) 미학적인 요소는 배제했다. 이들은 우리가 앞서 다룬 2가지 근본적인 종류의 엔터테인먼트 정보(추론과 대체 단서)를 구별한다. (상품이 '양질'일 것임을 소비자에게 알려 주는) 추론 단서 확인을 위해, 연구자들은 포스터의 핵심 구절이 해당 영화의 스타, 감독, 콘텐츠를 강조하는지를 확인했다. 대체 단서(즉, 이미 그것을 경험한 사람들이 내린 상품 품질에 관한 판단으로, 라오 등이 '외부 검증 변수'라고 명명한 것)의 경우, 연구자들은 영화 포스터가 비평가의 리뷰를 (몇 개나) 언급하고 있는지, (≪뉴욕타임스(New York Times)≫, ≪LA타임스(LA Times)≫, ≪타임(Time)≫의) '정상급 비평가'가 거론되었는지, 수상 여부에 대한 언급이 있는지 등을 조사했다. 이 2개의 기본적인 정보 범주와 더불어, 연구자들은 기술적인 기준으로 광고의 크기도 살펴봤다.

라오 등은 이 요인들이 포함된 2003년에서 2004년 사이의 주요 영화 인쇄 광고 206개의 데이터 세트를 실증적으로 검증했으며, 이 광고들은 모두 영화 개봉일 무렵 ≪뉴욕타임스≫에 게재된 것이었다. 각각의 포스터를 코딩하여 이들은 다수의 기타 '성공 요인'이나 통제 요소뿐만 아니라 다른 콘텐츠 구성 요소까지 모두 영화의 한 주 매표액과 연계하여 임의 효과 모델 회귀분석(random effects panel regression)을 실시했다. 게다가 이들은 영화 개봉 주말의 성과와 총 매표액을 가지고 범용 최소제곱법을 아울러 적용했다. 모든 분석에 걸쳐 결과는 매우 간결하고 일관적이었다. 이들이 발견한, 차이를 만드는 하나의 포스터 구성 요소는 '정상급 비평가'의 보증을 포함하고 있었다. 다른 하나의 구성 요소는 큰 영향력이 없었다. 영화평의 숫자도 추론 단서의 어떠한 요소도 평균보다 높은 매표액과 연관되어 있지 않았다.

따라서 효과적인 포스터를 디자인하려 할 때 제작자의 과제는 상품의 질을 충분히 높여 영화평이 긍정적일 것임을 확신하면서 동시에 정상급 평론가들의 관심을 끌어 그들이 영화에 대해 써 주도록 만들게 하는 것이다. 다시 말해, 커뮤니케이션 효과는 결국 상품 자체의 질과 관련이 있다는 것이다. 이 과제를 성공적으로 수행한 결과는 상당한 것으로 나타났다. 라오 등은 정상급 비평가 한 명의 긍정적인 영화평이 평균적으로 첫 주에 800만 달러, 총 1600만 달러의 매표액 증가를 불러일으킨다고 추정했다. 우리는 이 결과가 엔터테인먼트 커뮤니케이션의 다른 관련 요소(예: 책이나 블루레이의 표지 같은 상품 포장 디자인)에도 통찰을 제공하는지는 의심스럽다. 우리는 이 장의 끝부분에서 이 문제로 다시 돌아올 것이다.

3) '얼마나' 관련 질문: 좋은 것이 지나치게 많을 수 있을까?

사람들은 영화를 보러 가기 전에 보려고 하는 영화의 모든 것을 정확히 알고 싶어 한다… 나는 그것을 맥도날드와 연결해 보았다. 맥도날드가 엄청난 성공을 거둘 수 있었던 이유는 당신이 거기에서 어떠한 놀라움도 발견하지 않기 때문이다. 당신은 맥도날드 상품이 어떤 맛일지 정확히 알고 있다.

— 영화감독 로버트 제메키스(Robert Zemeckis)(Ebert, 2000인용)

영화를 망친 예고편 50개

— 한 웹사이트의 제목(Kinnear, 2012)

자신들의 예고편 구성 요소 분석에서, 카레이와 데버니츠(Karray and Debernitz, 2015)는 우리가 지금껏 영향력이 크다고 언급하지 않은 하나의 추가적인 요인을 찾아냈다. 이들의 연구에 의하면, 예고편이 핵심적인 반전을 '생략'한다면, (기대되는) 매표액 증가는 약 50만 달러에 이른다. 이는 우리가 (예고편 및 포스터 광고 같은 다른 방식의 커뮤니케이션을 포함한) 커뮤니케이션 캠페인을 통해 엔터테인먼트 상품을 소비자에게 '얼마나' 공개해야 하는지에 관한 질문을 하게 만든다. 이제 섬세한 균형 잡기에 관해 이야기해 보자. 소비자의 저녁 식사를 망치지 않으면서 어떻게 그들의 식욕을 돋울 것인가?

(1) 스포일러의 장단점

엔터테인먼트 커뮤니케이션은 잠재적인 고객이 엔터테인먼트 상품의 질을 판단하는 데 도움이 될 정보를 제공함으로써 상품의 체험 특징을 언급해야만 한다. 그러나 엔터테인먼트 상품은 포만 효과(satiation effect)의 대상이므로, 상품에 대해 지나치게 많은 정보는 도움이 되기보다는 오히려 해가 될 수 있음을 명심해야 한다.

앞서 우리가 언급한 카레이와 데버니츠(Karray and Debernitz, 2015)의 연구 결과는 이 '포만'의 위협과 실제적인 관련이 있음을 보여 준다. 그리고 증거가 될 수 있는 일화들도 꽤 많다. 1991년 RTL 방송사(독일과 룩셈부르크를 기반으로 하는 방송사)를 통해 방영된 데이비드 린치(David Lynch)의 TV 드라마 〈트윈 픽스(Twin Peaks)〉는 낮은 시청률을 기록했는데, 많은 이들이 그것을 경쟁사인 SAT.1(독일의 방송사)의 탓으로 돌렸다. RTL이 해당 드라마를 방영하기 전에 그 방송국에서 TV 자막 서비스로 로라 파머(Laura Palmer: 트윈픽스의 등장인물

—옮긴이)가 살해당한다는 것을 밝혀 버렸기 때문이다(Fernsehlexikon, 2008).[7] 또한 (이 섹션 앞부분에서 우리가 인용한 바로 그) 인터넷 사이트는 엔터테인먼트 상품의 성공에 방해가 되었다고 자신들이 판단한 '스포일러들'의 리스트를 보여 주며, 개인들의 트윗 역시 영화 관람을 건너뛰게 만드는 '지나친' 정보에 관해 언급하고 있다.[8]

(제임스 본드가 나오는 영화 〈007 스카이폴(Skyfall)〉에 대해 영화 제목의 진짜 의미나 주인공과 제목과의 관계를 밝히지 않은 소니처럼) 어떤 회사들은 '놀라운 반전'을 포기하기를 꺼리지만, 다른 회사들은 '스포일러 효과'의 존재에 의문을 품는다. 이 섹션 시작 부분에서 제메키스의 이야기가 이러한 생각의 증거이다. 사람들이 "알고 싶어 한다"라는 이 저명한 감독의 말처럼, 프리츠(Fritz, 2015)는 할리우드 영화사는 "플롯을 드러내고 가장 흥미진진한 액션 장면을 보여 주는 것이… 많은 관객을 불러 모으기 위한 가장 효과적인 방법"이라고 여긴다. 그렇다면 누가 옳을까? 새로운 엔터테인먼트 상품의 성공 잠재력을 극대화하려면 얼마나 많은 정보가 실제로 유출이 되어야 할까?

〈그림 1.2〉에서 우리는 새로운 엔터테인먼트 상품에 관한 정보가 소비자에게 영향을 끼치는 각기 다른 경로를 묘사했다. 위쪽 경로는 정보를 소비자 머릿속의 예측 과정 및 그들의 새로운 상품 소비 결정과 연결시킨 것이다. 반면 아래쪽 경로는 소비자가 상품을 경험한 후 내리는 상품 가치의 판단에 정보가 실행하는 역할을 묘사한 것이다. 뒤이어 우리는 이 두 경로를 더욱 자세히 분석했다.

---

7) 당시 이 스포일러는 많은 이들에게 심한 비판을 당했으며, 한 법원에서는 그것을 '비도덕적'이라고 지칭하며 SAT.1이 —또다시— 그것을 밝히는 것을 금했다.

8) 예를 들어 트위터 유저 'luckymojo'는 팔로어들에게 자신은 (영화) "〈커플로 살아남기(Life As You Know It)〉를 볼 생각이 없다. 왜냐하면 예고편을 통해 영화사 측이 당신에게 영화 플롯과 결말 전부를 이야기해 주었기 때문에"라고 말했다.

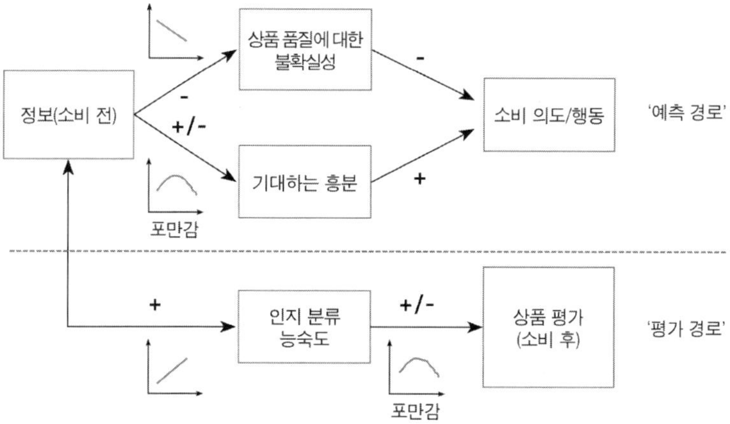

〈그림 1.2〉 스포일러 효과

(2) '예측 경로': 스포일러가 어떻게 소비 의도에 영향을 끼치는가

위쪽 경로에서 우리는 두 효과를 구분했다. 곧 나올 엔터테인먼트 상품에 관한 정보는 불확실성에 대한 소비자의 인식에 영향을 끼침으로써 소비 행위 결정에 영향력을 행사한다. 그러나 이러한 정보는 해당 상품이 새로운 흥분을 선사할 것이라는 소비자의 기대치에도 어느 정도 영향을 끼친다. 본질적으로 엔터테인먼트 상품은 경험적 특성으로 인해 소비자에게 위험부담이 있으므로, 상품에 대한 사전 정보는 '곧 나올 것'에 대한 소비자의 불확실성을 감소시켜 줄 수도 있다. 보통 소비자들이 더 적은 소비 위험부담을 선호하므로, 다른 모든 조건이 같다면 더 많은 정보가 소비자의 영화 관람 (혹은 게임 실행 등의) 의도를 증가시킨다. 이 주장이 바로 제메키스 논리의 핵심이다.

그러나 우리는 I권에서, 엔터테인먼트 상품은 어떤 중요한 지점에서 햄버거와 다르다는 것을 분명히 한 바 있는데, 그것은 두 상품에서 소비자들이 경험하고자 하는 새로운 쾌락적 흥분의 차이이다. 그런데 기대 흥분에 대한 우리의 예측에 소비 전(前)의 정보가 하는 역할은 그렇게 분명하게 구별되지 않는다. 어떤 새로운 정보는 상품의 흥분 잠재력을 암시하여 소비자들의 체험 흥미를 증가시키는 반면, '너무 많은' 사전 정보(예를 들어 스릴러 영화를 보기도 전에 결과에 대해 알게 되는 것과 같은)는 실제 엔터테인먼트 체험의 '대체재'가 될 수 있다. 이런 정보는 소비자의 호기심과 흥미를 감소시킨다. 바로 포만 효과이다.

이 포만 효과는 얀과 상(Yan and Tsang, 2015)이 홍콩의 대학생 180명에게 그들이 클리브 오웬(Clive Owen)이 나오는, 반전이 포함된 짧은 스릴러 영화 〈하이어-티커(The Hire: Ticker)〉를 통해 얻을 수 있는 즐거움이 무엇일지 예상해 보라는 질문을 한 뒤 얻은 결과를 설명해 준다. 이들의 연구 결과에 따르면, 줄거리에 대한 정보는 제공하지만, 결말에 대해 알려 주지 않는 '저(低)강도' 스포일러를 본 이들은 기본적인 ('스포일러 없는') 정보만을 받은 이들과 비슷한 수준의 즐거움을 예상했다. 반면 줄거리뿐만 아니라 영화의 반전까지 모두 알려 준 '고(高)강도' 스포일러를 본 이들은 즐거움에 대한 기대치가 25% '감소'했다.

(3) 평가 경로: 스포일러가 즐거움에 어떻게 영향을 끼치는가

이제 엔터테인먼트 상품 소비 이전 소비자에게 주어진 정보로 인해 만들어진 소비 후(後) 과정에 대해 다루는, 아래쪽 경로를 살펴보자. 이 경로는 스포일러가 소비자들이 자신의 소비 체험을 어떻게 평가하는지에도 영향을 끼칠 수 있음을 보여 준다. 그렇다면 이는 입소문 과정을 통해 제품의 성공에 영향을 끼칠 수 있다.

이것은 소비 전 정보가 우리의 소비 체험 인지 과정에 영향을 끼칠 수 있다는 논리이다. 지식은 우리가 경험을 '인지 범주'에 더욱 쉽게 배치하고, 우리가 들은 이야기를 더 잘 이해하게 하며, 우리의 생각을 더욱 '능숙하게' 할 수 있도록 돕는다(Leavitt and Christenfeld, 2013; Hennig-Thurau et al., 2006 참조). 보통 소비자는 큰 노력보다는 적은 쪽을 선호하기 때문에, 인간의 기본적인 심리 경향은 능숙함을 좋아하는 방향으로 이뤄진다. 리비트와 크리스텐펠드(Leavitt and Christenfeld, 2011)는 학생 800명에게 단편소설을 읽게 했을 때, 줄거리를 다루고 ('의도치 않은 것처럼 보이게') 결론에 대해서도 언급한 스포일러를 받은 학생들이 사전 정보를 전혀 받지 않은 학생에 비해 그 소설에 더 높은 점수를 주었음을 발견했다. 이 결과는 다른 종류 소설의 경우에도 동일하게 나타났다. 미스터리의 경우 10%, '이미지를 연상시키는 문학 소설(evocative literary stories)'의 경우 9%, '아이러니와 반전이 있는 소설'의 경우 7%가 더 높았다. 얀과 상의 축구 시청 실험에서 경기 전 누가 이겼는지를 들은 이들이 13% 더 즐거워했다는 결과 역시 인지 능숙함을 통해 설명할 수 있다.[9]

하지만 더 높은 능숙함이 엔터테인먼트 소비에 더 적은 노력을 요구한다고 해서, 즐거움이 반드시 커진다는 것을 뜻하지는 않는다. 이는 위쪽의 '예측' 경로에서 확인할 수 있다. 무슨 일이 일어날지 알고 있다면 기(旣)체험 흥분은 낮아질 수 있는데, 이는 우리가 흥분-친숙성 체계에서 주장했듯 소비자의 즐거움에 해가 된다. 이와 마찬가지로 연구자들이 고강도 스포일러에 관해 연구했을 때 그 결과는 낮은 수준의 즐거움으로 나타났다. 이는 리비트와 크리스텐펠드(Leavitt and Christenfeld, 2011)가 연구한 반전 결말 있는 소설, 얀과 상(Yan and Tsang, 2015)[10]이 활용한 짧은 스릴러 영화, 존슨과 로젠바움(Johnson and Rosenbaum, 2015)이 분석한 한 단편소설에 대한 대학

---

9) 하지만 이 차이는 통계적으로 의미가 있는 것은 아니다.

10) 이 차이는 (여기의 고강도 스포일러보다 더 나쁜 평가에 부합하는) 저강도 스포일러의 경우에만 유의미하다. 이는 두 이형(異形) 스포일러가 다른 더욱 질적인 기준들로 인해 차이가 생긴다는 것을 의미한다.

생 412명의 반응에서도 마찬가지였다. 이들은 '결말 스포일러'가 '중강도(中强度)' 스포일러에 비해 소비자들이 '재미'의 측면에서 느끼는 즐거움뿐만 아니라 스스로 인지하는 흥분도 감소시킨다는 것을 밝혀냈다('서스펜스 경험'의 경우 9% 낮았다).

존슨과 로젠바움의 연구를 제외하면 해당 연구 결과들이 통계적 유의성에 다다르지는 못했지만, 그 패턴만큼은 확실하고 한결같다. 고강도 스포일러는 낮은 즐거움을 동반한다.

(4) 당신이 누구에게 그리고 어떤 상품에 '스포'하는지 조심하라

연구는 이 경로의 특정한 패턴과 상대적인 힘은 소비자에 따라, 그리고 상품에 따라 다르다는 것을 지적한다. 얀과 상(Yan and Tsang, 2015)은 이미지 형상화 잠재력이 높은 사람들이 사전 정보에 더욱 부정적으로 영향을 받는다는 것을 발견했다. 이들은 스스로의 시각을 형성하는 것을 즐기는 경향이 있는데, 스포일러는 이런 행위를 방해하기 때문이다. 하지만 이는 곧 이미지 형상화 잠재력이 결여된 사람이라면 스포일러로 인해 그렇게 피해를 보지는 않음을 의미하기도 한다.

이와 관련해, 대학생 368명을 대상으로 한 단편소설 읽기 실험을 통해 로젠바움과 존슨(Rosenbaum and Johnson, 2016)은 이들 정서를 찾는 소비자[아펠과 리처(Appel and Richter, 2010)에 따르면 '정서적 효과'를 매우 필요로 하는]는 스포일러가 없을 때 이야기를 더욱 잘 즐긴다는 것을 발견했다. 깊게 생각하는 것을 즐기는[카시오포와 페티(Cacioppo and Petty, 1982)에 따르면 높은 '인식 작용에 대한 욕구'를 가진] 사람들에게서도 비슷한 성향이 발견된다. 이런 행위에 더 높은 가치를 부여하는 사람들일수록 스포일러를 즐기지 않는다는 것이다(상품을 체험하기 전 자신들 스스로 '이론'을 만들어 내는 일을 방해하기 때문이다).

따라서 제작자는 스포일러에 대한 소비자들의 반응을 이해하기 위해 노력해야 한다. 이를 실행하기 위한 방법의 하나는 넷플릭스의 방법이다. 이 스트리밍 서비스는 (로라 파머 살해를 포함한) 전설적인 스포일러를 볼 수 있도록 제공하면서, 동시에 자기들이 설정한 '스포일러 종류'를 알아내는 짧은 온라인 퀴즈를 고객에게 제공한다.[11] 상품의 특성과 관련해, 리비트와 크리스텐펠드(Leavitt and Christenfeld, 2013)는 아래쪽 경로의 일부로서 상품의 복잡성이 스포일러가 얼마나 소비 체험의 능숙함을 높일 수 있을지를 결정한다고 말한다. 만일 줄거리가 간단하고 이해하기 힘들지 않다면, 스포일러는 능숙도를 증가시키지 않는다.

우리 체계의 경로와 관련 실증 연구 결과는 스포일러 효과의 기저에 있는 메커니즘을 설명하는 데 도움이 된다. 지금까지의 모든 스포일러 연구는 수용자가 새로운 상품에 대한 어떠한 '기존의' 인식과 지식이 없다는 것을 가정하고 있음을 잊지 말라. 반면 실제로 소비자들은 새로운 영화, 책, 게임에 대해 많은 것을 알고 있으며, 특히 속편이나 각색물의 경우는 더욱 그렇다. 이 때문에 디즈니에서는 —적어도 이 서사시에 너무도 익숙한 서양의 수용자들에게는— 〈스타워즈〉 속편 〈스타워즈: 깨어난 포스〉의 플롯을 거의 드러내지 않기로 결정했던 것이다.

이러한 기존 지식은 스포일러 효과의 기본적인 논리를 바꾸지는 않는다. 그러나 이로 인해 제작자들은 어떤 종류의 정보가 도움이 되며 어떤 정보가 해당 상품의 **티핑 포인트**•, 즉 기대치를 줄이고 상품과의 연계

• 작은 변화들이 어느 정도 기간을 두고 쌓여, 이제 작은 변화가 하나만 더 일어나도 갑자기 큰 영향을 초래할 수 있는 상태가 된 단계.

11) 넷플릭스가 생각하는 '스포일러 종류'는 https://goo.gl/fEv2Fg에서 찾아보라. 그러나 주의하라. 여기에는 스포일러가 있을 수 있다(그리고 분명 그럴 것이다!).

를 악화시키는 바로 그 지점을 넘어서 버리는지를 예측하기가 어려워진다. 디지털 시대에서 정보는 즉각적으로 전 세계에 퍼지므로, 특정한 타깃 집단을 겨냥한 스포일러를 공급하는 것은 매우 어려워졌다. 결과적으로, 디즈니는 이 점을 인지하고 있어야 했다. 스토리와 관련된 정보가 담긴, 일본과 한국 관객들을 대상으로 했던 〈스타워즈: 깨어난 포스〉 예고편이 전 세계 다른 곳에서도 바이럴이 될 것이라는 점을 말이다(Fritz, 2015).

경영자들에게 있어 여기에 보고된 통찰에 기반한 주요한 과제는 예고편이 소비자에게 불러일으킬 수 있는 각각의 다른 메커니즘과 효과에 주목하는 것, 그리고 추가적인 상품 정보가 소비자의 기대감을 약화시키고 상품 평가를 훼손하는 티핑 포인트의 위치를 알아내는 것이다. 우리는 엔터테인먼트 사이언스 연구자들이 이 문제를 더욱 잘 밝혀낼 것이라고 자신한다.

이제 '무엇을 커뮤니케이션할 것인가'(그리고 얼마나 할 것인가)의 문제는 잠시 제쳐 두고 타이밍과 예산 설정 같은 다른 종류의 엔터테인먼트 커뮤니케이션 문제에 대한 언급으로 넘어가 보자. 우리는 엔터테인먼트 제작자들이 대개 자신들의 재원(財源)을 가장 많이 쏟아붓고는 하는 커뮤니케이션 도구로 논의를 시작할 것이다. 광고 이야기의 시작이다!

3. 페이드 미디어를 통해 소비자 끌기: 광고의 역할

> [광고는] 할리우드에서 가장 많이 논의하고 논쟁하는 주제이다.
>
> — CBS 필름 회장 테리 프레스(McClintock, 2014 인용)

위에서 테리 프레스가 이야기한 것처럼, 엔터테인먼트 기업이 새로운 영화, TV 쇼, 게임, 음악, 책을 마케팅하려고 할 때의 주요 관심사는 바로 광고이다. 비록 모든 소비재 산업이 광고를 사용하지만, 엔터테인먼트 상품의 특별함으로 인해, 타이밍과 탄력성을 포함해 다른 산업과 엔터테인먼트 산업 간의 광고 메커니즘은 상당한 차이가 있다. 우리는 광고 효과에 대해 엔터테인먼트 사이언스 연구자들이 찾아낸 것들을 더욱 깊이 살펴보기 전에 우선 전반적인, 그리고 엔터테인먼트 상품 수명주기의 각기 다른 지점에서 광고의 기능에 대해 간단히 살펴보려고 한다.

1) 광고의 기능

광고에 많은 돈을 투자하는 것이 어떤 식으로 엔터테인먼트 상품의 가치에 기여하는가? 새로운 상품의 경우 광고는 2가지 역할을 한다. ① 광고는 소비자가 새로운 상품에 대해 인지하게 만들며 ② 그들에게 상품의 품질을 보여 준다. 광고는 엔터테인먼트 브랜딩의 주요 도구이므로, 이 역할이 브랜딩의 주요 기능인 브랜드 인지와 브랜드 이미지 개념과 어느 정도 겹치는 것은 그리 놀라운 일이 아니다.

먼저 소비자의 상품 인지에 광고가 어떻게 영향을 끼치며, 그것이 왜 중요한지에 대해 생각해 보자. 소비자의 의사결정 예시 중 가장 잘 알려진 것 가운데 하나는 새로운 상품에 대한 소비자의 행동을 계층분석법으로 그려 낸 것이다(예: Lavidge and Steiner, 1961). 고전적인 '계층적 효과 모형(hierarchy-of-effects)'에 따르면, 광고는 소비자에게 상품 구매로 끝나는 연쇄반응 행동을 초래할 수 있다. 인지하게 되는 것이 처음—이자 가장 중요한— 다중 단계의 시발점이다. 인지가 없으면 상품 구매를 포함하는 다른 행동은 일어날 수 없다. 그러나 광고에 기반한 인지는 첫 번째 광고 메시지를 받은 소비자들을 넘어 이들과 다른 소비자들 사이의 광고 커뮤니케이션을 촉발한다. 바로 사회학의 전설적인 존재들인 카츠와 라자스펠드(Katz and Lazarsfeld, 1955)의 커뮤니케이션의 '2단계 흐름' 논리이다.[12)]

컬럼비아 트리스타(Columbia TriStar)가 1993년 프랑스에서 발행한, 63개의 영화에 대한 주간 광고 지출액 및 인지도 추적 데이터를 이용하여 주프라이든(Zufryden, 1996)는 최소제곱법을 적용하여 다음과 같은 것을 밝혀냈다. 특정한 주의 영화에 대한 소비자의 인지는 거의 전적으로 광고 지출액 수준과 이전 주들의 영화 인지도를 통해 설명할 수 있었다(이 모델의 R^2 값은 0.97이다). 우리는 디지털화가 인지를 위한 추가적인 정보원(源)을 제공했다고 예상하지만, 광고는 여전히 핵심적인 역할을 담당하고 있다.[13)]

광고의 두 번째 역할은 소비자에게 엔터테인먼트 상품의 품질을 납득시키는 것이다. 이는 광고가 소비자의 머릿속에 있는 의미연결망(semantic network)에 통합된 강한 연관성을 만들고 퍼뜨린다는 개념이다. 이 연관성은 소비자가 의사결정 체계의 가장 마지막 단계인 구매로 향하게 하는 데 있어서 필수적이다. 일부 연관성은 광고 콘텐츠 자체에 의해 촉발되지만(예: '훌륭한' 예고편과 '나쁜' 예고편의 경우), 특정한 상품에 대한 광고비 지출의 양(量) 그 자체가 품질에 대한 신호가 되며 소비자의 품질 인식에 영향을 끼친다. 경제학자들은 이 '증표(signaling)' 효과를 광고의 '화폐 연소(money-burning)' 이론이라고 칭한다(예: Milgrom and Robert, 1986).

엄청나게 비싼 돈을 지불하고 슈퍼볼에 삽입된 영화와 게임 광고를 생각해 보라. 소비자들에게 새로운 영화가 존재하고 그것으로부터 무엇을 기대할 수 있는지(즉, 왜 그들이 이 영화를 봐야 하는지!)에 대해 이야기하는 것과 더

---

12) 우리는 입소문 효과에 대해 논의할 때 이 2단계 흐름 모델을 다시 이야기할 것이다.

13) 우리는 엔터테인먼트 상품 발매 전 선행되는 입소문에 대해 다룬 '언드 엔터테인먼트 커뮤니케이션' 장의 논의에서 여기에 대한 실증적인 증거를 제공했다.

불어, 이들 광고는 제작자들이 '슈퍼볼에 삽입될 만한' 것으로 생각하지 않는 다른 많은 엔터테인먼트 상품들과 슈퍼볼에서 광고되고 있는 상품을 차별화한다. 우리는 콘텐츠 자체와 광고의 신호 효과, 특히 엔터테인먼트 상품 광고의 신호 효과를 구분하는 실증적인 증거에 대해 알지 못한다. 그러나 일반적인 분석적 조사에 기반하여 자오(Zhao, 2000)는 이렇게 결론을 내리고 있다. "'화폐 연소'만으로는 품질을 표시할 수 없다… 돈을 어떻게 태우느냐도 중요하다"(p.390).

엔터테인먼트 상품 광고에 쓰는 돈의 양은 소비자를 넘어 금융 전문가, 주주, 유통업자 등 업계 내 다른 이들에게도 해당 상품의 품질에 관해 알려 주는 역할을 할 수 있다. 디즈니가 〈스타워즈: 깨어난 포스〉의 광고 예산을 책정해야 했을 때, 이들은 소비자들 사이에 이미 열광적인 기존 인지도와 기대치가 존재함에도 불구하고 엄청난 양의 예산을 책정했다. 평소보다 적은 돈을 쓸 경우 '과도한 주의를 끌게 될' 우려가 있기 때문이었다(Fritz, 2015). 조시와 한센스(Joshi and Hanssens, 2009)는 1995년에서 1998년 사이 주요 영화사가 출시한 영화 200편에서 얻은 자료를 바탕으로 광고 지출 수준이 영화사의 주가에 끼치는 영향을 분석하여 광고 지출이 투자자에게 끼치는 신호 효과에 관한 실증적인 근거를 제공했다. 영화에 대한 더 많은 지출이 해당 영화가 영화사의 향후 순 현금 흐름(net cash flow)에 끼치는 영향에 관한 투자자들의 기대치와 부합한다는 것이다.

본질적으로 광고는 상품의 성공에 다양한 방식으로 영향을 미치는 엔터테인먼트 마케팅의 중요한 구성 요소이다. 이제 얼마나, 그리고 언제 광고비를 써야 하는지에 대해 살펴보자.

2) 얼마나, 그리고 언제 써야 하는가: 광고 예산과 타이밍에 관한 몇 가지 기본적인 언급

> 너의 수익 이상으로 쓰지 마라, 하지만 너의 잠재력 이하로 쓰지도 마라.
>
> — 파라마운트 영화사의 전 고위 간부 롭 프리드먼(Rob Friedman)(Squire, 2006: 290 인용)

엔터테인먼트 제작자는 사람들에게 자신들의 새로운 볼거리를 알리고 그것의 (높은) 품질을 암시하기 위해 엄청난 광고비를 쓴다. 엔터테인먼트의 광고 지출은 어떻게 진화해 왔으며, 각기 다른 미디어에 어떤 식으로 할당되었는가? 〈그림 1.3〉은 최근 15년간 미국 영화 산업의 지출액을 통해 이 질문들에 답한다. 요즘의 제작자는 전부 통틀어 매년 약 35억 달러를 광고료로 이들 미디어에 지출하고 있으며, 추가로 200억 달러를 다른 미디어(대부분 옥외 광고판과 라디오)에 쓰고 있다. 이 숫자는 할리우드 영화사들이 자신들의 상품을 위해 전 세계적으로 지출하는 액수의 약 절반 정도라고 볼 수 있다(Fritz, 2015).

그림에서 확인할 수 있는 것처럼, 2015년에도 영화사 경영자들은 여전히 TV에 가장 큰 지출을 책정했다(이는 영화 광고 지출액의 약 80%로, 1999년의 50%에서 상승한 것이다). 여전히 경영자들은 매우 복잡한 시장에서 제한된 수명주기를 갖고 있는 새 상품의 성공적인 시작을 위해 필수적인 (불특정 다수의) 수용자들에게 다가가기 위해, TV가 매우 중요하다고 믿고 있다(Fritz, 2015 참조). 인쇄 매체에는 1999년 약 40%의 광고료를 지출했는데, 이제는 영화사의 사랑을 잃고 2015년에는 단지 10% 조금 안 되는 광고료만을 지출했을 뿐이다. 디지털 미디어는 광고료 지출과 무관했으나 이제는 거의 10%에 가까운 광고를 지출하고 있다. 그러나 우리의 자료는 영화 광고에서 디지털 미디어가 차지하는 역할이 다른 산업에서 차지하는 역할보다 훨씬 작다

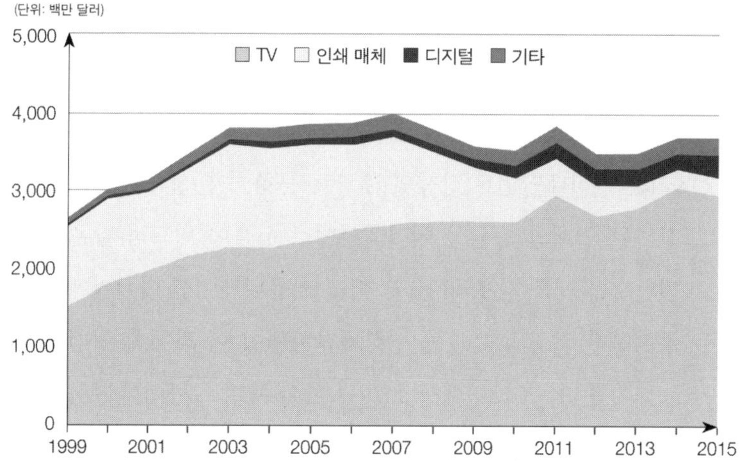

〈그림 1.3〉 미국 내 미디어별 영화 광고비 지출액

주: 그림에 보이는 모든 액수는 다수의 추정을 바탕으로 한 예상치이다. 따라서 여기에 제시된 수치는 어림잡은 수치로만 취급하라. 'TV' 범주는 방송망, 케이블, 방송 연합에 지출한 액수를 포함한 것이며, '인쇄 매체'는 잡지, 신문, 그리고 '디지털'은 고정식 인터넷과 모바일 접속 모두를 포함한 유료 검색과 디스플레이/배너, 비디오, 소셜 미디어를 포함한다. 수치는 각 해의 가공되지 않은 액수이다(인플레이션은 고려하지 않았다).
자료: Kantar Media의 자료를 참조.

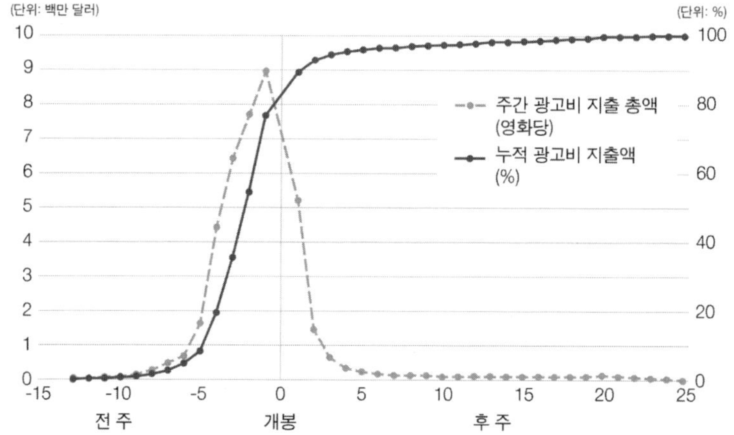

〈그림 1.4〉 극장 개봉 수명주기에 따른 영화 광고비 지출

주: 수치는 2012년에서 2014년 사이 북미 극장에서 개봉한, 매표 수익 100만 달러 이상의 영화 442개의 평균치이다.
자료: Kantar Media의 자료를 참조.

는 것을 시사하는데, 다른 산업 분야의 광고 수입에서 디지털은 TV를 추월할 기세이다(Garrahan, 2016).

그리고 엔터테인먼트 상품 수명주기의 어느 시기에 광고비가 쓰여야 할까? 우리는 엔터테인먼트 상품의 쾌락적/문화적 본성과 새로운 상품이 많이 등장하는 업계의 특성상 엔터테인먼트 상품이 비교적 짧은 수명주기에 직면한다는 것을 강조해 왔다. 이는 커뮤니케이션 타이밍에 주요한 역할을 부여한다. 〈그림 1.4〉는 영화제작자들이 이 과제에 어떻게 대응하는지를 보여 준다. 2012년에서 2014년 사이 북미 극장에서 개봉한 영화의 경우, 광고비 대부분은 영화 개봉 이전에 지출되었다(Elberse and Anand, 2007 참고).

구체적으로 영화 광고비의 약 76%가 신작이 개봉되기 전에 지출되었으며, 13%는 영화 개봉 바로 다음 주에, 나머지 11%는 그 이후에 지출되었다. 이러한 경향은 게임의 경우도 비슷하지만, 이보다는 덜 극단적이다. 우리는 2011년 10월부터 12개월 동안 발매된 엑스박스(Xbox)의 주요 게임 100개의 경우 52%의 광고비가 발매 전에, 16%가 발매 바로 다음 주에, 나머지가 그 이후에 지출되었음을 확인했다(Marchand et al., 2016). 이렇게 앞부분에 몰려 있는 경향은 다른 업계의 회사들이 자신들의 상품 수명주기에 걸쳐 광고비를 할당하는 방식과 분명히 대조적이다. 이 회사들은 광고비 대부분을 소비자가 상품을 살 수 있게 된 다음에야 지출한다.

많은 연구자들이 엔터테인먼트 상품 광고 효과를 연구하기 위해 계량경제학 방법을 적용해 왔다. 이는 공개 전과 공개 후 광고를 분리함으로써 타이밍의 중요한 역할을 반영하는데, 우리도 거기에 맞춰 이어지는 논의를 진행하려고 한다. 그러나 논의를 시작하기에 앞서, 우리는 전반적인 엔터테인먼트 광고에 대해 조사한 이들 연구를 살펴보려 한다. 또한 우리는 계량 경제학상으로, 말하면 광고 효과를 밝혀내는 것이 전혀 사소한 일이 아님을 강조하고자 한다. 여기서 곤란한 지점은, 우리가 이미 논의한 다른 종류의 상품 요인(속편과 같은)에 대한 '처치 편향(treatment bias)'과 어느 정도는 비슷하다.

구체적으로 광고비 지출 수준은 내생(內生, endogenous) 성질로서, 특정한 상품에 대한 광고비 지출에 대해 경영자가 갖는 기대치에 영향을 받는다. 만일 경영자가 새 앨범이 큰 히트를 칠 잠재력이 있다고 믿지 않는다면, 해당 상품의 광고에 거의(혹은 아예) 투자하지 않을 것이다. 따라서 연구자는 성공의 어떤 부분이 광고 그 자체로 인한 것인지—그리고 어떤 부분이 (광고비 지출에 영향을 끼친) 상품의 성공 잠재력에 의한 것인지—를 알아내야 한다. 광고비 지출 수준과 상품 성공 사이의 단순한 상관관계는, 조정되지 않은 회귀 계수(regression coefficients)와 더불어 왜곡될 우려가 있으므로 조심스럽게 다뤄야 한다.

각기 다른 영화 유통 채널에 관한 분석(Hennig-Thurau et al., 2006)에서, 우리는 스타가 출연하는, 그리고/혹은 (속편과 같은) 통합 브랜드의 경우 광고비 지출이 체계적으로 높다는 것을 발견했다. 이는 광고의 내생 성질과 일치한다. 마찬가지로 프라그와 카사반트(Prag and Casavant, 1994)는 영화 195편의 광고비 지출을 종속 변인으로 최소제곱법을 적용한 자료를 바탕으로, 영화의 다른 특성들이 광고비 비용의 거의 70%를 설명해 준다는 것을 알아냈다. 스타의 포함 여부뿐만 아니라 특정한 장르 및 영화제작 비용은 광고비 지출의 가장 큰 결정 요인 중 하나이다. 몇몇 연구자는 제작자들이 엔터테인먼트 상품에 대한 광고비 지출을 결정할 때 '제작비의 절반'이라고 하는 체험적인 전략을 사용한다고 주장해 왔다(예: Quelch et al., 2010).[14]

---

14) 영화 외의 다른 엔터테인먼트 상품에 대해서도 비슷한 경험 법칙이 있다. 예를 들어 출판사는 스타급 작가의 존재와 그 작가의 유명 인사 지위, 혹은 그 작가의 이전 베스트셀러 개수를 바탕으로 광고 비용을 결정한다고 알려져 있다.

이러한 복잡함을 염두에 두고, 이제 광고 효과를 둘러싼 연구 결과에 대해 논의해 보자.

3) 엔터테인먼트 광고 효과에 대한 몇몇 일반적인 식견

산업 전반에 걸쳐 광고의 탄력성은 0.12로 알려져 있다. 다시 말하면, 광고비 지출을 10% 늘리면 판매량은 1.5% 늘어난다는 뜻이다(1.10의 0.12승=1.15). 따라서 평균적으로 광고 효과는 긍정적이지만 비교적 작다(Sethuraman et al., 2011). 이와 비교하면 엔터테인먼트 상품 광고는 어떨까? 우리는 사전과 사후 광고비 지출을 구별하지 않고 각기 다른 종류의 엔터테인먼트 형식을 하나씩 조사하는 것으로 이 연구를 시작한다.

※ 영화

이 분야의 주요한 연구는 브루스 등(Bruce et al., 2012)으로, (칼만 스무딩과 마코프 체인 같은) 고급 계량 경제학 방법을 사용하여 2002년에서 2005년 사이의 영화 360편을 데이터 세트로 하여 광고 효과를 연구했다. 이들이 추정한 영화 성공의 동적 선형 모형의 매개변수에 기반하여, 이들은 영화제작자들이 실제로 지출한 광고 비용 대신 더 많은, 그리고 더 적은 지출액으로 바꿔 가며 다수의 시뮬레이션을 돌려 보았다. 이렇게 함으로써 이들은 광고비 지출을 많이 하느냐 적게 하느냐가 영화의 성공에 어떻게 영향을 끼치는지를 살펴볼 수 있었다.

브루스 등은 내생성이 흥행 결과에 손해를 끼치지 않는다고 주장했다. 그리고 자신들이 자료로서 조사한 영화 중 3분의 2가 영화관 상영 시기에 더 많은 영화관 광고 비용이 필요했다(그리고 나머지는 더 적은 비용이 필요했다)는 것을 밝혀냈다. 그리고 가정용 비디오로 유통될 시기에는 4분의 3의 영화에 더 많은 광고비가 필요했다. 영화 마케터들에게 가장 통찰력 있는 부분은 이들이 책임을 묻고 있는 상황 인자가 더 많은/적은 광고비 지출의 유리함에 관한 것이라는 점이다. 특히 이들의 연구 결과는 영화의 종류에 따라 달라지는 2가지 요인에 주목한다. 바로 영화의 '침투율' 정도(즉, 반복적인 광고가 어느 정도로 소비자에게 영향을 끼쳤는가), 그리고 영화의 '망각률'(광고가 어느 정도로 소비자에게 '달라붙어' 있는가)이다.

침투율이 높은 영화는 SF영화(아마도 복잡한 플롯과 비주얼 때문일 것이다)였고, 낮은 망각률은 영화에 대한 전문적인 리뷰의 개수와 관련되어 있었다(이들 리뷰는 소비자들의 인지도를 늘려 주는 듯 보인다). 따라서 이런 영화의 경우 광고는 좀 더 효과적이며 더 많은 광고비 예산을 책정할 만한 대상이다. 브루스 등은 극장에서 성공한 영화들이 비디오로 출시될 때 높은 광고 비용의 혜택을 가장 많이 받는다는 것을 발견했다.

※ 책

세후 등(Shehu et al., 2014)은 독일의 소설책 598권을 데이터 세트로 연구하며 광고를 임시 변수로 삼았다. 이들은 책을 2개의 기본적인 범주(광고된 것과 아닌 것)로 나누었다. 이렇게 함으로써 연구자들은 광고의 잠재적인 내생성을 성향 점수와 매칭하여 설명할 수 있었다. 광고된 책 196권의 데이터 세트에서 연구자들은 '쌍둥이'—광고된 책과 다른 여러 가지 측면에서 똑같은 광고되지 않은 책—를 확인했다. 더 높은 광고비 지출을 촉발한 요인은 제목의 호소력과 전문적인 리뷰에 기반한 책의 품질이었다.

이러한 변수에 의해 생성된 편향을 수정하면 책 판매에 대한 광고 효과가 41% 줄어들었다. 그러나 광고 효과는 여전히 엄청났다. 평균적으로 광고된 책은 광고되지 않은 다른 쌍둥이 책과 비교하면 거의 2배의 수익을 냈다. 그러나 세후 등의 추가적인 분석은 이 '평균적인 효과'가 단 한 가지 종류의 책에서만 더욱 커진다는 것을 보여 준다. 광고는 스타급 작가가 아닌 이가 쓴 책에서만 현저한 차이를 만들어 낸다는 점이다. 그에 반해서 '스타급 작가가 쓴' 책은 광고와는 상관없이 비슷한 수준의 성공을 거두었다. 광고의 상황 적응성에 대한 논의에서 우리는 이 지점으로 다시 돌아올 것이다.

※ 게임

그렇다면 게임에 대한 광고는 어떠한가? 마르샹(Marchand, 2016)은 콘솔 게임 2000여 개의 성공 원인에 대한 조사에서 미국의 게임 광고 비용을 포함했다. 그는 광고와 총 매출액이 높은 상관관계를 지닌다는 것을 발견했다(r=0.58). 그리고 강건 표준오차(robust standard error)를 고려한 회귀분석을 통해 그는 평균적인 광고 탄력성이 0.12임을 보여 주었는데, 이는 세수라만 등(Sethuraman et al., 2011)이 보여 준 교차 산업 평균값과 정확히 일치했다. 광고만을 통제 변인으로 삼은 이 연구에서 마르샹은 편향 보정을 적용하거나 잠재적인 상황 효과(contingency effect)를 조사하지는 않았다.

※ 음악

마지막으로 2개의 연구는 광고와 음악도 연관 지어 보았다. 파피스와 반 헤이르더(Papies and van Heerde, 2015)는 2003년과 2010년 사이에 성공을 거두며 활발히 순회공연을 펼친 독일 음악인 387명의 주간 음반 판매 수익과 콘서트 표 판매량을 연구했다. 또한, 가수의 앨범에 대한 종래의 광고비 지출과 더불어 이 연구자들은 —음악 비즈니스에서 중요한 홍보 수단인— 해당 음악인 노래의 라디오 방송 횟수도 아울러 살펴봤다. 이들은 음반과 콘서트 표 판매량을 별도의 방정식으로 가정하여 계층적 베이지안 회귀분석(hierarchical Bayes regression)을 실시하고, 광고 결정의 내생성을 도구 변수로 수정했다. 이들은 한 가수의 음반 판매량에 0.09의 광고 탄력성(즉, 광고비를 10% 늘리면 해당 주에 1% 약간 못 미치는 음반 판매량 증가가 발생한다는 것)이 나타난다는 것을 발견했다. 그리고 음반 판매량에 대한 라디오 방송 횟수의 탄력성(0.024)은 더 작았다(즉, 라디오 방송 횟수가 10% 늘면 해당 주에 0.2%의 음반 판매량 증가가 발생한다는 것). 가수의 콘서트 표 판매량의 경우, 라디오 방송 횟수는 여기에도 영향을 끼치지만 (해당 주의) 광고는 그렇지 않았다. 아마도 콘서트 표는 좀 더 장기적인 의사결정 과정을 포함하고 있을 것이다.

2008년에서 2009년 사이 32주간 가수 616명의 앨범을 조사하여 광고비 지출이 음반 판매에 미치는 영향을 분석한 첸 등(Chen et al., 2015)의 다른 연구는 다른 설정(아마존닷컴의 가수 순위를 활용한 미국 내 판매량)과 다른 방법[패널 벡터자기회귀(vector autoregression) 모형, 혹은 VAR로 내생성 요소를 다룬다]을 사용했다.[15] 라디오 방송 횟수를 포함하지는 않았지만, 첸 등은 자신들의 모델에 온드 미디어(예를 들어 당시 인기 있던 소셜 미디어 플랫폼 마이스페이스 같은)에서의 활동과 아마존에서 입소문 포스팅의 형태로 이뤄진 '언드' 미디어 활동 및 기타 다수의 '성공 요인'(앨범의 가격과 신보들)을 모두 포함했다. 이들의 연구 결과 '전통적인' 광고는 차주의 앨범 판매량에 탄력성 0.04만큼 영향을 끼쳤는데, 이는 파피스와 반 헤이르더가 알아낸 것보다 더욱 작은 수치이다.[16] 우리는 무엇이 이러한 차이점을 만들어 냈는지 모른다. 그러나 가수의 소셜 미디어

---

15) 여기 포함되기 위해 가수들은 마이스페이스(Myspace) 플랫폼에서 사이트를 운영해야 했다. 이는 아마도 슈퍼스타보다는 덜 알려진 가수들의 경우가 대부분일 것이다. 이 데이터 세트는 미국 음악 시장에서 쓰이는 광고료의 10%에 해당한다.

16) VAR 모델 결과 해석은 어느 정도 속임수가 있다. 탄력성은 추정된 매개변수로부터 구할 수 없고, 소위 '충격응답함수(impulse response functions)'라고 불리는 것으로 계산해야 하기 때문이다. 이전 주의 광고비 지출을 예외로 두고, 매개변수를 (불변) 탄력성으로 놓았다.

활동을 같이 고려한 것이 중요한 역할을 했을지도 모르겠다. 한 가지 덧붙이자면 이 두 연구가 광고 후 바로 다음 한 주의 판매량만을 연구한 것이기 때문에, 음악 광고(와 라디오 방송 횟수)의 총 효과는 이보다 클 것이라고 예상한다. 아마도 천천히 번져 나가는 식일 것이다.

또한 파피스와 반 헤이르더의 분석은 (새로운 스트리밍 모델을 가능하게 하면서 동시에 음악을 불법적으로 접하는 것을 쉽게 만든) 광대역 인터넷망 이용 가능 범위가 증가함에 따라 광고 효과가 어떻게 달라지는지를 보여 준다. 이들은 음반과 콘서트 표 판매에 유료 광고(paid advertising)가 끼치는 영향력이 감소하고 있음을, 그러나 라디오 방송 횟수의 중요성은 인터넷 연결의 개선에 따라 커지고 있음을 보여 준다.[17] 파피스와 반 헤이르더는 음반사가 아닌 라디오 방송국의 통제 아래에 있는 라디오 방송 횟수가 소비자에게 '사전 선택'의 역할을 하고 그들의 구매에 영향을 끼치는 식으로 (선택의 폭이 훨씬 넓어진) 디지털 시대에서 중요성을 획득하는 것이 아닌가 의심했다.

이 모든 결과는 상품 수명주기의 각기 다른 지점에서 일어나는 광고 행위를 종합한 것이다. 이제 좀 더 깊이 들어가서, 상품 발매 이전과 이후 광고를 분리하여 시간 순서대로 배열해 보자.

4) 발매 전 광고의 효과

(1) 평균적인 효과

발매 전 마케팅 행위는 영화 엔터테인먼트와 비디오 게임 분야에서 특히 두드러진다. 따라서 발매 전 광고에 대해 조사할 때 연구자들이 이러

---

17) 파피스와 반 헤이르더의 연구 결과에 따르면, 콘서트 표 판매와 관련해서는 별 변화가 없었다.

한 엔터테인먼트 형태에 집중해 온 것은 놀라운 일이 아니다. 우리는 영화 분야에서 시작하여 관점을 넓혀 갈 것이다.

① 영화의 경우

영화의 경우, 발매 전 광고 효과에 대한 엔터테인먼트 사이언스 연구자들의 연구 결과는 대체로 일관적인 그림을 보여 준다. 북미 영화의 개봉 전 광고에 대한 탄력성 범위는 0.30에서 0.40으로 나타나는데, 이는 광고비 지출을 10% 늘릴 경우 개봉 첫 주 매표 수익이 평균적으로 약 3~4% 증가한다는 의미이다. 이것은 다른 산업 분야보다 훨씬 더 큰 영향력이다.

그러한 효과 일부는 간접적인 성격이 있음을 강하게 암시한다. 즉, 광고의 '2차 수용자'의 일종으로서 극장주가 중간에서 조정하는 것인데, 이들은 공급에 맞게 관련 결정을 조절하고 제작자가 적게 광고한 영화보다 더 많이 광고한 영화를 더 많은 상영관에서 보여 주는 것을 선택한다는 것이다. 주요 연구들의 구체적인 내용을 보자.

- 엘버스와 엘리아스버그(Elberse and Eliashberg, 2003)는 1999년도 이후부터 개봉한 미국 영화 164개에 대해 3SLS 회귀분석(3 stage least square regression)을 실시한 결과, 북미 영화관의 개봉 주 영화에 대한 개봉 전 광고의 총 탄력성이 0.40이라고 설명한다(광고의 내생적 성질은 통제하지 않았다).
- 호 등(Ho et al., 2009)도 2000년부터 2002년까지 영화 302개에 대해 일반화적률 추정법(GMM: Generalized Method of Moments) 회귀분석을 돌린 결과, 북미 영화 매표액에 대한 광고의 총 탄력성이 0.40임을 밝혀냈다. 이들은 개봉 전 누적 광고비 지출을 개봉 주 광고의 수단으로 사용했다.
- 고피나스 등(Gopinath et al., 2013)은 미국 내 각기 다른 지역 영화 시장의 데이터를 바탕으로 2004년에 개봉한 영화 75개를 2단계 회귀분석 방

법으로 분석하여, 북미의 개봉 주 영화에 대한 개봉 전 광고의 탄력성이 0.39임을 발견했다. 이들은 영화제작 비용을 영화 광고비의 수단으로 생각함으로써 내생성 요소를 고려했다.

- 클레멘트 등(Clement et al., 2014)은 2000년부터 2010년 사이에 개봉한 2000편 이상의 영화에 관한 연구에서, (3SLS 회귀분석을 통해) 북미 영화 개봉 주 영화에 대한 광고의 총 탄력성이 0.30임을 밝혀냈다. 이들은 광고 관련 어떠한 편향 보정도 실시하지 않았다.

이 모든 결과는 신작 공개 이전 광고비를 쓰는 것이 이치에 맞는 일이라는 견해를 뒷받침한다. 그러나 탄력성이 분명 1 아래이기 때문에, 광고 효과를 과대평가해서는 안 된다. 엘버스와 아난드(Elberse and Anand, 2007)가 가상의 할리우드 증권거래소에서 얻은 데이터를 바탕으로 광고 효과에 관해 연구한 내용에서도 이러한 결론을 낸다. 2001년부터 2003년 사이의 영화 280개에 대한 개봉 전 주간 광고와 (거래자들이 기대하는 수익 기대치를 반영하는) 영화 주가의 관련성을 동적계층선형 회귀분석(dynamic hierarchical linear regression)을 통해 분석하여, 엘버스와 아난드는 광고비를 1달러를 올리면 평균적으로 0.65달러의 (총) 매표액 증가를 기대할 수 있다고 이야기했다.

그렇다면, 이것은 할리우드 제작사들 사이에서 종종 나오는 불평처럼(예: Mechanic, 2017) 영화사들이 영화 개봉 전에 지나치게 많은 광고비를 쓰고 있음을 뜻하는 것일까? 반드시 그렇지는 않다. (이들 효과가 측정된) 극장은 연속된 유통 채널의 단지 첫 번째일 뿐이고, 영화사는 개봉 전 광고가 극장에서의 성공을 촉발할 뿐만 아니라 엔터테인먼트 브랜드를 확립하는 데 이바지하여 이후의 채널에서도 성과를 올리는 것을 기대하고 있음을 명심해야 한다. 다시 말하면, 개봉 전 영화 광고가 다음 순서인 홈 엔터테인먼트 채널로 퍼져 나가기를 기대한다는 것이다.[18]

그러나 광고 효과를 제쳐 놓는다면, 높은 비용은 분명 계획 수립과 다른 엔터테인먼트와의 합동 광고 전략에 신중해야 함을 시사한다. 미래에는 이러한 신중함이 더욱 중요해질지도 모른다. 과거의 광고 연구들이 개봉 전 광고의 효과가 해가 갈수록 감소하고 있음을 보여 주고 있기 때문이다. 예를 들어 바슈로이 등(Basuroy et al., 2006)이 1991년부터 1993년 사이의 영화에 관해 연구했을 때, 개봉 주 수익에 대한 개봉 전 광고의 탄력성은 0.66이었다.

위에서 열거한 연구들은 일반적인 개봉 전 광고를 분석한 것으로, 인쇄 매체, TV, 디지털 매체와 같은 개별적인 미디어를 분석한 것은 아니다.[19] 하지만 일부 연구자들은 각기 다른 미디어의 영화 개봉 전 광고의 효과를 조사했다. 우리는 이미 영화 개봉 전의 예고편에 초점을 맞춘 카레이와 데버니츠(Karray and Debernitz, 2015)의 연구에 대해 언급한 바 있다. (2010년부터

18) 다양한, 그리고 종종 순차적인, 엔터테인먼트 유통 결정에 관한 3장의 논의를 참조하라. 파급 효과(spillover effect)는 대체로 극장에서의 영화 성공을 촉발하여 그것이 간접적으로 향후 채널의 성공을 불러일으키는 것으로 기대된다. 루안과 수디르(Luan and Sudhir, 2010)는 (2000년에서 2003년 사이에) 발매된 526편의 영화 DVD 데이터 세트를 토대로 이러한 간접적인 파급 효과에 관한 실증적인 증거를 제시했다. 극장 영화 광고비 지출은 DVD 판매에 통계상으로 유의미한 직접적인 효과가 없었지만, 영화의 매출액은 DVD 판매에 거의 1에 가까운 탄력성을 보였다. 또한 이들은 DVD 발매 시의 광고는 각각의 유통 채널에 대해 극장 개봉 시 광고보다 효과가 훨씬 낮음을 지적했다. DVD 발매 주 판매액에 대한 DVD 광고의 평균 탄력성은 단지 0.03에 불과했다(그리고 이후 빠르게 하락했다). 우리는 '언드' 커뮤니케이션에 관한 2장의 논의에서 성공을 통한 간접 효과에 관해 훨씬 더 자세히 논의할 것이다.

19) 간단히 말해, 호 등은 자신들의 연구에서 TV 광고비 지출만을 분석했다(왜냐하면, 이들은 슈퍼볼에 붙는 TV 광고와 해당 광고들의 효과를 비교하고 싶었기 때문이다). 그러나 이들이 다른 (즉, TV가 아닌) 광고 매체를 자신들의 분석에 포함하지 않았기 때문에, TV 지출 척도가 일반적인 광고비 지출의 대리로 쓰였으며, TV 광고의 특별한 메커니즘이라고 하지는 않았다.

2011년 사이의) 영화 140개의 예고편 공개가 HSX 거래자들의 영화 성공 기대치에 어떤 영향을 끼치는지 연구하여, 이들은 영화 개봉 전에 공개된 예고편이 평균적으로 북미 영화 수익의 220만 달러(예상치)를 증가시킨다고 밝혔다. 예고편 효과는 그들이 연구한 예고편 중 90%에서 긍정적이었으며, 특정한 종류(SF/판타지 영화)나 특정한 시기(4월과 5월 사이, 8월과 9월 사이)에 개봉된 영화는 평균치 이상의 예고편 효과를 내서 일부 예고편의 경우 거의 800만 달러의 수익 증대를 가져왔다. 연구자들은 극장 예고편의 효과와 ('온드 미디어'의 한 종류인) 인터넷 예고편의 효과를 실증적으로 구분하지 않았다. 따라서 효과 중 어떤 부분이 ('온드 미디어에 의한 것이 아닌) 광고에 의한 것인지는 명확하지 않다.

호 등(Ho et al., 2009)도 일반적인 광고 외에 예고편 효과를 연구했다. 이들은 특정한 이벤트 기간 동안 TV에 방영된 예고편, 즉 슈퍼볼의 TV 광고에 초점을 맞췄다. 이런 예고편들은 엄청난 광고 요금 때문에 특별한 주목을 받는다. 영화사들은 한 번 광고를 방영하는 데 500만 달러 이상을 지출할 수도 있다(Lieberman and Busch, 2016). GMM 회귀분석을 통해 호 등은 슈퍼볼 광고(2000년부터 2002년 사이의 영화 302개 중 19개가 해당된다)를 위한 지출이 북미 영화 수익에 경제적인 차이를 만드는지를 연구했다. 이들은 슈퍼볼 광고의 총 탄력성이 매우 의미 있지만, 일반적인 TV 광고에 비해 단지 0.02 정도 낮을 뿐임을 발견했다.

그렇다고 해서 슈퍼볼 광고가 효과가 없다는 뜻은 아니다. 탄력성은 백분율 변화에 관한 것이므로, 기준치가 매우 중요하다. 그리고 대부분의 기업이 슈퍼볼 광고를 위해 돈을 말 그대로 한 푼도 쓰지 않기 때문에, 광고비를 늘린다면 더 많은 수익을 올릴 수도 있다. 시뮬레이션을 통해 호 등은 추가적인 슈퍼볼 광고 자리 하나가(그때 당시에는 약 200만 달러가 들었다) 평균적으로 약 700만 달러의 영화 매출 증대를 만든다는 것을 보여 주었다. 반면 같은 양의 돈을 일반적인 TV 광고에 지출했을 때는 170만 달러의 매출 증가가 일어났다. 하지만 슈퍼볼 광고로 인한 수익도 크게 감소하고 있다. 호 등은 두 번째의 슈퍼볼 광고는 수익은 100만 달러 미만, 혹은 첫 번째의 15%에 불과하다고 주장했다. 하지만 유의하라. 이 시뮬레이션은 해당 데이터가 수집된 환경에서만 유효하다. 이들은 훨씬 더 많은 예고편이 방송될 경우의 슈퍼볼 광고의 가치에 대해 우리에게 말해 주지는 않는다.

② 다른 엔터테인먼트 상품의 경우: TV 드라마와 비디오 게임

영화 외의 다른 엔터테인먼트 상품의 경우 발매 전 광고의 영향력은 어떠한가? 러벳과 스탤린(Lovett and Staelin, 2016)은 TV 드라마를 살펴봤다. 그들은 폭스에서 2010년 미국에 방영한 TV 어드벤처 드라마 〈휴먼 타깃(Human Target)〉의 첫 6개 회차의 성공을 연구했다. 연구자들은 1000명 이상의 소비자 패널로부터 수집한 서베이 데이터를 활용하여 소비자들이 기억하는 광고 노출에 초점을 맞췄다. (로지스틱 회귀분석법의 일종인) 선형 확률 모델(linear probability model)을 통해, 이들은 소비자가 해당 드라마의 광고를 보았다는 사실을 기억했을 경우 그것을 시청할 확률이 5% 증가한다는 것을 발견했다. 또한 이들은 보고된 광고 효과가 이 대안적인 정보 원천에 의한 것이 아님을 확실히 하기 위해 온드 커뮤니케이션과 언드 커뮤니케이션도 포함시켰다.

비디오 게임의 경우, 2011년에서 2012년 사이 발매된 마이크로소프트의 엑스박스 360 콘솔 게임 100개로 이뤄진 데이터 세트를 통해 우리는 발매 전 광고의 탄력성이 0.13임을 확인했다(Marchand et al., 2016). 이는 일반적인 게임 광고의 탄력성보다 미미하게 높은 수치로, 발매 후 첫 주말 해당 게임의 글로벌 수익(게임은 대체로 전 세계적으로 같은 날 발매된다)에 해당한다. 이 분석은 최소제곱법을 사용했으며 광고 내생성을 설명해 주지 않는다.

우리의 연구 결과는 버메스터 등(Burmester et al., 2015)의 결과와 매우 비슷하다. 이들은 광고와 더 많은 게임의 독일 내 판매량과의 연관성을 연구했다. 이는 2004년부터 2009년 사이에 발매된 3000개 이상의 콘솔 혹은 PC 게임을 대상으로 한 것이다. 인쇄 광고의 개수를 광고비 지출의 대용물로 사용하고 광고 내생성을 '코퓰라(copula)' 방식으로 통제한 고정효과 패널 회귀분석을 사용하여, 이들은 발매 전의 (잡지) 광고가 탄력성 0.12만큼 발매 주 판매에 영향을 끼친다는 것을 발견했다.

마지막으로 2009년에서 2010년 사이의 콘솔 게임 673개의 데이터 세트를 바탕으로, 시옹과 바라드와즈(Xiong and Bharadwaj, 2014)는 강건 표준오차를 고려한(그러나 내생성 조정은 하지 않은) 최소제곱법을 이용하여 발매 전 광고의 조금 낮은 탄력성(0.05~0.08)을 밝혀냈다. 새로운 게임에 대한 발매 전 화제성이 이 모델에 포함되었을 때 가장 낮은 값이 나왔다. 광고가 엔터테인먼트 상품과 관련한 이러한 화제성의 주요 동인(動因)이기도 하므로, 우리는 후자 변수가 광고 덕분으로 여겨져야 하는 피설명 게임 성공 변수 중 일부를 '훔친' 것이 아닌가 의심하고 있다.

요약하면, 이들 결과는 3가지 사실을 알려 준다. 게임 발매 전에 이뤄지는 광고는 ① 일반적인 게임 광고에 비해 아주 조금 더 효과적일 뿐이며, ② 다른 [비(非)엔터테인먼트] 상품 광고와 비슷한 정도로 효과적이지만, ③ 평균적으로 신작 영화의 개봉 전 광고보다는 확실히 덜 효과적이다.

(2) 다른 상황들: 흥미, 불확실성, 상황 요인, 문화?

평균 효과 크기는 유용하다. 왜냐하면, 일반적으로 마케팅 척도가 어떻게 소비자 및 상품의 성공에 영향을 끼치는지 우리가 근본적으로 이해할 수 있도록 해 주기 때문이다. 하지만, 엔터테인먼트 상품은 종류별로 서로 상당히 다르다. 따라서 엔터테인먼트 상품 발매 전 광고의 효과를 높이거나 낮출 수 있는 요인들에 대해 알아보려면 좀 더 면밀히 조사하는 것이 현명할 것이다. 연구자들은 이러한 요인의 개수를 밝혀 왔으며, 우리는 이전의 논의에서 그들의 연구 결과를 이미 살펴본 바 있다. 하지만 이번에는 이러한 상황들에 대해 좀 더 체계적으로 살펴보자.

※ 높은 품질과 다른 요인들로 인한 '흥미'

몇몇 연구는 상품이 '고품질'일 때 발매 전 광고의 효과가 더 높다는 것을 나타낸다. 이러한 결과 이면의 논리는 커뮤니케이션 논의인 '2단계 흐름'에 기초하고 있다. 즉, 광고로 인해 촉발된 인지가 소비자 간의 커뮤니케이션을 통해 그 광고를 실제로 보지 않은 다른 소비자에게 퍼져 나간다는 것이다. 하지만 광고된 상품이 흥미롭고 따라서 '커뮤니케이션할 만한 가치가 있다'라고 소비자가 생각한다면 이러한 흐름은 더 자주 일어난다 (Luan and Sudhir, 2010).

특히 브루스 등(Bruce et al., 2012)과 엘버스와 아난드(Elberse and Anand, 2007)는 비평가들에게 긍정적인 평가를 받은 영화에 대한 광고가 더욱 효과적임을 알아냈다. 루안과 수디르(Luan and Sudhir, 2010) 역시 개봉 전 광고와 소비자의 영화 평가 사이의 상호작용이 DVD의 초기 성공에 비슷한 종류의 효과를 낸다고 발표했다. 보너스 영상에 포함된 DVD에 광고가 더욱 큰 영향을 준다는, 루안과 수디르의 연구 결과 역시 같은 논리로 뒷받침된다. 소비자 관점에서, 보너스 영상은 그들의 DVD 평가를 돕는 (검색) 품질의 한 차원이 될 수 있기 때문이다.

하지만 흥미는 품질 그 자체에만 국한되지 않으며, 유명한 브랜드를 갖고 있다든지 하는 다른 많은 상품 구성 요소에 따라 변할 수 있다. 바슈로이 등(Basuroy et al., 2006)은 속편이 아닌 작품보다 속편에 광고가 더 효과적임을 발견했다. 아마도 속편은 그것이 기본적으로 갖춘 높은 친숙성으로 인해 소비자들에게 더욱 홍미로우며, 그 결과 광고에 의한 인지를 강화하기 때문일 것이다.

하지만, 그렇다면 우리가 앞서 이야기했던 세후 등(Shehu et al., 2014)에서는 왜 책 광고가 덜 알려진 작가의 작품에 더 효과적이라는 결과가 나왔을까? 책에서 차지하는 작가의 대단히 중요한 비중을 생각해 보면, 그들의 존재만으로도 기자와 소매상이 책의 존재를 알아챌 수 있게 된다. 따라서 스타급 작가에 대한 인지는 사실상 광고가 없이도 보장되며, 광고에 의해 늘어나는 인지는 매우 작다. 그러나 덜 알려진 작가의 경우 광고는 사람들에게 그들을 알리는 유일한 수단이다.

※ 불확실성

우리는 광고가 상품에 대한 인지를 일으키는 것 외에도 품질에 대한 신호를 보내고 소비자의 불확실성을 감소시킨다고 주장했다. 이것이 바로 비평가들 사이에서 영화의 품질에 대한 불일치가 있을 때 광고가 더욱 효과적이라는 바슈로이 등(Basuroy et al., 2006)의 연구 결과를 설명해 준다. 그러나 속편이라고 하는 요인 같은 것 역시 소비자들의 불확실성을 감소시키지 않는가? 우리는 엔터테인먼트 상품 광고의 총 효과는 상품의 홍미와 품질에 대한 불확실성 사이를 저울질한 결과라고 생각한다. 바슈로이 등의 연구 결과는 속편의 경우 (속편이 광고의 효과를 증폭하는) '홍미 효과'가 (광고의 효과를 감소시키는) 속편의 불확실성 감소 효과보다 크다는 것을 보여 준다.[20] 사전 유통 채널에서의 영화 성공에도 비슷한 설명을 할 수 있다. 이는 광고를 통해 홍미 유발을 증폭시키지만, 높은 품질을 나타내기 때문에 불확실성 역시 감소시킨다. 루안과 수디르(Luan and Sudhir, 2010)에 따르면 극장에

20) 하지만 바슈로이 등의 연구는 단지 11개의 속편에 바탕을 두고 있음을 명심하라.

서 영화가 성공했다는 사실이 해당 영화 DVD에 대한 광고 효과에 이득이 되지 않는다는 것을 보여 준다. 이 경우는 두 효과가 서로 상쇄되기 때문이다.

※ 상황

루안과 수디르는 광고가 한 해의 특정 시기에 다른 시기보다 더 효과적임을 보여 준다. 특히 이들의 연구에 따르면 DVD 구매자들은 '높은 수요의 시기', 즉 특정 연휴 때 광고에 더 관심을 보인다. 연구 결과는 타이밍이 큰 차이를 만들어 낸다는 것을 제시한다. 광고 탄력성은 크리스마스 때 2배 이상 높고, 로맨스 영화에 대한 특정한 탄력성은 밸런타인데이 무렵에 심지어 3배가 증가한다.

※ 문화

우리는 엔터테인먼트의 발매 전 광고 효과가 문화권마다 다른지 아닌지에 대해 아직 잘 알지 못한다. 하지만 우리가 이미 이야기했던, 나라마다 다른 미디어 및 엔터테인먼트 활용 방식 차이를 생각해 보면 직관적으로 알 수는 있다. 게다가 불확실성 회피는 문화마다 다른 주요 차원이며, 광고는 이러한 불확실성을 다루는 수단이기도 하다. 이러한 논리처럼, 클레멘트 등(Clement et al., 2014)은 독일 영화 팬들에게 개봉 전 광고 효과 탄력성은 매우 낮다(<0.10)는 것을 알아냈다. 일반적으로 독일인들은 미국인들보다 훨씬 덜 자주 영화를 보러 갈 뿐만 아니라, 이들을 영화 보러 가게 만들기 위해서는 한 영화에 훨씬 더 많은 광고가 필요하기도 하다.

5) 발매 후 광고의 효과

적어도 촬영하고 프로그램된 엔터테인먼트의 경우, 대부분의 광고는 상품의 발매 전에 이뤄지며 광고비 지출은 그 이후까지 이어지는 것이 보통이다. 그렇다면 각기 다른 엔터테인먼트 형태별로 상품이 발매된 이후 이뤄지는 광고의 효과에 관해 살펴보자.

※ 영화

영화 개봉 이후 주(週)의 광고비 지출과 개봉 수익의 연관성을 연구한 학자들은 개봉 후 광고의 탄력성이 개봉 전 광고보다 조금이라도 더 높다는 것을 발견했다. 특히 고피나스 등(Gopinath et al., 2013)은 영화 개봉 후 4주간의 광고 탄력성이 약 0.50임을 제시했고 바슈로이 등(Basuroy et al., 2006)은 개봉 직후 1주간의 광고 탄력성이 0.71까지 높아짐을 알아냈다. 하지만 이들 연구 결과는 신중히 해석해야 한다. 일반적으로 영화 광고비 지출은 영화 개봉 후가 훨씬 적으며 이것은 탄력성 설명에 영향을 끼치기 때문이다(즉, 절대적으로 낮은 금액이 훨씬 더 낮은 초기 지수 값을 설정한다). 그리고 이는 매우 선택적이기도 한데, 성공한 영화가 개봉 후 광고비의 큰 몫을 차지하기 때문이다. 따라서 제작자는 이 결과를 더 높은 개봉 후 광고 지출의 필요성으로 해석해서는 안 된다(그러나 바로 뒤에 나오는, 광고비 재할당에 관한 우리의 의견은 꼭 읽도록 하라).

게다가 루안과 수디르의 결과에 따르면 개봉 후 광고는 사후 유통 채널에서는 대체로 효과가 없다. DVD 판매에 관한 연구에서 이들은 광고 효과가 발매 직후부터 매주 30%씩 감소했으며 4주 차에는 완전히 사라져 버렸음을 밝혀냈다. 이 기간 광고 형태에 관해, 스미스와 텔랑(Smith and Telang, 2016)은 각기 다른 디지털 광고 형태를 통해 목록 내 영화로부터 얻는 홈 엔터테인먼트 수익을 다수의 필드 실험을 통해 비교했다. 이들의 연구 결과가 광고 검색과 배너 광고로부터 얻는 투자수익률(ROI)에서의 차이를 보여 주지 않았지만, 한 종류의 광고가 큰 차이를 보였다. 바로 그들의 '웹서핑'을 통해 영화에 관심을 갖게 된 사람들을 쿠키 기반으로 새롭게 타깃팅하는 광고였다. 이들은 경영자들이 이 "온라인 광고가 제대로 활용하지 못한 부분"(p.3)에 좀 더 관심을 기울여야 한다고 주장했다. 그러나 소비자들의 웹서핑을 광고로 이끌고자 하는 경영자들은 소비자들의 엔터테인먼트 관련 의사결정 과정을 충분히 이해해야만 비로소 큰 이익을 얻게 될 것이다.[21]

※ 게임

게임의 발매 후 광고 효과에 관한 연구들은 영화와는 상당히 다른 양상을 보여 준다. 주간 독일 게임 판매에 대한 분석에서, 버메스터 등(Burmester et al., 2015)은 발매 후 광고의 탄력성이 발매 전 누적된 광고에 대한 탄력성의 3분의 1 수준인 0.08임을 발견했다. 전 세계 게임 판매에 관한 우리의 분석 역시 사전 광고에 비해 사후 광고의 효과가 낮음을 끼친다는 것을 보여 준다(Marchand et al., 2016).

하지만 우리의 연구 결과는 다른 점도 보여 준다. 각기 다른 주별 광고 효과를 추산할 경우 우리는 광고 효과가 U자형 패턴을 그린다는 것을 발견했다. 즉, 발매 직후 광고의 탄력성은 0.06이고, 그 이후 주 차에서는 완벽하게 효과가 없다가 (우리가 조사한 마지막 주인) 8주 차에는 0.07의 탄력성을 보여 준 것이다. 그러나 영화의 경우처럼 이 후자의 결과는 시간이 지날

21) 엔터테인먼트 소비 관련한 1권 6장에 나와 있는, 이 과정에 대한 우리의 논의가 좋은 출발점이 될 것이다.

수록 광고비 지출이 줄어드는 것과 더불어 성공한 게임 타이틀들에 대한 광고에 영향을 받았을 것이다.

※ 책

이미 발간된 3만 권의 책을 데이터 세트로 활용한 메이스버그(Meiseberg, 2016)는 종래의 광고가 아닌, 독자들에게 제공되는 견본 책을 살펴봤다. 메이스버그는 무조건분위회귀(unconditional quantile regression) 방법을 사용하여 견본 제공이 독일 아마존의 도서 판매 순위에 어떤 영향을 끼치는지 살펴봤다. 다른 수많은 대안 영향력들을 통제하여(그러나 기존 광고는 통제하지 않았다), 견본 제공이 실제로 더 많은 책 판매와 연관이 있음을 발견했다. 해당 영향력은 데이터 내 판매량 하위 20% 책에서 가장 강하게 나타났지만, 가장 잘 팔리는 분위(分位)에서도 역시 의미 있는 수치를 보였다. 전반적으로, 효과는 매우 컸다. 평균적으로 견본은 메이스버그의 데이터 내 책 판매량의 7%(판매량 상위권 책)에서 11%(판매량 하위권 책)를 증가시켰다.[22]

※ 음악

음악의 경우, 드완과 라마프라사드(Dewan and Ramaprasad, 2014)는 라디오 방송 횟수가 이미 발매된 음악의 판매량에 어떤 영향을 끼치는지 분석했다. 이들은 노래 1000곡 및 그 노래들과 관련된 앨범 594개의 2006년 주간 판매량으로 이뤄진 데이터 세트를 조사했다. 라디오 방송 횟수의 내생적 특성(히트곡이 더 자주 나온다)을 고려한 VAR 모델을 이용하여 '지연' 효과를

22) 메이스버그의 연구에서 견본 제공과 책 판매 순위 사이의 이변량(異變量) 상관관계 -0.39는 입소문이나 가격 같은 다른 모든 변인보다 높았으며, 책 제목이 TV에 나온 것과 판매량과의 상관관계와 비슷했다.

분석함으로써 특정한 주의 라디오 방송 횟수가 해당 주 및 이후 주들의 판매량에 어떤 영향을 끼치는지를 분리해 냈다.

이들은 라디오 방송 횟수가 노래와 앨범 판매량에 모두 영향을 미친다는 것을 발견했으며, 방송된 바로 그 주에 가장 강력한 효과가 나타나고 곧 그 효과가 사그라든다는 것을 발견했다. 단기 라디오 방송 횟수의 탄력성은 약 0.04로, 이는 파피스와 반 헤이르더(Papies and van Heerde, 2015)가 알아낸 것보다 약간 높았다. 하지만 우리는 드완과 라마프라사드가 한 가수의 전체 레퍼토리가 아닌, 특정한 노래 혹은 앨범을 조사했다는 사실을 명심해야 한다. 더불어 데이터의 부분집합에 대한 추가적인 분석에서도 흥미로운 사실을 알 수 있었다. 여기에서 이들은 라디오 방송 횟수가 (라디오 방송 한 번 타기 어려운!) 인디 음악과 앨범 및 명망이 없는 가수의 음악에 더 큰 영향을 끼친다는 것을 발견했다. 이는 세후 등(Shehu et al., 2014)의 책에 나온 결과와 비슷하다.

6) 순차적인 유통 채널들 사이에서 광고 타이밍의 균형 유지하기

발매 전과 발매 후 광고 효과의 비교는 유익하지만, 시기에 따라 광고 비용을 다르게 할당하는 것이 상품 성공에 영향을 끼치는지 아닌지를 직접적으로 답해 주지 않는다. 엔터테인먼트 사이언스가 우리에게 이 복잡한 문제에 관해 알려 줄 수 있을까?

브루스 등(Bruce et al., 2012)이 자신들의 영화 데이터 세트를 가지고 폭넓은 시뮬레이션을 돌렸을 때, 이들은 그 데이터 세트 중 약 55%의 영화가 판매 과정에서 좀 더 일찍 광고비를 더 많이 할당했을 때 그것으로부터 혜택을 받았다고 결론을 내렸다. 이들은 광고비 할당을 이렇게 바꿨다면 극장 상영 시 영화당 최대 15%의 수익이 증가했을 것이라고 계산했다. 홈

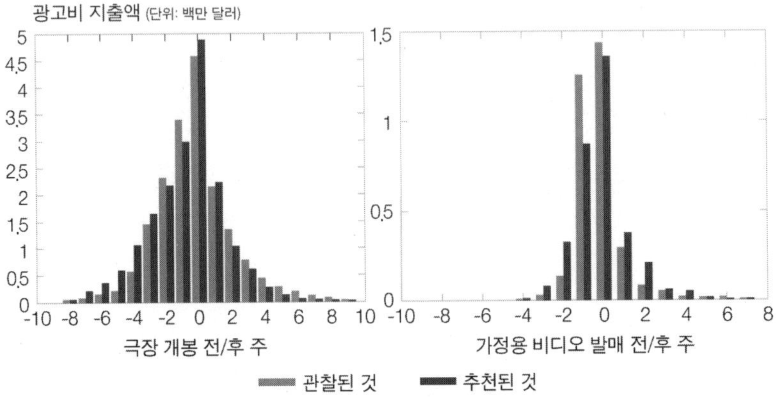

〈그림 1.5〉 시기에 따른 실제 vs. '최적의' 영화 광고비 배정

자료: Bruce et al.(2012) 참조.

엔터테인먼트 단계의 경우에서도 이들의 연구 결과는 비슷한 움직임을 추천했다. 만일 광고비 지출의 더 많은 부분을 좀 더 일찍 집행했다면 이 단계에서는 44%의 영화에서 (최대 16%의) 수익 증가가 일어났으리라는 것이다. 〈그림 1.5〉는 자신들의 영화 데이터 세트 전반에 걸쳐 브루스 등이 영화 상영과 가정용 비디오 단계에서 추천하는 광고비 지출 퍼센티지의 변화를 보여 준다.

이 연구자들은 이러한 특정 시점 간 광고 결정의 효과에 상품의 특징이 어떤 영향을 끼치는지도 살펴봤다. 극장 개봉 시 광고의 경우, 이들은 비평가가 높게 평가한 영화가 광고 시점을 개봉 전으로 바꾸는 것으로부터 큰 혜택을 얻게 된다고 제시했다. 이 결론은 양질의 엔터테인먼트가 광고를 일찍 할수록 더 이득이라는 연구 결과와 일치한다. 왜냐하면, 해당 광고가 (인지도를 올리고 '화제성'을 만들어 내는) 소비자들 사이의 커뮤니케이션을 촉발할 수 있기 때문이다. 반면 액션영화의 경우 광고비의 더 많은 부분을 나중 주 차로 옮기는 것이 좀 더 낫다. 이는 아마도 이 분명하게 정의되는 엔터테인먼트 유형에 대해 소비자들이 인식하고 있는 낮은 불확실성 때문일 것이다.

그리고 종종 엔터테인먼트 상품이 각기 다른 유통 채널을 통해 순차적으로 발매될 때,[23] 이러한 채널 전반에 걸쳐 광고비는 어떻게 할당되어야 할까? 채널에 따른 탄력성에 관해서는 이미 이야기한 바 있지만, '정보의 연쇄 확산(informative cascades)'이라고 부르는 방식을 통해 초기 채널에서의 성공이 널리 퍼져 이후 채널에서의 성공에도 영향을 끼친다는 증거도 있다.[24] 따라서, 영향력을 갖추고 있다면 첫 번째 채널에서의 광고가 이 흘러넘치기 효과를 촉진할 것이고, 따라서 초기 채널 광고의 매력이 그보다 덜 강력한, 이어지는 채널에서의 광고 효과를 향상시키리라고 생각하는 것은 논리적으로 보인다.

요약하자면, 이 장에서 다루고 있는 수많은 엔터테인먼트 광고 연구로부터 우리가 배울 것은 무엇일까? 그것은 '양질의' 영화의 경우 광고를 일찍 할수록 더 효과적이라는 것, 그리고 게임도 조금은 그렇다는 것이다. 이들 광고의 효과는 소비자들이 관심을 두고 있는, 상품에 관한 커뮤니케이션과 화제성을 유발하는 지렛대가 된다. 따라서, 만일 상품이 '화제가 될 만하다면', 좀 더 일찍 그것을 유명하게 하는 것이 타당하다. 실증적인 증거는 없지만, 상품이 매우 독특하여 즉시 사람들 사이의 화제가 되고 인지도를 쌓을 수 있다면, 그래서 근본적으로 상품의 브랜드를 '구축'할 수 있다면 일찍 광고를 하는 것이 역시 효과가 있을 것이다. 〈인셉션(Inception)〉이나 〈아바타(Avatar)〉 같은 영화, 혹은 〈레드 데드 리뎀션(Red Dead Redemption)〉 같은 게임을 생각해 보라. 여기에는 품질(혹은 기대치)도 중요하다.

---

23) 이 문제에 관한 논의는 엔터테인먼트 유통 결정에 관한 3장을 참고하라.

24) 다음 장 '언드' 커뮤니케이션에 관한 논의에서 이 현상에 대해 더 깊이 다룬다.

만일 신상 엔터테인먼트 상품의 훌륭한 품질을 알릴 수 있는 수단이 제한적이어서 커뮤니케이션을 일으킬 만한 잠재력이 낮다면, 발매 전 광고는 덜 효과적이다. 이 경우 시장성을 보장할 수 있을 만큼의 충분한 인지를 만들어 내려면 엄청난 양의 광고비가 필요하다. 하지만 이런 상품의 경우는 발매 후 광고의 탄력성을 통해 증명된 것처럼 발매 이후에 광고하는 것이 효과적일 수 있다. 발매 후 광고의 효과 역시 품질에 영향을 받지만, 기대치보다는 상품에 대한 경험이 더욱 큰 역할을 한다고 관련 연구들은 말한다. 음악의 경우, 라디오 방송을 타는 것이 판매량을 신장시키는 매우 효과적인 방법이며 특히 인디 레이블이나 무명 가수의 경우 더욱 그렇다. (그렇게 보이거나 실제 경험을 근거로 한 소비자와 전문가들의 관점에서) 상품의 품질이 부족한 경우, 광고는 발매 후에 이뤄져도 별다른 도움이 되지 않는다고 연구 결과들은 말한다.

또한 실증적인 연구는 광고 탄력성이 엔터테인먼트 형태의 종류에 따라 분명히 다르다는 것을 보여 준다. 영화가 가장 높고, 그다음이 게임과 음악 순이다. 책의 경우 우리는 확실한 판단을 내리기 전에 좀 더 많은 실증적인 증거를 살펴봐야 한다. 하지만 광고의 한 형태로서 견본을 제공하는 것과 더불어 유료 광고가 상품의 성공을 돕는 듯 보인다.

그러나 페이드 커뮤니케이션이 광고에만 한정되어서는 안 된다. 오늘날 광고는 '커뮤니케이션 동네에 나타난 신참자'—특히 온드 채널과 소셜 미디어—에 덧붙여져야 한다. 이제 이러한 채널들이 엔터테인먼트의 성공에 어떤 역할을 하는지—그리고 그것들을 효과적으로 활용하는 방법에 관해 우리가 무엇을 알고 있는지—알아보자.

4. 온드 미디어를 통해 수용자 유인과 유지: 핀볼 하기

> 오랫동안 [핀볼은] 대체로 도박의 한 형태, 즉 순전히 운에 따르는 것으로 여겨졌다. [그러나] 오늘날 핀볼을 하는 사람이라면, 핀볼에 기술이 필요하다는 것을 바로 깨닫게 된다. 공의 궤적을 바꾸기 위해 핀볼 기계의 옆을 어떻게 쾅 내려칠 수 있는지(하지만 너무 세게 치면 안 된다. 그러면 게임이 끝나 버린다) 플리퍼(flipper) 위에 어떻게 공을 가둬 놓아 각기 다른 점수의 목표물을 겨냥하여 공을 칠 수 있는지, 슬링샷 채널로 공을 어떻게 곧바로 보낼 수 있는지 등등 말이다.
>
> — 콘웰(Cornwell, 2011)

2009년, 당시 소니 픽처스(Sony Pictures)의 CEO였던 마이클 린턴(Michael Lynton)은 디지털 시대에 엔터테인먼트가 처한 새로운 현실에 대해 이렇게 말했다. "트위터, 페이스북, 유튜브, 혹은 마이스페이스가 있는 인터넷과 휴대전화가 (소비자로서의) 우리가 환경을 인식하고 이해하는 방식을 완전히 바꾸어 놓았다"(Lynton, 2009). 마이스페이스는 사라진 지 오래고 (지금 린턴이 회장으로 있는) 스냅챗으로 대체되었지만, 그의 이야기는 새로운 것의 본질을 정확히 포착했다. 엔터테인먼트 소비자는 더 이상 수동적인 정보 수신자(受信者)가 아니며, 그들이 추구하는 가치의 능동적인 공동 제작자라는 새로운 역할을 받아들였다는 것, 그리고 그 역할이 경영자들에게 새로운 기대와 요구 사항을 만들어 냈다는 것이다.

소비자에게 스스로를 즐겁게 할 수 있는 다채로운 새 방법들뿐만 아니라, 말 그대로 표현과 교환을 위한 무제한의 공간을 제공하는 디지털 시대는, 마케터를 다루는 것에 관해서라면 더 큰 힘을 부여했다. 그리고 소비자들은 거기에 맞게 자신들의 행동을 조정했다(Labrecque et al., 2013). 이 신세계에서 기업들은 아날로그 시대에 자신들이 했던 것처럼 전통적인 광고 수단을 통해 단순히 소비자에게 말을 건넬 수가 없다. 대신 기업들은 그들의 엔터테인먼트 상품과 브랜드에 소비자를 참여시킬 수 있는 새로운 방법을 찾아야만 한다. 인터넷 기반 플랫폼(페이스북 브랜드 페이지, 트위터 계정, 유튜브 채널, 인스타그램, 스냅챗 등)은 엔터테인먼트 제작자에게 이러한 참여가 일어나게 할 수 있는 공간을 제공했다. 이런 환경이 우리가 이 섹션에서 이야기할 '온드 미디어'이다. 여기에서 소비자는 개방된 논의와 상호작용에 기업(혹은 기업 관련 인사들)과 동등하게 참여한다.25)

참여하기 좋고 정서적이며 정체성과 관련된 상품을 통해 엔터테인먼트 회사들은 온드 미디어의 잠재력을 포용하기에 이상적인 후보자이지만, 그들의 온드 미디어를 향한 길은 다소 험난했다. 엔터테인먼트 제작자가 어떻게 온드 미디어의 잠재력을 밝혀냈는지에 관한 몇몇 훌륭한 예시가 있기는 하지만(아래에서 설명할 것이다), 업계 대부분은 새로운 방식을 받아들이는 것에 망설여 왔다. 대신 그들은 인터넷과 온드 미디어 플랫폼을 단순히 홍보 도구—소비자의 능동적인 공동 제작 잠재력을 이용하는 대신 또 하나의 방송 채널 정도—로만 사용해 왔다. 이에 대해 프리츠(Fritz, 2015)는 다음과 같이 말한다. "효율적인 새 디지털 플랫폼에도 불구하고, 영화제작자 및 관련 고위 경영자와 영향력 있는 인사들은 저조한 영화 매출 수익의 원인으로 여겨질 수 있는 새로운 무언가를 시도하려는 경우가 거의 없다."

그러나 '어떻게 될지 아무도 몰라요'라는 주문을 엔터테인먼트 사이언스의 시작점으로 여겨 왔던 우리에게 이것은 그렇게 놀라운 일이 아니다.

---

25) 사실 '온드 미디어'라는 용어 그 자체가 오해의 소지가 있다. 왜냐하면, 생산자는 보통 플랫폼으로부터 해당 미디어를 대여하거나 광고료를 플랫폼에 지불한 대가로 그것을 무료로 사용하기 때문이다. 이것은 이러한 디지털 만남의 공간의 초창기를 생각나게 하는데, 그때 이 공간들은 보통 생산자가 직접 운영하는 '브랜드 커뮤니티' 웹사이트였다. 이런 사이트들은 여전히 존재하지만, 이들의 관련성은 플랫폼 제공업체가 제공한 그러한 환경들에 비해 한참 밑으로 떨어져 버렸다.

'아무도 몰라요'는 위험을 회피하려는 태도를 의미하며, 어떤 것도 배우거나 보편화할 수 없다는 것을 뜻한다. 그리고 새로운 방식이나 실험이 실패에 대한 개인적인 책임을 초래하는 반면 (표준적인 방법으로 무언가를 하면 나쁜 결과가 나온다고 해서 누구를 탓할 수 없기 때문에) 이들은 기존의 모델을 선호한다.

엔터테인먼트 사이언스 연구자들은 이것과는 상당히 다른 길—경영자들에게 나아갈 길을 제시하는 것—을 택했다. 연구자들은 효과적인 온드 미디어 마케팅 의사결정을 위한 '규칙들'을 알아냈는데, 이것은 전통적인 미디어의 규칙과는 근본적으로 다른 것으로 밝혀졌다. 주요 통찰 중 하나는 이 새로운 규칙들이 혼란스러운 핀볼 기계의 규칙과 닮았다는 것이다. 따라서 온드 미디어 전략을 수립할 때 마케터들이 자신을 '핀볼 선수'로 생각해야 마케팅 활동이 가장 잘 이뤄진다. 즉, 디지털 미디어의 '핀볼 마법사'가 되기 위해 투자를 해야 한다는 것이다.

이어지는 부분에서는 먼저 온드 미디어를 통한 엔터테인먼트 마케팅을 핀볼 게임으로 이해하는 것에 대해 더 깊이 살펴볼 것이다. 그리고 이후에는 핀볼 비유의 중요한 2가지 지점에 초점을 맞출 것이다. 그것은 ① 성공적으로 게임하는 데 필요한 '적절한' 콘텐츠를 찾는 것(비유에 충실하자면, '핀볼' 그 자체를 선택하는 것), ② 대화를 조정하는 것(즉, '플리퍼'를 다루는 것)이다. 이후부터는 엔터테인먼트에서 온드 미디어가 갖는 효과에 대해 실증 연구가 이야기하는 것들을 확인할 것이다. 그리고 비(非)디지털 '온드 미디어'—책이나 앨범 표지 같은 실물 엔터테인먼트 포장—를 잠깐 살펴보는 것으로 이 섹션을 마무리할 것이다. 자, 이제 핀볼을 시작해 보자!

1) (엔터테인먼트) 커뮤니케이션의 핀볼 체계

왜 디지털 시대를 이해하기 위해 핀볼 비유를 사용하는가? 소셜 미디어가 없던 예전 아날로그 세상에서는, 상품 마케팅 작업이 볼링 활동과 꽤 비슷했다. 유료 광고를 통한 커뮤니케이션은 순차적이고 일방향이었기 때문이다. 볼링 비유에서, 소비자는 핀이며 광고는 그들에게 영향을 끼쳐서 쓰러트리는(즉, 새로운 영화를 보게 만들거나 새 게임을 사게 만드는) 볼링공이었다. 공(광고)을 핀(소비자)으로 이동시키는 볼링장은 대중매체였다(Hennig-Thurau et al., 2013 참조).

디지털 시대에서 볼링 비유는 그 의미를 잃었으며, 이제 마케팅은 핀볼 게임으로 묘사된다(Hennig-Thurau et al., 2010). 이 핀볼 체계에서, 새로운 상품에 대한 정보('공')는 소비자에게 전달되지만, 소비자는 더 이상 정보를 받으면 쓰러져 버리는 핀이 아니다. 대신, 그들은 범퍼, 킥커, 슬링샷 등과 같은 핀볼 판의 다양한 구성 요소이다. 이들 구성 요소는 수동적인 수신자가 아니며, 능동적으로 공의 방향을 바꾸고, 그것을 빠르게 하거나 느리게 하고, 선수에게 빠른 속도로 공을 다시 쏴 버린다.

이는 디지털 '핀볼' 환경 내 소비자의 역할을 반영한다. 이들은 더 이상 수동적이고 고립되어 있지 않고, 능동적이며 디지털 소셜 네트워크를 통해 서로 연결되어 있다. 소비자들은 정보, 느낌, 경험을 상태 업데이트 혹은 비디오 리뷰 포스팅을 통해 친구와 공유함으로써 원래 메시지의 강도, 심지어 의미까지도 다양한 방식으로 바꿀 수 있다(Hennig-Thurau et al., 2013). 이러한 소비자 행위가 매우 빠르게 일어나고 많은 수의 다른 소비자에게 목격되기 때문에, 단 하나의 목소리가 거대한 입소문과 쏟아지는 화제성으로 확대될 수 있다. 이는 다수의 공이 핀볼 게임에 있는 것과 동일하다.

엔터테인먼트 업체에는 불운한 일이지만, 이런 대량 확산은 긍정적인 정보에만 국한되지 않으며, 부정적인 폭발의 형태를 취할 수도 있다[팬들이 자신들의 히어로 캐릭터 캐스팅을 마음에 들어 하지 않을 경우에 그런 것처럼 말이다. 한센 등(Hansen et al., 2017)에 들어 있는 우리의 연구 및 페퍼 등(Pfeffer et al., 2014)을 참조]. 또한 여전히 전통적인 대중매체도 있다. 볼링장에서처럼 소비자에게 평탄한 길을 제공하는 대신, 이제 대중매체는 소비자 개개인의 소셜 미디어 일화들을 다루면서 그것들을 증폭시킴으로써 추가적인 범퍼와 슬링샷을 제공하고 더 과격한 핀볼 행위의 기반을 제공하여 핀볼 게임의 예측 불가능성을 더했다.

〈그림 1.6〉은 핀볼 환경 내 엔터테인먼트 커뮤니케이션의 복잡성과 역동성을 보여 준다. 브랜드는 능동적이고 네트워크로 연결된 소비자들을 자극하고 그들과 상호작용을 한다. 소비자들은 디지털 및 소셜 미디어를 사용하여 브랜드에 관해 이야기하지만, 그들에게 직접적으로 '반격하기도' 한다. 소비자들은 (전통적인) 대중매체로부터 정보를 얻기도 한다. 이들 대중매체 역시 디지털 및 소셜 미디어와 밀접하게 연결되어 있으며, 그것

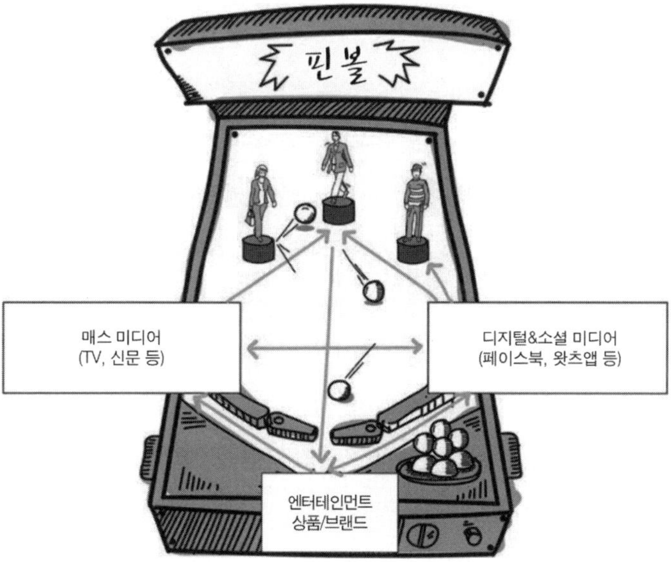

〈그림 1.6〉 핀볼 게임에 비유한 엔터테인먼트 커뮤니케이션

주: Studio Tense 그래픽 지원.
자료: Hennig-Thurau et al.(2010) 참조.

을 다루기도 하고 자극하기도 한다.

하지만 가장 중요한 것은, 마케팅 커뮤니케이션의 목표가 핀볼 게임을 할 때와는 달라야 한다는 점이다. 볼링은 사람들이 새로운 엔터테인먼트 상품을 주목하고 가능하다면 그것을 사게 만드는 것이 전부이지만, 핀볼 기계가 작동하는 방식은 그렇지 않다. 대신, 핀볼에서의 성공은 소비자와 미디어 사이에서 소비자의 참여를 독려하고 (긍정적이었으면 하는) 피드백의 고리를 촉발하는 것을 통해 달성할 수 있다. 참여를 통한 점수 획득은 더 많은 사람을 참여시킬 수 있고(인지도 생성), 더불어 높은 화제성 수준에서 나타나는 강한 기대 심리의 근원이 되기도 한다. 이는 대부분의 엔터테인먼트 시장에서 성공의 주요한 전조이다.

핀볼에서 점수를 따려면 2개의 관련 영역을 매우 잘해야 한다. ⓐ 강력한 콘텐츠를 선택해 이러한 목적을 충족할 수 있는 온드 미디어를 통해 제공하는 것, ⓑ 특정한 커뮤니케이션 및 조직 실천 행위를 통해 대화를 조절하는 것이다. 어떤 이들은 핀볼을 복불복 게임, 복권, 순전한 도박 정도로 생각하는데(1920년대와 1930년대에 미국 대부분 지역에서 핀볼이 금지된 이유이다), 사실 핀볼은 기술을 필요로 하는 게임이다. 핀볼에서 참가자의 활약은 주로 '결정적인 혼란'을 처리하는 그/그녀의 능력—능수능란하게 예상할 수 없는 일들을 예측하고 거기에 반응하는—에 달려 있다(이 섹션 도입부 콘웰의 인용구를 참고하라).

제작자가 페이스북 브랜드 페이지를 만들어 놓지 않은 주요 엔터테인먼트 발매작은 찾아보기 힘들다. 하지만 핀볼 관점에서 보면 이는 게임을 지배하는 것이 아니다. 이제 우리는 어떤 종류의 콘텐츠(즉, 핀볼)가 소셜 미디어에서 가장 효과적인지에 관해 논의한 후, 상호작용을 조정하는 기술(즉, 플리퍼를 조작하는 것)에 대해 알아볼 것이다.

2) 중요한 것은 콘텐츠이다

핀볼의 시대에서 콘텐츠는 2가지 기능이 있다. 첫째, 이것은 소비자에게 인지에서 구매로 이어지는 표준적인 의사결정 과정을 제공해야 한다. 소비자는 유튜브나 페이스북 같은 소셜 미디어의 제작자 온드 미디어 정보를 더 많이 이용하고 있다. 소비자들은 이를 통해 새로운 엔터테인먼트 상품에 대한 정보를 얻고, 거기에 전통적인 미디어 채널을 통해 알아낸 것을 보충한다(Tedford, 2015 참조). 그러나, 둘째로 콘텐츠는 참여를 촉발해야 한다. 왜냐하면 참여는 소비자들 사이에서 콘텐츠가 바이럴되게 만드는 원천이기 때문이다. 이는 '좋은' 커뮤니케이션 콘텐츠에 대한 우리의 정의를 변화시켰다. 콘텐츠는 (인지와 흥미를 불러일으키는) 페이드 미디어 및 (참여와 피드백을 촉진하는) 온드 미디어에서 모두 기능을 발휘해야 한다.

이러한 수준의 소비자 참여를 독려하기 위해서는 '가치 있는' 콘텐츠를 제공하는 것이 매우 중요하다. 이는 다시금 '무엇을 커뮤니케이션할 것인가'에 관한 우리의 이전 논의로 되돌아가게 만든다. 디즈니는 〈스타워즈: 깨어난 포스〉 예고편을 훌륭하게 편집하여 높은 인지와 흥미를 불러일으켰을 뿐만 아니라, 동시에 소비자가 소셜 미디어에서 예고편 콘텐츠의 의미에 관한 활발한 논의를 펼칠 수 있게 만들었다(Gallagher, 2015). 그러나 매일매일 소셜 미디어 페이지에서 확인할 수 있는 것처럼, 핀볼 콘텐츠는 예고편과 같은 전통적인 커뮤니케이션 형식을 재편집하는 것에 한정되어 있지 않다. 2016년 마블(Marvel)의 글로벌 페이스북 페이지가 뉴스, 자신들의 슈퍼히어로에 대한 배경지식, 팟캐스트, 인터뷰 등을 풍부하게 제공했지만, 라이벌인 DC 코믹스는 자신들 작품의 개봉일에 관한 정보만 시기에 맞춰 제공했다. 그 결과 마블의 페이스북 페이지는 1800만 명의 팬을 보유한 반면, DC 페이지의 '좋아요' 숫자는 280만에 그쳤다(Jecke et al., 2015).

그렇다면 핀볼 세계에서 콘텐츠를 가치 있게 만드는 것은 정확히 무엇일까? 이 진화하고 있는 문제를 밝혀내려는 일반적인 과학적 시도에서 통찰을 얻을 수 있다. 예를 들어 소셜 미디어 브랜드 페이지 이용자를 대상으로 한 '수단-목표'에 관한 100개의 질적 인터뷰에 기초하여('왜 이것이 당신에게 중요한가'에 관한 연속 질문), 우리는 브랜드 소셜 미디어 사이트에서 소비자에게 이득을 제공하는, 14개의 각기 다른(그리고 결합 가능한) 콘텐츠 행위를 발견했다(Kaczinski et al., 2016). 독일의 대표 소비자 4000명 이상을 대상으로 한 후속 연구에서, 응답자들이 얼마나 자주 언급하느냐를 바탕으로 소비자가 생각하는 각 콘텐츠 유형의 가치를 측정했으며, 브랜드나 업체에 경제적으로 기여하는 소비자 행동과 이 콘텐츠 유형들을 연결해 보았다.

〈표 1.1〉 가장 가치 있는 유형의 소셜 미디어 콘텐츠

	소비자 가치(1~10위) 미디어/모든 브랜드 및 회사	기업 가치(1~10위) 미디어/모든 브랜드 및 회사
뛰어난 품질의 콘텐츠	#1/#3	#6/#5
시사적인 콘텐츠	#2/#1	#8/-
일반적인 트렌드와 발전	#3/#2	-/#10
코미디 콘텐츠	#4/#8	#10/#7
공식적인 콘텐츠	#5/#10	-/#6
배경에 대한 통찰	#6/#6	#2/#3
다양성 콘텐츠	#7/#5	-/-
장난스러운 콘텐츠	#8/#9	#5/-
미적인 콘텐츠	#9/#7	#3/#4
교육	#10/-	#4/#1
독점 콘텐츠	-/-	#1/#2
경제적인 인센티브	-/-	#7/#9
드라마 콘텐츠	-/-	#9/#8

주: 슬래시 앞의 숫자는 미디어 브랜드와 업체의 중요성만을 의미한다. 슬래시 뒤의 숫자는 모든 브랜드 및 업체의 중요성을 뜻한다. 소비자 가치는 조사 참여자들이 특정 콘텐츠 유형을 가치 있다고 언급한 횟수를 반영한다. 업체 가치는 최소제곱법으로 산정된 '소비자 참여 가치'의 다항목 척도에 대한 효과를 의미한다. '-'는 콘텐츠 유형이 상위 10위 안에 없음을 뜻한다.
자료: Kaczinski et al.(2016)의 데이터를 참조.

연구 결과 소비자의 콘텐츠 행위는 대상 업체마다 달랐지만, 업계 종류별로도 달랐다. 〈표 1.1〉은 소비자에게 가치 있는 상위 10개의 행위 및 업체의 성공에 그것이 끼치는 영향('소비자 참여 가치')을 보여 준다.[26] 미디어 브랜드(이 연구 내 잡다한 뉴스 및 엔터테인먼트 브랜드와 업체 묶음)의 경우, 응답자는 고품질이고 시사적인 콘텐츠 및 (제품 관련보다는) 일반적인 정보에 가장 큰 영향을 받는다고 답했다. 하지만 우리는 독점적이고, 배경에 대한 통찰을 제공하며, 미적인 콘텐츠가 가장 강력한 경제적 효과를 낸다는 것을 발견했다. 더불어 장난스러운 콘텐츠와 같은 다양한 콘텐츠 유형은 다른 산업에 비해 엔터테인먼트 분야에서 더욱 중요했다.

우리의 연구가 소비자의 브랜드 페이지 선호에 초점을 맞췄다면, 다른 연구들은 콘텐츠의 바이럴리티(virality)에 중점을 두었다. 콘텐츠의 어떤 측면이 사람들을 참여시키는가를 연구하기 위해 계량 경제학 기법을 사용한 조나 버거(Jonah Berger) 및 그의 동료들의 연구는 특히 통찰력이 있다. 2008년 석 달간 게재된 ≪뉴욕타임스≫ 기사 7000여 개에 관한 연구에서, 버거와 밀크맨(Berger and Milkman, 2012)은 무엇이 독자가 신문 기사를 (이메일로) 다른 사람과 공유하고 싶게 만드는지를 조사했다. (가장 많이 이메일로 공유된 목록에 나타난 기사를 종속변수로 하는) 로지스틱 회귀분석을 사용하여, 이들은 기사 콘텐츠가 소비자의 감정을 촉발하느냐의 여부가 공유에 중요하다는 것을 알아냈다.

그러나 우리는 감정이란 복잡하고 좀 더 입체적인 개념이라는 것을 알게 되었다. 바이럴리티의 경우, 버거와 밀크맨은 (부정적인 것보다는) 긍정적인

---

26) 소비자 참여 가치는 다차원 실행 지표로, 여러 기여 행위 중 소비자의 재구매 및 소개 의도를 합친 것이다. 이 개념에 대한 좀 더 자세한 설명은 쿠마 등(Kumar et al., 2010)을 참고하기를 권한다.

경험을 제공하는 콘텐츠가 일반적으로 공유를 불러일으키며, 특히 강한 긍정적인 감정 자극(경외심 같은)을 일으킬 잠재력이 있는 기사가 더욱 그렇다고 말했다. 그러나 일반적으로 엔터테인먼트 상품의 경우는 커뮤니케이션 콘텐츠에서 부정적인 감정을 일으키는 것이 반드시 나쁜 것만은 아니다. (분노와 불안 같은) 강한 부정적 감정 자극과 연관된 뉴스 역시도 자주 공유되기 때문이다.[27] 반면, 슬픈 기사('낮은 부정적 자극')는 독자들에게 덜 공유되었다. 또한 이들 연구자는 기사가 '흥미롭고' '유용한 정보를 주거나' '놀랍다고' 판단된다면, 독자의 참여가 더 높다는 것도 아울러 발견했다.

참여를 독려하는 것은 중요하지만, 엔터테인먼트 상품의 성공을 보장하려면 결국 그것이 구매를 유도해야 한다. 악피나르와 버거(Akpinar and Berger, 2017)는 광고를 통해 이 연관성을 연구했다. 240개의 온라인 광고를 대상으로 그들은 6개월 동안 소비자들이 그것을 공유한 횟수뿐만 아니라 광고된 상품의 구매 내역까지도 추적했다. 버거의 이전 연구와 마찬가지로, 이들은 감정적인 호소력(예: 극적인 구성 요소와 음악을 강하게 사용한 광고들)이 더 자주 공유된다는 것을 발견했다. 그러나 광고된 상품의 구매를 촉발하기 위해서는 감정적인 호소력만 있는 것보다는 정보 측면에서의 호소력이 더 효과적이었다. 그러므로, 만일 공유와 판매를 목표로 한다면 해당 콘텐츠는 감정과 정보를 합친 것이어야 한다. 어떤 점에서 이 결과는 꽤 오래전부터 우리가 오프라인 커뮤니케이션에 대해 알고 있던 것들과 닮았다. 소비자를 자극하는 모든 것(예: 반나체의 모델)이 (그들이 광고하는) 상품을 사게

---

27) 버거와 밀크맨의 연구에서, 참여는 분노와 경외에 의해 가장 강하게 촉발되었다. 표준편차 결과에 따르면 34%(분노)와 30%(경외)의 더 높은 콘텐츠 공유 가능성을 보여 준다. 이들은 공유 행동을 촉진하는 요소(일반적인 정서성)를 측정하기 위해 각기 다른 방법을 사용했으며, 유의성은 자동 텍스트 마이닝 처리법으로 측정했지만 기사의 특정한 감정적 잠재력은 사람이 코딩하여 판단했다.

만들지는 않는다는 것이다. 또한, 이는 소비자가 즐기는 것과 지출하는 것에 소셜 미디어 콘텐츠가 끼치는 각기 다른 영향력에 관한 우리의 연구 결과와도 일치한다.

보통 엔터테인먼트 제작자들은 참여를 목표로 한 커뮤니케이션 전략 수용을 망설이지만, 배움을 위한 거대한 공간을 제공하는 것은 예외이다. 엄청난 참여를 촉발하는 엔터테인먼트 캠페인 중에서 재정적으로 성공했던 것은 적은 예산의 공포영화 〈블레어 위치(The Blair Witch Project)〉였다. (산업과의 연계와 상관없이) '역대 최고의' 소셜 미디어 캠페인 중 하나로 여겨지는 이 캠페인은 심지어 소셜 미디어가 존재하지도 않았던 시기에(페이스북은 5년 후에 설립되었다) 콘텐츠와 참여에 관한 모든 것을 보여 주었다. 영화 저작권자는 개봉 몇 달 전에 독특한 웹사이트를 개설하여 해당 영화가 가상이 아닌, 진짜 존재하는 3명의 영화제작자의 '잃어버린 장면'이라는 환상을 심어 주었다. 이 웹사이트는 〈블레어 위치〉 신화에 관한 사건의 연표, 팀원 실종에 관한 가짜 신문 기사 스크랩, 발견된 증거물과 사라진 자동차의 경찰 사진, 데이비드 머서(David Mercer)와 같은 가상의 전문가와의 인터뷰도(전용 MOV 포맷으로!) 지원했다. 이 전문가는 메릴랜드대 인류학 교수로, 그의 학생이 사라진 영화제작자 소유의 가방을 발견했던 것으로 묘사되었다.[28)]

이 웹사이트 콘텐츠는 영화 개봉 전 정규 TV 방송국을 통해 방영된 〈마큐멘터리(mockumentary)〉 및 선댄스 영화제에서 배포된 실종자 전단과 함께 제공되었다. 소비자들은 영화를 둘러싼 추측들을 즐겼다. 영화의 극장 개봉 이전, 이 웹사이트는 1999년 가장 많은 사람들이 방문한 영화 웹사이트가 되었으며 전체 인터넷 사이트 상위 50위 중 하나였다. 온라인 포럼

---

28) 이 책을 쓸 당시에도 해당 영화의 원래 웹사이트는 특유의 역사적인 형태로 유지되고 있었다. https://goo.gl/2w3gm4에 접속해 보라.

은 영화의 미스터리한 상태에 관한 논의들로 가득했다[예: 're: 만일 블레어 위치가 사실이라면!!!에 대한 대답'(Harris, 2001)]. 결국 영화는 (2017년 화폐가치로) 극장 개봉으로만 거의 3억 5000만 달러의 총수익을 올렸으며 역대 최고의 이윤을 남긴 엔터테인먼트 상품 중 하나로 기록되었다.

온드 미디어 채널을 사용하여 핀볼 엔터테인먼트 환경에서 효과적으로 작용하는 콘텐츠를 공급한 좀 더 최근의 엔터테인먼트 상품 예시는 영화 〈테드(Ted)〉로, 이 영화는 입이 거친 곰 인형에 관한 미성년자 관람 불가 코미디이다. 개봉을 앞둔 2012년 여름의 약 석 달 전부터, 새로 만들어진 트위터 계정 @WhatTedSaid는 주인공 캐릭터 특유의 불쾌한 스타일('안녕 트위터. 좀 꿰져버려.')로 잠재적인 영화 관객들을 맞이했다. 다음 몇 주 동안 이 곰 인형은 거의 모든 사람을 모욕하는, 거의 무제한적인 상소리 레퍼토리로 약 200개의 트윗을 날렸다. 개봉 당일 저녁, 곰 인형은 자신의 팔로어들에게 영화를 보러 갈 것을 요구하며 이렇게 트윗했다. '자, 시작이다, 멍청이들아! 대마초 한 대 피우고 나서 너희들 동네 극장에서 이번 주말에 나랑 같이 놀자. 아니면 멀리 있는 극장에 가던지. 마음대로 해.'

이런 메시지들은 50만 명이 넘는 소비자들의 핸드폰으로 발송되었으며, 분명 소비자를 매우 활성화하는 콘텐츠로 분류될 수 있다. 이 메시지들이 주인공 캐릭터의 영화 내 모습과 같은 톤을 유지하고 있기 때문이다. 이러한 동일함을 유지하기 위해, 이 영화의 시나리오 작가 알렉 설킨(Alec Sulkin)과 웰슬리 와일드(Wellesley Wild)가 이 메시지를 직접 작성했다. 제작사인 유니버설(Universal) 스튜디오는 이들의 특별한 소셜 미디어 내 역할을 예우하여 추가 급여로 보상했고, 이들에게 엄청난 행동의 자유를 부여했다. 제작사의 책임 경영자에 따르면, "제한은 '그냥 열심히 해'였다"[디지털 마케팅 상무 더그 닐(Doug Neil)(Dodes, 2012 인용)]. 대부분의 트윗이 1000회 이상 리트윗되었으며, 소비자들의 높은 참여도는 성공으로 이어졌다. [5000만 달러로 제작되었고, 유명인은 테드와 함께 출연한 마크 월버그(Mark Wahlberg)와 감독 세스 맥팔레인(Seth MacFarlane)밖에 없었던] 이 영화는 업계의 기대치를 크게 넘어섰으며, 5억 달러 이상의 극장 수익을 창출했다.[29]

하지만 〈테드〉는 엔터테인먼트 경영자들에게 또 하나의 일반적인 통찰력을 제공한다. 영화제작자가 속편을 위해 비슷한 방식의 소셜 미디어 접근법과 동일한 트위터 계정을 사용한다면, 수용자들은 확실히 이 두 번째 경우에는 덜 열광적이라는 점이다. 우리는 이 접근법이 어느 정도 신선함이 떨어졌으며(즉, 참신함이 떨어졌다는 것은 자극이 줄어들었다는 뜻이다), 관객의 활성화와 참여를 유도할 수 있는 잠재력이 감소했다고 생각한다. 작가들 역시 이번에는 덜 신이 났던 것으로 보이는데, 이들은 전작을 위해 3개월 만에 200개의 트윗을 작성했던 것과는 달리 5개월 동안 단지 130개의 트윗을 작성했을 뿐이다. 따라서 히트작의 속편일지라도 수용자를 자극하려면 독창성이 매우 중요하며, 심지어 전작보다 더 중요하다. 핀볼을 할 때, '루틴'은 힘든 일이다.

3) 소비자 참여를 관리하기: 공동 창작과 조정

동부 표준시로 오후 3시에 내가 질의응답 시간 가질 거라는 거 잊지 마. #AskTed 해시태그를 사용하고, 누가 나한테 좀 나중에 다시 알려 줄래? 나 완전히 대마초에 취해 있을 거거든.

— 동명 영화의 캐릭터 테드(2012년 6월 6일 트위터에서)

---

29) 여담으로, (불운하게도) 이 영화의 제작자는, 이후 자신들의 곰 인형 캐릭터와 몇몇 트위터 포스트의 어구를 포함한 소셜 미디어 마케팅 접근법이 그보다 3년 전 유튜브를 통해 방영된 웹 드라마 및 그것의 마케팅 캠페인과 유사하다는 이유로 고소당했다.

핀볼 게임을 하려면 '제대로 된' 콘텐츠가 필요하지만, 마케터들이 이 혼란스러운 환경에서 성공하려면 매끈한 공보다 더 많은 것들이 필요하다. 핀볼 마케팅 상황에서 소비자는 능동적인 역할을 요구하고, 마케터는 그것을 제공할 방법을 찾아내야 한다. 브랜드 및 그것의 의미에 관한 엔터테인먼트 소비자와의 대화를 조정함으로써 가치를 공동으로 만들어 내는 것은 어쩌면 소비자의 요구 사항을 충족시킬 수 있는 강력한 접근법일 것이다. 그러나 이런 공동 창작을 실행하는 것은 전혀 간단한 일이 아니다. 당신은 수백만 명의 소비자 한 명 한 명과 어떻게 소통할 수 있을까?

(1) 엔터테인먼트 브랜드 이야기 공동 창작의 논리

브랜드의 이미지는 소비자가 해당 브랜드에 대해 좋아하고 동일시하는 것들로 구성되며, 고정되어 있지 않고, 사회적이고 문화적인 변화에 발맞추어 변화해야 한다. 개개인으로서 우리 모두는 지속적인 업데이트의 필요성을 잘 알고 있다. 우리가 말하는 방법['캡이네(groovy)'라는 말은 더 이상 쓰지 않는다. 그렇지 않은가?], 우리가 쓰는 정보 채널(마이스페이스여 잘 가!)과 기기(블랙베리 휴대전화를 쓰는 사람이 있는가?), 우리가 옷 입는 방법(우리가 좋아하는 정장을 더 이상 입을 수 없다는 말을 들으면 마음이 아프다)을 생각해 보라. 브랜드에도 같은 것이 적용된다. 환경이 바뀌면(그리고 그것은 항상 바뀐다) 브랜드는 자신의 모습과 가치를 거기에 맞춰야 한다. 핀볼의 시대에서, 브랜드 이미지가 발전하는 방식은 소비자의 능동적인 역할을 반영해야 한다.

브랜드를 정의하는 핵심 형식은 브랜드 이야기를 통해 만들어지며, 이것은 전통적으로 광고 및 관련 커뮤니케이션 행위를 통해 소비자에게 전달되었다. 벤앤제리스(Ben and Jerry's: 버몬트 주 벌링턴의 개조된 주유소에 있는, 처음으로 숟가락으로 아이스크림을 퍼 주었던 가게)는 그것의 기원에 관한 것이고(*Benjerry.com*, 2017), 디즈니 브랜드는 전설적인 창업자 월트가 엔터테인먼트를 통해 '사람들을 행복하게 만들겠다'라고 하는 비전에 관한 것이다. 각각의 가치 있는 엔터테인먼트 브랜드는 각자의 이야기가 있다.

이러한 브랜드 이야기는 브랜드에 대한 애착을 불러일으키는 주 캐릭터, 플롯, 감정적인 결과물을 갖추고 있으며, 전통적으로 경영자가 단독 결정하여 소비자에게 제공되는 것이었다. 그러나 오늘날의 능동적인 소비자들은 이러한 독점적인 스토리텔링 만들기에 의문을 제기한다. 이들은 자신만의 브랜드 이야기를 공유하고 싶어 하며, 인터넷과 소셜 미디어는 이들에게 그렇게 하는 힘을 부여한다. 브리트니 스피어스(Britney Spears)를 예로 들어보자. 「홀드 잇 어겐스트 미(Hold It Against Me)」의 데모 테이프가 인터넷에 유출되었을 때 2000명 이상의 소비자가 이 노래의 비디오 리믹스를 제작하여 업로드했고, 그중 일부는 70만 뷰 이상을 기록했다(Kaplan and Haenlein, 2012).

마케팅 학자 겐슬러 등(Gensler et al., 2013)은 핀볼 시대의 브랜드 이야기 개발을 '브랜드 이야기 퍼즐 조립과 재구성에 비유했다. 우리는 이 브랜드 이야기 퍼즐 논리를 〈그림 1.7〉에 그려 보았다. 기업이 만들어 낸 '공식적인' 퍼즐 조각(그림의 흰색 구성 요소)은 소비자가 만든 '비공식적인' 조각들(그림의 회색 퍼즐 조각들)과 공존한다. 이 비공식적 조각들은 소비자 리뷰와 글, 팬이 만든 예고편, 재편집된 장면, 매시업(mash-up), 패러디 같은 것을 말한다. 공식적인 퍼즐 조각이 중앙을 중심으로 조직되어 있다면, 소비자가 만든 것들은 불균질하며, 다양한 정보원(源)에서 생겨나고, 관리자의 공식적인 서사(敍事)와 반드시 일치하지만은 않는 해석들을 제공하기도 한다.

겐슬러 등은 경영자들이 사용자의 행위를 무시하고 기업 스스로 브랜드를 정의할 수 있는 법적 권리를 내세우기보다는, '사용자가 만든' 브랜드 이야기를 듣고 그들 중 일부를 브랜드의 전체적인 이미지에 섞어 넣을 방법을 찾아야 한다고 말했다(우리가 엔터테인먼트 브랜드를 정의할 때 소비자의 관점을 취

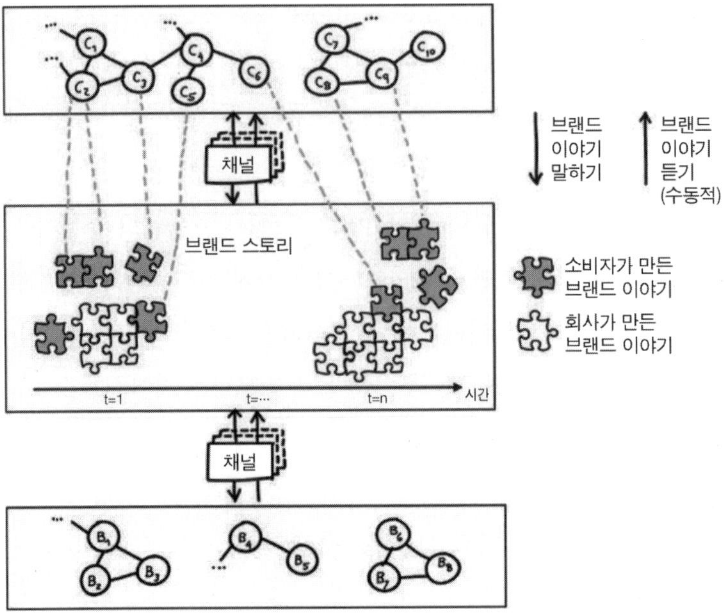

〈그림 1.7〉 핀볼 시대의 브랜드 이야기 만들기

주: Studio Tense 그래픽 지원.
자료: Gensler et al.(2013) 참조.

했던 것을 기억하라. 소비자가 브랜드에 대해 생각하는 내용이 중요하지, 소비자가 그렇게 생각해 줬으면 하고 기업이 원하는 내용이 중요한 것이 아니다).

이 브랜드 의미 공동 창작은 그림의 오른쪽에 묘사되어 있는데, 원래는 소비자가 제공한 퍼즐 조각 2개가 회색에서 흰색으로 바뀌어 있다. 이 조각들은 브랜드 관리자가 받아들여 브랜드 공식 서사의 일부가 된 것이다. 더불어 이 그림은 이러한 일이 소비자가 만든 이야기 중 선택된 일부에게만 적용된다는 것을 보여 준다. 다른 회색 퍼즐 조각들은 이들 선택된 조각의 운명을 공유하지 않으며, 브랜드의 역사와 분리된 채로 (그리고 바라건대 소비자가 그것을 잊어버렸으면 하는 상태로) 남아 있게 된다.

이 퍼즐 과제에서 성공하는 비결은 조정(moderation)이다. 브랜드 개발 계획 수립과 더불어, 경영자들은 핀볼 환경의 불협화음 속에서 일어나고 있는 일을 조직화할 수 있어야 한다. 몇몇 참여를 독려하면서 동시에 다른 것들을 재조정하고 완화시키는 일이다. 공동 창작을 소비자에게 엔터테인먼트 브랜드의 이야기와 정체성을 좌지우지하는 운전기사 역할을 부여하는 것으로 혼동해서는 안 된다. 대신 경영자가 이 과정의 운전기사로서 남아 있어야 한다. 그러나 그들은 승객으로서의 고객이 제안하는 것을 경청하고 언제나 그것에 개방적인 태도를 보여야 한다.

이러한 브랜드 의미 공동 창작이 적어도 자신의 브랜드에 대한 통제를 부분적으로 잃게 됨을 의미하며, 엄청나게 복잡한 일임에도 불구하고, 왜 경영자들은 자발적으로 이러한 태도를 받아들여야 하는가? 여기 3가지 이유가 있다.

- **잠재적인 이득이 엄청나기 때문이다:** 오늘날의 소비자들은 능동적이며 진지하게 받아들여지기를 원한다. 조정을 통해 능동적인 소비자 참여를 가능하게 하는 것은 이러한 요구에 부응하는 일이다. 거기에 대해 소비자가 고맙게 생각하는 것은 강력한 물결을 만들어 내며, 자신들의 창작력으로 종종 혁신적인 언어적 혹은 시각적 내용을 무료로 만들어 주기도 한다.
- **브랜드를 계속 유의미하게 만들어 주기 때문이다:** 소비자의 참여에 귀를 기울이는 것은 엔터테인먼트 브랜드 경영자들이 해당 브랜드 팬들의 야심과 욕구를 지속적으로 따라갈 수 있도록 해 주며, 브랜드의 시기 적절성과 유의미함을 보장하고 지속성에 기여한다. 문화의 역동성을 고려할 때, 이것은 모든 엔터테인먼트 브랜드에게 필수적인 것으로 여겨져야 한다.

• 어찌 되었든 이러한 일은 일어나게 되어 있으며, 해당 브랜드를 사랑하는 사람을 무시하는 것은 상황을 악화시킬 뿐이기 때문이다: 인터넷은 모든 주요 엔터테인먼트 브랜드의 사용자 창작 콘텐츠로 가득 차 있으며, 비록 경영자는 외면할지라도 이 콘텐츠는 수백만 소비자의 인식에 영향을 끼친다. 수백만 소비자가 (아직 공식 예고편이 나오지 않았던) 2017년 4월 팬들이 직접 만든 〈스타워즈: 라스트 제다이(Star Wars: The Last Jedi)〉 예고편을 봤으며, 350만 명 가까운 사람들이 '리턴 투 판도라(Return to Pandora)'라고 이름 붙인 〈아바타〉 속편의 티저 예고편을 봤다. 이는 실제 개봉 예정이었던 작품들에 대한 기대와 예상에 영향을 주었다. 이러한 참여를 무시하고 팬들과 가까운 관계를 맺지 않는다면 그들에게 상처를 주고, 자신들을 반가워하지 않는다는 느낌을 주게 된다. 이는 모든 브랜드의 광범위한 채택에 매우 중요한 역할을 하는 '핵심 팬층'에게 역효과를 불러일으키며, 특히 소비자의 감정적인 애착에 의존하는 이들에게 더욱 그렇다. 이는 쾌락적인 엔터테인먼트 브랜드에게는 흔한 일이다. 팬층에게 소외감을 느끼게 하는 것은 (브랜드) 위기의 시기에 특히나 위험하다. 브랜드 서사를 다시 개선하는 데 있어서 이 열성 팬들의 지원은 필수이기 때문이다.

우리는 조정이 단순한 참여 독려와 같은 것이 아님을 강조하고자 한다. 이는 팬들의 비판적인 표현에 대한 응답의 필요성도 포함하는 것이다. 파멘티어와 피셔(Parmentier and Fischer, 2015)는 TV 쇼 프로그램 〈도전! 슈퍼모델(American's Next Top Model)〉의 쇠퇴 원인이 소비자들이 쏟아 낸 부정적인 입소문과 도플갱어 브랜드 생성 등 때문이라고 주장했다. 팬들은 '미디어계의 거물'로서 진행자 타이라 뱅크스(Tyra Banks)의 모습에 초점을 맞추어 브랜드의 정체성을 '재구성'했다. 이렇게 재구성된 정체성은 해당 쇼의 참가자가 규칙을 어겼음을 소비자들이 알게 되었을 때, 그 위반 행위를 '리믹스'(비판받는 참가자를 영화 〈리틀 미스 선샤인(Little Miss Sunshine)〉의 주인공에 빗대어 '리틀 미스 사기꾼'으로 비꼬며 부르는 등의 행동)하는 기반이 되었다. 그리고 관리자들이 이 쇼의 '진정한' 정체성으로 여겼던 것과는 대조적인 결정을 내렸다는 것을 팬들이 알게 되었을 때, 이 리믹스는 결국 소비자들이 쇼를 '거부'하게 만들었다고 파멘티어와 피셔는 주장했다. 분명 쇼 관리자들이 진지하게 조정을 하려고 노력하지 않았던 것은 이 브랜드가 불안정해지는 과정의 주요한 요인이었다.

이제 우리는 오늘날 엔터테인먼트 산업 내의 실제 조정 사례 몇 개를 언급할 것이다. 이를 통해 이러한 접근법의 잠재력을 주장함과 아울러, 현재 이를 실행할 때의 한계와 충분히 개발되지 않은 핀볼 게임의 위험성에 대해 묘사할 것이다.

(2) 팬과 엔터테인먼트 브랜드 이야기를 공동 창작한 몇몇 실제 예시

엔터테인먼트에서의 적극적인 조정은 음악 아티스트 경우에서 가장 두드러진다. 이들은 인간 브랜드로서 종종 '방송'으로 보여 주는 업데이트를 넘어서서 팬들과의 관계를 관리한다. 브리트니 스피어스는 경력 내내 소셜 미디어에 크게 의존하여 자신의 브랜드를 관리해 왔다. 그녀는 웹페이지와 유튜브 채널, 트위터 계정, 페이스북 프로필을 동시에 운영하고 있으며 이 채널 중 몇 개는 2005년까지 거슬러 올라간다(Kaplan and Haenlein, 2012).

스피어스는 이들 채널을 통해 정기적으로 팬들과 직접 소통하며, 가끔은 직접 그들에게 응답을 요청한다. 예를 들어, 그녀의 포스트인 '즐거운 금요일이에요! 내가 당신 미래의 일부분인가요?' 하나만으로 1000명 이상의 팬으로부터 답글을 이끌어 냈다. 그러나 그녀는 자신의 상품과 관련된 사용자 생성 콘텐츠 역시 적극적으로 장려한다. 사용자들이 그녀의 유출

곡 「홀드 잇 어겐스트 미」의 팬 제작 비디오 영상을 만들었을 때, 그녀는 그것을 장려했을 뿐만 아니라 자신의 공식 홈페이지(BritneySpears.com)에 몇몇 비디오 링크를 포함하기도 했다. 이를 통해 그녀는 그들의 작업물을 승인했으며 그것을 자신의 공식적인 브랜드 서사의 일부로 만들었다(Kaplan and Haenlein, 2012).

다른 음악인들 역시 팬과의 대화에 적극적인 조정자로서 활동하고 있으며[테일러 스위프트(Taylor Swift)는 가끔 팬카페에 코멘트를 남기기도 한다], 일부 작가들[특히 J. K. 롤링(J. K. Rowling)]이나 영화배우들[러셀 크로우(Russell Crowe)는 팬들에게 개인적인 생일 축하 메시지를 보내기도 하고, 케빈 하트(Kevin Hart)는 페이스북에서 개인적인 팬들의 이름을 부르기도 한다]도 마찬가지이다. 이러한 적극적인 조정이 '비인간(non-human)' 엔터테인먼트 브랜드와 상품의 수준에서는 덜 흔한 일이지만, 몇몇 흥미로운 예시가 있기는 있다. 영화 분야에서, 마블은 자신들의 시네마틱 유니버스 내 캐릭터의 브랜드 이야기를 개발할 때 소비자와 소통하는 것의 가치를 강조하고 있다. 마블의 CEO 케빈 페이지(Kevin Feige)는 이렇게 말한 바 있다. "(마블 영화의) 배우 캐스팅에 관해 일어나는 대화는 굉장히 중요하다… 다가오는 (우리의) 발표는 우리가 이 대화들을 경청하고 있었음을 보여 줄 것이다"(Fleming, 2016). 페이지의 개인적인 모습과 자기표현 역시 이러한 합동 창작 접근법을 지원한다. 그는 엔터테인먼트 경영자들이 종종 보여 주는 '양복 입은 꼰대' 이미지를 거부하고 대신 야구 모자와 맨투맨 티셔츠를 입으며, 팬과의 친밀함을 추구하고 자신을 유명한 마블 전문가로 표현한다(Jecke et al., 2015).

대체로 영화 〈테드〉의 제작자들은 콘텐츠의 공급에 초점을 맞췄다. 하지만 그들은 트위터를 통한 두 차례의 실시간 질의응답을 개최하는 등 몇몇 쌍방향적인 요소도 첨가했다. 이때 팬들은 이 선정적인 곰 인형에게 똑같이 선정적인 몇몇 질문을 던질 수 있었다. 이 섹션 도입부의 인용구가 그 증거이다. 질의응답 시간을 통해 팬들은 영화의 주인공과 직접 관계를 맺을 수 있었고, 자신들의 준(準)사회적 관계를 적어도 얼마 동안만큼은 양면적인 것으로 바꿀 수 있었으며, 곧 알려질 것들에 대한 기대감을 가질 수 있었다. 이는 영화의 해시태그를 더욱 널리 퍼지게 했다.

TV 드라마 〈슈츠(Suits)〉의 제작자들은 더욱 직접적으로 소비자와의 대화에 참여하는 것에 초점을 맞춘 접근법을 사용했다. 드라마 속 인물인 마이크 로스(Mike Ross)의 팔로어 3400명은 2013년 8월 '당신은 자전거 같은 변호사입니까, 아니면 리무진 같은 변호사입니까'라는 개인적인 질문을 그로부터 직접 받았다(Riehl, 2014). 재미있는 것은 로스가 실제 사람이 아니라 드라마의 캐릭터라는 점이다. 하지만 (우리가 맞닥뜨렸던 대부분의 사람들처럼) 조정을 하려는 제작자들의 시도는 성의가 없는 편이었다. 비록 로스가 7만여 개의 답변을 보냈고 이제는 1만 1000명 이상의 팔로어를 보유하게 되었지만, 그는 팬들의 참여를 유도할 수 있는 캐릭터가 아니라 소설봇의 모든 고정관념을 만족시키는 존재일 뿐이다. 그는 단지 5명을 팔로우할 뿐이고(이 5명은 역시나 드라마 속 캐릭터이다…), 겨우 25개의 트윗을 썼으며, 그가 '개인적으로' (하지만 공개적으로) 자신의 팔로어들에게 각각 보낸 답변은 25개 트윗의 변형일 뿐이었다. 분명 이 변호사는 지능적인 (인간의) 행동 평가를 위한 **튜링 테스트**(turing test)•를 통과할 수 없을 것이다. 넷플릭스 드라마 〈하우스 오브 카드(House of Cards)〉의 미국 대통령 프랭크 언더우드(Frank Underwood)는 소비자와의 소통에서 더 효과적이다. @FrankUnderwood 트위터 계정으로 그는 24만 명 이상의 팬을 모았으며 팬들에게 개인적으로 답변을 해 준다. 하지만 여기에는 문제가 있다. 이 캐릭터가 자체적인 삶을 살고 있다는 것이다. 이 계정은 드라마와 전혀 관련이 없는, 팬이 운영하는 계정이다.

• 인간의 것과 동등하거나 구별할 수 없는 지능적인 행동을 보여 주는 기계의 능력에 대한 테스트.

영화 〈다크 나이트(Dark Knight)〉의 제작자들이 팬 참여를 조정하려는 노력은 굉장히 야심적인(더불어 능숙한) 것이었다. 이들은 배트맨의 팬들이 몇 개의 과제를 해결해야만 하는 대체 리얼리티 게임을 개발했는데, 이 과제 중 몇몇은 높은 수준의 활동과 참여를 요구하는 것이었다. 즉, 조정의 역할을 인간이 한 것이 아니라, (비록 이 야심 찬 게임의 몇몇 부분은 '인간'의 도움을 통해 실행되었지만) 팬 개개인에게 피드백과 지시를 제공하는 똑똑한 소프트웨어가 한 것이다.

75개국에서 1000만 명이 참여한 이 게임은 정말로 멀티미디어 게임으로, 공짜 아이맥스(IMAX) 시사회 표를 얻기 위해서는 2007년 코믹콘 페어(만화책과 관련 엔터테인먼트 형식을 기념하는 행사로, 샌디에이고에서 매년 열린다)에서 발견된 '조커화된' 1달러 지폐부터 하늘에 쓰여진 (그리고 걸 수 있는) 전화번호, 다수의 온라인 행동, 실제 현실에서의 물건 찾기 게임, 케이크 속에 숨겨진 22개의 실제 핸드폰을 찾아야만 하는 형식이었다(Lang, 2011). 각각의 행위는 흥행 성적 역대 2위를 기록한 영화의 줄거리와 밀접한 관련이 있었다. 〈다크 나이트〉의 성공에 이 게임이 정확하게 얼마나 기여했는지는 알 수 없지만, 이 게임이 기여한 개봉 전의 엄청난 참여는 간과할 수 없다.[30]

우리는 브랜드가 위기를 맞이했을 때 조정 행위가 특히 소중하다고 주장해 왔다. 하지만 다른 마케팅 및 경영 행동처럼, 조정 역시 기술이 필요하며, 조정에서의 질 낮은 시도는 비판을 불러일으킨다. 게임 제작사 EA는 〈스타워즈 배틀프론트 2(Star Wars Battlefront II)〉 게임의 선불 가격인 60달러에 더해 주요 스타워즈 캐릭터를 구출하는 데 엄청난 시간과 돈이 필요하다는 초기 사용자들의 폭로에 대해, 자신들의 '의도는 게임 플레이어들

---

30) 개봉 전 화제성 개념 및 엔터테인먼트 성공에 대한 화제성 기여도에 대한, 2장의 논의를 참고하라.

에게 각기 다른 히어로를 구출하는 자부심과 성취감을 주는 것'이라는 게시글을 올렸다.[31] EA의 조정 행위는 소셜 미디어 사이트인 레딧(Reddit) 역사상 가장 많은 '싫어요'를 받은 코멘트가 되었을 뿐만 아니라[약 70만 명의 사용자 투표 결과(Minotti, 2017)], 다른 미디어의 추가적인 부정적 피드백을 촉발시켰다. 이것은 또 하나의 핀볼 효과이다. 비록 그 회사는 이후 블로그 포스트에 '우리는 여러분의 목소리를 크고 분명하게 듣습니다'라고 말하며 자신들의 조정 접근법을 바꿨고, 말 그대로 발매 직전에 (적어도 일시적으로나마) 게임 내의 거래 행위를 없앴지만(Tassi, 2017), 초기의 조정 행위가 회사의 명성과 재무적 가치뿐만 아니라 게임 판매에도 손해를 끼친 듯하다. 소비자들은 불만을 표했으며 심지어 EA에게 준 라이선스를 철회하라고 디즈니에 요청하기도 했다(Kim, 2017).

이러한 개별적인 예시는 노련한 조정 행위가 엔터테인먼트 산업에서 어떻게 보이는지(그리고 무엇을 하지 말아야 하는지)를 바로 보여 준다. 비록 이 접근법이 오래된 것은 아니지만 학자들이 이미 핀볼 게임의 힘에 관해 모아 놓은 종합적인 통계적 근거를 이러한 통찰에 덧붙여 보자.

4) 온드 미디어를 통한 커뮤니케이션은 얼마만큼 효과적인가?

마케팅 연구자들 사이에서 상품의 성공에 소셜 미디어 활동이 끼치는 영향을 수량화하는 것이 최근의 가장 뜨거운 토픽 가운데 하나임은 확실하다. 지금까지 그 결과는 매우 일관적이었으며, 적어도 인터넷과 소셜 미디어 플랫폼 사용에 엄청난 시간을 쓰는 사람들에게는 해당 결과가 그

---

31) 일례로 한 소비자의 코멘트는 다음과 같았다. '정말? 나는 베이더(Vader)를 가두는 데 80달러를 썼는데?'

다지 놀랍지도 않을 것이다. 그러나 마케팅의 다른 모든 구성 요소들처럼, 소셜 미디어를 통한 소비자와의 소통이 항상 성공하는 것은 아니다. 그것의 효과는 소통이 어떻게 이뤄지는가, 그리고 어떤 종류의 온드 미디어가 사용되는가에 달려 있다. 소셜 미디어 마케팅이 음악, TV 프로그램, 영화의 성공에 어떻게 영향을 끼치는지에 관한 지금까지의 실증적인 연구들로부터 우리가 알고 있는 것은 무엇인가?

음악 분야에서 첸 등(Chen et al., 2015)은 음악인 616명의 아마존 내 음악 매출에 관한 자신들의 연구에, 광고 및 사용자 리뷰와 더불어 2가지 종류의 소셜 미디어 활동을 포함했다. 해당 2가지는 마이스페이스 플랫폼의 음악인 자신 및 그/그녀의 프로듀서가 보내는 자동 발신 메시지(즉, '친구 업데이트')와 같은 사이트를 통해 가수가 보내는 개인적인 메시지('게시판 항목')였다. 두 소셜 미디어 메시지는 모두 '내용 전용' 척도로 상호작용이나 조정 요소는 포함하지 않았으며, 연구자들은 이 2개를 모두 '방송' 항목으로 분류했다. 이들의 패널 VAR 모델에 따르면 개인적인 소셜 미디어 메시지는 분명 가수의 매출에 의미 있는 영향을 끼쳤지만, 자동 발신 메시지는 그러한 효과가 없었으며, 매개변수 값은 영(零)에 가까웠다.

그렇다면 이러한 개인적인 메시지의 효과는 어느 정도로 강력한가? 첸 등은 탄력성을 0.05로 추정했는데, 이는 전통적인 광고에 대해 그들이 찾아낸 수치보다 살짝 높았다. 개인적인 메시지의 개수가 10% 증가하면, 추가적인 재정 지출 없이도 매출은 평균적으로 0.5 증가했다(하지만, 어떻게 보면 가수의 시간 역시도 돈인 것은 물론이다). (전통적인 광고도 활용하는) 스타급 음악인의 경우, 개인적인 메시지는 조금 더 효과가 있었으며, 새 앨범 발매 무렵에는 상당히 높았다. 이 경우 개인적인 메시지의 탄력성은 거의 0.20으로, 평균보다 4배나 높았다. 따라서 소셜 미디어를 통해 새 상품 발매 무렵에 팬들에게 개인적인 메시지를 보내는 것이 높은 효과를 주는 방법이다.

다른 연구자들은 TV 프로그램에 대한 '온드' 소셜 미디어의 효과에 대해 살펴봤다. 러벳과 스탤린(Lovett and Staelin, 2016)이 조사 응답자를 대상으로 TV 드라마 〈휴먼 타깃〉의 인기 동인을 분석했을 때, 이들은 소비자들이 방송국 웹사이트의 드라마 관련 콘텐츠에 참여했는지도 아울러 물어봤다. 이들의 선형 확률 모델을 통해, 연구자들은 유료 광고나 입소문에 비해 이러한 것들이 덜 효과적임을 발견했다. 소비자가 드라마의 한 회차를 볼 확률은 단지 2% 증가했을 뿐이며, 이는 통계적으로 큰 의미가 없는 효과이다. 우리는 회사의 웹사이트가 가장 높은 참여 잠재력을 가진 미디어 종류 중 하나라고 생각하지 않기 때문에, 이 연구 결과를 다른 미디어 플랫폼으로까지 일반화하면 안 될 것 같다.

이러한 해석은 공 등(Gong et al., 2017)의 연구 결과와 일치한다. 이들은 TV 프로그램 제작자의 [중국의 트위터라고 할 수 있는 시나 웨이보(Sina Weibo)로 발송된] 관련 '트윗'이 중국 수용자들 사이의 프로그램 시청률에 얼마나 영향을 끼치는지 연구했다. 이들 연구자는 몇몇 중국 지역 TV 방송국을 통해 방송된 다큐멘터리의 제작자와 협력하여 무작위 현장 실험을 실시했다. 이들은 −5개의 방송국을 통해 방송된 프로그램 98개를 무작위로 선정하여− 새 프로그램이 방영되는 날 트윗을 보내거나 보내지 않는 방식으로 실험을 진행했다.

그들이 알게 된 것은 무엇일까? 확실히 더 많은 시청자가 트윗을 보낸 프로그램을 시청했다. 제작자가 자신의 13만 명 팔로어에게 프로그램에 관한 트윗을 보냈을 경우, 아무것도 보내지 않았을 때와 비교해 평균 시청률은 약 3분의 2 정도 높았다(1.25% vs. 0.75%). 채널과 프로그램의 특징(예: 장르) 및 시기 변수를 통제하여 (강건 표준오차를 고려한) 최소제곱법을 적용할 시, 공 등은 프로듀서의 트윗이 평균적으로 0.6%의 시청률 상승과 관련되어 있다는 것을 알아냈다. 또한 이들은 시청자 수 절대 값을 종속변수로 한 분석도 시행했는데, 그 결과 하나의 포스팅이 평균적으로 시청자를 6300

명 늘린다는 것을 발견했다. 이 수치들의 작은 값은 좀 더 주류인 콘텐츠의 경우 상황이 달라질 수 있음을 알려 준다. 그리고 이 연구의 제작자는 콘텐츠 홍보를 위해 오직 온드 소셜 미디어만 사용했는데, 만일 유료 채널까지 사용할 경우 결과는 달라질 수 있다.

마지막으로, 2012~2014년 동안 북미 극장에서 개봉한 모든 메이저 영화를 데이터 세트로 하여, 영화 개봉 석 달 전부터 페이스북 페이지를 통해 끌어들인 팬 수가 흥행 성적에 영향을 끼치는지를 연구했다(Kupfer et al., 2018). 선형 혼합 모형을 이용하여 북미의 주간 흥행 성적을 종속변수로 하고 (영화의 '브랜드 파워' 같은) 다수의 통제를 가해, 긍정적이고 의미 있는, 그러나 비교적 적당한 수준인 0.05의 탄력성을 발견했다. 즉, 초기의 페이스북 팬 수가 10% 증가할 경우 모든 다른 요인들을 제하고도 영화의 극장 흥행 수익이 0.5% 더 높아진다는 것이다. 사부 등(Saboo et al., 2016)도 가수의 소셜 미디어 팔로어 숫자와 음악 매출 사이에서 비슷한 연관성을 발표했다. 73주간 다양한 소셜 미디어 플랫폼에서 얻은 데이터와 기능 분석에 기반하여, 이들은 팬과 음악 매출 사이의 연관성이 비선형(非線型, non-linear)일 수 있다고 제시했다. 너무 많은 사람들이 소셜 미디어의 가수를 좋아할 경우, 다른 이들은 그/그녀에 대한 관심을 잃기 시작한다는 것이다.

그렇다면 가수, 배우, 감독처럼 새로운 엔터테인먼트 상품 제작에 관련된, '요소 브랜드(ingredient brands)'의 역할을 하는 이들의 소셜 미디어 활동은 어떠한가? 우리 연구의 핵심은 영화의 스타급 배우의 소셜 미디어 활동이 추가적인 수익을 창출하는지 아닌지를 보고자 하는 것이었다. 디즈니의 회장인 션 베일리(Sean Bailey)는 〈미녀와 야수(The Beauty and the Beast)〉 티저 예고편을 본 9000만 명의 사람들 중 "거의 절반이 엠마 왓슨(Emma Watson)의 엄청난 소셜 미디어 채널 중 하나를 통해 들어왔다. 상상해 보라, 4000만 이상의 뷰가 그녀의 소셜 미디어 채널을 통해 이뤄졌다"라며 그녀의 소셜 미디어 활동이 도움이 되었다고 밝혔다(Fleming, 2017 인용). 하지만 이러한 활동이 실질적으로 추가적인 수익을 창출했을까? 만일 그렇다면, 어떻게?

우리의 회귀분석 결과는 스타 주연배우의 페이스북 팬층의 크기와 '활동 수준'이 그 자체로 적정 수준의 긍정적 효과가 있으며, 이는 영화 팬층의 크기와 비슷했다. 하지만 우리는 스타급 배우가 이러한 잠재적인 힘을 활용해 활동하는 것 자체가 제작자에게 진정 중요한 것임을 발견했다. 평균적으로, 주연배우의 필름 관련 포스팅이 10% 증가하면 주간 수익이 2.4% 증가했으며, 이러한 효과는 배우의 팬층이 클수록 더 강해졌다. 또한 스타가 무엇을 포스팅하는지도 중요했다. 진정성 있고, 독자적이며, 설득력 있는 내용일 경우 흥행 수익을 현저히 끌어올린 반면, 이러한 요소가

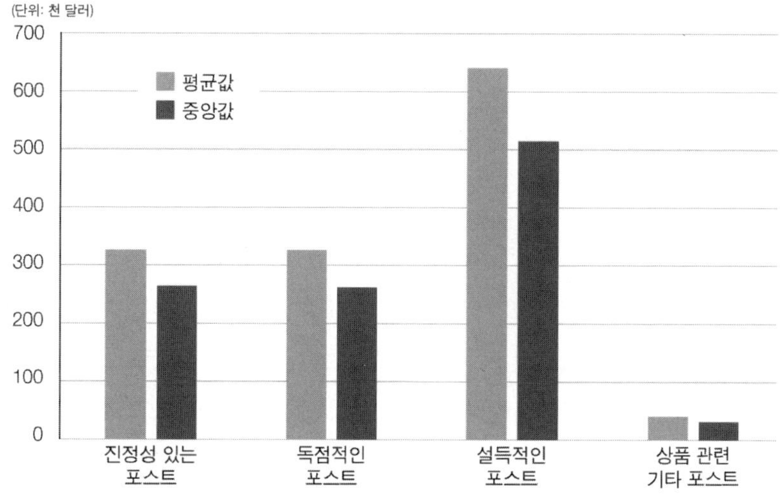

〈그림 1.8〉 스타의 각기 다른 종류의 소셜 미디어 활동이 어떻게 영화를 돕는가

주: 수치는 영화의 주연배우가 올린 페이스북 포스트가 북미 영화 흥행 수익으로 환산되었을 때의 달러 가치 추정치. 아웃라이어 효과를 제한하기 위해 상하위 5% 영화배우는 제외했다.
자료: Kupfer et al.(2018)의 결과 참조.

하나도 포함되어 있지 않은 포스팅은 영화의 성공에 거의 영향을 끼치지 못했다. 〈그림 1.8〉은 시뮬레이션에 기반하여 (아예 포스팅하지 않는 것 대비) 메이저 영화의 주연배우가 북미 영화 관객들을 대상으로 이러한 포스팅을 하나라도 했을 때의 달러 가치를 보여 준다. 설득력 있는 스타의 포스팅은 평균적으로 약 50만 달러를 가져온다.

따라서 영화제작자들은 영화의 소셜 미디어 활동에만 돈을 투자해서는 안 된다. 스크린 위에서 관객의 넋을 잃게 할 뿐만 아니라, 확실한 소셜 미디어 팬층을 가진 스타를 캐스팅하는 것으로도 이득을 얻을 수 있다.

공 등(Gong et al., 2017)의 연구 결과는 이 효과가 구성 요소로서 엔터테인먼트 상품 제작에 개인적으로 관여한 스타들에게만 한정된 것이 아님을 보여 준다. TV 프로그램 제작자가 영화에 관한 자신들의 트윗을 리트윗해 줄 (수만 명의 팔로어를 보유한) '인플루언서'를 고용하면, 해당 영화의 TV 시청률은 평균적으로 1.44% 증가했다. 이는 제작자가 '트윗만 했을 때'의 경우와 비교하면 약 15% 이상 높은 것이다.

5) 다른 종류의 온드 미디어: 커뮤니케이션 도구로서의 포장

온드 미디어에 대한 논의를 끝내고 '언드' 미디어로 넘어가기 전에, 잠깐 방향을 돌려 아주 다른 종류의 온드 미디어를 살펴보고자 한다. 바로 상품 포장이다. 웹사이트 및 브랜드 홈페이지와 마찬가지로, 물류(物流)에 관계된 기능적 요소들과 더불어 상품 포장은 프로듀서의 전적인 통제 아래에 있으며, 커뮤니케이션의 수단으로 쓰인다. 하지만 소셜 미디어의 상호작용 요소는 결여하고 있으므로, 핀볼 체제에서 이것의 역할은 조정이 아니다. 대신, 포장은 소비자에게 상품에 대한 정보를 제공하여 그것을 사도록 부추긴다. 이는 또 다른 핀볼인데, 왜냐하면 참여를 촉발시키고 흥미를 유발하기 때문이다. 또한 포장 그 자체로도 소비자에게 가치를 제공할 수 있다.

우리가 앞서 보여 준, 새로운 엔터테인먼트 상품을 어떻게 효과적으로 알릴 것인가에 관한 다수의 일반적인 연구 결과는 포장에도 적용할 수 있다. 하지만 한 가지 독특함은 포장 효과가 일어나는 맥락이다. 소비자가 가게에서 다수의 책, 게임, DVD 중 하나를 고를 때는 광고를 볼 때와는 다르게 자극에 반응한다. 우리는 이 분야가 그다지 많이 연구된 분야가 아니며 (엔터테인먼트 사이언스의) 연구자들이 더 주목해야 할 분야라는 매케이 등(McKay et al., 2012)에 동의하지만, 포장에 대한 약간의 기본적인 실증적 통찰 역시 존재한다. 이들 대부분은 소비자의 의사결정 과정에서 포장이 하는 역할을 논하고 있는데, 이는 모두 책 포장과 관련된 연구이다.

그렇다면 엔터테인먼트 소비자에게 포장은 어떤 식으로 처리될까? 루첼과 갈리(Reutzel and Gali, 1998)는 질적이고 실측적인 접근법을 사용하여 아동들이 책을 어떻게 선택하는지 연구했다. 이들의 샘플은 1학년, 3학년, 혹은 5학년인 18명의 아동으로 구성되어 있었다. 책 표지를 포장으로 간주할 때, 이들 연구자는 표지 디자인이 선택 과정의 중요한 부분임을 발견했다. 그러나 이들은 표지의 역할을 수량화하거나 무엇이 '좋은' 표지이며 그것을 그다지 좋지 않은 표지와 구분하려는 시도를 하지는 않았다. 한 도서 구매 습관 연구에서 성인 영국 독자들에게 책 구입 동기에 대해 질문했을 때(Buchanan and McKay, 2011 참조), 응답자들은 책 표지 디자인을 도서 선택의 가장 중요한 동인 중 하나로 언급했다. 이는 책에 쓰여 있는 '내용' 다음으로 중요한 것이었다.

두 연구는 이러한 자가 보고된 중요성 데이터의 위험성을 피하고, 실제 판매 데이터를 가지고 책 표지의 역할을 조사했다. 두 연구는 모두 포장이 실물 엔터테인먼트 상품 마케팅 믹스의 중요한 구성 요소로 여겨져야 한다는 주장을 더욱 강하게 뒷받침하고 있다. 특히 메이스버그(Meiseberg, 2016)는 아마존 독일 웹사이트상 도서 3만 개의 성공 원인이 무엇인지에 대한 분석에서, 가장 기본적인 책 표지 변수를 포함했다. 책 표지에 (표지의 '선명성'에 대한 척도인) 사진이 들어 있으면 1의 값으로, 사진이 없으면 0의 값을 매긴 것이다.

메이스버그의 연구 결과는 모든 책에서 사진 표지와 책 판매 순위의 상관관계가 상당히 밀접하게 나타났음을 보여 준다(r=-0.33, 따라서 잠재적으로 겹치는 다른 요인들을 무시했을 때, 책 표지가 데이터 세트에 포함된 도서의 판매 순위 변인의 10%를 설명해 준다는 것이다). 그리고 메이스버그의 회귀분석은 이 효과를 확증했다. 사진 표지는 판매량이 적은 책의 경우 3%의 더 높은 판매 순위를, 판매량이 많은 책의 경우 7%의 더 높은 순위를 만들어 냈다. 하지만 메이스버그는 잠재적인 내생성은 고려하지 않았다. 메이스버그의 분석 결과는 선명한 책 표지가 책 판매에 도움이 된다는 것을 보여 주지만, 판매량이 높을 것 같은 책일수록 더 큰 비용이 든 (그리고 더 선명한) 표지 디자인을 갖게 될 수도 있다는 것이다.

슈미트-스톨팅 등(Schmidt-Stölting et al., 2011)의 연구도 후자의 우려에 관해 이야기하고 있지는 않지만, 포장 효과를 다르게 이해할 수 있도록 해 준다. 독일에서 성공한 1000권 이상의 책에 관한 이들의 분석에서, 이들은 책 표지의 '소구력'을 이진변수(二進變數)로 측정하는 대신, 4명의 학생에게 각각의 책 표지 '소구력'에 (1에서 5 사이의 '호소력' 스케일로) 점수를 매기라고 지시했다. 그리고 나서 이들은 책 성공에 관한 SUR(Seemingly Unrelated Regression) 분석에 다른 수 개의 성공 동인들과 더불어 소구력 점수 평균값을 포함했다.[32] 이들의 연구 결과에 따르면, 문고판(페이퍼백)의 경우 책 표지의 소구

32) 이들 연구자는 모든 평가자의 평균 점수를 계산하여 4개의 점수를 합쳤고, 거기에 각 평

력은 책 판매와 관련성이 있었다. 1점(혹은 25%) 높은 소구력은 판매량을 28% 증가시켰다. 하지만 이 효과는, 적어도 슈미트-스톨팅 등의 데이터에 따르면, 문고판에 한정되어 있었다. 양장본(하드커버)의 경우 이들은 책 표지의 소구력이 성공에 영향을 끼친다는 증거를 발견하지 못했다. 연구자들은 그것을 광고의 '탓으로 돌렸다'. 이들은 문고판의 경우 광고가 거의 없거나 아예 없었기 때문에 표지가 온오프라인 서점에서 책의 '얼굴' 역할을 하는 반면, 양장본의 경우 광고가 이 효과를 잠식할 수도 있다고 예상했다.[33]

포장이 마케팅 도구로 활용될 수 있는 다른 엔터테인먼트 분야는 DVD, 블루레이, 게임, CD—더불어 (다시금) LP 판—가 있다. 최근의 LP 판 부활은 전적으로 향수(鄕愁)의 결과인가, 아니면 우수한 기술적 품질인가, 혹은 소비자에게 제공되는 포장 가치가 주요한 원인일까? 고급 포장은 종종 상품에 추가된 다른 특별 항목과 같이 제공되는데, 이는 다양한 버전을 만드는 것이 엔터테인먼트 상품 가격 매기기 전략 중 하나라는 우리의 논의로 다시 돌아오게 된다. 엔터테인먼트 상품 전반에 걸쳐 이러한 특별한 포장은 그 자체로 틈새 상품이 되며, 이는 제한적인 숫자의 고관여 소비자의 수요를 위한 것이다. 대체로, 소비자들이 디지털 상품으로 전환하면서 이와 같은 솜씨가 설 자리가 없게 되면 포장의 경제적 역할은 감소하게 될 것이다. 하지만 실물 엔터테인먼트 상품에 여전히 충성도를 가진 틈새시장 소비자들에게, 포장은 계속 중요한 역할을 유지할 것이다.

가자들이 자신의 판단을 얼마나 '확신하는지'에 가중치를 부여했다.

33) 자신들의 조금은 놀라운 결과를 정당화하기 위해, 이들 연구자는 데이터 세트 내의 책 표지에 대한 심층 검토를 실시하여 표지 디자인 간의 엄청난 차이점을 발견했다. "가장 매력적인 50개는 강렬한 색으로 촘촘히 디자인되어 있는 반면, 가장 매력이 없는 50개는 백색 공간이 아주 많은 성긴 디자인이었다"(Schmidt-Stölting et al., 2011: 40).

5. 맺음말

엔터테인먼트 커뮤니케이션 의사결정에 관한 1장과 2장은 경영자들이 메시지를 거의 통제할 수 있는 커뮤니케이션 방식(페이드 채널과 온드 채널)에 초점을 맞췄다.

페이드 채널의 경우, 회사가 (TV 채널, 신문, 웹사이트와 같은) 특정한 미디어 개체에 돈을 지불하여 그 개체의 소비자에게 메시지를 공유하게 하는 것이기 때문에, 회사는 실제 메시지의 형태와 내용을 명시할 수 있다. 회사가 페이드 채널을 통해 공유하는 정보는 상품의 인지를 형성하고 브랜드의 이미지를 구축하는 것을 목표로 한다. 우리는 페이드 채널을 활용할 때 얼마만큼의 정보를 드러내야 하는지(식욕을 돋울 만큼, 하지만 식사를 망치지 않을 만큼), 얼마만큼의 돈을 써야 하며 언제 써야 하는지 등 엔터테인먼트 상품 경영자가 맞이하게 될 몇몇 주요 의사결정에 관한 실증적인 증거를 살펴봤다. 특히 영화처럼 수명주기가 짧은 엔터테인먼트 상품의 경우, 발매 전 지출이 특히 높은 탄력성을 나타냈다.

(영화의 페이스북 페이지, 트위터 계정, 혹은 제작사 웹사이트 같은) 온드 미디어의 경우, 회사는 자신들이 내놓을 새로운 엔터테인먼트 상품에 대한 초기 정보를 완벽하게 통제하게 된다. 그러나 페이드 채널과의 비슷한 점은 온드 미디어를 통해 디지털 환경으로 정보를 공개하는 순간 끝난다. 오히려 이는 범퍼, 램프, 플리퍼들로 가득한 핀볼 기계에 핀볼을 발사하는 것과 비슷하다. 우리는 엔터테인먼트 제작자들이 플리퍼를 교묘하게 조작하는 것을 통해 큰 이익을 얻을 수 있다는 것을 보여 주었다. 반응하고 공을 살릴 기회를 제공하여 소비자들 사이에서 참여와 기대를 널리 퍼트릴 수 있기 때문이다. 조사 결과는 핀볼 세상에서 온드 미디어를 통해 엔터테인먼트 소비자와 어떻게 가장 효과적으로 소통할 수 있는지에 관한 이해를 제공하

며, 여기에는 콘텐츠의 역할과 엔터테인먼트 브랜드 이야기를 어떻게 공동 창작할 수 있는지에 관한 논의가 포함되어 있다. 제대로 할 수만 있다면 엔터테인먼트 회사는 고관여 팬들의 창의적인 기여를 종합하여 커다란 이익을 얻을 수 있지만, 경영자들은 분명 자신의 브랜드와 상품에 대한 완벽한 통제를 어느 정도 포기하는 용기가 필요하다.

이제 우리는 가장 통제가 어려운 엔터테인먼트 커뮤니케이션 분야로 넘어간다. 바로 소비자로부터 상품이 '얻어 내는' 커뮤니케이션 반응이다. (엔터테인먼트 상품에 공적인 중요성을 부여하고 신문이나 웹사이트에 지면을 내주는) 문화적 속성과 같은 엔터테인먼트의 특별한 성격 때문에, 그리고 (소비자들이 '대체 신호'를 소중하게 여기게 만드는) 경험적 속성 때문에, 이러한 '언드' 채널은 엔터테인먼트 상품 성공을 이해하고 다루는 데 있어서 특히 중요하다.

참고문헌

Akpinar, E., & Berger, J. (2017). *Valuable virality. Journal of Marketing Research, 54*, 318-330.

Appel, M., Richter, T. (2010). Transportation and need for affect in narrative persuasion: A mediated moderation model. *Media Psychology, 13*, 101-135.

Basuroy, S., Kaushik Desai, K., & Talukdar, D. (2006). An empirical investigation of signaling in the motion picture industry. *Journal of Marketing Research, 43*, 287-295.

BenJerry.com (2017). Our history. https://goo.gl/NjSwdH.

Berger, J., & Milkman, K. L. (2012). What makes online content viral? *Journal of Marketing Research, 49*, 192-205.

Bruce, N. I., Zhang Foutz, N., & Kolsarici, C. (2012). Dynamic effectiveness of advertising and word of mouth in sequential distribution of new products. *Journal of Marketing Research, 49*, 469-486.

Buchanan, G., & McKay, D. (2011). In the bookshop: Examining popular search strategies. In Proceedings of the 11th Annual International *ACM/IEEE Joint Conference on Digital Libraries JCDL* (pp.269-278).

Burmester, A. B., Becker, J. U., van Heerde, H. J., & Clement, M. (2015). The impact of pre- and post-launch publicity and advertising on new product sales. *International Journal of Research in Marketing, 32*, 408-417.

Cacioppo, J. T., & Petty, R. E. (1982). The need for cognition. *Journal of Personality and Social Psychology, 42*, 116-131.

Chen, H., De, P., & Yu Jeffrey, H. (2015). IT-enabled broadcasting in social media: An empirical study of artists' activities and music sales. *Information Systems Research, 26*, 513-531.

Clement, M., Wu, S., & Fischer, M. (2014). Empirical generalization of demand and supply dynamics for movies. *International Journal of Research in Marketing, 31*, 207-223.

Cornwell, R. (2011). DC was never going to get the magic of pinball. *Independent*, June 4, https://goo.gl/uG1ghb.

Das Fernsehlexikon (2008). Das Geheimnis von Twin Peaks. https://goo.gl/jKhBLg.

Dewan, S., & Ramaprasad, J. (2014). Social media, traditional media, and music sales. *MIS Quarterly, 38*, 101-121.

Dodes, R. (2012). Twitter goes to the movies. *The Wall Street Journal*, August 3, https://goo.gl/QLje3S.

Ebert, R. (2000). Movie review for Cast Away. *Chicago Sun-Times*, December 22, https://goo.gl/

pM9LB1.

Elberse, A., & Eliashberg, J. (2003). Demand and supply dynamics for sequentially released products in international markets: The case of motion pictures. *Marketing Science, 22*, 329-354.

Elberse, A., & Anand, B. (2007). The effectiveness of pre-release advertising for motion pictures: An empirical investigation using a simulated market. *Information Economics and Policy, 19*, 319-343.

FFA Filmförderungsanstalt (2005). Kinobesucher 2004 — Strukturen und Entwicklungen auf Basis des GfK-Panels, April, https://goo.gl/W4WHDR.

FFA Filmförderungsanstalt (2010). Kinobesucher 2009 — Strukturen und Entwicklungen auf Basis des GfK-Panels, April, https://goo.gl/399mPz.

FFA Filmförderungsanstalt (2015). Kinobesucher 2014 — Strukturen und Entwicklungen auf Basis des GfK-Panels, April, https://goo.gl/kPi6Hf.

Finsterwalder, J., Kuppelwieser, V. G., & de Villiers, M. (2012). The effects of film trailers on shaping consumer expectations in the entertainment industry — A qualitative analysis. *Journal of Retailing and Consumer Services, 19*, 589-595.

Fleming Jr., M. (2016). Kevin Feige on 'Captain America: Civil War' and all things Marvel — Deadline Q&A. *Deadline*, May 6, https://goo.gl/pJo7BX.

Fleming Jr., M. (2017). Sean Bailey on how Disney's live-action division found its 'Beauty And The Beast' Mojo. *Deadline Hollywood*, March 21, https://goo.gl/4aLMxM.

Fritz, B. (2015). 'Star Wars' carries its own marketing weight for Disney. *The Wall Street Journal*, December 7, https://goo.gl/GYqHp8.

Gallagher, D. (2015). Why no Luke in the 'Force Awakens' trailers? Rating the theories. *CNET*, November 3, https://goo.gl/rw7NMr.

Garrahan, M. (2016). Advertising: Facebook and Google build a duopoly. *Financial Times*, June 23, https://goo.gl/ipx36F

Gensler, S., Völckner, F., Liu-Thompkins, Y, & Wiertz, C. (2013). Managing Brands in the Social Media Environment. *Journal of Interactive Marketing, 27*, 242-256.

Gong, S., Zhang, J., Zhao, P., & Jiang, X. (2017). Tweeting as a marketing tool — Field experiment in the TV industry. *Journal of Marketing Research, 54*, 833-850.

Gopinath, S., Chintagunta, P. K., & Venkataraman, S. (2013). Blogs, advertising, and local-market movie box office performance. *Management Science, 59*, 2635-2654.

Grainge, P., & Johnson, C. (2015). *Promotional screen industries*. London and New York: Routledge.

Hansen, N., Kupfer, A.-K., & Hennig-Thurau, T. (2017). Social media firestorms. Working Paper, Mü nster University.

Harris, M. (2001). The "Witchcraft" of media manipulation: Pamela and the Blair Witch Project. *The Journal of Popular Culture, 34*, 75-107.

Hennig-Thurau, T., Houston, M. B., & Walsh, G. (2006). The differing roles of success drivers across sequential channels: An application to the motion picture industry. *Journal of the Academy of Marketing Science, 34*, 559-575.

Hennig-Thurau, T., Malthouse, E. C., Friege, C., Gensler, S., Lobschat, L., Rangaswamy, A., et al. (2010). The impact of new media on customer relationships. *Journal of Service Research, 13*, 311-330.

Hennig-Thurau, T., Hofacker, C. F., & Bloching, B. (2013). Marketing the pinballway: Understanding how social media change the generation of value for consumers and companies. *Journal of Interactive Marketing, 27*, 237-241.

Ho, J. Y. C., Dhar, T., & Weinberg, C. B. (2009). Playoff payoff: Super Bowl advertising for movies. *International Journal of Research in Marketing, 26*, 168-179.

Jecke, J., Herger, D., Dederichs, C., & Walk, I. (2015). Der Erfolg des Marvel Cinematic Universe. *Moviepilot*, https://goo.gl/NvWA7o.

Johnson, B. K., & Rosenbaum, J. E. (2015). Spoiler alert: Consequences of narrative spoilers for dimensions of enjoyment, appreciation, and transportation, communication research. *Communication Research, 42*, 1068-1088.

Joshi, A. M., & Hanssens, D. M. (2009). Movie advertising and the stock market valuation of studios: A case of 'Great Expectations?'. *Marketing Science, 28*, 239-250.

Kaczinski, A., Paul, M., Hennig-Thurau, T., & vor dem Esche, J. (2016). Social media marketing: An organizing means-end framework of firm practices and their consumer consequences. Working Paper, Münster University.

Kaplan, A. M., & Haenlein, M. (2012). The Britney spears universe: Social media and viral marketing at its best. *Business Horizons, 55*, 27-31.

Karray, S., & Debernitz, L. (2015). The effectiveness of movie trailer advertising. *International Journal of Advertising, 36*, 368-392.

Katz, E., & Lazarsfeld, P. F. (1955). *Personal influence: The part played by people in the flow of mass communication*. New York: The Free Press.

Kehe, J., & Palmer, K. M. (2013). The gripping, mind-blowing, thrilling evolution of the movie trailer. *Wired*, June 18, https://goo.gl/173sBq.

Kernan, L. (2004). *Coming attractions: Reading american movie trailers*. Austin: University of Texas

Press.

Kim, T. (2017). EA's day of reckoning is here after 'Star Wars' game uproar, $3 billion in stock value wiped out. *CNBC*, November 28, https://goo.gl/4dZpFo.

Kinnear, S. (2012). 50 trailers that ruined the movie. *GamesRadar+*, January 9, https://goo.gl/b9hpF1.

Kumar, V. Lerzan, Aksoy, B. D., Venkatesan, R., Wiesel, T., & Tillmanns, S. (2010). Undervalued or overvalued customers: Capturing total customer engagement value. *Journal of Service Research, 13*, 297-310.

Kupfer, A.-K., Pähler vor der Holte, N., Kübler, R., & Hennig-Thurau, T. (2018). The role of the partner brand's social media power in brand alliances. *Journal of Marketing, 82*, 25-44.

Labrecque, L. I., vor dem Esche, J., Mathwick, C., Novak, T. P., & Hofacker, C. F. (2013). Consumer power: Evolution in the digital age. *Journal of Interactive Marketing, 27*, 257-269.

LaFrance, A. (2014). Why classic movies have terrible trailers. *The Atlantic*, January 27, https://goo.gl/Vn8FGJ.

Lang, A. (2011). The 5 most insane alternate reality games. *Cracked*, July 30, https://goo.gl/jcfPPL.

Lavidge, R. J., & Steiner, G. A. (1961). A model for predictive measurements of advertising effectiveness. *Journal of Marketing, 25*, 59-62.

Leavitt, J. D., & Christenfeld, N. J. S. (2011). Story spoilers don't spoil stories. *Psychological Science, 22*, 1152-1154.

Leavitt, J. D., & Christenfeld, N. J. S. (2013). The fluency of spoilers. *Scientific Study of Literature, 3*, 93-104.

Lieberman, D., & Busch, A. (2016). Hollywood tees up movie ads for Super Bowl: TV's most expensive event. *Deadline*, January 29, https://goo.gl/m1zhCu.

Liu, X., Shi, S., Teixera, T., & Wedel, M. (2018). Video content marketing: The making of clips. *Journal of Marketing, 82*, 86-101.

Lovett, M. J., & Staelin, R. (2016). The role of paid, earned, and owned media in building entertainment brands: Reminding, informing, and enhancing enjoyment. *Marketing Science, 35*, 142-157.

Luan, Y. J., & Sudhir, K. (2010). Forecasting marketing-mix responsiveness for new products. *Journal of Marketing Research, 47*, 444-457.

Lynton, M. (2009). Der Produktfluss ist sicher. *Blickpunkt: Film*, https://goo.gl/B39QsV.

Marchand, A. (2016). The power of an installed base to combat lifecycle decline: The case of video games. *International Journal of Research in Marketing, 33*, 140-154.

Marchand, A., Hennig-Thurau, T., & Wiertz, C. (2016). Not all digital word of mouth is created equal:

Understanding the respective impact of consumer reviews and microblogs on new product success. *International Journal of Research in Marketing, 34*, 336-354.

McClintock, P. (2014). $200 million and rising: Hollywood struggles with soaring marketing costs. *The Hollywood Reporter*, July 31, https://goo.gl/eoEXYb.

McKay, D., Buchanan, G., Vanderschantz, N., Timpany, C., Jo Cunningham, S., & Hinze, A. (2012). Judging a book by its cover: Interface elements that affect reader selection of ebooks. In *Proceedings of the 24th Australian Computer-Human Interaction Conference* (pp.381-390). New York: ACM.

Mechanic, B. (2017). Bill Mechanic on movie biz: Big problems & a few suggestions on how to fix them. *Deadline*, March 31, https://goo.gl/6rvu85.

Meiseberg, B. (2016). The effectiveness of e-tailers' communication practices in stimulating sales of niche versus popular products. *Journal of Retailing*, 92, 319-332.

Milgrom, P., & Roberts, J. (1986). Price and advertising signals of product quality. *Journal of Political Economy, 94*, 227-284.

Minotti, M. (2017). EA's defense of Star Wars: Battlefront II is now Reddit's most downvoted comment. *VentureBeat*, November 12, https://goo.gl/GtJMqz.

Papies, D., & van Heerde, H. (2015). How the internet has changed the marketing of entertainment goods: The case of the music industry. Working Paper, Marketing Science Institute.

Parmentier, M.-A., & Fischer, E. (2015). Things fall apart: The dynamics of brand audience dissipation. *Journal of Consumer Research, 41*, 1228-1251.

Pfeffer, J., Zorbach, T., & Carley, K. M. (2014). Understanding online firestorms: Negative word-of-mouth dynamics in social media networks. *Journal of Marketing Communications, 20*, 117-128.

Plumb, A. (2015). The most ludicrous DVD/Blu-ray box sets ever. *Empire*, October 9, https://goo.gl/5n9w1g.

Prag, J., & Casavant, J. (1994). An empirical study of the determinants of revenues and marketing expenditures in the motion picture industry. *Journal of Cultural Economics, 18*, 217-235.

Quelch, J. A., Elberse, A., & Harrington, A. (2010). The passion of the christ (A). *Harvard Business School Case*, 505-025.

Rao, V. R., Abraham (Avri) Ravid, S., Gretz, R. T., Chen, J., Basuroy, S. (2017) The impact of advertising content on movie revenues. *Marketing Letters, 28*, 341-355.

Reutzel, D. R., & Gali, K. (1998). The art of children's book selection: A labyrinth unexplored. *Reading Psychology, 19*, 3-50.

Riehl, K. (2014). Mein Leben als Mensch. ***Sueddeutsche Zeitung***, March 18, https://goo.gl/mBrHEo.

Robb, D. (2014). Seth MacFarlane sued over source of 'Ted' idea. ***Deadline***, July 15, https://goo.gl/FzeHu7.

Rosenbaum, J. E., & Johnson, B. K. (2016). Who's afraid of spoilers: Need for cognition, need for affect, and narrative selection and enjoyment. ***Psychology of Popular Media Culture, 5***, 273-289.

Saboo, A. R., Kumar, V., & Ramani, G. (2016). Evaluating the impact of social media activities on human brand sales. ***International Journal of Research in Marketing, 33***, 524-541.

Schmidt-Stölting, C., Blömeke, E., & Clement, M. (2011). Success drivers of fiction books: An empirical analysis of hardcover and paperback editions in Germany. ***Journal of Media Economics, 24***, 24-47.

Sethuraman, R., Tellis, G. J., & Briesch, R. A. (2011). How well does advertising work? Generalizations from meta-analysis of brand advertising elasticities. ***Journal of Marketing Research, 48***, 457-471.

Shehu, E., Prostka, T., Schmidt-Stölting, C., Clement, M., & Blömeke, E. (2014). The influence of book advertising on sales in the German fiction book market. ***Journal of Cultural Economics, 38***, 109-130.

Smith, J. R. (2016). IBM research takes Watson to Hollywood with the first 'Cognitive Movie Trailer'. ***IBM THINK Blog***, August 31, https://goo.gl/semSTw.

Smith, M. D., & Telang, R. (2016). Targeting, retargeting, and the effectiveness of search engine advertising: Evidence from randomized field experiments. Draft.

Squire, J. E. (2006). Introduction. In J. E. Squire (Ed.), ***The movie business book*** (International 3 ed., pp.1-12). Maidenhead: Open University Press.

Staiger, J. (1990). Announcing wares, winning patrons, voicing ideals: Thinking about the history and theory of film advertising. ***Cinema Journal, 29***, 3-31.

Tassi, P. (2017). EA has removed Star Wars Battlefront 2's microtransactions hours before launch. ***Forbes***, November 16, https://goo.gl/C8HTYh.

Taylor, V. (2010). The best-ever social media campaigns. ***Forbes***, August 17, https://goo.gl/SghPZr.

Tedford, J. (2015). This summer, social ads are the winning ticket for box office success. ***MediaPost***, July 22, https://goo.gl/svKJfs.

Xiong, G., & Bharadwaj, S. (2014). Prerelease buzz evolution patterns and new product performance. ***Marketing Science, 33***, 401-421.

Yan, D., & Tsang, A. S. L. (2015). The misforecasted spoiler effect: Underlying mechanism and boundary conditions. *Journal of Consumer Psychology, 26*, 81-90.

Zhao, H. (2000). Raising awareness and signaling quality to uninformed consumers: A price-advertising model. *Marketing Science, 19*, 390-396.

Zufryden, F. S. (1996). Linking advertising to box office performance of new film releases: A marketing planning model. *Journal of Advertising Research, 36*, 29-42.

2장

엔터테인먼트 커뮤니케이션 결정 2

언드 채널

'언드(earned)' 미디어는 사실 엔터테인먼트 상품에 관한 매우 다른 종류의 커뮤니케이션을 뒤섞어 모아 놓은 것이다. 그것은 소비자들이 다양한 채널을 통해 구체화하는 입소문부터 (새로운 상품의 판매 순위에 반영된) 소비자 '군중심리'(잘 팔리는 것은 곧 좋은 것이니까, 그렇지 않은가?), 그리고 인터넷 및 다양한 곳에서 상품이 받는 화제성까지를 모두 포함한 것이다. 소비자의 판단과 행동은 자동 추천 엔진이 개인화된 예측(즉, 알고리즘을 통해 만들어진 '언드' 미디어)으로 변환시킨 입력 값이기도 하다. 소비자 외에도 리뷰를 통해 새로운 상품의 품질을 평가하는 평론가들이나 훌륭한 품질을 가졌다고 생각하는 엔터테인먼트 상품에 상을 나눠 주는 이들처럼, 자신들의 평가가 '언드' 커뮤니케이션 채널을 먹여 살리는 엔터테인먼트 상품의 주주들도 있다.

이 모든 커뮤니케이션의 공통 요소는, 적어도 페이드 미디어나 온드 미디어에서 할 수 있는 정도로 생산자가 통제하는 것이 불가능하다는 점이다. 소비자가 새로운 상품에 관한 자신들의 의견을 공유하거나, 화제가 되거나, 평론가들이 리뷰를 (어떤 내용으로) 쓰기로 결정하거나, 시상식 위원회 멤버들이 상품을 어떻게 판단하거나 하는 것들은 모두 생산자의 영역 바깥에 있는 일이다. 물론 생산자는 타깃 광고, 언론 시사회, 샘플 제공(을 하거나 하지 않는 것)을 통해 이러한 커뮤니케이션을 활성화하고 특정한 방향으로 몰아가기 위해 노력할 수는 있다. 이 장에서 우리는 (좀 더 의심스러운 것들을 포함한) 이러한 조치들의 효과에 대해 논의할 것이다. 하지만 이러한 모든 노력에도 불구하고, 특정 엔터테인먼트 상품이 이러한 커뮤니케이션을 '획득(earn)'하느냐 마느냐를 결정하는 것은 결국 회사 바깥의 다른 사람들이며, 이러한 커뮤니케이션의 유인성(誘引性, valence: 사람을 끄는 힘)을 결정하는 것 역시 이들이다. 이것이 대부분의 '언드' 미디어의 본질이다. 만일 주주들이 당신의 상품을 좋아한다면, 당신은 그들의 칭찬을 획득할 것이다. 하지만 그들이 좋아하지 않는다면, 대신 당신은 혹평을 획득할 것이다.

이어지는 내용에서 우리는 엔터테인먼트 사이언스 학자들이 각 언드 미디어의 작동 방식에 관해 우리에게 이야기해 줄 수 있는 것들, 그리고 엔터테인먼트 상품의 성공을 위한 그것들 각각의 역할에 대해 논의할 것이다. 우리는 엔터테인먼트에 관해 소비자가 소통하는 각기 다른 방법으로 논의를 시작할 것이다. 중요한 방법 중 하나는 단연코 입소문이다. 우리는 엔터테인먼트 상품에 관해 소비자들 사이에서 도는 입소문을 '정보 연쇄 확산(informed cascade)'이라고 할 것이다. 상품에 관해 이야기하거나 글을 쓰는 소비자들은, 엔터테인먼트 상품에 대한 자신들의 경험을 바탕으로 그것의 품질에 대해 명백히 '정보에 입각한 평가'를 내리는 것이다[이는 아직 상품을 보거나, 읽거나, 해 보거나, 들어 보지 못한 누군가가 그것에 대해 '떠드는 것(chatter)'은 입소문에 대한 우리의 정의에 포함되지 않는다는 것을 뜻한다. 곧 이에 대해 다시 이야기할 것이다].

소비자들이 상품의 성공 여부를 자신들의 의사결정 기준으로 사용하는 경우, 우리는 이런 군중심리를 '비정보 연쇄 확산(uninformed cascade)'이라고 할 것이다. 왜냐하면 높은 판매고는 많은 이들이 해당 상품을 샀다는 것을 의미할 뿐, 그들이 그 상품을 실제로 좋아하는지에 대한 여부는 알려주지 않기 때문이다. 같은 논리가 발매 전 엔터테인먼트 상품에 관한 소비자 화제성에도 적용된다. 〈쥬라기 월드(Jurassic World)〉 개봉 전 주에 그것에 관해 트윗한 70만 명 중 어느 누구도 실제로 영화를 보지 않았으며, 영화 페이스북 페이지에서 '팬'이 된 660만 명 역시 마찬가지이다(그런데 이는 우리가 위에서 말한 '떠드는 것'을 포함한다). 이후 우리는 소비자 데이터를 바탕으로 구축된 자동 추천 시스템에 대해 논의한 후, 마지막으로 엔터테인먼트에 관한 주주들의 다른 커뮤니케이션에 대해 이야기할 것이다. 높은 '토마토 지수[영화에 관한 리뷰를 제공하는 사이트 '로튼 토마토(Rotten Tomato)'에서 부여하는 점수]'를 받는 것이나 오스카 상을 받는 것은 무슨 가치가 있을까?

1. 정보의 연쇄 확산: 입소문의 힘

> [그는] 자기가 완벽하게 믿는 사람 중 적어도 5명이 볼 만하다고 추천한 영화만을 보러 간다.
>
> — 소설 『어느 어릿광대의 견해(The Clown)』 속의 가상 인물 레오 슈니어(Leo Schnier)에 대한 노벨상 수상자 뵐(Böll)(1963: 226)의 묘사[레일라 베네비츠(Leila Vennewitz)의 독일어 원문 번역. 멜빌 하우스 출판사(Melville House Publishing) 제공]

오랫동안 마케터들은 입소문(이하 WOM)을 다른 이의 행동에 영향을 끼치는 강력한 원천이라고 여겨 왔다. 그리고 아른트(Arndt, 1967)의 중요한 학술 논문이 이 현상에 이론을 덧붙인 이후, 연구자들 역시 이에 동의해 왔다. 하지만 최근까지도 WOM은 체계적으로 연구하고 이해할 수 있는 것이라기보다는 아른트(Arndt, 1967: 291)가 이름 붙인 '불가사의한 힘'으로 널리 여겨져 왔다. 가장 큰 문제점은 WOM이 소비자 간의 개인적인 대화를 통해 공유되기 때문에, 외부의 관찰자에게 보이지 않는다는 것이다. 그리고 그것의 본질이나 효과에 관해서 연구 조사가 밝혀낸 것은 거의 없다. 그러나 디지털로 매개된 커뮤니케이션이 대두하면서, 상황은 매우 근본적으로 달라졌다. 인터넷과 소셜 미디어에서 WOM은 집합적으로나 개별적으로나 경영자들과 연구자들에게 잘 보일 뿐만 아니라 세부적으로 추적할 수 있는 대상이 되었다. 그 결과, WOM은 갑작스럽게 마케팅—특히 엔터테인먼트 사이언스—에서 가장 집중적으로 연구되는 주제가 되어 버렸다.[1)]

그렇다면 WOM은 정확히 무엇일까? 이 개념이 상당히 직관적이기 때문에, 명확한 정의를 내리려고 하면 정확성이 결여되는 의도하지 않은 결과가 나오게 된다. WOM은 객관적인 품질 판단에 관한 것이므로, 해당 개념을 소비자들이 이미 소비한 새로운 엔터테인먼트 상품에 관한 그들의 개인적인 커뮤니케이션으로 제한하는 것은 매우 중요하다. 우리는 WOM을 (발매 전의) 화제성을 구성하는 행위들과 혼동해서는 안 된다고 생각한다. 왜냐하면 WOM의 경험 기반 커뮤니케이션과 아직 소비하지 않은 상품에 대해 떠드는 것은 매우 다르기 때문이다. 모든 발매 전 커뮤니케이션은 반드시 예상과 추측이며, 따라서 WOM에서 매우 중요한 경험이라는 요소를 결여하게 된다.[2)] 우리가 이 책에서 논의한 다른 흐름들과 WOM이 촉발하는 흐름을 개념적으로 구분 짓는 것 역시 이 경험적인 요소이다.

---

1) 자신들의 WOM 효과 메타 분석에서, 유 등(You et al., 2015)은 상품 성공과 (인터넷) WOM을 연관 지은 51개의 실증적인 논문을 포함했다. 그리고 로사리오 등(Rosario et al., 2016)은 2004년에서 2014년 사이의 거의 100개(!)에 가까운 연구를 모았다.

2) 아마도 불법적인 정보원(源)을 통해 발매 전 새로운 상품을 미리 접한 사람들의 입소문은 예외로 해야겠지만, 여기에서 이 부분은 무시한다. 우리는 엔터테인먼트 유통에 관한 장에서 그들의 행위에 관해 섹션 하나를 통째로 할애한 바 있다.

WOM 흐름만이 소비자의 ‘진정한’ 품질 인식에 기반한 것이며(이것이 그들을 ‘정보를 담은’ 혹은 ‘품질에 기반한’ 연속된 흐름으로 만든다), 이는 (‘정보가 결여된’, 혹은 ‘행위 기반의’ 흐름처럼) 다른 소비자의 행위로부터 추론한 것이 아니다.

WOM이 영향력 있고 강력하다는 생각의 원동력이 되는 논리는 무엇일까? WOM의 주요한 ‘힘의 원천’은 그것이 연속된 흐름의 시작이 된다는 점이다. 프랭크 바스(Frank Bass)의 고전적인 확산 모형 속에서 개인적인 추천이 갖는 중대한 역할을 기억하라. 이미 상품을 경험한 소비자의 추천(‘혁신자’)은 다른 소비자의 선택 결정에 영향을 끼친다(‘모방자’). 그리고 이들은 스스로 그 상품을 경험한 후, 또 다른 이들에게 영향을 끼친다. 이 모든 추천은 WOM 개념의 가장 중요한 요소이다.

연구자들은 가끔 상품에 대한 WOM의 단순량(‘용량’)만을 연구하는데, 왜냐하면 소비자가 아마존 같은 웹사이트에 포스팅한 온라인 상품 리뷰에서 얻은 이러한 종류의 WOM 데이터가 접근성이 좋기 때문이다. 이것만 연구할 경우, 이러한 양적 정보는 WOM에 기반한, 정보의 연쇄 확산을 촉발하는 유인성을 가진 의견과 개념적으로 다르다. 양적 정보는 소비자들이 특정 상품을 좋아하는지에 대한 여부를 보여 주지 않으며, 단지 소비자들이 해당 상품을 얼마나 인지하고 있는지만을 알려 줄 뿐이다. 따라서 이는 인기 순위처럼 성공 관련 정보와 매우 비슷한 ‘정보 결여’ 범주가 된다. 결론적으로, 이 섹션의 우리 논의는 WOM의 유인성 요소에 초점을 맞추고 있다.

이어지는 부분에서 우리는 소비자 의사결정과 엔터테인먼트 상품 성공에 대한 WOM 유인성의 중요하지만 복잡한 역할에 관해 연구자들이 알게 된 것을 살펴볼 것이다. 하지만 그 전에, WOM의 동인을 간단히 살펴보자. 무엇이 소비자들을 WOM에 참여하여 엔터테인먼트 상품에 대한 자신의 생각과 느낌을 친구 및 다른 사람들과 공유하게 만드는가?

1) 우리가 입소문을 명확히 표현하게 되는 이유는 무엇일까?

소비자로서 우리는 매일 많은 소비 경험을 겪지만, 단 몇 개에 대해서만 WOM을 퍼뜨린다. 왜 몇 개만 하고 다른 것들은 하지 않을까? '내부의 힘'이 상품과 서비스에 대해 공개적으로 표현하게 만들지만, WOM을 명확히 표현하는 선택 과정에 대한 상품적 요인은 잠시 보류해야 한다.

연구자들은 WOM이 '귀납적인' 것이라고 주장해 왔다. 2000명 이상의 온라인 커뮤니티 회원에 대한 실증적인 조사에 일부 기반을 두어(Hennig-Thurau et al., 2004), 다음의 6가지 동기 혹은 사회심리적 기능은 엔터테인먼트 소비에 관한 WOM을 명확하게 표현하게 되는 매우 중요한 요인이다.[3]

- **인상 관리**(Impression Management): 소비자들은 상품 혹은 상품 범주에 대한 자신들의 전문성을 보여 주기 위해 WOM에 참여하고, 이는 자신들의 자부심을 높이려는 목적을 지닌다. 보통 이것은 자신이 시간과 돈을 현명하게 사용할 수 있음을 보여 주는 긍정적인 WOM의 형태를 띠는데['이렇게 나는 좋은 소비에 대한 내 즐거움을 표현할 수 있다'(Hennig-Thurau et al., 2004)], 인기 있는 영화나 노래가 제대로 된 평판을 얻지 못하는 이유를 설명하는 것 역시 이 범주에 들어간다.
- **감정 통제**(Emotion Regulation): 부정적인 엔터테인먼트 경험은 부정적인 경험을 축적하게 하며, 해당 상품에 대한 부정적인 WOM을 명확히 표현하는 것은 소비자가 이러한 감정을 배출하는 방법을 제공함으로써 그들을 돕는다('나는 분노를 털어놓고 싶다').
- **다른 소비자에 대한 고려**(Concern for other Consumers): 몇몇 소비자는 다른

3) WOM 연구에 관한 버거(Berger, 2014)의 요약 역시 참고하라.

이를 돕는 것에 진심으로 관심이 있으며, WOM은 이러한 이타적인 성향을 실행하는 방법이다. 긍정적인 WOM은 다른 이들이 기쁨을 경험할 수 있도록 돕지만, 부정적인 WOM은 다른 이들이 상처를 입거나 분노를 느끼지 않도록 돕는다('나는 다른 이들이 나와 같은 부정적인 경험을 하지 못하게 하고 싶어').

- 사회유대(Social Bonding): 앞의 동기들이 소비자 성격의 정신적인 면에 초점을 맞추고 있지만, WOM은 사회적인 동기로 인해 발생할 수도 있으며 이는 사람으로서 사회적 상호작용을 하기 위한 수단으로 기능한다. 소비자로서 우리는 새로운 앨범에 관해 이야기하는 것을 즐기고, 이러한 대화는 사회관계의 중요한 부분이다('커뮤니티 내의 다른 사람들과 이렇게 소통하는 것은 즐겁다'). 각기 다른 인터넷 플랫폼에 관한 연구에 의하면, 사회유대가 상품에 관한 코멘트를 작성하는 가장 강한 내부 동인이며, 이는 다른 모든 동인들보다 2배나 강한 효과를 지닌다.
- 정보 획득(Information Acquisition): WOM은 '더 알고자 하는' 소비자의 흥미를 드러낸다. 어젯밤 TV 드라마 결말의 의미는 무엇인가? 새 비디오 게임의 다음 단계를 어떻게 깰 수 있는가? WOM에 참여하는 것은 이런 긴급한 문제들에 대한 답을 제공할 수 있다.
- 설득(Persuasion): 마지막으로, 버거(Berger, 2014)는 다른 대체재들 중 특정 엔터테인먼트 상품(혹은 행위)을 선택하도록 설득하는 수단으로서 WOM의 역할을 강조했다. 이는 단체 소비 환경에서 특히나 중요하다. 만일 당신이 친구들과 함께 영화를 보러 갈 때 〈어벤저스(The Avengers)〉 다음 편이 아닌 케빈 코스트너(Kevin Costner)의 신작을 보고 싶다면, 코스트너의 과거 작품들을 칭찬하는 것이 한 방법이 될 것이다.

이러한 내부 동인 이외에, 연구자들은 WOM 행위가 커뮤니케이션 대상의 성격, 특히 상품에 대한 소비자의 인식이나 평가에도 영향을 받는다는 증거를 수집했다. 버거와 그의 동료들은 다수의 연구를 통해 이러한 WOM 외부 동인을 밝혀냈다(Berger and Milkman, 2012; Berger and Schwartz, 2011). 그들의 연구 결과는 엔터테인먼트에 한정된 것은 아니지만, 다음과 같은 특성들을 보여 준다.

- 흥미성(Interestingness): 더 많은 소비자가 특정 상품에 '흥미'를 가질수록, 그것에 대한 WOM에 그들이 참가할 가능성은 더욱 높아진다. 물론 '흥미'는 보는 사람의 눈에 달려 있다. 이 용어는 새로움, 흥미진진함, 색다름과 같은 속성을 포함한다. 이것은 '관련성'과 밀접하게 연관되어 있는데, 소비자가 인식한 해당 상품의 중요성(혹은 개인적인 연관성)을 뜻한다. 버거와 슈바르츠(Berger and Schwartz, 2011)는 '흥미'가 즉각적인 WOM을 촉발한다는 것을 강조했다. 우리를 매혹시켜 버린 영화를 보면, 우리는 즉시 그것에 대해 이야기하고 싶어 한다. 엔터테인먼트는 그 자체로 다른 상품 범주에 비해 흥미 지수가 높다. 그렇기 때문에 우리는 그것에 대해 그렇게나 많이 이야기하는(그리고 쓰는) 것이다.
- 경이성(Surprisingness): 이 개념은 흥미로움과 관련되어 있거나, 그것의 다른 면일 것이다. 상품을 소비할 때, 소비자들이 그것을 놀랍다고 여기는가? 흥미라는 요소를 통제했을 때조차 놀라움은 WOM을 일으킨다(Berger and Milkman, 2012). 그리고 이것은 상품 소비 직후 및 그 이후에 모두 일어난다. 따라서 우리는 우리를 놀라게 하는 엔터테인먼트 경험이 추가적인 대화를 불러일으킨다는 것을 예상할 수 있으며, 이는 〈식스 센스(The Sixth Sense)〉가 그렇게 큰 히트작이 된 이유 중 하나일 것이다.
- 긍정성(Positivity): 부정적인 일들이 기억 속에 깊게 박히기는 하지만,

우리는 다른 이들과 긍정적인 경험에 관해 이야기하는 것을 선호한다. 인터넷 게시판의 점수 평가는 대체로 긍정적이며, 소셜 미디어에서 공유되는 WOM 역시 마찬가지이다. 버거와 슈바르츠(Berger and Schwartz, 2011)에 따르면, 나쁜 상품이 경고성 WOM을 받는 것보다 좋은 상품이 추천 WOM을 받는 것이 더 많다.

- 각성/정서성(Arousal/Emotionality): 우리에게 긍정적으로(예: 우리를 신나게 하는 것), 그리고 부정적으로 정서적인 영향을 끼치는 것(예: 우리를 두렵게 하거나 울게 만드는 것)은 그렇지 않은 것보다 더 높은 수준의 WOM을 촉발한다. 이는 (상품 소비로 이끄는 기대치를 만들어 내거나, 한 번 이상 영화를 보게 만드는 방식을 통해) 엔터테인먼트 상품과 연계된 강한 정서가 직접 성공에 영향을 끼치는 것뿐만 아니라, WOM의 연속된 흐름을 통해 간접적으로 다른 소비자를 끌어들인다는 의미이다.[4]

영화 〈나의 그리스식 웨딩(My Big Fat Greek Wedding)〉은 이러한 특성들 다수와 소비자의 내적 동기에 호소했다. 특히 영화를 본 많은 이들의 감정적인 반응이 매우 극단적이었고, 덕분에 영화는 거의 전적으로 WOM을 통해 놀랄 만한 히트작이 되었다. 주연 여배우 니아 바르달로스(Nia Vardalos)는 WOM을 '어떻게 될지 아무도 몰라요' 주문과도 같은 순수한 기회로 여겼다. "우리는 운이 좋았다. 당신은 입소문을 만들어 낼 수 없다. 사촌 10명한테 소문을 내주는 대가로 돈을 줄 수는 없다는 것이다"(Strause, 2016 인용).

외람된 말이지만, 우리는 이 말에 정중히 반대한다. 영화 내용 자체가 WOM에 불을 붙였을 뿐만 아니라, 제작자 역시 WOM이 터질 수 있는 환

---

4) 엔터테인먼트 소비와 관련한 I권 6장에서 자극-친숙(성) 체계에서의 소비자 감정과 그것의 역할에 관한 섹션을 참고하라.

경을 제공했다. 그들은 신중히 배우들의 공개도를 조절했고, 시사회를 계획했고, 여성 관객과 그리스 이민자 커뮤니티에 타깃을 맞췄다(해당 배우는 그리스인 단체와 결혼식 파티에 모습을 나타내기 위해 곳곳을 여행했다). 물론 이러한 모든 것들이 활발한 WOM을 보장하지는 않는다(어쨌든 세상은 확률 게임이다!). 하지만 삶의 다른 부분들과 마찬가지로, 엔터테인먼트에서 운은 열심히 일하는 (그리고 제대로 알고 있는) 자의 편이다.

2) 입소문은 엔터테인먼트 상품의 성공에 영향을 미치는가? 그렇다, 하지만 그것은 복잡하다

> 영화가 별로라면, 너는 극장에서 나오는 모든 이들을 쏴 버리는 게 낫다. 그들은 어떤 영화라도 없애 버릴 정도로 재빠르기 때문이다.
>
> — 전(前) 20세기 폭스의 광고/홍보 부사장 존 프리드킨(John Friedkin)(Austin, 1989: 3 인용)

앞서 언급한 것처럼, 소비자 의사결정에서 WOM의 역할은 보통 (아마존에서 소비자가 게임에 부여한 평점 같은) 상품에 대한 WOM의 유인성과 이런 WOM의 총량(즉, 상품에 대한 소비자 리뷰의 개수)로 구분된다.[5] 우리는 유인성에 초점을

5) 우리는 '유인성'과 '총량'의 구분이 많은 분석적 문제를 야기한다는 것을 밝혀 둔다. 이는 (정보가 결여된 연쇄 확산의 원천인) 상품의 인기와 관련된 입소문과 성공과 관련된 입소문을 뒤섞어 버린다(WOM에는 경험이 필수이기 때문에, 더 성공한 상품일수록 더 자주 리뷰된다). 더불어, 유인성과 총량은 체계적으로 서로 연관되어 있다. 상품의 품질이 인기의 원천이기 때문이다(더 많은 소비자가 상품을 좋아할수록, 그것에 대한 더 많은 WOM을 공유한다). 연구자들은 WOM 유인성이 엔터테인먼트 상품에 관한 입소문 양의 주요 동인임을 밝혀냈다. WOM의 두 '측면'이 같은 연구에 포함되었을 때, WOM의 양은 결국 유인성의 영향력을 잠식하게 된다(Duan et al., 2008; Karniouchina, 2011). WOM 유인성 효과에 관한 실증적 연구 결과는 해당 연구자가 이 문제들을 고려하느냐

맞췄는데, 왜냐하면 소비자가 어떻게 —정보를 담은 연쇄 확산의 원천인— 상품의 품질을 판단했는지 보여 주는 것이 바로 유인성 요소이기 때문이다. 특정한 상품의 성공이 WOM의 영향을 얼마나 강하게 받는지 결정하는 상황들을 깊이 살펴보기에 앞서, 다양한 상품에 걸쳐 그것의 평균적인 효과를 살펴보려고 한다.

(1) 평균적인 효과: 입소문(유인성)은 중요하다!

다양한 상품과 산업 분야에 걸쳐 상품 판매에 WOM이 미친 영향을 메타 분석한 연구에서, 유 등(You et al., 2015)은 WOM 유인성의 상당한 평균 효과를 발견했다. 또한 이들은 이 효과가 '다른' 상품에서보다 엔터테인먼트 상품에서 더 높아지는 경향이 있음을 밝혔다. 좀 더 섬세한 관찰을 통해 엔터테인먼트 사이언스 연구자들은 WOM 유인성이 이 책에서 우리가 언급한, (맥락 효과에 관해 논의할 때 다시 논의할) 음악을 제외한 모든 엔터테인먼트 형태에 영향력이 있다는 증거를 제시했다. 책, 영화, TV 프로그램, 게임의 성공에서 WOM의 역할에 대해 우리가 알고 있는 것을 요약하면 다음과 같다.

※ 책

WOM 효과에 대한 세발리에와 메이즐린(Chevalier and Mayzlin, 2006)의 중요

(예: WOM 양에 대한 수단 변수나 시간에 따른 WOM 유인성 순위의 변화를 사용하는 것), 더불어 성공의 다른 요인들을 통제하는 것(예: 광고)에 크게 좌우된다. 따라서 이 연구들은 학문 분야에 따라 일관적이지 못하다(예: Forman et al., 2008; Chintagunta et al., 2010 참조. 후자는 이런 요소들을 고려하지 않았을 때의 결과에 대한 실증적 근거도 제공하고 있다). WOM에 대한 우리의 논의에서는 이런 부분들을 강하게 언급한 연구들에 초점을 맞췄다.

한 연구에서, 이들은 인터넷 유통업체인 아마존과 반스앤노블(Barnes and Noble) 웹사이트의 소비자 리뷰가 책의 상대적인 판매 순위(두 사이트 판매 순위 간의 차이)에 어떤 영향을 끼치는지 분석했다.[6] 적어도 하나의 소비자 리뷰가 달린 책 1100권을 데이터 세트로 사용하고(거기에 1998년에서 2002년 사이 나온 책을 임의로 선택하고, 1991년에서 2002년 사이에 나온 베스트셀러를 더했다)[7] 2003년과 2004년의 세 지점의 순위 변화를 회귀분석으로 분석하여, 이들 연구자는 아마존 평가에서 별점 하나가 올라가는 것이 판매 순위 상승에 52%의 영향을 끼친다는 것을 발견했다. 또한 한 책에 대한 리뷰가 모두 별 5개라면, (하나도 없는 것에 비해) 책의 상대적인 판매 순위는 100% 이상 올라갔다. 별이 하나만 붙어 있는 경우 역시 비슷하게 강력한(그러나, 물론 부정적인) 판매 효과가 발생했다.

이 연구 이후, 다른 많은 연구자들이 책에 대한 WOM 유인성의 역할과 관련된 추가적인 증거들을 제공했다. 선(Sun, 2012)은 좀 더 최근의 샘플(2002년에서 2006년 사이 출판된 책 중에 임의로 선택된 892권)에 같은 통계학적 접근법을 적용하여, WOM 유인성이 영향력이 크다는 것을 발견했다. 그러나 선의 연구 결과에서 상대적인 판매 순위 내의 상승효과는 좀 더 작았다. 아마존에서 별점 1점 상승은 '단지' 21%의 상대적 판매 순위 상승효과를 끌어냈을 뿐이다. 이 연구 결과는 해당 맥락에서 WOM 효과가 약해진다는 것을 의미

---

6) 주디스 셰발리에(Judith Chevalier)와 디나 메이즐린(Dina Mayzlin)의 이 접근법이 얼마나 현명한 것인지 언급하고자 한다. 왜냐하면 두 사이트에서 팔리는 책은 WOM, 그리고 (연구자들이 분석 시 통제할 수 있는) 가격 같은 몇몇 요인을 제외하면 똑같은 것이므로, (절대적인 판매량이 아닌) 판매 순위의 차이를 살펴보면 판매량에 상품/책의 특성이 주는 효과를 제거할 수 있고 사이트 WOM에 분석적 중점을 둘 수 있다.

7) 또한 이들 연구자는 거의 2400권의 더 방대한 데이터 세트에 대한 분석도 실시했으나, 여기에서는 조사 시기 시작점에서 적어도 하나의 리뷰가 존재하던 책들에 대한 (좀 더 확실한) 연구 결과에 초점을 맞췄다.

하거나, 단지 데이터 세트 차이의 결과일 수도 있다(혹은 아마존의 상품 모음이 달라졌거나). 책 3만 권이라는 큰 데이터 세트를 통해, 메이스버그(Meiseberg, 2016)는 별 5개와 별 1개짜리 소비자 리뷰가 모두 아마존 책 판매 순위의 절대적인 양에 영향을 끼친다는 것을 발견했다. 메이스버그가 발견한 영향력 역시 상당했지만, 세발리에와 메이즐린이 보여 준 것보다는 다소 약했다. 별점이 하나도 없는 것에서 전부 별 5개의 WOM으로 변화할 경우 평균 약 52%의 판매 순위 상승효과가 발생한 것이다.

자브와 정(Jabr and Zheng, 2014)은 패널 일반화적률 추정법으로 아마존에서 별점이 하나 올라가면 26~34%의 책 판매 순위 증가가 발생한다고 추정했다. 이들의 데이터는 임의로 선택된 2007년에서 2009년 사이의 (논픽션) 도서 1740권의 아마존 소비자 리뷰로 이뤄져 있으며, 각 도서는 적어도 25개의 리뷰를 포함하고 있다.[8] 이것은 리와 히트(Li and Hitt, 2008)의 연구 결과와 매우 비슷하다. 이들은 WOM 유의성에서 아마존 리뷰의 별점 하나가 증가하면 (대략) 27%의 판매 순위 증가가 이뤄짐을 발견했다. 이는 2000년에서 2004년 사이 출간된 책 2600권을 대상으로 고정효과 회귀분석(fixed effects regression)을 실시한 결과이다. 슈미트-스톨팅(Schmidt-Stölting et al., 2011)은 폭넓은 데이터 세트를 바탕으로 아마존 독일의 소비자 리뷰와 독일 전역의 책 판매량과의 관련성을 연구했는데, 이들 역시 WOM 효과를 발견했다. 이들은 아마존 독일 내 별점 1점 증가는 평균적으로 4~7%의 전국적인 책 판매 증가 효과를 불러오는 것으로 추산했다.

WOM은 대부분 긍정적이고 소비자들 간의 차이가 비교적 작기 때문에, 이 효과의 크기를 계산할 때는 리뷰의 별점 하나 차이가 매우 엄청나다는

8) 이들 연구자는 WOM 유인성에 대한 통계학적 도구로 'WOM 기부자'가 쓴 초기 리뷰를 데이터로 사용할 경우 약 34%의 순위 증가가 이뤄짐을 발견했다.

점을 명심해야 한다. 리와 히트의 데이터 세트의 경우 평균 WOM 유의성은 4인데, 이 값의 평균편차는 고작 0.60에 불과하다. 즉, 별점 1점의 변화가 데이터 세트 내 모든 책 중 75%를 설명할 수 있다는 것이다.

※ 영화

(WOM이 실제로 중요한 시기인) 개봉 후의 수익에 초점을 맞춘 영화 성공에 관한 연구, 그리고 이 시기에 이용할 수 있는 대안 정보원(源)의 역할에 대한 사려 깊은 설명에 따르면 역시나 경험 기반 WOM은 상품의 성공에 영향을 미친다고 한다.

특히 친타군타 등(Chintagunta et al., 2010)은 2004년 무렵 미국에서 개봉한 영화 148편을 데이터 세트로 사용하여 미국뿐 아니라 다양한 지역의 흥행 성적을 분석했다. 이들의 논리는 WOM은 인터넷을 통해 퍼져 나가므로 한 지역의 소비자는 영화 개봉일에 이미 그 영화가 개봉한 지역에서 나온 정보를 이용할 수 있다는 사실을 바탕으로 한다. 야후 영화의 소비자 평가를 이용하고 WOM의 총량을 도구로 활용하며 광고와 배급 같은 많은 부분을 통제하여, 이들 연구자는 패널 일반화적률 추정법을 통해 지역별 영화 개봉 첫날의 흥행 성적을 계산했다. 그 결과 이들은 야후의 1점에서 13점까지의 WOM 평가 척도에서 1점이 상승할 경우 특정한 곳의 개봉일 흥행 성적이 10% 증가함을 발견했다.

후속 연구에서 이들은 개봉 후 4주 동안 발생한 흥행 성적을 연구하기 위해 이 데이터의 부분집합으로 회귀분석을 실시했다(Gopinath et al., 2013). 이번에도 이들은 내생성을 고려하고 몇 가지 변인을 통제했다. 이 연구에서 이들은 야후 소비자 점수의 WOM 유인성 탄력성이 0.22임을 발견했는데, 이는 한 영화에 대한 WOM 유의성이 10% 증가할 경우 영화 개봉 첫 4주 동안 대략 2%의 수익 증가가 발생한다는 의미이다.

니라즈와 싱(Niraj and Singh, 2015)의 연구는 영화 성공에 대한 (몇몇 웹사이트, 포털, 게시판 소비자 리뷰의 '긍정성 비율'로 측정된) WOM 유인성의 역할이 인도의 영화 흥행 성적에도 존재한다고 주장했다. 이들의 연구는 (2010년에서 2011년 사이 개봉한) 48개의 발리우드 영화를 대상으로 한 작은 데이터 세트에 회귀분석을 실시했고, 더불어 WOM 유인성과 영화 성공 사이의 연관이 단선적이 아닐 수도 있다는 잠정적 증거를 제시했다. WOM 유의성의 제곱 수치를 포함했을 때, 이들은 그 수치가 부정적임을 (그리고 의미 있음을) 발견한 것이다.[9] 즉, 긍정적 WOM의 가치는 그것을 말하는 사람이 많을수록 떨어진다는 뜻이다. 만일 모든 사람이 한 영화를 좋아한다면, 그것은 별 도움이 되지 않을 것이다. 다음 섹션에서 WOM 유인성 내에서의 변동의 역할에 대해 논의할 때 우리는 이 내용으로 다시 돌아올 것이다.

※ TV 프로그램

TV 수용자에 관한 자신들의 조사에서 러벳과 스탤린(Lovett and Staelin, 2016)은 WOM을 기억하는 것이 TV 시청과 밀접하게 연관되어 있음을 밝혀냈다. 한 프로그램에 대한 WOM에 노출되면 소비자가 다음 회차를 볼 가능성은 6% 증가한다. 이는 그리 대단하지 않은 것처럼 들리겠지만, 학자들이 같은 영향력에 대해 유료 광고에서 찾아낸 것보다 25% 높으며 (연구자들이 '온드' 커뮤니케이션으로 측정한) 방송사 웹사이트 방문의 영향력보다 거의 3배 이상 높은 것이다.

---

9) 그러나 여기에는 분명 한계점이 있음에 주목하라. 이들의 연구는 (광고와 배급 같은) 몇몇 중요 통제를 고려하지 않았으며, WOM의 내생성을 고려하지 않았다.

※ 게임

엑스박스 360 100개에 대한 연구 조사에서, 우리는 WOM 유인성이 게임에서도 차이를 만들어 낸다는 것을 발견했다(Marchand et al., 2016). 3SLS 회귀분석에서 광고 등과 같은 다수의 다른 요인들을 통제했으며, WOM 총량의 내생성을 고려했다. 그 결과 특정 게임에 관해 발매 직후 몇 주 동안 아마존에 포스팅된 WOM의 유인성이 게임 판매에 상당히 강력한 영향을 미친다는 것을 알게 되었다. 연구에서 유인성의 평균 탄력성은 0.47이었는데, 이는 WOM 유인성이 10% 좋아지면 이후 3주간 4.5%의 게임 판매 증가가 나타난다는 의미이다.

이러한 결과는 WOM이 엔터테인먼트의 성공에 매우 중요하다는 명백한 증거를 제시한다. 그러나 지금까지 제시된 모든 효과는 평균치이고, 이질적인 상품들 전체에 대한 합산치이다. 이제 만일 잠재적인 요소가 존재할 경우 그것이 WOM의 역할을 변화시키는지 살펴보자. 지금까지 I권과 II권을 통해 우리는 광고, 속편, 스타 및 기타 경우에서 잠재적인 요소가 영향을 끼치는 것을 제시해 왔다. 우리는 상품의 종류에서부터 WOM의 종류, 각기 다른 소비자 집단까지 다양한 맥락적 요소를 살펴볼 것이다. 이 잠재적 요소는 드완과 라마프라사드(Dewan and Ramaprasad, 2012) 같은 연구자들이 음악의 성공에 WOM이 '평균적인' 역할을 한다는 증거를 찾지 못한 이유에 관해서도 알려 줄 것이다. 음악은 비언어적이고 비시각적인 특성이 있으며, 굉장히 주관적인 소비자 평가를 일으킨다. 이는 일반적으로 음악에 대한 다른 소비자의 구두 추천(과 경고)의 효과를 제한한다. 그러나 드완과 라마프라사트의 연구는 적어도 몇몇 종류의 음악에는 이러한 효과가 존재한다는 것을 보여 준다.[10)]

(2) 상품 종류가 중요하다

상품의 '흥미성'과 같은 특정한 특징이 해당 상품에 대한 WOM이 만들어지는 데 얼마나 큰 영향을 끼치는지 이미 제시했다. 연구자들은 WOM이 상품 성공에 끼치는 충격/강한 영향(impact)은 엔터테인먼트 상품의 종류에 따라 다르다는 점도 아울러 지적한다. 특히, 이들은 WOM 유인성이 작은 '독립적인' 상품의 성공에 더욱 두드러진 역할을 하는 반면, 많은 돈이 들어간 '상업적인' 상품에는 덜 영향력이 있다고 주장해 왔다.

게임의 경우, 주와 장(Zhu and Zhang, 2010)은 [2003년에서 2005년 사이 플레이스테이션 2(PlayStation 2)와 엑스박스용으로 발매된] 141개의 콘솔 게임에 대한 분석에서 게임스탑(GameStop) 판매 사이트에 포스팅된 WOM의 유인성과 게임의 '인기' 사이의 상관관계는 강하게 부정적이라는 것을 발견했다. WOM 유인성은 미국 소비자들 사이에서 덜 인기 있는 게임의 수요에 더욱 강한 역할을 했다.[11] 그리고 드완과 라마프라사드(Dewan and Ramaprasad, 2012)가 2006년 음악 블로그에 포스팅된 MP3 1762곡의 데이터 세트를 분석했을 때, 이들의 SLS 회귀분석 결과에 따르면 전체 데이터 세트에서 WOM 유의성(아마존에서 노래에 대한 소비자 평가)은 음악 판매량에 전혀 영향을 주지 못했다. 하지만 이들이 데이터 세트를 분리하자, WOM 유인성에 대한 회귀 계수는 높은 순위의 곡보다는 5000위 미만의 틈새시장 곡들의 경우가 확연히 더 높았다. 틈새시장 곡들의 경우, 평가 점수가 한 단계 올라가면 판매량이 20% 증가했다. 하지만 계수가 통계학적으로 유의미할 수준은 되지 못했다.

---

10) 이 논리에 덧붙여 우리는 직감적으로 파악한, 그리고 많은 이들의 '판단'을 합산한 결과인 '정보가 결여된' 행위 기반의 연쇄 확산이 소비자들의 음악 선택에 매우 중요하다는 것을 보게 될 것이다.

11) 주와 장은 각 달 데이터 세트 내 모든 게임과 비교해서 특정 게임의 판매량이 평균보다 높으냐/낮으냐를 통해 인기도를 측정했다.

마지막으로, 메이스버그(Meiseberg, 2016)의 책에 관한 연구 결과 역시 WOM이 틈새시장용 책에 더 두드러진 역할을 한다는 것을 보여 준다. 메이스버그는 긍정적 WOM(즉, 메이스버그의 분석에서 아마존 평점 별 5개를 받은 책들)의 효과는 잘 팔리지 않는 변위치(즉, 메이스버그의 데이터 세트에서 가장 인기 없는 상품들)에서 가장 높다는 것을 발견했다. 이 효과는 다른 변위치에서는 단선적이지 않았다. 따라서 메이스버그의 연구 결과는 (좋은) 서평이 달린 책을 (유명 작가가 쓰지 않은) 수많은 비슷한 책들 사이에서 더욱 두드러지게 만드는 긍정적인 WOM의 '인지 효과'를 보여 준다. WOM은 적어도 누군가는 그 책들을 좋아한다는 것을 알려 준다.[12)]

전반적으로, 틈새시장용 상품과 상업적 상품 간의 상이한 WOM 효과에 대한 이 실증적 통찰은 큰 영화보다는 작은 영화가 더 'WOM에 민감하다'는 엔터테인먼트 경영자 사이의 산업 지혜와 일치한다. 더불어 이는 5장 '엔터테인먼트 통합 마케팅'에서 논의할 엔터테인먼트의 2가지 주요 전략 개념의 근거를 제공한다. 바로 (WOM이 미미한 역할을 할 뿐인) 블록버스터 개념과 (WOM이 필수적인) 틈새시장 상품 개념이다.[13)]

---

12) 이 효과는 아마존의 검색 엔진으로 인해 더욱 강화되는 듯하다. 이 검색 엔진은 검색 결과를 소비자에게 보여 줄 때, 긍정적인 추천이 달린 상품을 좀 눈에 띄는 곳에 가져다가 놓는 것 같다.

13) 5장 '엔터테인먼트 통합 마케팅'에서 두 전략적 개념과 각각에 대한 WOM의 역할에 대해 좀 더 자세히 논할 것이다.

(3) 모든 입소문이 동일하게 만들어지는 것은 아니다

금요일에서 토요일 사이 〈브루노(brüno)〉의 흥행 성적이 감소한 것은… 그것이 트위터 효과에 패배한 첫 번째 영화일 수 있다는 것을 알려 준다.

— 콜리스(Corliss, 2009)

인터넷의 등장으로 WOM은 식별 가능해졌을 뿐만 아니라 더욱 복잡하고 불균질해졌다. 위에서 우리가 언급한 실증 연구들은 모두 아마존 등의 사이트에 올라온 소비자 리뷰를 사용했다. 하지만 이러한 특별한 종류의 WOM은 개인적인 커뮤니케이션과는 다른 방식으로 작동하며, 따라서 상

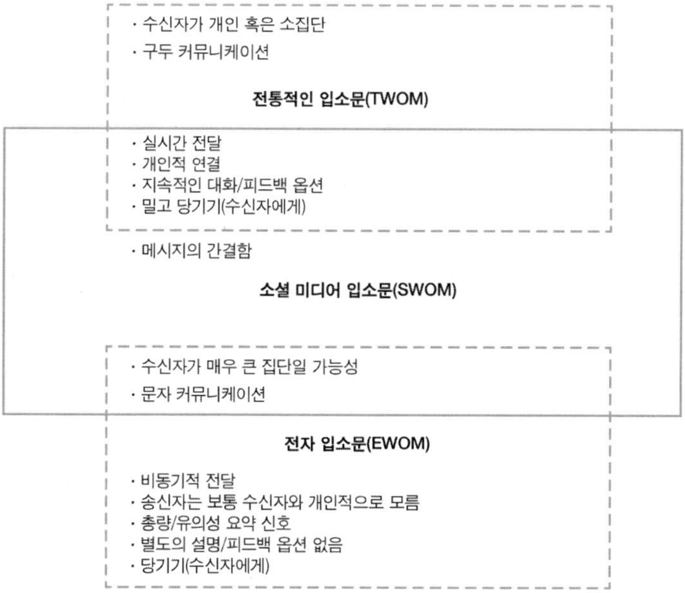

〈그림 2.1〉 디지털 시대의 3가지 주요 입소문

자료: Hennig-Thurau et al.(2015: 389) 참조.

품 성공에 다른 방식으로 영향을 끼친다. 오늘날에는 3가지 주요 종류의 WOM이 공존하고, 각각 독자적인 특성이 있으며, 모두 엔터테인먼트 경영자들의 큰 관심을 얻고 있다(Hennig-Thurau et al., 2015). 〈그림 2.1〉은 이들이 어떤 공통점과 차이점이 있는지를 개략적으로 보여 준다.

※ 전통적 (혹은 오프라인) 입소문(TWOM)

상품에 관해 소비자들 사이에서 이뤄지는 대면 커뮤니케이션으로, 상품에 대한 개인적인 경험을 바탕으로 한다. TWOM의 주요 특징은 소비자 개개인 혹은 작은 규모의 집단 사이에서 공유되며, 실시간으로 전달되고, 정보를 공유하는 사람 간에 개인적으로 연결되어 있다는 것이다. 그리고 이것은 '밀기(push)' 요소(전송이 발송자에 의해 시작된 정보)와 '당기기(pull)' 요소(수신하는 소비자의 요청에 의한 정보)가 결합된 피드백을 가능하게 한다.

※ 전자 (혹은 온라인) 입소문(EWOM)

소비자가 인터넷 야후 게시판이나 아마존 사이트를 통해 엄청난 수의 다른 익명인들에게 전달할 수 있는 경험 기반 커뮤니케이션이다. 전통적으로 WOM 효과를 분석하는 연구자들의 주요 정보 원천인 EWOM은 '오직 당기기'이다. 우리는 능동적으로 블로그나 리뷰를 통해 정보를 검색해야 하며, 블로그가 알아서 우리에게 정보를 제공하지는 않는다. 또한 이는 동시간적이지 않으며 피드백을 전혀 허용하지 않는다(혹은 아주 제한된 범위 내에서만 허용한다). 그러나 종종 이것은 아주 오랫동안 남아 있게 된다. 더불어 EWOM은 보통 평균 점수나 상품에 점수를 매긴 사람들의 숫자 등과 같은 '요약 통계'를 제공한다.

※ 소셜 미디어 (혹은 마이크로 블로그) 입소문(SWOM)

트위터나 페이스북과 같은 특정 웹 기반 서비스를 통해 발송자의 소셜 네트워크(선택된 멤버, 혹은 모두에게)로 전해지는 상품 경험에 관한 서술을 포함한다. SWOM은 TWOM과 EWOM의 구성 요소를 모두 포함한다. TWOM처럼 이것은 '밀기'와 '당기기'를 결합한 실시간 정보 교환, 발송자와 수신자 간의 개인적인 연결, 진행 중인 정보 교환의 일환으로 피드백을 제공하는 것을 모두 포함한다. 그리고 EWOM처럼 이것은 잠재적인 수신자인 굉장히 큰 집단에게 다다를 수 있다. 하지만 SWOM이 단지 이 2개의 혼합인 것만은 아니다. 이것은 기술적 혹은 사용법에 기반한 제한 사항으로 인해 자기만의 특성, 즉 미디어만의 간결함을 더했다(누구도 페이스북에서 서사시 길이의 사자후를 읽으려 하지 않는다). 이 구성 요소의 독특한 조합은 소비자들이 자신들의 평가를 거의 곧바로 관련된 수많은 사람에게 보낼 수 있게 만든다. 이것이 우리가 아래에서 논의할 '트위터 효과'라는 것의 기반이다.

이러한 종류의 WOM을 구분하는 것은 완전히 추상적이거나 관념적인 것은 아니며, 엔터테인먼트 사이언스 연구자들이 최초 증거를 편집한 명백한 결과가 있다. 영화 성공에 대한 그들의 분석에서 고피나스 등(Shyam Gopinath et al., 2013)은 야후에서 얻은 EWOM 데이터 옆에 SWOM 척도를 포함했다. 이들은 SWOM 유인성에 대한 탄력성이 0.35임을 발견했는데, 이는 한 영화에 관한 SWOM 유인성이 10% 증가하면 영화 개봉 후 한 달간 약 3%의 수익이 증가한다는 것을 의미한다. 이 효과는 EWOM 효과보다 더 높은 것이다. 하지만 더욱 중요한 것은 SWOM과 EWOM을 같이 분석하면 둘 모두가 유의미한 영향력이라는 점이다. WOM 유형에는 고유한 정보가 있으며, 고유한 고객 부문에 도달한다.

콘솔 게임 100개에 대한 연구(Marchand et al., 2016)에서는 (아마존을 통한)

EWOM뿐만 아니라 (각 게임에 관한 트윗에서 표현된) SWOM도 포함했다. 여기에서도 두 WOM은 다른 방식으로 작동했다. 게임 발매 후 몇 주 간의 상당한 EWOM 유인성 효과와는 달리, 트윗의 유인성은 게임 판매와 유의미한 연관 관계가 없었다. 우리의 결론은 소셜 미디어 커뮤니케이션이 '사회적인' 정보(흥분 같은)를 퍼뜨리는 것에 적합한 반면, 소비자 리뷰는 상품의 성능에 관한 정보를 전달하는 데 가장 효과적이라는 것이다.

하지만 SWOM을 하기에 가장 중요한 시기는 상품 발매 몇 주, 혹은 몇 달 후가 아닌 그보다 훨씬 이전이다. 정보를 스마트폰의 많은 소비자 집단에 내보내는 능력과 더불어, 이것의 실시간성(性)은 TWOM과 EWOM이 여전히 시스템적으로 제한적인 매우 이른 시기에 상품을 유포하는 데 영향을 미친다. 또 다른 연구(Hennig-Thurau et al., 2015)에서는 트위터를 통한 SWOM이 어떤 방식으로 영화가 개봉한 바로 몇 시간 혹은 며칠 안에 그것의 운명에 영향을 미치는가에 대해 연구했다. 기자와 엔터테인먼트 경영자들이 '트위터 효과'라고 이름 붙인 바로 그것이다[이 섹션의 도입부에 인용된 콜리스(Corliss, 2009)를 참조하라].

이 연구를 위해 우리는 2009년 10월부터 2010년 10월까지 전국 개봉작 105편의 북미 개봉 주말 동안 소비자들이 올린 400만 개의 트윗을 모두 수집했다. 그리고 이것을 영화 개봉 첫 주의 일간 흥행 성적과 연결했다. 트윗 5만 1000건에 대한 수동 코딩과 기계 학습을 합친 다음, 평가 SWOM과 예상 떠들기를 분리했다. 〈그림 2.2〉는 영화 개봉 후 첫 3일 동안 각각의 분배를 보여 준다.

그 후 ① 개봉일인 금요일에 영화를 본 다음 영화에 대해 긍정적으로 유인(誘引)하는 트윗을 올린 영화 관객들의 지분과 ② 자신들의 경험에 관해 부정적인 트윗을 올린 영화 관객들을 대상으로 처음 3일 동안의 흥행 성적 배분(즉, 토요일과 일요일의 하락과 상승)14)에 대해 설명하는 최소제곱 회귀분

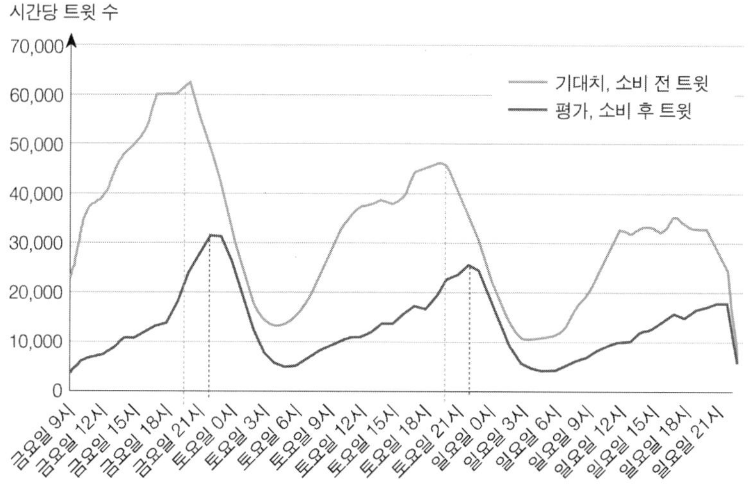

〈그림 2.2〉 개봉 첫 주말 동안 사람들은 언제 영화에 관해 트윗하는가

자료: Hennig-Thurau et al.(2015: 382) 참조.

석을 실행했다. 더불어 개봉일 SWOM의 순수 총량을 포함하고, 다수의 기타 '성공 요인'을 통제했다.15)

연구 결과는 '트위터 효과'가 실제로 존재한다는 것을 보여 준다. 흥미롭게도 부정적인 트윗이 소비자들이 토요일과 일요일에 극장에 가지 않게 만드는 효과가 더욱 강력하다. (부정적인 것보다 훨씬 많이 포스팅된) 긍정적인 트윗의 매개변수는 부정적인 트윗의 10분의 1 수준으로, 통계적으로 유의미하지 않았다. 시뮬레이션 결과 부정적인 SWOM의 중요성은 매우 컸다.

---

14) 특히 개봉일(금요일) 뒤 바로 이어지는 토요일과 일요일에 발생한 첫 주말 수입의 몫을 측정했다.

15) 여기에는 영화 광고 지출액과 개봉 전 화제성 등이 포함된다. 게다가 흥행 성적을 종속변수로 사용해도 여전히 결과는 거의 같다. 하지만 이런 모델은 몇몇 추가적인 계량 경제학적 어려움을 수반한다.

만일 모든 영화에서 부정적인 트윗의 공유가 24%를 차지한다면(이는 우리 데이터 세트 내 영화 중 가장 높은 수치이다), 영화당 개봉 첫 주말 흥행 성적은 평균적으로 15% 낮아질 것이다. 이는 50만 달러에 해당한다. 그리고 모든 영화에 대해 부정적인 트윗이 아예 없다면 평균적으로 개봉 첫 주말 흥행 성적은 평균 4%, 혹은 영화당 100만 달러 증가할 것이다. 공포영화의 고전인 〈나이트메어(Nightmare on Elm Street)〉의 2010년 리메이크작은, 만일 24%의 부정적인 트윗 공유가 발생하면 실제 벌어들인 개봉 첫 주말 수익 1570만 달러 중 거의 500만 달러를 잃게 되지만, 개봉일에 부정적인 트윗이 아예 없다면 300만 달러를 더 벌게 되는 셈이다.

WOM 유형 분류는 우리가 각 유형의 효과에 관해 이해할 수 있게 해 주지만, 플랫폼에 따라 같은 종류의 WOM 내에도 WOM 효과의 차이는 존재한다. 이것은 세발리에와 메이즐린(Chevalier and Mayzlin, 2006)이 자신들의 도서 판매에 대한 EWOM 연구에서 발견한 것이기도 하다. bn.com에서의 EWOM은 아마존에서의 WOM에 비해 그 효과가 훨씬 약했다. bn.com에서의 별점 1점 증가는 16%의 판매 증가를 가져왔지만, 아마존에서는 52%의 증가를 가져왔다. 그리고 별점 5점과 별점 1점에서의 판매 증가 퍼센티지 역시 bn.com에서 훨씬 약했다. 따라서 우리는 엔터테인먼트 경영자들이 WOM 데이터 원천을 매우 신중하게 선택하기를 제안한다.

(4) 모든 입소문의 전달자가 동일한 것도 아니다…

WOM이 효과를 미치려면 누가 엔터테인먼트 상품에 관한 생각과 느낌을 공유하는지도 —그리고 수신자가 그/그녀에 대해 알고 있는 것이 무엇인지도— 중요하다는 증거가 있다.

TWOM을 통한 개인적인 커뮤니케이션의 경우, 몇몇 소비자가 다른 이에게 더욱 강한 영향력을 행사하는 '오피니언 리더'라는 생각은 카츠와 라자스펠드(Katz and Lazarsfeld, 1955)의 '2단계 흐름(two-step flow)' 커뮤니케이션 이론의 핵심적인 요소이다. 따라서 오피니언 리더는 미디어에 더 많이 노출되어 있고, 그들이 획득한 전문성은 정보를 덜 갖춘 소비자에게 영향을 끼치는 기반이 된다. 다른 연구자들은 (자동차나 비디오 게임에서) 이러한 오피니언 리더십의 상품별 동기 부여 및 개입의 중대한 역할을 강조한다. 해당 개념은 원래 정치학에서 왔지만, 카츠와 라자스펠드는 오피니언 리더가 삶의 다른 분야—영화 관람을 포함한!—에도 존재한다는 것을 증명했다.

보통 EWOM은 주는 이와 받는 이 사이의 개인적인 연관을 포함하지 않는데, 그렇다면 이런 상황에서 누군가를 오피니언 리더로 만드는 것은 무엇일까? 메이스버그(Meiseberg, 2016)는 방대한 서적 관련 데이터 세트에서, 책에 관해 존재하는 '일반적인' WOM 유인성 외에도 아마존이 부여한 '톱 500 리뷰어'의 리뷰라는 지위가 중요하다는 것을 발견했다. 그러나 메이스버그의 연구 결과는 톱 리뷰어가 내리는 평가의 유인성은 고려하지 않았으며, 단지 그것의 존재만을 다뤘다.

더불어 포먼 등(Forman et al., 2008)은 익명성으로 특징지어진 환경에서 EWOM을 받는 이가 EWOM을 주는 이의 전문성에 대해 더 잘 알게 되고, 그 결과 그/그녀와 친밀감을 형성하게 될 경우, 주는 이의 평가가 받는 이의 차후 선택에 더욱 영향력이 있다는 것을 보여 주었다. 이들은 (2005년에서 2006년 사이 아마존의 베스트셀러였던) 책 768권의 월간 판매량 순위에 대한 패널 회귀분석을 통해 이를 알게 되었는데, 아마존의 리뷰 작성자가 자신의 신분을 드러낼수록 리뷰의 영향력이 증가한다는 것이다. 이 '신분 노출' 계수는 자신의 신분을 드러낸 책에 관해 WOM을 주는 이의 비중이 50% 증가할 경우 책 판매 순위가 15% 상승한다는 것을 보여 준다.

(5) 입소문 타이밍

성공을 위한 입소문 역시 엔터테인먼트 상품의 수명주기에 따라 다르다. 우리는 연구를 통해 비디오 게임에 대한 EWOM 유인성의 탄력성이 0.47임을 밝혔다(Marchand et al., 2016). 그러나 이 효과는 사실 우리 조사의 첫 9주 전체에 대한 평균이다. 특정한 시기별로 살펴보면 시간에 따라 탄력성이 매우 다르다는 것을 알 수 있다. 게임 발매 7~9주 후에 명확하게 나온 EWOM의 경우, 유인성의 탄력성은 1.11 정도로 높았다. 특히 '롤링 윈도우' 접근법으로 이 연속된 3주간의 각기 다른 시기를 택해 효과를 추정했는데, EWOM 유인성의 효과는 중요성의 측면에서 상품의 수명주기 전반에 걸쳐 증가한다는 것을 보여 준다. EWOM 매개변수는 발매 7주 후에야 유의미하게 되었다.

왜 시기별로 이러한 차이가 발생할까? WOM 유의성의 신뢰도는 리뷰의 숫자에 따라 시간이 지날수록 증가하며, 그 결과 소비자에게 더욱 강력한 통찰을 제공하는 안정적인 평균값으로 변모한다. 디지털 WOM의 장기(長期) 신뢰도는 이러한 종류의 정보에 좀 더 늦게까지 힘을 제공한다. 시간이 지날수록 다른 정보 원천(광고, 전문적인 리뷰, 순위, 화제성)의 신뢰도는 확연히 제한적으로 되며, EWOM의 상대적인 중요성이 증가하는 것이다. 그러나 훨씬 많은 수의 상품이 이른 시기에 팔리므로, 높은 탄력성이 반드시 WOM으로 인한 절대적 판매 수치의 높음을 의미하는 것은 아니다. 판매량 변화가 더 높다는 뜻일 뿐이다.

시기별 각기 다른 지점에서 EWOM의 역할을 비교한 또 다른 연구는 슈미트-스톨팅 등(Schmidt-Stölting et al., 2011)의 연구이다. 책 판매량 결정 요인에 관한 대규모 분석에서, 이들은 양장본의 경우 EWOM 유의성의 효과가 동일한 책의 문고판(보통 양장본보다 몇 달 정도 늦게 출간된다)에 비해 더 작다는 것을 발견했다. 이 결과는 정보 접근성의 역할과 특정한 시점에 상품을 찾는 소비자들을 위해 축적된 '비용'을 강조하고 있다. 다수의 사람들이 문고판이 나올 무렵이면 이미 그 책을 읽었기 때문에, 양장본으로만 존재할 때와 비교해 해당 서적에 관한 더 많은(그리고 더 믿을 만한) WOM을 구할 수 있게 되기 때문이다.

(6) 소비자들이 각기 다른 관점을 가지고 있을 때: 입소문 유인성의 역할

마지막으로, 소비자들이 다른 이들로부터 새로운 엔터테인먼트 상품의 품질에 대해 듣게 되었을 때 그 평가가 사람마다 폭넓게 달라질 수도 있다. 이러한 분산(分散)을 평균적인 WOM 유인성 값이 담아내지는 못한다. 예를 들어 평균 별점 4점은 4점 10개의 결과일 수도, 5점 5개와 3점 5개의 결과일 수도, 5점 6개와 4점 2개, 1점 2개의 결과일 수도 있다. 엔터테인먼트 사이언스 연구자들은 이러한 WOM 유인성의 분산이 그 자체로 소비자들에게 정보가 되는지 아닌지, 그리고 차이의 폭이 큰 경우 소비자들이 그것을 긍정적인 정보로 여기는지 부정적으로 여기는지도 살펴봤다.

책 판매에 관한 그들의 연구에서 자브와 정(Jabr and Zheng, 2014)은 아마존 평점의 분산이 부정적인 방식으로 영향력이 있다는 것을 발견했는데, 높은 분산 값이 책의 성공 잠재력을 감소시킨다는 것이었다.[16] 도서에 관한 선(Sun, 2012)의 연구는 WOM 분산의 영향력을 확인시켜 주었지만, 거기에는 좀 더 복잡한 메커니즘이 존재한다는 점을 시사하기도 했다. WOM 유인성과 분산 사이에 상호작용 요소를 더하면, 분산은 책의 WOM 유인성에 따라서 부정적인 역할을 할 수도 있고 긍정적인 역할을 할 수도 있었다. 만을 책의 평균적인 WOM 유인성이 매우 긍정적이라면 높은 분산 값

---

16) 자브와 정의 연구에서 독립변수는 로그 변환 값도 표준화된 값도 아니었기 때문에, 이 두 효과는 비교를 할 수가 없다.

은 도움이 되지 않았다. 대신 이로 인해 소비자들은 책 구매 의욕이 떨어지게 되는데, 왜냐하면 불일치되는 목소리들이 책에 대한 관심을 흔들어 놓기보다는 혼란스럽게 만들기 때문이다.

하지만 책에 대한 WOM 유인성이 낮다면, 아마존 소비자 평가 점수의 높은 분산 값은 양(+)으로, 더 많은 판매고로 이어진다. 이 다양성 속에서 분산은 해당 책에 일부 리뷰어들이 보지 못한, 무언가 '숨겨진' 호소력이 있다는 것을 의미할 수도 있다. 선의 데이터 세트에서 역치는 소비자 평가 점수 4.1점으로, 선의 데이터 중 35%의 서적이 더 높은 분산으로 인해 이득을 얻었다는 —그러나 대부분이 그로 인해 고생했다는— 의미이다. 마지막으로 카니우치나(Karniuchina, 2011)의 영화 관련 연구 결과는 평가 점수 분산의 또 다른 잠재적인 긍정적 효과를 지적한다. 분산이 소비자들 사이의 논의를 끌어낼 수 있으며, 그것이 논쟁과 더 높은 관심 및 화제성 형성에 기여한다는 것이다.

정보의 연쇄 확산은 WOM을 통해 엔터테인먼트 상품의 성공에 상당히 실질적인 영향을 미칠 수 있다는 것, 그리고 어떠한 조건에서 그것이 더욱 중요하며 어떤 WOM이 덜 영향력 있는지를 살펴봤다. 이제 '정보가 결여된', 혹은 '행위 기반'의 연쇄 확산으로 초점을 바꿔 보자. 여기에서 소비자들은 다른 소비자들의 명확한 판단 대신 그들의 행위를 통해 품질 수준을 추론하게 된다.

2. 비정보의 연쇄 확산: 군중심리의 힘

"X을 먹어라. 1000억 마리의 파리가 틀릴 리 없다"라고 옛날 낙서에 쓰여 있고는 했다. "스티븐 말대로 해, 200만 명의 트위터 사용자가 틀릴 리 없어"라고 나는 말한다.

— 소설가 스티븐 프라이(Stephen Fry)(2010)

엔터테인먼트 소비자로서 우리가 적극적으로 다른 이들과 대화를 나누거나 그들이 쓴 것을 읽지 않는다고 해도, 여전히 우리는 그들이 무엇을 하는지 종종 관찰하고 있다. 우리가 관찰한 것은 심리학자들이 '관찰 학습' 혹은 '사회 학습'이라고 이름 붙인 과정을 통해 의사결정 과정에 영향을 미친다(예: Bandura, 1977). 이 특유의 학습 메커니즘을 통해 한 사람의 행동이 그것을 관찰한 다른 사람들의 행동을 유발하고, 다시 그들은 차례차례 다른 이들에게 영향을 미친다. 이러한 움직임이 이른바 '행위-기반' 연쇄 확산이다. 관찰을 통해 얻은 정보는 개인적인 커뮤니케이션을 통해 배울 수 있는 것과 비교했을 때 덜 풍부하므로, 이런 연쇄 확산의 또 다른 이름은 '비정보(정보가 결여된)' 연쇄 확산이다. 경제학자들은 이런 행동을 군중심리('군집')에 비유하는데, 구성원들이 행동의 배후에 있는 논리나 지혜에 대해 깊이 성찰하지 않은 채 집단 내 다른 구성원들의 행동을 본능적으로 따라 하는 것을 말한다(예: Bikhchandani et al., 1998).

이 섹션에서 우리는 2개의 각기 다른, 그러나 엔터테인먼트 상품의 성공과 연관된 비슷한 유형의 정보 결여 연쇄 확산에 대해 학습할 것이다. 첫 번째 유형은 다른 소비자들이 상품을 채택하는 것이 상품의 품질에 대한 신호 역할을 할 때 발생한다. 이 경우 새로운 상품의 성공은 베스트셀러나 톱 10 목록을 통해 다른 이들에게 뚜렷이 보이게 된다. 이 '사회적 증거'는 (우리가 아래에서 논의할 메커니즘을 통해) 다른 이들에게 상품에 대한 욕구를 불러일으키며, 그럼으로써 '성공이 성공을 낳는 효과'를 일으킨다. 정보 결여 연쇄 확산의 두 번째 유형은 심지어 더 일찍 발생한다. 곧 발매될 엔터테인먼트 상품에 대한 '화제성'이 좋은 품질의 신호로 여겨지게 되면 다른 이들을 '화제성 열차'에 동참하도록 유도하게 되고, 상품을 구할 수 있게 되자마자 그것을 선택하는 일을 간절히 고대하도록 만든다.

1) 발매 이후의 행위 기반 연쇄 확산: 엔터테인먼트 성공이 엔터테인먼트 성공을 낳을 때

(1) 메커니즘에 작용하는 몇몇 단어와 숫자

상품이 인기가 있다거나 성공적이라고 하는 정보는 2가지 정신적인 경로를 통해 그것의 성공에 영향을 미친다. 첫 번째 메커니즘은 인기가 상품의 품질에 관한 소비자의 인식에 선입견을 품게 만드는 것이다. 소비자가 엔터테인먼트의 품질을 판단하는 것은 몇 가지 이유에서 어렵기로 악명이 높다는 것을 기억하라. 여기에는 품질에 대해 찾아보는 것이 부족한 점, 그리고 객관적인 기능성보다는 주관성과 전체적인 미학, 예술적인 성취를 강조하는 엔터테인먼트의 쾌락적 특성이 포함된다. 그리고 예술 취향 기준 판단이 개개인의 독특한 문화 자본에 달려 있다는 것은 평가 작업을 더욱 어렵게 한다.

품질 평가를 하는 것이 이렇게 복잡하므로 엔터테인먼트 상품의 인기는 소비자에게 분명하고 간단한 신호를 보내며, 이런 정보는 접근도 용이하다. 미디어가 히트작에 편중되어 있기 때문이다. 인기는 '사회적 증거'를 제공한다. 분명 다른 이전에 복잡한 의사결정 과정을 거쳤을 것이므로, 그들을 따르는 것이 품질을 얻는 좋은 방법인 것이다. 그리고 린 등(Lynn et al., 2016)은 품질 인식에 대한 인기의 영향력이 우리의 소비 선택에 국한된 것이 아니라, 우리가 엔터테인먼트 상품을 소비한 이후까지도 유지된다고 이야기한다. 실험을 통해 잘 모르는 '인디 록' 음악 다운로드에 대한 소비자 수천 명의 반응을 연구했을 때, 이들은 노래의 인기에 관한 정보(다른 이들이 먼저 다운로드한 횟수)가 소비자들이 노래의 품질에 부여하는 점수에 영향을 끼친다는 것을 발견했다. 심지어 연구자들이 '(음악에) 내재한 품질'을 통제했음에도 불구하고, 다른 소비자들의 판단을 통해 측정된 더 인기 있는 곡들이 체계적으로 소비자들로부터 더 높은 점수를 받았다.

하지만 인기가 모든 품질 결정에 동등하게 영향을 미치는 것은 아니다. 높은 품질 평가를 받은 노래[1점(싫음)~5점(좋음)등급에서 4점 혹은 그 이상을 받은 곡]에 인기는 거의 영향을 미치지 않았으며, 높은 인기(열 번 추가로 다운로드된 것)는 낮은 품질의 노래(1~5등급에서 2점 혹은 그 이하를 받은 곡)에 대해 평가 점수를 높였다. 엔터테인먼트 소비자로서 우리는 무엇인가를 좋아할 때 자신의 판단에 자신감을 느끼지만, 좋아하지 않을 때는 그렇지 못한 듯 보인다.

인기가 성공에 영향을 미치는 두 번째 메커니즘은 사회적인 것이다. 종종 사람들은 우세한 쪽에 편승하고 싶어 한다. 스포츠 팬들이 우승 팀에 모여드는 것처럼, 한 엔터테인먼트 상품이 성공하면 소비자들은 그 움직임의 일원이 되고 싶어 하며 그것을 놓치지 않기를 원한다. 우리는 이 '편승 효과'에 대해, 곧 발매될 엔터테인먼트 상품에 대한 화제성에 기반한 발매 전 연쇄 확산의 맥락에서 좀 더 자세히 논의할 것이다.

이제 우리는 인기의 연쇄 확산을 더욱 자세히 들여다보려고 한다. 우리는 이 효과에 영향을 끼치는 채널이나 시장 및 상황 속에서 인기 정보가 상품 성공에 미치는 영향에 대한 분석으로 시작할 것이다. 엔터테인먼트는 종종 복수의 순차적인 채널에 얽혀 있고 전 세계적으로 판매되기 때문에, 우리는 채널 간, 그리고 시장 간의 관점을 취하여 한 채널 혹은 시장에서의 인기가 다른 곳으로 어떻게 번져 가는지를 조사할 것이다. 그리고 우리는 엔터테인먼트 경영자가 성공이 성공을 낳는 효과를 거둬들이기 위해 시도할 수 있는 도덕적인(그리고 비도덕적인) 방법에 대해 살펴볼 것이다.

(2) 엔터테인먼트 성공에 인기가 끼치는 영향

오늘날 성공이 성공을 낳는 효과에 대해 우리가 아는 것 대부분은 살가닉 등(Salganik et al., 2006)이 진행한 2개의 실험에서 파생된 것이다. 이들 연구자는 그들의 뛰어난 연구에서, 1만 4000명 이상의 소비자가 음악(밴드 18개의 노래 48곡)을 다운로드할 수 있게 초청된 다수의 '가상 시장'을 만들었다. 첫 번째 실험에서 참가자들은 임의적으로 노래 제목과 밴드 이름만 제공된('독립' 시나리오) 시장, 혹은 어떤 노래를 다른 소비자들이 몇 번 다운로드했는지 알 수 있는 8개의 시장 중 하나('사회 영향력' 시나리오)에 배정되었다.

양 시나리오에서 모두 참가자들은 노래를 들어 본 후 그것을 (공짜로) 다운로드할지 말지를 결정할 수 있었다. 실험이 진행되는 동안 모든 노래는 다운로드 횟수 0에서 시작했고, 임의적인 순서로 제시되었다. 두 번째 실험 역시 비슷했다. 주요한 차이점은 인기 정보가 더 두드러지게 제시되었다는 것이다. 이 경우 '사회 영향력' 시나리오에서 노래가 제시되는 순서는 이전에 다운로드된 횟수를 반영했다.

근본적으로, 실험의 결과는 인기가 소비자의 엔터테인먼트 선택에 지대한 영향을 끼친다는 것을 확정적으로 보여 주었다. (노래의 인기에 관한 어떠한 정보도 없었던) '독립' 시나리오에 비해, 다운로드 정보가 제공되었던 모든 실험 환경에서 인기곡은 덜 인기 있는 노래보다 더욱 인기가 있었다. 그리고 다운로드 정보가 더 두드러지게 제시되었을 때, 인기도 차이는 더욱 높았다.[17)]

---

17) 인기곡과 비인기곡 사이의 이 차이점은 지니 계수에 통계적으로 반영되었다. 이는 더

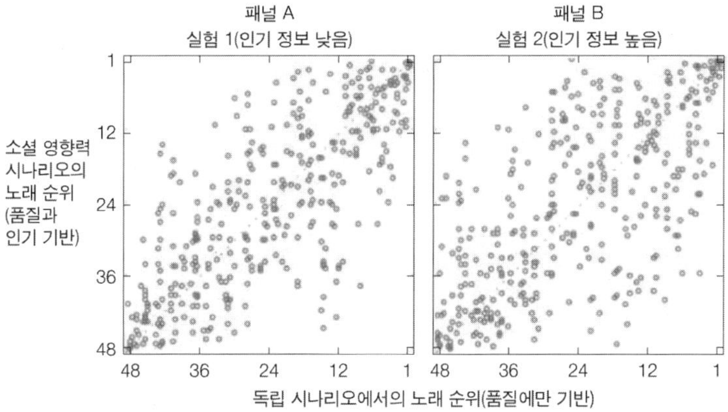

〈그림 2.3〉 '가상 음악 시장'에서의 노래 실적

주: 순위는 각각의 가상 시장에서 노래가 다운로드된 횟수에서 파생된 것이다.
자료: Salganik et al.(2006: 855) 참조.

독립 상황에서, 혹은 순수하기 '품질에 기반한' 시장의 노래 다운로드 순위가 사회 영향력 시장과 상관관계가 있기는 했지만, 그 상관성은 완벽하지 않았다. 노래의 '실적'은 초기의 인기에 기반한 자체적인 수명을 얻었다. 이것은 〈그림 2.3〉의 패널 A가 노래 각각의 '독립적인' 실적 대비 인기 정보가 주어졌을 때의 실적을 좌표를 통해 보여 주는 것이다. 패널 B는 인기 정보가 더 두드러지게 제시되었을 때 실적 분산이 확실히 더 높다는 것을 보여 준다.[18] 즉, 인기 정보는 노래의 실적에 대한 예측 불가능성을 더해 주는 것이다.

많이 다운로드된 곡과 덜 다운로드된 곡의 '시장 점유율' 사이의 균등함을 측정한 것이다. 첫 번째 실험에서 독립 시나리오에 대한 지니 계수는 0.25인 반면 사회 영향력 시나리오에서는 0.34였다(약 36%의 차이이다). 두 번째 실험에서 지니 계수는 0.19 대 0.50이었다(163%, 혹은 4.5배 높은 수치이다).

18) 연구자들은 상관관계에 대해서는 이야기하지 않았다.

그림 속 상관관계 패턴은 인기가 상품 품질의 역할을 완전히 대체할 수 없지만, 이 2개는 공존하며 엔터테인먼트 상품의 운명을 공동으로 결정한다는 것 역시 강조하고 있다. 살가닉 등(Salganik et al., 2006)이 주장하듯, "'가장 좋은' 노래들은 실패하지 않고, '가장 나쁜' 노래들이 굉장히 성공하는 경우도 없다. 하지만 그 외 대부분의 결과는 모두 가능하다"(p.855).

이 결과는 인기가 상품의 품질에 대한 소비자들의 경험에서만 만들어지는 실험실의 실험일 뿐임을 명심하라. 인기가 소비자들이 실제로 상품을 경험하기 이전에 만들어진다면 상황은 달라질까? 동일한 48곡의 노래를 대상으로 동일한 '가상 시장' 접근법을 활용한 후속 연구에서, 살가닉과 와츠(Salganik and Watts, 2008)는 엔터테인먼트의 실제 품질에 기반하지 않은 이러한 인기에 대한 더 많은 통찰을 얻어 냈다. 이번에 이들은 노래의 초기 인기를 조작한 후 이 '가짜' 인기가 소비자들 사이의 노래 실적에 어떤 영향을 끼치는지 살펴봤다. 실제로 이는 성공에 영향을 미쳤다. 인기가 있다고 알려졌다는 이유 하나만으로도 질 낮은 노래가 히트곡이 되었으며, 초기 인기가 부족했던 탓에 양질의 노래의 다운로드는 크게 악화되었다. 우리는 발매 전 화제성에 관한 다음 섹션에서 이 문제로 돌아올 것이다.

하지만 '위대한 엔터테인먼트'의 힘을 믿는 이들에게 몇 가지 긍정적인 소식이 있다. 살가닉과 와츠의 실험에서 데이터 세트 내의 가장 좋은 노래들은 시간이 흐르면서 낮은 인기에서 회복했다. 하지만 가짜 인기 정보가 제공되지 않았을 때와 비교하면 더 적은 다운로드 횟수로 끝났다. 즉, 양질의 노래는 초기 인기를 벌충할 수 있지만, 어느 정도에 그친다. 더욱이 시장의 경쟁적인 속성과 상품의 짧은 수명주기를 고려하면, 엔터테인먼트 상품은 보통 회복할 시간이 없음을 잊지 말아야 한다.

다른 연구자들은 실험실 데이터 대신 실제 판매량을 활용하여 인기의 역할에 대한 추가적인 증거를 찾아냈다. 시장 데이터는 확실히 현실성을 더해 주지만, 문제점도 초래한다. 실험실 바깥에서는 (우선 특정 상품 성공 배후의 이유를 단순히 반영하는 대신) 초창기부터 후기의 인기 사이의 실증적 연계를 확정적으로 주장하기가 매우 어렵다. 음악의 맥락에서 바타차지 등(Bhattacharjee et al., 2007)은 차트에서 앨범의 생존을 분석하며 다수의 다른 변인들(가수의 스타로서의 지위, 음악 제작 레이블, 발매 시기 등)을 통제했다. 이들은 덜 성공적인 데뷔가 차트에서 짧게 머무르는 것과 관련이 있음을 발견했다. 각각의 차트 진입 순위는 생존 여부를 2%씩 변화시켰다. 하지만 이들 연구자는 발매 전 이뤄지는 광고와 같은 다른 요소들을 통제하지 않았음에 주의하라. 우리는 앨범의 차트 진입이 (내생적이라기보다는) 이러한 요소들로부터 자주 영향을 받는다고 추정한다.

책 분야의 '성공이 성공을 낳는 효과' 연구에서도 비슷한 우려를 발견할 수 있었다. 클레멘트 등(Clement et al., 2008)은 독일 ≪슈피겔(Spiegel)≫의 베스트셀러 목록의 책 순위와 3개의 임계 값 더미 변수(톱 10, 톱 20, 톱 50)가 독일에서 양장본으로 출간된 소설 609권의 누적 주간 판매량에 발매 후 12개월 동안 어떤 영향을 끼치는가에 대해 연구했다. 이들 연구자는 다른 많은 요인들(작가의 스타로서의 지위, 속편, 독자들이 점수를 매긴 책의 품질, 가격)을 통제하여(그러나 광고는 통제하지 않았다) 최소제곱 회귀분석과 패널 회귀분석을 실시했다. 이들의 연구 결과 역시 성공이 성공을 낳는다는 효과의 존재를 지지했다. 그러나 이들은 그 효과가 책 발매 직후 첫 주에 가장 높고(순위가 높을수록 4%의 판매량 증가가 있었다) 빠르게 약화된다는 것을 발견했다. 4주 차 이후 책의 특정 순위는 더 이상 중요하지 않았다. 대신 전 주에 책이 톱 10이나 톱 20에 있는지의 여부는 판매에 영향을 미쳤다.

책이 처음 발매되었을 때는 소비자들이 책의 성공 여부에 매우 관심이 있으며, 정보가 미디어의 주목과 광고를 통해 높아지지만, 시간이 흐르면서 상황은 더욱 일반적인 관점으로 변해 간다는 것을 알게 되었다. 그렇다면 더 이상 신간이 아닌 책이 히트작인지 아닌지가 중요할 뿐이다. 이러한 통찰은 ≪뉴욕타임스≫ 베스트셀러 목록이 2001년에서 2002년 사이 발간된 책 800권의 주간 판매량에 어떻게 영향을 끼치는지 분석한 소렌센(Sorensen, 2007)의 연구 결과와 일치한다. 이 경우 책이 해당 목록에 처음 등장하는 것은 판매량을 8% 증가시켰지만, 이후에는 의미 있는 효과가 존재하지 않았다.

이 논리에 의하면 영화와 게임에서도 인기는 중요할 수밖에 없다. 그리고 우리의 연구는 최소한 잠정적으로 이를 뒷받침한다. 구조 방정식 모형을 통해 영화의 장기적인 극장 흥행 성공이 개봉 성적과 밀접한 관계가 있으며, 호소력 있는 상품을 제작, 홍보, 배급하려는 영화사의 노력을 통제할 때도 마찬가지임을 발견했다(Hennig-Thurau et al., 2006a). 우리 데이터 세트의 영화 331편의 경우, 연구 결과는 단기적인 성공은 기본적으로 이어지는 주의 실적에 관한, 영화의 품질 그 자체를 제외한 모든 마케팅 수단을 잠식한다는 것을 보여 준다.

현재의 핀볼 마케팅 환경에서, 우리는 성공을 기반으로 한 연쇄 확산의 힘이 증가할 것임을 예상할 수 있다. 전(前) 아마존 스튜디오 회장 로이 프라이스(Roy Price)는 이렇게 주장했다. “당신이 시장의 5위, 혹은 10위 안에 드는 프로그램 하나를 가지고 있다면, 그것은 더욱 가치가 있음을 뜻한다. 왜냐하면, 그것이 대화와 구독을 이끌어 내기 때문이다”(Littleton and Holloway, 2017 인용). 즉, 디지털 시대에서 히트작에 대한 정보 소비자들에게 더 빠르고 폭넓게 퍼져 나가며, 이를 통해 회사들은 과거 그들이 히트작에서 얻었던 것보다 더 많은 이익을 얻게 된다는 뜻이다.[19]

---

19) 이 효과는 오늘날의 ‘단축된 확산 패턴’에도 반영되어 있다.

지금까지는 성공이 성공을 낳는 효과에 관한 분석을 하나의 채널 혹은 시장으로 한정 지어 왔다. 하지만 보통 엔터테인먼트 상품은 하나 이상의 채널 혹은 시장에서 발매되며, 인기 관련 정보는 그 사이로 퍼져 나간다. 이 부분이 지금부터 살펴볼 내용이다.

(3) 채널과 시장 사이에서 ('성공이 성공을 낳는') 승자 효과

인기가 중요하게 여겨지는 특별한 분야는 한 채널(예: 영화관)이나 시장(예: 북미 지역)에서의 엔터테인먼트 상품 성공이 다른 채널(예: DVD)이나 시장(예: 독일)의 소비자 의사결정에 영향을 끼칠 때 확인할 수 있다. 엔터테인먼트 사이언스는 이 이슈에 대한 통찰도 제공한다. 성공이 성공을 낳는 효과 분석에 사용되는 현실 세계 데이터의 한계점을 명심하라. 이 한계점은 이어지는 섹션에서 우리가 언급하는 대부분의 연구에 적용된다.

① 채널 간 ('성공이 성공을 낳는') 승자 효과

영화의 경우 1999년에서 2001년 사이 극장과 비디오로 개봉한 영화 331편의 데이터 세트를 조사하여 극장에서의 성공과 비디오 대여 성공 사이의 연관성이 매우 크다는 것을 보여 준 바 있다(Hennig-Thurau et al., 2006b). 부분최소자승법(partial least squares)으로 복잡한 구조적 모델을 분석했을 때, 영화의 개봉 첫 주말 및 이후 주의 흥행 성적이 비디오 대여의 성공과 강하게 연관되어 있음을 알 수 있다. (-1에서 1까지의 척도로) 경로계수는 약 0.35로 광고의 효과와 비슷하고 다른 모든 '성공 요인들'보다 높았다.

표준화된 매개변수는 탄력성을 제공하지는 않지만, 조제포윅 등(Jozefowicz et al., 2008)은 그것을 제공한다. 극장에서의 성공에 편중된 좀 더 작은 데이터 세트(2001년의 최고 수익 영화 100개 중 93개)와 몇 개의 변인 통제를 하고 이들은 VHS와 DVD 수익을 종속변수로 하여 2개의 최소제곱 회귀분석을 실시했다. 이들 연구자는 10% 더 높은 흥행 수익이 2개의 가정용 채널에 대해 5~6%의 수익 증대를 가져온다는 것을 발견했다. 이것은 성공이 성공을 낳는 효과로서는 크지만, 수익은 감소한 것이다.

마지막으로 매켄지(McKenzie, 2010)는 호주 영화관 개봉 흥행 성공이 DVD 판매와 어떻게 연결되어 있는지 (2004년에서 2007년 사이의) 영화 760편을 데이터 세트로 해서 연구했다. 우리의 대여 성공에 관한 증거와 같이, 그는 두 채널 사이에서 0.88이라는 매우 강한 양의 상관관계를 발견했다. 상관관계가 장르와 연령 등급에 걸쳐 강하지만, 데이터 세트 내 제일 큰 영화들 및 시간의 공백이 짧지도 길지도 않은 영화들이 다른 영화들보다 높았다 (성공에 관한 정보가 퍼지는 데 시간이 필요하지만, 조금 지나면 그것이 잊혀지기 때문이다. 흥행 성적과 그것의 제곱항만을 이용한 간단한 최소제곱법 회귀분석을 통해 그는 성공이 성공을 낳는다는 관계가 비선형적이라는 결론을 이끌어 냈다). 극장에서 가장 성공한 영화는 덜 성공한 영화에 비해 DVD 판매에서 불균형적으로 높이 튀어나와 있다.

다른 엔터테인먼트 상품에서도 비슷한 채널 간의 인기 효과가 밝혀졌다. 파피스와 반 헤이르더(Papies and van Heerde, 2015)는 음반 판매가 공연 수익을 촉발한다는 것을 발견했는데, 이 효과는 순환 고리 구조의 일부가 되어 공연 티켓 판매가 더 높은 음반 판매고를 촉진했다. 디지털 환경이 이러한 연쇄 확산을 용이하게 할 것이라는 우리의 예상처럼, 이들 학자는 이 효과가 광범위한 광대역 인터넷 확산으로 인해 최근에야 존재하게 되었다는 것을 보여 주었다.

책의 경우, 아사이(Asai, 2015)는 2010년부터 2013년 사이의 일본 문고판 판매 순위 톱 200에 나타났던 신작 소설 254권을 대상으로 양장본의 사전 판매량이 문고판 판매에 끼치는 영향을 조사했다. 아사이는 판매량과 가격을 별도로 계산한 (그리고 —광고와 품질을 제외한— 다수의 요인을 통제한) 패널 일반화 적률 추정법을 사용하여, 양장본 판매량이 0.11의 탄력성을 갖는다는 것을 발견했다. 평균적으로, 양장본 소설 판매가 10% 증가하면 문고판 판매량이 1% 더 높아진다는 뜻이다. 슈미트-스톨팅 등(Schmidt-Stölting et al., 2011)은 히트작이 아니었던 책까지 고려할 경우, 이전 채널에서의 성공이 갖는 역할이 더 높아질 것이라고 주장했다. 독일 서적에 대한 그들의 큰 데이터 세트로 SUR 분석을 실시했을 때, 성공이 성공을 낳는 효과는 아사이가 제시한 것보다 5배나 높았다.

② 시장 간 ('성공이 성공을 낳는') 승자 효과

최근까지도 엔터테인먼트 미디어 상품은 우선 자국 내 시장에서 먼저 발매되고 해외 시장에는 그 이후에야 발매되는 식이었다. 하지만 해외 출시를 위해 필요한 추가적인 작업(번역, 더빙 등)에도 불구하고, 이제 글로벌 '동시' 발매는 주요 영화, 앨범, 게임, 소설의 경우 전혀 특이한 일이 아니다. 글로벌 발매의 주요 이점은 제작자가 희망하는 입소문 형성의 시너지가 인터넷을 통해 전 세계로 퍼져 나간다는 것이다. 하지만 이 새로운 방법의 잠재적인 문제점은 성공이 성공을 낳는 효과가 부족할 수 있다는 것이다. 상품이 국내와 국외 시장에서 동시에 발매되면, 행위 기반 연쇄 확산이 생겨날 만한 시간이 부족하기 때문이다. 이에 대해 증거가 말하는 것은 무엇인가?

영화에 대한 2가지 연구는 성공이 성공을 낳는 효과가 시장에 존재한다는 증거를 제공한다. 그러나 이런 연구들은 또한 시장 간의 지연이 너무 길어지면 발생하는 문제들도 지적한다. 첫 번째 연구는 자주 인용되는 엘버스와 엘리아스버그(Elberse and Eliashberg, 2003)의 연구로, 이들은 3SLS 회귀분석을 사용하여 영화의 북미 내 성공이 프랑스, 독일, 스페인, 영국과 같은 해외 시장의 평판에 끼치는 영향을 계산했다. 127~140개 영화에서, 이들은 4개 유럽 국가의 해외 영화 팬들에게 북미 실적이 직접적이고 긍정적인 효과를 미친다는 것을 발견했다. 이들의 데이터 세트에서, 국내 시장에서의 흥행 성적이 10% 높을 경우 직접적인 효과 범위는 1.6%(독일)에서 9%(영국)까지였다. 프랑스, 독일, 스페인의 경우 성공이 성공을 낳는 효과의 전체 효과는 심지어 더 높았는데, 이는 북미에서의 실적이 '공급 측면'에 상당한 영향을 끼치기 때문이다. 특히 유럽 시장의 극장주들은 미국에서 더 많은 개봉관을 통해 더욱 성공한 작품을 상영했으며, 이는 유럽 수용자들 사이에서 해당 영화들이 성공할 수 있는 잠재력을 높였다.

또한 엘버스와 엘리아스버그의 연구 결과는 성공이 성공을 낳는 효과의 힘이 두 시장 진입 사이에서 흐르는 효과에 의해 조정된다는 것을 알려준다. 영화의 미국 시장 흥행 성적과 시장 진입 간의 시간차 사이의 상호작용은 세 유럽 대륙 국가에서 강력하며 부정적이었는데, 즉 시간차가 클수록 북미 시장에서의 성공이 해외 개봉에 미치는 효과가 감소했다. 헤니그-투라우 등(Hennig-Thurau et al., 2003)의 연구는 (1998년에서 2001년 사이에 개봉한) 북미 영화 231개의 국내 시장과 독일 극장 흥행 결과를 분석했을 때, 행위 기반 연쇄 확산에도 똑같은 감소 효과가 있는 것을 발견했다. 미국과 독일 흥행 수익 사이의 상관관계는 국내 시장 개봉 후 3개월 이내에 독일에서 개봉한 필름에 대해 0.87로 매우 높았지만, 국내 시장 개봉 후 6개월 혹은 그 이후에 개봉한 영화는 절반 정도에 불과했다.

하지만 이 두 연구 모두 시간의 선형 효과를 가정했다는 점을 주목해야 한다. 효과의 크기는 국내 시장 발매 후, 그리고 전체 기간에 걸쳐 매달마다 지속적으로 약해진다. 이 가정은 시장 간의 행동 기반 연쇄 확산이 생겨날 수 있는 어느 정도의 시간과 같은, 비선형 패턴의 가능성에 대한 여지를 주지 않는다. 헤니그-투라우 등의 1998~2001년 데이터를 재확인했을 때, 이러한 비선형성의 암시를 발견했다. 〈그림 2.4〉를 보라. 북미와 독일에서의 영화 흥행 실적 사이의 공유 분산은 시간에 따라 역방향 U자

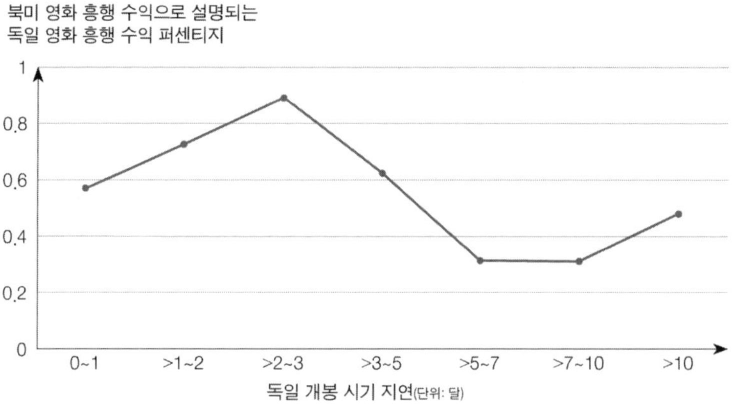

〈그림 2.4〉 북미와 독일에서의 영화 흥행 실적 사이의 관계

자료: Hennig-Thurau et al.(2003)의 미국 영화 231개 데이터를 참조.

패턴을 보이며, 가장 높은 분산 값은 두 국가에서 동시에 개봉한 영화가 아닌, 북미 개봉 후 2~3달 후에 독일에서 개봉한 영화에 존재한다. 그 이후에야 성공이 성공을 낳는 효과는 감소하기 시작한다.

이 통찰은 조심스럽게 다뤄야 한다. 왜냐하면, 출판된 연구들은 영화사 해외 개봉 결정의 잠재적 내생성을 고려하지 않고 있기 때문이다. 그러나 해외 개봉을 결정할 때 경영자들이 체계적으로 자신들의 실패작과 히트작을 다르게 시장에 내놓을 것이라는 가정은 합리적인 것 같다. 하지만 데이터에서 확인한 바에 기반하여, 우리는 국내 시장에서 실패할 것 같은 작품의 해외 개봉을 늦추는 것이 최악은 아니라는 결론을 내리고 싶다. 일반적인 최적의 시기에 출시하는 것은, 실패 정보가 퍼져서 해당 상품이 해외 시장으로 오는 도중 죽어 버리는 결과를 초래할 수 있기 때문이다. 하지만 엔터테인먼트 상품 발매 결정과 계약은 몇 달 전에 이뤄지기 때문에, 시장 간 성공이 성공을 낳는 효과를 효과적으로 활용하는 것은 제작자가 새로운 상품의 성공 여부를 일찍 예측할 수 있을 때 비로소 가장 잘 이뤄진다. 이는 이 섹션의 작업을 혁신 의사결정 맥락에서 논했던 예측 모델과 연관된다.

'언드' 커뮤니케이션의 모든 측면에서 성공이 성공을 낳는 효과를 관리하는 것은 엔터테인먼트 경영자에게 어려운 일이다. 이 채널들의 낮은 통제 가능성 때문이다. 그래서 (글로벌 발매를 적절하게 하는 타이밍을 찾는 것과 더불어) 이러한 연쇄 확산을 용이하게 하기 위해 경영자들이 무엇을 할 수 있는지 살펴보려고 한다.

(4) 발매 후 비정보 연쇄 확산의 경영 활용과 오용

엔터테인먼트 상품에 대한 인기 기반, 행위 기반 연쇄 확산의 중요성과 메커니즘에 관해 우리가 발견한 것들은 다수의 경영상 암시를 제공한다. 이들 중 일부는 '현명한' 의사결정의 범주에 들어가지만, 우리는 나머지가 노골적으로 비도덕적인 것이라고 생각한다.

하지만 우리가 '현명한' 의사결정의 범주로 분류한 것들을 먼저 살펴보자. 스티븐 스필버그(Steven Spielberg)의 영화 〈죠스(Jaws)〉가 1975년 여름 극장 개봉을 앞두고 있을 때, 유니버설의 회장 류 와서먼(Lew Wasserman)은 어려운 선택을 했다. 비록 그의 마케팅 팀이 처음에 북미에서 당시에는 전례가 없던 900개의 영화관 개봉을 준비했지만, 극장주들의 높은 수요가 느껴지자 와서먼은 이 중 400개 관 이상을 탈락시켰다. 오늘날처럼 흥행 성적 통계가 보편적이고 즉각적이지 않았던 시기에 와서먼의 계획은 엄청난 뉴스 보도를 만들어 낼 (극장 앞에서의) 긴 대기 줄을 만들어 내려는 것이었다. 그리고 이는 차례로 행위 기반 연쇄 확산을 만들어 냈다(Shone, 2004).

하나의 경우만으로 인과관계를 주장하기는 어렵지만, 우리는 그의 결정이 영화에 분명 해가 되지 않았음을 알고 있다. 이 영화는 여름 내내 상영되었으며 1억 달러 장벽을 돌파한 역사상 최초의 영화가 되었기 때문이다. 좀 더 일반적인 용어로 설명하면, 와서먼의 논리는 인위적인 공급 감소를 통해 높은 수요라는 이미지를 만들어 내는 것이었다. 이는 할리우드에서 '제한된 개봉' 전략을 사용할 때 여전히 실행하고 있는 방법이다. 영화를 신중하게 선택한 장소(예술 중심 구역의 예술영화 극장 같은 곳)에서 보여 주는 것이 더 높은 수요의 징후를 만들어 내고, 미디어가 이것을 선택하면, 결국 연쇄 확산이 만들어져서 그 나라 다른 지역, 그리고 이상적으로는 전 세계의 수용자를 불러 모으게 되는 것이다. 그리고 요즘 미디어는 선택된 극장을 가득 채우는 제한된 개봉 영화의 높은 '화면당' 평균을 강조함으로써 실제로 전략 실행에 도움이 된다.

성공이 성공을 낳는 효과의 힘을 이용하는 다른 방법 역시 현명하다고 여겨질 수 있지만, 도덕적인 측면에서는 의문이 있다. 첫 번째는 경영 '권위자' 마이클 트리시(Michael Treacy)와 프레드 위어세마(Fred Wiersema)가 1995년 실행한 것으로 알려져 있다. 이들은 몰래 자기들의 책 『시장 리더의 규율(The Discipline of Market Leaders)』 5만 부를 샀다. 이들은 ≪뉴욕타임스≫ 베스트셀러 목록에 영향을 끼치는 서점에서 책을 사서 썩 좋지 않은 리뷰에도 불구하고 그 책이 순위에서 성공을 거둘 수 있게 만들었다(Bikhchandani et al., 1998). 그러자 그 책은 "저자들이 추가로 수요에 개입하지 않아도 베스트셀러 자리를 유지할 수 있을 만큼 잘 팔리게 되었다"(p.151).

최근 이런 행위는 소설과 음악 분야에서 매우 흔하게 나타난다. 기술적으로 불법은 아니겠지만, 이는 분명 소비자가 발견할 수 없는 가짜 인기를 만들어 내며, 다수의 소비자를 호도한다. 2010년 음악 경영인 톰 실버맨(Tom Silverman)은 음반사들이 오랫동안 자신들의 노래를 구매하는 방식으로 '차트에 과장 광고를 해 왔으며' 여전히 그러고 있다고 주장했다. 디지털 경제의 경제학은 심지어 이런 행위에 드는 비용을 낮추기도 했다. 이제 음반사들은 애플/아이튠스 같은 디지털 유통사 지분의 30%만 담당하면

되며, 실물 음반 생산 비용은 안 써도 된다. "(만일) 그들이 5만 곡을 사면, 우리는 5만 달러에서 70%가 줄었기 때문에 1만 5000달러 정도가 든다. 일주일에 1만 5000달러로 그들은 5만 곡 이상을 다운로드 구매하고, 이는 순위에서 해당 곡을 3~4계단 올려준다"[실버맨(van Buskirk, 2010 인용)]. 앞서 우리가 논의한 행위 기반 연쇄 확산의 논리처럼, 실버맨은 이러한 성공으로 인해 소비자들은 해당 노래가 질이 높을 것이라고 여기게 되고, 이것이 '실제' 성공을 야기한다고 주장한다.

의심할 여지 없이, 관련 방법은 수용자들에게 상품이 실제로 성공한 정도보다 더 크게 성공했다고 부풀려 이야기하는 것이다. 이 방법은 '과대 보도(overreporting)'라고 한다. 실제 판매를 위해 이렇게 하는 것은 명백히 속임수지만, 말로트라와 헬머(Malhotra and Helmer, 2012)는 일부 영화사가 체계적으로 흥행 순위 추정치 발표 시 과대 보도를 실행한다는 실증적인 증거를 제공했다. 그러면 이 수치는 미디어의 성공 관련 보도와 월요 아침 순위에 활용된다.

말로트라와 헬머는 2003년에서 2010년 사이 전국에서 개봉한 1000개 이상의 영화를 대상으로, 이들의 흥행 추정치와 실제 흥행 성적을 결합하여 분석했다.[20] 이들은 영화사가 얻을 수 있는 이익이 가장 높을 때 (개봉 이후보다는) 개봉 주, 정보의 연쇄 확산에 가장 효과적으로 자극을 줄 수 있을 때, 경쟁이 치열할 때 과대 보도가 특히 강하다는 것을 발견했다. 그리고 토요일 저녁 무렵까지 2위 영화와의 차이가 1000만 달러보다 적다면, 일요일에는 과대 보도가 가장 높아졌다. 이 결과들을 바탕으로, 연구자들

20) 그들의 데이터 세트에서 말로트라와 헬머는 소니(평균 10.3%)와 서밋[7.9%, 현재 라이온스게이트(Lionsgate)의 일부]이 과대 보도치가 가장 높으며 폭스, 디즈니, 드림웍스가 가장 낮다는 것을 발견했다(각각 4%, 3.6%, 1.2%). 물론 이 차이는 영화사의 각기 다른 모니터링 기술의 결과일 수도 있다.

은 과대평가가 영화 산업에서는 피할 수 없는 일이며, 그것은 "아마도 우연의 일치일 것 같지 않다"라고 결론을 내렸다(Malhotra and Helmer, 2012: 1411).

2) 발매 전 행위 기반의 연쇄 확산: 화제성

> 사전에 제대로 된 화제성을 만드는 데 실패했다는 것은 기대치가 낮음을 의미하고 이는 결국 표가 덜 팔리게 됨을 뜻한다… 기대치를 형성해서 영화를 '꼭 봐야 할' 것의 위치로 만들어 놓는, 제대로 된 화제성을 만들어 낼 수 있다는 희망으로 인해 소셜 미디어는 더욱 강조되고 있다.
>
> — 프리드먼(Freedman, 2015)

행위 기반 연쇄 확산은 새로운 엔터테인먼트 상품의 발매 전에도 눈에 띌 수 있다. 이 시기에는 상품의 실제 실적에 관한 정보가 존재할 수 없다. 그러나 소비자는 상품에 관한 전반적인 기대치의 지표로서, 자신들이 시장에서 관찰한 새 상품에 관한 '화제성'을 해석할 수 있다. 이 논리에 따르면, 목격한 기대치 그 자체가 곧 발매될 상품의 매력과 품질의 신호로서 기능한다.[21] 화제성을 만드는 것은 새로운 엔터테인먼트 상품 유통의 주요 요소가 되었으며, 현재 유행하고 있는 블록버스터 전략의 초석이다. 화제성을 불러일으키려는 이런 노력의 이면에는 발매 전 화제성 연쇄 확산이 초기의 성공으로 나타난다는 생각이 자리하고 있는데, 이는 앞서 논의한 것처럼 개봉 후 행위 기반의 연쇄 확산을 촉발할 수 있다는 것이다.

누구도 명확하게 이해하지 못한 것은 (관리는커녕) 측정조차 할 수 없으므로, 우선 '화제성'이라고 하는 것이 무엇을 뜻하는지 명확히 할 필요가 있다. 이 용어는 소비자, 기자, 경영자 모두에게 종종 '운에 맡기는' 것과 같

---

21) (사회적) 소비자 행동 맥락에서의 화제성 개념에 관한 초반 논의를 참조하라.

은 의미로 쓰이기 때문이다. 해당 개념에 대한 학문적인 정의를 제시한 후, 화제성의 동인, 엔터테인먼트 성공과 이 개념과의 연관성, 그리고 상품을 성공의 길로 이끄는 이 개념의 중재적인 역할에 대해 엔터테인먼트 사이언스 연구자들이 밝혀낸 것들을 자세히 살펴볼 것이다.

(1) 그렇다면 '화제성'이란 정확히 무엇인가?

엔터테인먼트의 내·외부에 있는 사람들은 '화제성'이라는 용어를 매우 피상적인 방식으로 사용해 왔다. 그 결과, 화제성에 대해 논의할 때 우리는 같은 것에 관해 이야기하는 경우가 거의 없으며, 이는 화제성을 측정하는 데 다양한 방식으로 영향을 미쳐 왔다. 또한, 이는 해당 주제에 대한 과학적인 진전을 방해해 왔다. 엔터테인먼트 사이언스 연구자들은 이것에 대한 공통된 이해 없이는 이것의 개념과 엔터테인먼트 관리에서의 역할에 관해 탐구할 방법이 없다. 그렇다면 화제성을 정의하기 위한 유용한 방법은 무엇인가?

화제성을 구성하는 것에 대해 이해하기 위해 엔터테인먼트 성공에 화제성이 미치는 영향을 판단하는 소비자들에게 다음과 같은 질문을 했다. 소비자와 여러 차례 심층 인터뷰와 좌담회를 실시하여 새로운 상품의 화제성이 "곧 발매될 상품에 대한 소비자들의 관찰 가능한 기대 표현의 총합"을 보여 준다는 것을 발견했다(Houston et al., 2018: 349). 그렇다면, 화제성의 4가지 핵심적인 특징을 살펴보자.

※ 화제성은 종합적 수준의 개념이다

화제성은 한 사람이 행동하거나 말한 것에 관한 내용이 아닌, 많은 소비자 사이에서 종합적이고 '거시적' 수준으로 일어나고 있는 것에 관한 내용이다. 즉, 어떤 것의 전체적인 내용이지 개별적인 것이 아니다.

※ 화제성은 예상의 속성이 있다

화제성은 미래를 예측하는 것으로, '앞으로 나올 것'과 관련된 것이지 이미 일어난 일을 돌아보는 것이 아니다. 또한, 이것은 긍정적인 개념이다. 적어도 엔터테인먼트의 맥락에서, 화제성은 사람들의 비판이 아닌 희망을 통해 강화된다. '부정적인 화제성'은 소비자들이 그들의 희망이 새로운 상품에 의해 충족이 안 되지 않을까 걱정할 때만 존재하는 것이다. 〈아바타〉 속편이 원작의 엄청나게 높은 기준을 충족시킬 수 있을까? 발매 전 소비자 커뮤니케이션의 정서 척도를 포함한 연구들에 따르면 이것은 발매 후의 성공과 관련이 없는 것으로 밝혀졌다(예: Gopinath et al., 2013).

※ 화제성은 다층 행동이다

상품 화제성에 대한 소비자의 인식은 새 상품에 관해 말하고 쓰인 것뿐만 아니라 2개의 다른 관찰 가능 행동을 통해 강화된다. 새로운 상품에 관

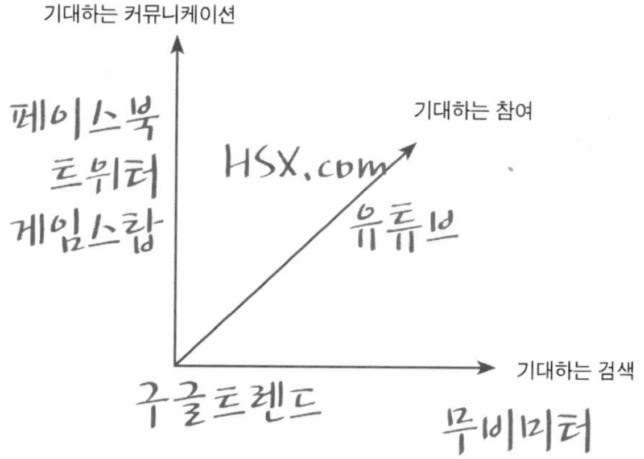

〈그림 2.5〉 화제성 행동의 3가지 일반적인 유형(과 예시)

주: Studio Tense 그래픽 지원.
자료: Houston et al.(2018) 참조.

해 사람들이 찾아본 것[IMDb의 무비미터(MovieMeter)에서 찾아볼 수 있는 지표 같은 것]과 그들의 '참여' 행동(예: 유튜브에서 예고편 보기, 〈다크 나이트〉 리얼리티 게임의 하나로 실시된 물건 찾기 게임, 곧 나올 속편에 대비하기 위해 이전 편을 다시 보는 것 등)이 바로 그것이다.[22] 〈그림 2.5〉는 화제성의 다층 행동 속성을 묘사하고 각 행동 유형의 예시를 보여 준다.

※ 화제성은 2차원이다

화제성의 양은 트위터와 다른 웹사이트의 '최고 인기' 순위에 반영되는데, 분명 소비자들이 특정 상품에 대한 화제성을 판단하는 정보의 주요 유형이 된다. 하지만 추가로 화제성은 질적인 차원까지도 포함한다. 얼마나 많은 사람뿐만 아니라 도대체 누가 새로운 상품을 기대하고 있는지 말이다. 이는 화제성의 '파급' 차원이다. 이는 우리에게 새로운 상품에 관한 집합적인 기대치가 어느 정도로 소비자층 전반에 걸쳐 퍼져 있는지를 알려 준다(Fischer et al., 2017 참조). 남성 팬들만이 흥분해 있는가? 아니면 이 흥분이 틈새시장을 넘어 주류에게 다다랐는가? 앞으로 맞이할 매력에 대한 소비자들의 평가에서 틈새시장에서의 화제성과 주류에서의 화제성은 종종 별개이다.

화제성의 이러한 2차원적 특성은 〈킥애스(Kick-Ass)〉나 〈스콧 필그림 vs. 더 월드(Scott Pilgrim vs. The World)〉 같은 영화가 코믹콘 참가자들에 의해 대대적으로 광고되었음에도 흥행에 왜 실패했는지를 설명해 준다. 코믹콘에

---

22) 볼페일과 휄란(Wohlfeil and Whelan, 2008)의 자기 성찰적인 연구에서 이들은 당시 개봉 예정이던 영화 〈오만과 편견(Pride & Prejudice)〉에 대한 관람 기대치가 어떤 식으로 연구자의 행동을 형성하는지 자세히 묘사했다. 여기에는 (책 표지 포스터가 포함된) 책 『오만과 편견』의 새로운 버전을 구매하고 영화를 다룬 기사가 실린 신문을 사는 것과 같은 참여 행위가 포함되어 있다.

서 비슷하게 화제가 된 다른 영화들은 흥행에 성공했음에도 말이다(〈아바타〉, 〈아이언맨(Iron Man)〉 같은 영화).[23] 후자 영화들에 대한 화제성은 팬, 그리고 주류 소비자들로부터 온 것이었다(즉, 높은 파급력이 있었다). 그러나 전자 영화들은 단지 틈새시장 소비자만을 신나게 했을 뿐이다. 케이(Kaye, 2012)는 〈스콧 필그림 vs. 더 월드〉에 관해 어떻게 이야기했는가? "너드(nerd: 괴짜 혹은 '덕후'를 일컫는 용어)에 관한 영화는 너드들만 좋아한다. [주연배우인] 마이클 세라(Michael Cera)는 세상의 다른 사람들에게는 남자 주연배우가 아니다."

화제성 개념의 구체화를 통해 얻을 수 있는 것은 무엇일까? 일반적으로, 상품의 실적에 영향을 미치는 개념의 본질을 더 잘 파악할수록 더 정확히 성공을 예측할 수 있다. 다음 섹션에서 화제성을 어떻게 개념화하는가(그리고 그것을 어떻게 측정하는가)의 여부가 중요한지 아닌지에 관한 질문으로 다시 돌아오기 전에, 우선 화제성과 성공의 연관성에 관한 실증적인 연구들이 전반적으로 무엇을 알려 주는지 알아볼 것이다.

(2) 화제성은 상품 성공과 어떻게 연관되어 있는가

① 화제성의 양과 상품 성공 간의 연관성

실증적 측정의 차이에도 불구하고 화제성이 엔터테인먼트 성공과 연관되어 있다는 것은 연구들을 통해 꾸준히 드러나고 있다. 그러나 발매 후 행위 기반 연쇄 확산처럼, 이 연관성의 인과관계를 살펴보는 것은 엔터테인먼트 마케팅 믹스에서 이것의 역할을 결정하기 위해 굉장히 필수적임

---

23) 〈아이언맨〉의 감독 존 파브로(Jon Favreau)는 영화의 성공을 2006년 코믹콘 팬들의 커다란 반응 덕분이라고 드러내놓고 말했다. 그는 참가자들에게 "다 여기에서 시작되었어요. 여러분들 이전에는 누구도 그 영화에 신경 쓰지 않았어요"라고 말했다(Horn, 2009 인용).

에도, 전혀 간단한 문제가 아니다.

구글의 분석 전문가 파날리건과 첸(Panaligan and Chen, 2013)은, 개봉 전 주 구글에서 해당 영화에 대해 검색된 양을 가지고 자신들이 영화 개봉 주말 흥행 성적의 70% 정도를 설명할 수 있다고 했을 때(거기에 개봉관 숫자와 브랜드 지위 변인을 더하면 설명되는 분산이 92%까지 증가한다), 이들은 엔터테인먼트 경영자들로부터 폭넓은 관심을 받을 것이라고 자신했다. 그들의 주장이 더욱 인상적이었던 것은, 개봉 4주 전의 영화 예고편 검색량이 개봉 주말 성공의 62%를 설명할 수 있으며, 개봉 시기와 브랜드 지위 변인을 같이 고려하면 94%까지 설명할 수 있다는 점이었다. 이 결과는 너무 훌륭해서 믿어지지 않을 정도였다. 이들 저자는 자신들이 사용한 데이터와 연구 방법에 대해 거의 밝히지 않았으며, 그들이 분석한 영화 99개의 작은 샘플을 선택한 기준 역시 이야기하지 않았다. 이는 모든 연구자가 잘 알고 있는 것처럼 연구 결과에 지대한 영향을 끼칠 수 있는 것이다. 우리는 흥행 성적의 어느 정도가 검색 화제성 덕분일 수 있는지 잘 모른다. 이러한 분석, 특히 '검색만' 대상으로 하는 분석은 다량의 누락 변수 편향으로 고통받게 된다.[24] 그리고 '합동' 분석에서 이들은 다른 변인 외에도 검색 화제성이 설명하는 성공의 지분도 밝히지 않았다.

이제 화제성과 성공 사이의 연관성을 밝혀 줄 좀 더 엄밀한 접근법으로 방향을 돌려 보자. 681개의 게임(모두 2009년과 2010년 사이에 발매)에 관한 연구에서 시옹과 바라드와즈(Xiong and Bharadwaj, 2014)는 (다양한 블로그와 게시판에서 이뤄지는) 발매 전 커뮤니케이션 화제성과 [구글 트렌드(Google Trends)에서 확인한] 검색 화제성이 게임의 발매 첫 주 매출에 어떤 영향을 끼치는지 조사했다. 이들 연구자는 이 두 화제성 행위에 대해 각각 강건 표준오차를 포함한 회귀분

24) 누락 변수 편향에 대한 짧은 소개는 I권 1장을 참조하라.

석을 실시했다. 또한 이들은 많은 통제 변수를 포함했는데, 여기에는 해당 게임이 속편인지 아닌지, 광고 지출액, 장르, 발매 시기 등이 들어간다. 이들은 커뮤니케이션 화제성의 탄력성이 0.46이라고 추산했다(즉, 커뮤니케이션 화제성이 10% 증가하면 첫 주 판매량이 4.5% 늘어난다는 것이다). 이는 이들의 데이터 세트 내 발매 전 광고 효과보다 거의 9배가량 높은 효과였다.

영화에서도 연구 결과들은 화제성의 강력한 역할을 지적한다. 고피나스 등(Gopinath et al., 2013)은 영화 75개에 대한 자신들의 조사에서 (블로그를 통해 드러난) 개봉 전 커뮤니케이션 화제성의 탄력성이 영화 개봉 첫 주에 대해 0.27이라고 밝혔다. 그리고 류(Liu, 2006)는 40개 영화에 대한 최소제곱 회귀분석에서 야후 영화 사이트에서의 개봉 전 커뮤니케이션의 탄력성이 그보다 더 높은 0.59임을 발견했다. 그러나 이는 어느 정도 부풀려졌을 수 있는데, 왜냐하면 통제 변인 숫자가 적었기 때문이다. 킴과 한센스(Kim and Hanssens, 2017)는 탄력성에 대해 이야기하지 않았지만, 이들은 광고 및 배급 노력과 더불어 영화 개봉 3주 전의 검색 화제성을 활용하여 41개 영화의 개봉 주말 흥행 성적을 예측했다. 이들은 검색 화제성을 포함한 모델이 그렇지 않은 모델에 비해 예측이 8%(혹은 600만 달러) 더 정확해진다는 것을 발견했다.

우리도 부분최소자승법을 활용하여 2010년에서 2011년 사이 북미 지역에서 개봉한 영화 254개의 개봉 첫 주 흥행 성적 예측을 두고 영화 분야를 살펴봤다. 앞서 개념화한 것에 따라, 다수의 '성공 동인' 외에도 트위터 커뮤니케이션, 구글 검색, 페이스북의 '좋아요'를 통해 얻은 정보를 참여 다층 행동 화제성 척도와 결합했다. 그 결과 이 모델이 화제성 정보를 전혀 포함하지 않은 동일 모델에 비해 영화의 개봉 주말 흥행 성적 분산을 25% 더 잘 설명한다는 것을 발견했다(Houston et al., 2018).

또한, 연구자들은 TV 프로그램 회차에도 화제성이 중요하다는 증거를 수집했다. 하지만 이 분야에서 학술 연구를 통해 찾아낸 효과는 덜 강력했는데, 아마도 회차는 진행되고 있는 시리즈의 한 부분이라 새로운 영화와 게임보다 덜 '혁신적'이라서 그럴 수도 있다. 2008년에서 2012년 사이 북미에서 방송된 TV 프로그램 30개의 주간 회차 순위에 관한 연구에서, 류 등(Liu et al., 2016)은 패널 일반화적률 추정법을 사용하여 방송 전 트윗 개수 증가가 프로그램 한 회차의 이전 시청률만을 고려한 것보다 0.5% 더 시청률을 잘 설명한다는 것을 발견했다.

마지막으로, 새로운 음악에 대해 입소문이 갖는 힘에 대한 증거는 제한적이다. 여기에 대해 우리가 조금 알고 있는 것들은 불리와 후(Buli and Hu, 2015)의 연구에서 온 것이다. 이들은 음악 분석 회사 넥스트 빅 사운드(Next Big Sound)의 직원으로, 앨범 첫 주 판매량과 해당 가수의 발매 1주 전 위키피디아 페이지 조회 수(검색 화제성 척도) 사이의 상관관계가 0.70, 유튜브 비디오 조회 수(참여 화제성의 일종)와는 0.25임을 밝혔다. 이들은 이 매개변수들의 인과성을 검증하기 위한 그레인저 인과관계 테스트를 시행했으나, 자신들의 연구 결과를 판단하는 데 사용된 방법에 대한 충분한 명료성을 발견하지 못했다.

우리가 여기에서 보여 준 결과는 화제성이 분명 엔터테인먼트 성공에 영향력이 있음을 확실히 이해할 수 있게 해 준다. 연구자들이 밝혀낸 화제성 효과의 크기는 또한 상업적인 분석가들이 명명한 것들을 고려할 수 있게 하고, 그것의 부풀려진 특성에 관한 생각을 제공한다. 하지만 이 섹션은 상당히 다른 화제성 방식들이 사용되었음을 드러낸다. 화제성의 단순 양과 더불어 이제 이 방식들 사이의 차이점 및 관련 화제성 행동의 역할, 그리고 화제성의 파급 차원에 대해 더 분명히 알아낼 수 있을지 살펴보자.

② 화제성 방식들 사이의 차이점: 행동, 파급력, 내용이 중요한 경우

화제성이 성공에 주는 영향을 더욱 잘 이해하려면, 각기 다른 화제성의 특징을 비교하는 것이 유용하다. 게임에 관한 연구에서 시옹과 바라드와즈(Xiong and Bharadwaj, 2014)는 커뮤니케이션 화제성과 검색 화제성 사이의 커다란 차이점을 발견했다. 커뮤니케이션 화제성을 이용한 모델에 대한 별도의 분석에서, 이들은 발매 첫 주 매출에 대한 (구글을 통한) 검색 화제성의 탄력성이 0.05 혹은 커뮤니케이션 화제성의 10분의 1에 불과하다고 추정했다.

하지만 영화에 관한 연구 결과는 다른 패턴을 보여 준다. 킴과 한센스(Kim and Hanssens, 2017)가 검색 화제성 대신 (구글 블로그를 통한) 커뮤니케이션 화제성을 포함한 다른 모델로 영화 41편의 데이터 세트로 결과를 예측했을 때, 이들은 커뮤니케이션 방식보다 검색 방식이 더 효과적임을 발견했다. 그리고 (트위터, 구글 트렌드, 페이스북의 '좋아요'를 포함한) 다층 행동 화제성 특성에 대해 다른 모델로 추정해 보았을 때, 우리도 각각의 화제성 행동 사이에서 중대한 차이점을 발견했다(Houston et al., 2018). 하지만 단독으로 적용하면 어떠한 화제성 방식도 다층 행동 화제성 특성의 실적에 필적하지 못했는데, 이것은 평균적으로 개봉 첫 주 성공을 거의 8% 늘렸다.

또한, 우리는 3개의 화제성 척도를 비교했다. 이것들은 모든 유형의 소비자층이 활용하는 것으로 높은 파급력, 낮은 파급력, 틈새시장 척도(팬 게시판 joblo.com에 올라온 게시물의 개수로 커뮤니케이션 화제성을, IMDb 무비미터 검색 횟수로 검색 화제성을, 열성적인 팬의 영화 위키피디아 페이지 수정 횟수로 참여 화제성을 측정)가 그것이다. 각 화제성 행동에 이 낮은 파급력 척도를 사용하면 영화 성공의 설명 분산 값이 13% 감소한다. 즉, 적어도 전국 개봉 영화를 대상으로 한 데이터 세트에서, 파급력은 화제성에 있어 중요하며, 틈새시장 화제성보다 주류 화제성이 더 큰 역할을 한다는 의미이다.

마지막으로 류 등(Liu et al., 2016)은 커뮤니케이션 화제성이 성공에 미치는 영향력에 화제성의 내용 역시 중요하다는 것을 보여 준다. TV 프로그램 시청률에 관한 그들의 분석에서, 사람들이 프로그램에 대해 트위터로 이야기하는 것들을 심층 코딩한 결과 프로그램 시청률에 대한 설명 요인이 15% 증가-거의 90%-했다. 화제성이 '흥분된', '사랑' 같은 긍정적인 감정을 강하게 포함하고 있을 때, 연구자들은 그것이 성공에 특히 강력한 효과를 발휘한다는 것을 찾아냈다.

본질적으로, WOM의 경우에서 결론 내렸던 것처럼 모든 화제성도 다 똑같지는 않다. 각기 다른 화제성 행동은 각기 다른 통찰력을 만들어 내며 각기 다른 결정을 시사한다. 그리고 각기 다른 화제성 행위와 척도의 결과가 연구 및 기준에 따라 다르지만, 거기에서 가장 중요한 통찰은 높은 파급력을 포착한 다층 행동 화제성 척도가 가장 유용하다. 이것을 이해하는 것은 엔터테인먼트 상품의 화제성을 추적하고 독려할 때 '올바른' 방법을 선택하기 위한 필수 조건이다.

③ 화제성 연쇄 확산과 임계점

지금까지 우리가 다룬 연구들은 화제성의 양이 성공에 선형 효과가 있다는 것을 은연중에 가정하고 있다. 하지만 이런 가정은 우리가 소비자 행동에 대해 다룬 I권 6장에서 했던 주장과 다소 상충한다. 화제성은 사람들에게 연쇄 확산을 촉발하는 집단적인 관심의 신호를 보내며('우리는~원한다'), 만일 이 화제성에 흥미를 기울일 만하다고 분명히 느끼게 되면 적어도 몇몇 소비자들이 이 문화적인 밴드 왜건에 합류할 뿐이다. 즉, 상품에 대한 화제성이 일정한 임계점을 지나면 연속적인 비선형 효과가 일어난다는 것이다.

그리고 학술 연구들이 실제로 이러한 화제성 연쇄 확산이 존재한다는 증거를 제공한다. 게임에 대한 화제성 커뮤니케이션을 다룬 시옹과 바라드와즈(Xiong and Bharadwaj, 2014)의 연구 결과는 게임 발매 전 180일부터 화제성이 스스로 더 많은 화제성을 낳으며, 이러한 자기 강화 효과는 시간이 갈수록 증가한다는 것을 보여 준다. 그리고 킴과 한센스(Kim and Hanssens, 2017)의 영화와 게임에 관한 VAR 분석 역시 같은 방향을 향한다. 이 두 형태의 엔터테인먼트 모두에서 이들은 커뮤니케이션 화제성(그 효과는 시간이 갈수록 줄어든다)과 검색 화제성(효과는 갈수록 커진다)에서의 양의 '자기 탄력성'을 발견했다.[25] 또한 이들은 화제성 연쇄 확산이 각기 다른 화제성 행동 사이에도 존재한다는 것을 보여 주었다. 그들의 데이터 세트 내에서 두 엔터테인먼트 상품의 경우 모두 커뮤니케이션과 검색 화제성은 서로를 강화했으며, 검색 화제성에 커뮤니케이션 화제성이 미치는 효과는 광고의 효과보다 4배 더 강력했다.

이제 우리는 화제성 연쇄 확산의 존재에 대한 증거를 갖고 있지만, 이 연구들 모두 자기 강화를 일으키기 위해 도달해야 할 임계점의 존재에 대해 언급하지 않았다. 그러나 소더스톰 등(Soderstrom et al., 2016)이 1999년에서 2001년 사이 개봉한 영화 309편의 데이터 세트를 가지고 실증적으로 이 임계점을 조사했다. 이들의 화제성 데이터는 특정 영화의 개봉 전 주에 300명의 소비자와 접촉한 전문적인 조사 기관으로부터 얻었다. 이들은 소비자들에게 해당 영화에 대해 친구들이 이야기하는지를 질문했다. 이 분석에서 (커뮤니케이션) 화제성 척도는 친구들이 영화에 관해 이야기했던 소비자의 퍼센티지였다. 이러한 화제성이 영화의 개봉 주말 성공과 어떻게

---

25) 킴과 한센스는 '화제성이 화제성을 낳는' 자기 강화 효과가 커뮤니케이션 화제성의 경우 시간이 갈수록 작아지는 반면, 검색 화제성의 경우 발매 전까지는 시간이 갈수록 증가한다는 것을 발견했다.

연관되어 있는지를 분석하기 위해 연구자들은 '스플라인(spline)' 방법을 최소제곱 회귀분석과 결합했고, 이를 통해 데이터 세트 각기 다른 부분에 대한 별개의 기능을 추정한 후 각 부분에 대한 기울기를 비교했다.

소더스톰 등의 연구 결과는 (커뮤니케이션) 화제성의 관련성을 더욱 지지한다. (배급과 스타 같은) 요소들을 통제한 (광고는 포함) 화제성 척도를 더하면 설명되는 분산은 44%에서 72%로 증가한다. 연쇄 확산 효과에 대해, 이들의 연구 결과는 연쇄 확산 임계점이 실제로 존재하며 그 점을 지나면 화제성 효과는 이전보다 3.6배 증가한다는 것을 보여 준다. 그렇다면 임계점은 어디에 위치하는가? 소더스톰 등이 분석한 영화 데이터 세트의 경우, 이는 21% 이상의 소비자가 곧 개봉할 영화에 대한 화제성을 느끼는 지점에

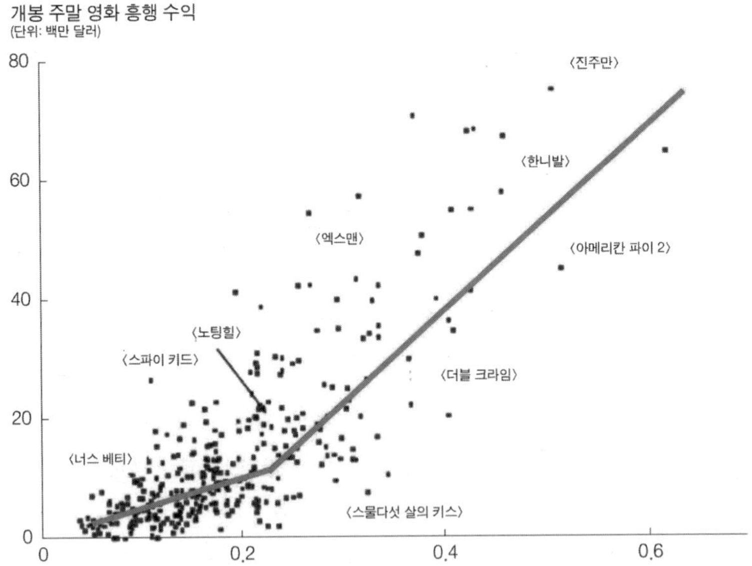

〈그림 2.6〉 화제성 임계점

자료: Soderstrom et al.(2016: 925) 참조.

있다. 이 '커트라인'은 〈그림 2.6〉에 묘사되어 있다. 우리는 이 통찰이 다른 데이터 세트 및 엔터테인먼트 상품에도 적용될 수 있는지 아닌지에 대해 알 수는 없으며, 저자들의 연구 결과 역시 어느 정도 한계가 있다. 그러나 엔터테인먼트 경영자의 경우, 화제성에 대한 투자는 중요한 화제성 수준을 지나고 난 다음에 이뤄질 때 훨씬 더 큰 효과를 낼 수 있다는 점을 배울 수 있을 것이다.

④ 시간에 따른 화제성 패턴

화제성은 시간이 흐르면서 만들어지며, 연구자들은 주어진 시점에서의 화제성의 양과 집단 전체에 걸친 파급력 외에도 오랜 시간에 걸친 화제성의 발전 패턴을 이해하는 것에도 가치가 있다는 것을 보여 주었다. 푸츠와 쟁크(Foutz and Jank, 2010)는 할리우드 증권거래소의 영화 '주가'가 시간의 흐름에 따라 어떻게 발전하는지에 관한 패턴을 알아내기 위해 기능 형상 해석법을 사용했다. 이들은 그것이 할리우드 증권거래소(HSX)에서 영화 주식을 거래하는 소비자들이 인지하는 영화의 '과장된 이미지(hype)'를 반영한다고 주장했다. 2003년에서 2005년 사이 북미에서 개봉한 영화 262편의 데이터 세트를 통해 이들은 영화 개봉 전 52주에 걸친 영화 주가로부터 4개의 독특한 화제성 패턴을 추출했다. '높은 거래 평균', '가파른 상승세', '마지막 순간의 과장된 이미지', '조기 예고의 과장된 이미지(early preannouncement hype)'가 그것이다.

두 연구자는 자신들의 데이터 세트 내에서 4개 패턴 모두 더 높은 개봉 주말 성공과 연관되어 있다는 것을 발견했다. 그리고 이들은 경영자들이 조기 예측을 위해 이 패턴들을 이용할 수도 있음을 보여 주었다. 개봉 10주 전까지 영화의 특성과 광고에 기반한 모델의 평균 예측 오류가 거의 90%인 반면, 푸츠와 쟁크는 여기에 화제성 패턴 정보를 더하면 이 오류가 개봉 40주 전까지는 35%, 개봉 10주 전까지는 20%로 매우 크게 줄어든다고 계산했다.

시옹과 바라드와즈(Xiong and Bharadwaj, 2014)는 게임 공개 전 블로그와 게시판에서 드러나는 발매 전 커뮤니케이션 화제성의 4가지 주요 기능 형상을 알아내는 연구에서 자신들의 게임 데이터 세트를 통해 비슷한 통찰을 보여 주었다. 이들 연구자가 별도의 회귀 모형을 통해 이 형상들을 첫 주 판매량과 연관시켜 보았을 때, 2개의 패턴이 높은 판매량과 관련이 있었으며 이 2개는 모두 푸츠와 쟁크의 연구에서도 영향력이 있다고 밝혀진 것들이었다. 바로 '높은 거래 평균'과 '가파른 상승세' 패턴이다. 시옹과 바라드와즈는 검색 화제성 데이터를 가지고 같은 분석을 반복했는데, 비슷한 결과를 얻었다.

(3) 그렇다면 무엇이 화제성을 불러일으키는가?

지금까지 화제성이 무엇이며 그것이 경제적으로 중요하다는 것을 알아보았다. 화제성을 성공적으로 관리하려면 그것에 영향을 미치는 요인들을 이해하는 것이 매우 중요하다. 화제성을 불러일으키는 변인들을 살펴본 연구들은 2개의 주요 동인 범주를 밝혀냈다. 경영자들의 마케팅 행동과 상품의 품질이 바로 그것이다. 대부분의 기존 연구가 화제성의 양/총량 차원을 살펴보고 있지만, 무엇이 화제성을 틈새시장용으로 혹은 주류시장용으로 만드는지는 거의 알려진 것이 없다는 점에 주목해 보자.

※ 마케팅 행동

광고는 화제성을 촉발하는 주요 요인으로 나타났다. 비디오 게임에 관한 시옹과 바라드와즈(Xiong and Bharadwaj, 2014)의 연구는 패널 회귀분석을 통해 게임 발매 180일 전부터의 화제성 커뮤니케이션을 불러일으키는 것이 무엇인지 알아보았다. 이들은 매일매일의 온라인 광고가 화제성에 기대 효과가 있음을 발견했으나, 이는 시간의 흐름에 따라 달라졌다. 효과의 크기는 발매 90일 전 무렵에 가장 높았다. 하지만 발매될 때까지 꾸준히 영향력을 유지했다.

TV 광고 패턴 역시 비슷했지만 발매 90일 전의 최고치는 더욱 강했다. 그리고 발매가 가까워질수록 효과는 온라인 광고보다 약했다. 이 패턴은 현재 업계의 관행에 영향을 받았을지도 모른다. VAR 모델링 연구 방법으로 게임 산업 내 광고와 화제성 사이의 연관성에 관해 킴과 한센(Kim and Hanssen, 2017)의 종적인 연구가 반박한 편향이 바로 그것이다. 2013년에서 2014년에 발매된 게임 66개의 데이터 세트를 통해 이들은 블로그의 커뮤니케이션 화제성에 대한 누적 광고 탄력성은 0.09이며 검색 화제성은 0.06이라고 추정했다. 이는 광고비 지출이 10% 증가할 경우 화제성은 각각 0.9%와 0.6% 증가한다는 의미이다. 2009년에 개봉한 영화 137개의 데이터 세트에 대한 연구 결과 패턴도 비슷했지만, 화제성에 광고가 미치는 효과는 영화가 게임보다 약 2배 더 높았다.

다른 마케팅 변인 역시 화제성에 영향을 미치는 것으로 나타났으며, 각기 다른 브랜드가 중요한 역할을 했다. 시옹과 바라드와즈(Xiong and Bharadwaj, 2014)는 EA와 같은 메이저 브랜드에서 발매된 게임이 더 많은 화제성을 경험한다는 것을 밝혀냈다. 발매사 브랜드는 특히 초기 단계에서 영향력이 있었지만, 게임 발매 90일 무렵부터는 그 영향력이 작아지며 중요하지 않게 되었다. 크레이그 등(Craig et al., 2015)은 2008년에서 2009년 사이 전국 개봉한 영화 62편의 표본을 회귀 분석한 결과, 평균적으로 원작보다 속편들의 화제성(이들은 커뮤니케이션과 예고편 조회 수를 합산하여 참여 화제성으로 삼았다)이 더 높다는 것을 발견했다.[26] 그리고 디바카란 등(Divakaran et al., 2017)은 2009년에서 2010년 사이 개봉한 영화 373편의 데이터 세트를 부분최소제곱법 분석을 통해, 스타들이 일종의 인간 브랜드로서 커뮤니케이션 화제성[영화 티켓 선주문 사이트인 판당고(Fandango)에서 사용자 코멘트 개수]을 북돋울 수 있다는 것을 밝혀냈다. 이와 관련해 카니오치나(Karniouchina, 2011)의 연구 결과는 스타들에 대한 소비자의 '수다'가 그들이 출연하는 영화에 대한 수다로 확산된다고 주장했다. 카니오치나는 3SLS 회귀분석을 통해 영화와 스타에 대한 검색 강도를 별도의 방정식으로 추정했다.

또한, 화제성은 엔터테인먼트의 장르에 따라 달라진다. 시옹과 바라드와즈는 (엑스박스 360으로 실행하는) 다른 장르의 게임들에 비해 스포츠 게임에 대한 화제성이 훨씬 높다는 것을 발견했다. 영화의 경우 크레이그 등은 액션영화와 공포영화가 평균적으로 더 많은 화제성이 있다는 것을 알아냈으며, 류(Liu, 2016) 역시 액션영화 어드벤처 영화가 화제성이 더 높다는 것을 밝혀냈다. 또한, 류는 19세 이상 관람가 영화보다는 연령 제한이 덜한 영화가 (야후 영화에서) 평균적으로 150% 더 높은 커뮤니케이션 화제성을 만들어 낸다는 것을 발견했다.

※ 품질

화제성에 대한 제품 품질의 역할을 조사한 연구는 별로 없지만, 이들 연구의 결과는 일반적으로 더 높은 품질이 더 많은 화제성으로 치환된다는 것을 보여 준다. 시옹과 바라드와즈는 전문가의 평가 점수를 통해 품질을 특정했는데, 상품 품질이 커뮤니케이션 화제성에 영향을 미치며 그

26) 크레이그 등(Craig et al., 2015), 디바카란 등(Divakaran et al., 2017)의 연구 결과는 엔터테인먼트 상품 제작비가 화제성을 불러일으키는 효과가 있다고 주장했으나, 여기에는 우리가 상품 성공에 대한 제작비의 역할을 논의할 때 언급했던 것과 동일한 우려를 적용할 수 있다. 두 연구 모두 광고를 포함하지 않았는데, 이것의 효과가 예산 변인에 전용되었을 가능성이 있다.

것은 시간이 흐름에 따라 증가하고 발매 직전 주가 되어서야 그 효과가 감소한다는 것을 밝혀냈다. 254개의 영화에 대한 부분최소제곱법 분석을 통해, 우리도 전문가의 인식을 통해 측정된 품질이 다층 행동 화제성 척도와 양의 상관관계를 지닌다는 것을 발견했다(Houston et al., 2018).

하지만 우리가 앞서 화제성 동인이라고 파악한 마케팅 행동과 비교하면, 품질의 (상대적인) 효과는 어느 정도로 강력할까? 우리는 영화 품질이 화제성에 미치는 영향력의 크기를 (영화제작비, 평점, 스타, 속편인지 아닌지로 구성된) 다면적인 마케팅 행동 변인의 영향력 크기와 비교했다. 부분최소제곱법 분석 결과에 따르면 마케팅 행동과 품질은 함께 제법 큰 규모의 화제성을 설명했는데(약 35%), 마케팅 행동이 더 큰 부분을 차지했다. 이것이 화제성에 미치는 영향력은 품질의 영향력보다 3.4배 높았다.

(4) 화제성의 매개(조절) 역할

앞선 페이지의 분석을 통해 우리는 화제성이 엔터테인먼트 상품의 성공에 영향을 미치지만, 다양한 마케팅 행동과 상품의 품질, 즉 엔터테인먼트 상품 시장에서의 실적에 영향을 미치는 요인들에 영향을 받는다는 것을 제시했다.[27] 따라서 화제성은 외재적(外在的)인 구성물이 아니라 한편으로는 상품의 품질과 기타 마케팅 행동 사이에서, 다른 한편으로는 상품 성공 사이에서 매개 역할을 하는 것이라고 여겨야 한다(Houston et al., 2018). 〈그림 2.7〉은 화제성을 품질/기타 마케팅 행동과 성공 사이에 놓았을 때 그것의 매개 역할을 묘사하고 있다.

이 구조적 모델에 대한 실증적 분석을 통해 화제성이 부분적인, 완전하

27) II권 1장에서 품질이 상품 성공에 미치는 역할에 대해 논의했다. 이 장은 엔터테인먼트 경험에 관한 것이다.

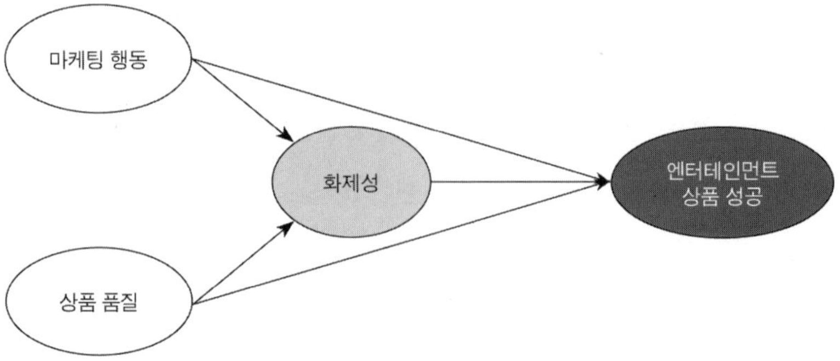

〈그림 2.7〉 화제성의 매개 역할

자료: Houston et al.(2018) 참조.

지는 않은 매개자라는 것을 알게 되었다. 화제성을 제외해도, 상품의 품질과 기업의 마케팅 노력은 여전히 소비자에게 직접적인 영향을 미친다. 그러나 이들 영향력의 상당한 부분이 화제성을 통해 전달된다. 우리의 연구에 따르면 영화의 개봉 수익에 대한 품질 영향력의 42%를 화제성을 통해 설명할 수 있으며, 기타 마케팅 노력 효과의 39%가 화제성을 통해 활성화된다[이와 유사한 논의는 디바카란 등(Divakaran et al., 2017) 참조].

이 매개 역할은 엔터테인먼트 경영에 관한 광범위한 것을 함축하고 있다. 화제성이 중요한 성공 동인으로 여겨지고 있기 때문에, 제작자들은 화제성을 만들어 내는 데 도움이 될 수 있는 마케팅 행위를 갈수록 열심히 찾고 있다. 화제성 결정 요인을 살펴보면 이 논리가 특정 유형의 상품을 다른 것보다 선호한다는 것을 알 수 있다. 영화 산업에 관한 논의에서 프리드먼(Freedman, 2015)은 "[화제성의 중요한 역할에] 적응하려는 제작자의 시도는 그들이 만들고자 선택한 영화의 유형, 그리고 그들이 화제성을 일으키기 위해 증가시킨 마케팅 노력 방식에 잘 드러난다"라고 말했다.

그에 반해 화제성의 잠재력이 낮은 상품들은 열등한 것으로 여겨진다.

"낯선 등장인물로 시작하는 것은 여전히 가능하지만, 그들은 소셜 미디어의 마법을 통해 적절히 변형될 수 있어야만 한다"(Freeman, 2015). 5장에서는 이 논의를 이어 나가 엔터테인먼트에 대한 '사전 판매' 전략의 형태로 나타나는, 입소문의 힘에 대한 업계의 적응을 비판적으로 평가할 것이다.

그러나 그 전에 다른 종류의 '언드' 미디어를 조사해야 한다. 엔터테인먼트 커뮤니케이션의 가장 확실한 데이터 분석 투입인, 자동화된 개인 맞춤 엔터테인먼트 상품 추천으로 논의를 시작해 보자.

3. 자동화된 개인별 맞춤 추천

> 넷플릭스를 켰을 때 당신의 기분에 딱 맞는 영화나 TV 프로그램을 볼 수 있을 만큼, 우리가 뛰어난 추천 시스템을 언젠가는 갖출 수 있기를 바란다.
>
> — 넷플릭스 CEO 리드 해스팅스(Reed Hastings)(The Economist, 2017 인용)

디지털화는 웹사이트와 소셜 미디어를 통해 다른 소비자의 엔터테인먼트 경험을 우리가 접할 수 있게 해 줌으로써 입소문의 개념을 확장했다. 이는 엔터테인먼트 상품의 히트 정보와 거기에 존재하는 화제성에 예상치 못한 방식으로 접근할 수 있게 함으로써, 행위 기반 연쇄 확산을 더욱 용이하게 했다.

그러나 디지털 기술은 엔터테인먼트 기업들이 새로운 '빅' 데이터베이스, 그리고 이러한 발전된 알고리즘을 엄청난 속도로 처리할 수 있는 강력한 하드웨어를 이용할 수 있는 기회를 제공했다. 이 2개의 결합은 우리가 만나본 적도 없는, 그리고 앞으로도 만날 일이 없을 다른 소비자들의 경험에 기반한 기업들이 개인 맞춤 상품 추천을 가능하게 했다. 이것이 바로 자동 추천 시스템이 하는 일이다. 거대한 데이터 세트에 알고리즘을 적용하여 비슷한 취향을 가진 다른 소비자들의 선택에 기반한 개인화된 상품 추천을 실행하는 것이다. 이러한 추천은 이 책이 다루는 모든 엔터테인먼트 상품에 대해 존재한다. 판도라(Pandora)와 스포티파이는 노래 추천에 그 시스템을 이용하고 있고, 넷플릭스와 무비파일럿(moviepilot.de)은 영화에, 게임플라이(Gamefly)와 게임스탑은 게임에 개인 맞춤 추천을 하며, 반스앤노블은 우리가 다음에 어떤 책을 읽어야 할지 추천한다. 그리고 아마존은 이 모든 상품(및 기타 다른 모든 상품)에 개인 맞춤 추천을 사용하고 있다.

추천 시스템이 WOM의 변형으로 여겨질 수 있지만, 현시점에 그것에 관해 이야기하는 이유가 있다. WOM이나 화제성과는 달리, 추천 시스템은 소비자와 생산자 이외에 제3자의 행동이 필요하다. 보통 중개업체(아마존 같은 소매업체), 스트리밍 서비스(스포티파이나 넷플릭스), 웹 플랫폼[무비파일럿이나 무비렌즈(movielense.org)]들이 이러한 개인 맞춤 추천을 만들어 내는 업체들이다.[28] 이들 업체에게 추천 시스템은 중요한 전략적 정보 원천, 심지어 '임무 수행에 필수적인 기술'을 제공한다(Jannach et al., 2016). 데이터 기술은 매우 역동적이기 때문에, 경쟁력 우위를 유지하는 일은 많은 대가를 요구한

---

28) 누군가는 아마존이나 넷플릭스가 (그리고 스포티파이도 어느 정도는) 이제 스스로의 엔터테인먼트 상품도 만들고 있기 때문에, 이들의 추천 시스템이 '언드 미디어'가 아닌 '온드 미디어'의 범주에 들어간다고 주장한다. 그러나 그들의 추천 시스템이 다양한 곳의 넓은 범위의 상품을 다루고 있기 때문에, 자기 상품들은 잠재적인 추천 대상의 매우 작은 부분일 뿐이다. 따라서 그들의 추천 시스템은 콘텐츠 제작자로서가 아닌 플랫폼 제공자로서 가치를 만들어 내는 역할의 일부인 것이다. 하지만 이 논의는 흥미로운 이슈를 불러일으킨다. 적어도 이론적으로는 추천 시스템이 '온드 미디어'가 될 수 있으며, 그것은 어떤 범위의 상품을 다루는가에 달려 있다. 실제로 이어지는 논의에서 지적하듯 추천 시스템이 만들어 내는 가치는 대안 제품의 (거대한) 숫자에 달려 있다. 이는 추천 시스템을 온드 미디어로 유효하게 활용하는 데 심각한 한계를 제시한다.

다. 넷플릭스는 2015년 기준 자신들의 기존 추천 시스템을 개선하는 데만 1억 5000만 달러 이상을 지출했다고 알려져 있다(*tickld*, 2016).

이러한 중간 개입을 통해 추천 시스템은 지금까지 우리가 논의한 '언드' 미디어 유형과 구분된다. 추천 시스템 제공자로서 이들 중개자는 소비자 정보를 자신들의 기술 및 생각과 섞어 버린다. 그리고 후자는 추천 내용을 이어지는 섹션에서 논의할 '언드' 미디어 유형과 연결한다. 이들 역시 소비자 이외의 집단으로부터 얻은 정보를 포함하는데, 평론가들의 리뷰나 (업계) 전문가들이 수여한 상이 그것이다.

이어서 현존하는 각기 다른 종류의 추천 시스템 및 각각의 알고리즘 논리를 살펴볼 것이다. 그 후에는 추천 시스템의 효과에 영향을 미치는, 알고리즘 외의 몇몇 선택적인 이슈들도 논의할 것이다. 추천 시스템은 그 자체로 독자적인 학문 분과로 발달해 왔기 때문에, 여기에 관해 학술 대회도 열리고 있으며 광범위한 학술 논문과 책들도 출판되었다. 우리의 논의는 이 활기찬 연구 분야의 기술적인 세부 사항을 다루려는 것이 아니라, 독자들에게 관련 논쟁의 근본적인 이슈들을 소개하는 데 그 목적이 있다.

1) 추천 시스템은 어떻게 작동하는가: 알고리즘 논리 살펴보기

모든 자동 추천 시스템 배후의 기본 원리는 소비자가 개인적인 취향을 가지고 있다는 것이다. 따라서 특정한 사람에 맞춘 엔터테인먼트 상품 추천은 일반적이고 평균적인 내용의 추천보다 소비자에게 더욱 가치가 있다. 동시에 개인 맞춤 상품 추천을 결정하는 접근법은 시스템에 따라 매우 다르다. '협업 필터링 방식(collaborative filtering methods)'이 다른 상품들에 관한 여타 소비자의 판단 혹은 행동을 활용하여 소비자에게 개개인 특유의 취향을 만족시킬 수 있는 추천을 제공하는 것이라면, 내용 기반 추천은 상품과 그것의 특성 자체에 가장 좋은 해법이 있다는 믿음을 바탕으로 하는 것이다.

모든 추천 시스템은 그것들이 판단되는 일련의 도전에 직면하게 된다. 하나는 '콜드-스타트(cold-start)' 문제이다. 이것은 (소비자 평가 점수가 아직 존재하지 않는) 새 상품과 (어떠한 상품도 평가한 적이 없는) 시스템 내의 새로운 사용자들을 어떻게 다룰 것인가의 문제이다. 두 번째 기본적인 문제는 '우연한 만남(serendipity)'의 문제이다. 흥분-친숙성 체계에서 볼 수 있는 것처럼, 소비자들은 같은 것(체계 내의 친숙성 요소)을 더 가치 있게 여기지만 동시에 새로운 감동(흥분 요소), 즉 '우연한 발견'의 순간을 찾고자 한다는 것이다.

추천 시스템은 친숙한 매력 쪽으로 강하게 편향되어 있다. 이는 이들 시스템이 사용자들에게 신선한 흥분을 제공하는 것을 어렵게 한다. 베테랑 영화 기자 피터 바트(Peter Bart) 같은 사람들은 이것을 테크놀로지에 대한 혐오의 기반으로 삼는다. "나는 새로운 것을 시도해 보고 싶다고!"[왜 추천 시스템을 좋아하지 않는가에 대한 바트(Bart, 2017)의 언급]. 다음에서 볼 수 있는 것처럼, 각기 다른 추천 시스템은 이러한 문제점에 다양한 수준으로 대응하고 있으며, 이에 연구자들은 각기 다른 시스템의 장점을 결합한 시스템, 소위 '혼합' 추천 시스템을 개발하고자 하고 있다.

(1) 협업 필터링 방식: 매트릭스 완성을 위한 도전

협업 추천 시스템은 결국 '매트릭스 완성 사업'이다. 다양한 사람들이 다양한 상품에 대해 평가한 점수를 포함한, 하지만 모든 사용자가 모든 상품을 평가하지 않은 매트릭스를 상상해 보라. 이런 경우 추천 시스템 알고리즘의 중심 목표는 사용자들이 자신들이 아직 평가하지 않은 해당 제품들을 어떻게 평가할 것인지 예측하는 것이다. 즉, 자신이 아직 보지 않은 영화를 소비자는 어느 정도 좋아할 것인가?

〈표 2.1〉 4명의 소비자가 5개의 영화를 평가한 간단한 매트릭스

	〈노팅힐〉	〈터미네이터 2〉	〈GBU〉	〈캐리비안의 해적〉	〈러브 액츄얼리〉
클라우디아	5	3	?	4	5
마크	?	5	?	4	1
낸시	3	3	1	?	2
소스튼	5	4	5	1	4

〈표 2.1〉은 4명의 소비자 혹은 사용자(클라우디아, 마크, 낸시, 소스튼)와 5개의 영화 혹은 품목[〈노팅힐〉, 〈터미네이터 2〉, 〈석양의 무법자〉(The Good, the Bad, and the Ugly, 일명 GBU), 〈캐리비안의 해적〉, 〈러브 액츄얼리〉]으로 이뤄진 매트릭스를 보여 준다. 평가 척도는 1='전혀 좋아하지 않는다'부터 5='굉장히 좋아한다'까지이다. 척도 그 자체는 별로 중요하지 않다. 이것은 1부터 10까지일 수도 있으며, 이분법적(0 아니면 1)일 수도 있다. 매트릭스 내의 물음표는 해당 사용자가 아직 영화를 보지 않았다는 의미이다. 예를 들어 마크는 아직 〈GBU〉를 보지 않은 상태이다. 그렇다면 그는 이 영화를 좋아할까?

해답은 추천 시스템이 사용하는 방식에 달려 있다. 지금부터 협업 필터링 방식을 통해 개인 맞춤 추천을 만들어 내는 2가지 주요 방식을 간단히 살펴볼 것이다. 이 '세상을 매트릭스 완성으로 보는 관점'은 '훌륭한' 추천 시스템에 대한 자신의 정의도 포함하고 있음을 주목하라. 만일 알고리즘 훈련 시 당신이 의도적으로 매트릭스 내 일부 평가를 생략한다면, 추천 시스템의 '적합도'는 해당 알고리즘이 이렇게 생략된 평가 점수를 얼마나 정확하게 예측하는지를 통해 측정된다.

① 사용자 간 협업 필터링 방식

사용자 간 필터링 방식의 논리는 매우 간단하다. 대상 사용자와 비슷한 상품 평가를 한(즉, 비슷한 취향을 가진) 다른 사용자들을 찾고, 이 사용자가 자

신이 아직 겪지 않은 상품을 얼마만큼 좋아할지 예측하는 것이다. 이는 '취향 이웃'들의 평가를 기반으로 한다(예: Ekstrand et al., 2010). 이렇게 하려면 3개의 주요 의사결정이 필요하다. 사용자들 간의 유사성을 어떻게 판단할 것인가, 추천을 위해 몇 명의 이웃을 고려해야 하는가, 유사성과 평가 점수가 어떻게 추천으로 변환될 것인가가 그것이다.

사용자 간 협업 필터링 방식의 잠재적인 대안들에 관해서는 광범위한 조사 연구가 이뤄져 왔다[이에 대한 개요에 관해서는 엑스트란드 등(Ekstrand et al., 2010)을 참조]. 한 가지 대중적인 방법은 사용자 간의 연관성을 각각의 유사성 척도로 활용하고, 이 유사성 척도를 다른 사용자들의 평균 영화 평가 점수를 계산할 때 가중치로 사용하는 것이다. 이 방식은 태도 이론(attitude theory)에 따라 소비자들이 상품의 각기 다른 특성을 합산하여 종합적인 평가로 전환하는 방식과 닮아 있다(예: Fishbein and Ajzen, 1975). 그렇다면 얼마나 많은 이웃을 고려해야 하는가? 너무 적은 숫자의 이웃만을 고려한다면 그것이 만들어 낼 가상의 결과를 고려했을 때 부적절하고, 너무 많은 이웃은 보통 너무 많은 노이즈를 만들어 낸다. 따라서 실증적인 연구에서는 20명에서 50명 사이의 '취향 이웃'이 적절한 절충안이라고 이야기한다.

(이상적인 이웃 숫자보다는 적지만) 〈표 2.1〉의 데이터를 활용해 마크가 〈GBU〉를 어느 정도 좋아할지 예측하는 것을 통해 이러한 방식의 예시를 들어 보자. 이 경우, 마크가 평가한 영화들을 같이 평가한 사람들 중 단지 2명만이 〈GBU〉를 평가했다. 이 두 사람은 마크의 취향 이웃이라고 할 수 있다. 그와 낸시(N)의 상관관계는 완벽한 1.0인 반면 소스튼(T)과는 -0.28이다. 데이터 세트 내 모든 영화에 대한 마크의 평균적인 평가 수치($\bar{r}_M$)에서 볼 수 있듯, 마크가 영화를 평가하는 일반적인 경향을 양의 값으로 조정했다. 대응 방정식은 다음과 같다(r=평가 점수, s=유사성/상관관계).

$$p_{Mark,GBU} = \bar{r}_M + \frac{s(M,N) \times (r_{N,GBU} - \bar{r}_N) + s(M,T) \times (r_{T,GBU} - \bar{r}_T)}{|s(M,N)| + |s(M,T)|}$$
$$p_{Mark,GBU} = 3.33 + \frac{1.0 \times (1 - 2.25) + (-0.28 \times (5 - 3.8))}{1.0 + 0.28}$$
$$p_{Mark,GBU} = 2.09$$

결국 마크의 영화 취향이 (〈GBU〉를 좋아하지 않는) 낸시와 (매우) 가깝기 때문에 소스튼이 〈GBU〉를 명작이라고 생각함에도 사용자 간 여과 알고리즘은 마크에게 〈GBU〉를 추천하지 않게 된다. 이것은 매우 간단한 예시라는 것을 명심하라. 훨씬 많은 공유 관찰이 존재할 때 비로소 상관관계는 안정적일 수 있다. 실제로는 신뢰할 만한 결과가 단지 2명의 이웃을 통해서 간단히 만들어지지 않는다.

사용자 간 추천 시스템은 우연적인 발견의 가능성이 있다. 왜냐하면, 이웃의 놀랄 만한 발견이 알고리즘을 통해 다른 사용자들에게 퍼져 나갈 수도 있기 때문이다. 그러나 사용자와 품목의 거대한 데이터베이스를 활용한다고 해도 이 방식은 콜드-스타트 문제로 인해 곤란을 겪게 된다. 만일 새로운 사용자가 충분한 숫자의 품목을 평가하지 않았다면, 시스템은 그들을 위한 어떠한 의미 있는 추천도 만들어 낼 수 없다. 그러나 실질적으로 사용자 간 여과 방식의 더 큰 문제는 이것이 엄청나게 자원 집약적이라는 것이다. 거대한 데이터베이스에서 사용자 간의 유사성을 계산하는 것은 엄청난 양의 계산 시간을 요구한다(예를 들어 사용자 10만 명의 데이터베이스의 경우 10만×999,999/2=49,999,950,000, 거의 500억 개의 유사성을 계산해야 한다). 유사성이 한 사용자가 평가하는 모든 물건 하나하나에 따라 달라지기 때문에, 계속 성장하는 컴퓨터 하드웨어 능력에도 불구하고 이는 많은 엔터테인먼트 환경에서 이러한 시스템 유형의 유용성을 강하게 제한하게 된다.

② 품목 간 협업 필터링 방식

협업 필터링 방식의 실질적인 대안은 품목 간 추천 시스템이다. 아마존과 스포티파이를 포함한 많은 유통업체와 웹사이트들이 이 시스템을 사용하고 있다. 품목 간, 혹은 품목 기반 추천 시스템은 개별 사용자가 아닌 상품(혹은 품목)의 평가 패턴 사이의 유사성을 활용한다(Ekstrand et al., 2010). 만일 한 무리의 사용자가 2개 품목을 모두 좋아하고 다른 집단이 그 2개를 모두 싫어한다면, 두 품목은 소비자 취향이 비슷한 것으로 여겨진다. 그렇다면 한 품목은 좋아하지만 다른 품목은 좋아하는지 아닌지 알 수 없는 사용자 역시 후자를 좋아할 것이라고 예상할 수 있다(왜냐하면, 첫 번째 품목과 취향 관련 유사성이 존재하기 때문이다).

〈표 2.1〉의 예시 데이터에 기반했을 때 5개 사이의 상품 유사성을 계산할 수 있다. 이 접근 방식으로 어떻게 그런 계산을 할 수 있는가? 강력하며 자주 사용되는 척도는 코사인 유사성이지만, 단순하게 만들기 위해 피어슨 상관관계를 한 번 더 사용해 보자. 품목 간 유사성 매트릭스의 결과는 〈표 2.2〉에 나타나 있다.[29] 소형 데이터 세트에서, 해당 매트릭스는 〈노팅힐〉을 좋아하는 사용자는 〈러브 액츄얼리〉도 좋아하는 경향이 있

〈표 2.2〉 평가 패턴에 기반한, 영화 4개에 대한 유사성 매트릭스

	〈노팅힐〉	〈터미네이터 2〉	〈캐리비안의 해적〉	〈러브 액츄얼리〉
〈노팅힐〉	1	.50	cbc	.95
〈터미네이터 2〉		1	.00	-.57
〈캐리비안의 해적〉			1	-.28
〈러브 액츄얼리〉				1

주: 각 값은 〈표 2.1〉의 데이터를 바탕으로 쌍으로 피어슨 상관관계를 적용한 것이다. cbc는 한 영화에 대한 상수 값으로 인해 상관관계를 계산할 수 없었다.

29) 충분한 관찰이 없었기 때문에 〈GBU〉를 제외할 수밖에 없었음을 유의하라.

으며, 반면 〈터미네이터 2〉를 좋아하는 사람은 후자 영화를 싫어하는 경향이 있음을 보여 준다.

이제 상품/품목 사이의 상관관계를 이용하여, 앞서 〈GBU〉에 대해 사용자 간 필터링으로 했던 것처럼 마크가 그가 보지 않은 또 하나의 영화인 〈노팅힐〉(NH)을 얼마나 좋아할지 예측해 보자. 이때 사용 가능한 유사성 정보 및 두 영화, 즉 〈터미네이터 2〉(T2)와 〈러브 액츄얼리〉(LA)에 대한 그의 평가를 활용할 수 있다. 그리도 이를 통해 다음과 같은 방정식을 도출할 수 있다(기호는 이전과 같다).

$$p_{Mark,NH} = \frac{s(NH,T2) \times r_{Mark,T2} + s(NH,LA) \times r_{Mark,LA}}{|s(NH,T2)| + |s(NH,LA)|}$$
$$p_{Mark,NH} = \frac{0.50 \times 5 + 0.95 \times 1}{0.50 + 0.95}$$
$$p_{Mark,NH} = 2.38$$

이리하여 항목 간 필터링은 마크에게 〈노팅힐〉을 추천하지 않을 것이다. 그가 〈러브 액츄얼리〉를 좋아하지 않는다는 결과가 주요 원인이다. 데이터베이스 내에서 그 영화는 다른 사용자들의 〈노팅힐〉에 대한 평가와 매우 유사한 평가 패턴을 보여 주고 있다. 〈러브 액츄얼리〉에 대한 그의 평가보다는 〈노팅힐〉을 추천하는 수준이 여전히 높은데, 〈노팅힐〉은 마크가 좋아하는 〈터미네이터 2〉와도 어느 정도 평가가 겹치기 때문이다.

사용자 간 필터링에 비해 품목 간 필터링이 갖는 주요한 장점은 이것이 훨씬 더 적은 계산 시간과 노력이 필요하다는 점이다. 이론적으로 사용자가 평가를 바꾸거나 덧붙이면 그것은 품목 간의 유사성에 영향을 끼칠 수 있다. 하지만 실제로는, 적어도 다수의 상품에 관한 사용자와 평가 횟수가 하늘의 별처럼 많으면, 상품들 사이의 유사성은 비교적 안정적으로 된다. 콜드-스타트 문제가 여기에서는 적어도 어느 정도 해결이 된다. 새로운 사용자는 소수의 상품을 스스로 평가하기만 하면 제법 알찬 추천을 받을 수 있는데, 상품 간 유사성에 관한 정보는 전적으로 다른 사용자들의 점수를 통해 생성되기 때문이다(실제로 시스템은 사용자가 자신이 좋아하는 상품을 언급하기만 하면, 혹은 클릭하기만 하면 '유사한' 상품을 추천해 줄 수 있다).

하지만 새로운 상품들의 경우 콜드-스타트 문제는 여전히 존재한다. 다른 상품과 그들과의 유사성이 아직 밝혀지지 않았기 때문이다. 이 문제를 극복하기 위한 한 접근 방식은 소위 '내용 기반' 추천을 활용하는 것으로, 이는 단독으로 혹은 상호 협력 방식과 결합된 혼합 모델로 사용된다. 다음 섹션에서는 이것에 대해 논의할 것이다. 그리고 사용자 간 추천이 (개별 '이웃'들의 의외의 선택 덕분에) 우연한 발견을 위한 기회를 제공하는 반면, 품목 간 추천에서는 이런 경우가 훨씬 적다. 소비자 전반에 걸친 상품 간의 평균 점수이기 때문이다.

요약하자면, 협업 필터링 방식은 잠재적으로 강력하다. 그것은 소비자 행동 이론에 잘 맞춰져 있으며 거대한 데이터베이스 내에 묻혀 있는 풍부한 통찰력을 활용할 수 있다. 추천 시스템 연구의 주요 흐름은 사용자 및 품목 사이의 겹치는 부분을 줄이고, 잠재된 품목의 차원과 사용자 분할을 파악함으로써 추천을 개선하는 일에 집중해 왔다. 이러한 시도는 종종 매트릭스 인수분해 개념(특히 특이 값 분해)과 연관된다. 이 방법은 과거 DVD 대여 서비스의 추천 시스템 알고리즘의 예측 정확성을 적어도 10% 이상 높인 팀에게 100만 달러를 주는 '넷플릭스 상'을 받았기 때문에 유명해진 것이 아니라, 알고리즘 내에서의 활용으로 유명해졌다(Gower, 2014; 전반적인 내용 개괄은 Koren et al., 2009 참조).

어떤 경우에서든 모든 협업 필터링 방식은 매트릭스의 완성을 목표로 하며, 추천 매트릭스의 빈칸이 적을수록 사용자 간 혹은 품목 간 추천을 만들어 내는 것에 더 많은 정보를 사용할 수 있다. '매트릭스 빈칸을 채우고자 하는' 욕망은 넷플릭스가 측정 평가 점수 데이터에서 구독자들에게 '좋아요/싫어요' 정보를 제공하도록 요구하는 식으로 바꾸게 만든 동인이다. 이들은 (새로운 등급의 사용 편이성으로 인해) 평가의 개수가 증가할 것이라고 예상했고, 그것이 덜 세밀한 방식으로 바꾸는 것으로 인해 발생하는 손실을 메꿔 줄 것으로 생각했다(Goode, 2017).

이제 상품 전문성 대신 사용자 취향에 관한 정보를 채택하는 다른 유형의 자동 추천 시스템의 강점과 약점을 살펴보자.

(2) 내용 기반 추천

내용 기반 추천 시스템은 기본적인 논리를 품목 간 상호 협력 추천 시스템과 공유하는데, 사용자가 예전에 좋아했던 상품에 기반하여 새로운 상품을 추천하는 방식이다. 하지만 사용자 평가에서 겹치는 부분을 통해 유사한 상품을 알아내는 품목 기반 추천 시스템과 달리, 내용 기반 추천 시스템은 다른 소비자의 주관적인 판단이 아닌 상품 자체의 내재된 속성을 유사성의 원천으로 사용한다. 소비자가 좋아했던 상품들의 속성과 일치하는 속성을 지닌 상품이 추천되며, 다른 속성을 가진 상품은 추천되지 않는다.

이 방식은 3개의 핵심 단계를 갖추고 있다(Lops et al., 2011). 첫째, 상품의 내용이 분석되어야 하며 상품들은 거기에 맞게 범주화되어 있어야 한다. 이 점은 매우 중요한데, 범주화를 위해 사용되는 속성이 상품이 소비자의 취향에 잘 맞는지를 결정하기 때문이다. 둘째, 이 시스템은 속성들에 관한 소비자의 취향을 파악해야만 한다. 대체로 이것은 상품 평가 시 확실하게 표현된, 혹은 소비자가 구매했거나 빌린(혹은 적어도 온라인상에서 검색해 본) 상품의 종류를 통해 간접적으로 드러난 소비자의 이전 행동을 통해 이뤄진다. 세 번째 단계는 이전 단계에서 끌어낸 상품의 속성과 소비자의 취향을 연결하여 실제 추천을 제공할 수 있게 만드는 일이다.

① 내용 기반 추천 시스템: 예시

내용 기반 시스템이 어떻게 작동하는지 보여 주기 위해, 한 번 더 영화 5개로 구성된 작은 예시 데이터 세트로 돌아가 보자. 이제 영화들을 4개의 속성으로 코딩했다. 로맨틱 호소력, 액션 수준, 평균 소비자 평점, 상영 시간이 그것이다. 그러고 나서 각각의 점수를 1~5 척도로 변환했다. 〈표 2.3〉은 5편의 영화에 대한 결과를 보여 준다.

(비록 다른 기준도 사용할 수 있었지만) 이번에는 속성에 기반하여 다시 한번 피어

〈표 2.3〉 5개 영화에 대한 속성 매트릭스

	액션 수준	로맨틱 호소력	소비자 평점	상영 시간
〈노팅힐〉	1	5	3.50	3.85
〈터미네이터 2〉	5	1	4.25	4.26
〈GBU〉	4	1	4.45	5.00
〈캐리비안의 해적〉	5	2	4.00	4.44
〈러브 액츄얼리〉	1	5	3.85	4.19

주: 값은 5개 영화를 직접 코딩하여 1~5 척도로 변환한 것이다(각각 속성에 대해 1이 가장 낮은 것, 5가 가장 높은 것).

슨 상관관계를 써서 영화들 사이의 유사성을 계산했다. 품목 간 추천 시스템의 경우에서 했던 것과 마찬가지로, 마크가 본 두 영화의 유사성 정보와 해당 영화에 대한 그의 평가 점수를 합쳐서 〈노팅힐〉에 대한 그의 예상 점수를 결정했다. 이를 위해 〈러브 액츄얼리〉(거의 완벽에 가까운 상관계수 0.99로 〈노팅힐〉과 가장 비슷하다)와 〈캐리비안의 해적〉(*PIR*, 〈노팅힐〉과 가장 다른 영화로 두 영화는 매우 강한 음(−)의 상관관계인 -0.82의 상관계수를 지닌다)를 골랐다. 품목 간 추천 시스템과 동일한 방정식을 사용한 결과는 다음과 같다.[30)]

$$p_{Mark,NH} = \frac{s(NH,LA) \times r_{Mark,LA} + s(NH,PIR) \times r_{Mark,PIR}}{|s(NH,LA)| + |s(NH,PIR)|}$$
$$p_{Mark,NH} = \frac{0.99 \times 1 + 0.82 \times 2}{0.99 + 0.82}$$
$$p_{Mark,NH} = 1.45$$

이 방법을 사용한 결과, 예상 점수는 1.45였고 이는 마크에게 〈노팅힐〉을 추천하는 것이 좋은 생각이 아니라는 것을 (다시 한번) 시사한다.

② 내용 기반 추천 시스템의 문제점: 속성의 매우 중요한 역할

우리의 접근 방식은 직관적으로 보일 수도 있다. 내용 기반 추천 시스템은 일반적으로 추천 시스템이 다루게 되는 '콜드-스타트' 문제를 대체로 피해 간다. 품목 간 추천 시스템처럼, 어떤 소비자가 선호하는 제품과 유사한 상품을 찾기 위해서는 단지 소수의 소비자 반응이 필요할 뿐이다. 그리고 상품 사이의 유사성이 (소비자 반응이 아닌) 전문적인 코딩에 기반하기 때문에, 이 경우에는 새로운 상품이 더해진다고 해도 콜드-스타트 문제가 방해 요소가 되지는 않는다. 또한 콘텐츠-기반 추천은 명료한데, 어떤 상품을 추천하는 이유가 분명하게 제시되기 때문이다. 이는 협업 필터링 방식에서는 가능하지 않은 것으로, 그 시스템에서는 한 품목이 추천되는 이유가 '당신과 비슷한 사람들'이 그것을 높이 평가했거나 당신이 '비슷한' 상품을 좋아하기 때문이라는 설명밖에 제공하지 못한다.

그러나 우리의 예시는 내용 기반 추천의 잠재적인 문제점도 지적하고

---

30) 〈노팅힐〉과 〈캐리비안의 해적〉 사이의 음의 상관관계를 설명하기 위해, 우리는 후자 영화에 대한 마크의 평가를 4점(두 번째로 높은 범주)에서 2점(두 번째로 나쁜 범주)으로 변경했다. 이렇게 함으로써 품목 간의 강한 차이점이 강한 유사성의 효과를 도치시킨다고 가정했다(즉, '어떤 상품이 내가 좋아하는 것과 매우 다르다면, 나는 그것을 싫어할 것이다'라는 의미).

있는데, 이들 문제점의 대부분은 속성의 선택 및 그것을 통합하는 것과 관련되어 있다. 내용 기반 추천 시스템의 유용성은 품목 간의 유사성을 판단하는 데 사용되는 속성들로부터 큰 영향을 받는다. 당신이 우리가 예시에서 선택한 속성이 소비자 취향과 연관성이 있다는 것에 동의할지라도, 이 속성이 포괄적인지를 믿는 것 역시 문제가 있는 것 같다. 우리는 이 책에서 소비자의 의사결정에 영향을 끼치는 수많은 다른 것들에 관해 논의했지만, 여기에서는 일단 그것들을 제외하기로 한다.

선택된 속성과 소비자 취향의 관련성이 가까울수록 추천은 더욱 강력해진다. 예시에서 우리는 로맨틱 호소력이나 액션 콘텐츠 등과 같은 매우 포괄적인 장르 레이블링을 사용했다. 이렇게 함으로써 예상 가능한 평가 점수 결과를 얻었다. 만일 어떤 소비자가 한 로맨스 영화를 좋아한다면, 그는 같은 장르의 다른 영화들을 추천받게 될 것이다. 실제로, 이 때문에 내용 기반 추천 시스템은 종종 우연한 만남 문제를 겪게 된다. 이 시스템은 포만감 쪽으로 기울어져 있으므로 흥분에 대한 사용자의 욕망은 제대로 다뤄지지 않는 것이다.

그러나 포괄적인 특성은 우리를 지루하게 만들 뿐만 아니라, 종종 소비자들이 특정한 엔터테인먼트를 좋아하는 이유를 놓쳐 버리기도 한다. 많은 이들이 클린트 이스트우드(Clint Eastwood)의 서부영화 〈용서받지 못한 자(Unforgiven)〉를 좋아하지만, 일반적으로 서부영화를 좋아해서가 아니라 그 영화에 나온 스타 때문에 그 영화를 본 것이다. 따라서 존 웨인(John Wayne)이 나오는 서부영화를 추천하는 것은 그들을 실망하게 할 뿐이다. 해당 영화에 출연한 스타가 좋아서 그 영화를 좋아했던 사람들은 어쩌면 이스트우드가 감독하고 출연한 다른 영화, 〈브롱코 빌리(Bronco Billy)〉나 〈밀리언 달러 베이비(Million Dollar Baby)〉에는 만족하지 못할 수도 있다. 그리고 해당 영화가 세르조 레오네(Sergio Leone)가 감독한 마카로니 웨스턴 및 〈황야의 무법자(A Fistful of Dollars)〉 같은 영화에 등장하는 이스트우드의 페르소나 '이름 없는 남자'와 교묘하게 연관되어 있어서 좋아했던 소비자라면, 그들은 대부분의 서부영화와 이스트우드가 감독한 다른 영화들을 거부할 것이다.

이러한 안정적인 취향 외에, 우발적인 요소들 역시 특정한 순간에 우리가 무엇을 좋아하는지(그리고 좋아하지 않는지)에 영향을 미친다. 어쩌면 당신은 별로 유명하지 않은 클래식 영화음악을 들을 때 가장 효율적으로 일을 하는 사람 중 하나일지도 모른다. 스트리밍 서비스의 내용 기반 추천 시스템이 '안 유명한' 사운드트랙과 다른 유명한 곡들을 구분해 내는 능력에 따라 당신에게 맞는 프로그램을 제안할 수도 있지만, 어쩌면 이들이 추천하는 음악 때문에 —예를 들어 존 윌리엄스(John Williams)의 스펙타클한 〈인디아나 존스(Indiana Jones)〉 테마가 나올 수도 있다— 일하는 동안 집중이 안 될 수도 있다. 즉, 결정적인 문제는 방금 들은 노래를 '좋아한다'고 우리가 말할 때 스트리밍 서비스가 이해하는 것(이 서비스가 '이것과 비슷한 노래를 틀 것이다'라는 정보의 값)은 우리가 왜 그 노래를 좋아하는지를 해당 스트리밍 서비스가 얼마나 잘 이해하는지에 달려 있다는 점이다.

세부적이고 우연적인 취향 관련 문제에 대응하기 위해, 넷플릭스와 판도라 같은 회사들은 자신들의 상품을 매우 세세하게 구별하여 코딩하는 일에 엄청난 돈을 투자하고 있다. 넷플릭스는 내부적으로 이러한 접근 방식을 '양자론'이라고 칭한다. 이는 자신들의 콘텐츠에 7만 7000여 개에 이르는 고유한 '세부 장르' 레이블링을 붙이는 일이다. 영화와 드라마에 태그를 부여하는 직원들은 36페이지에 달하는 교육 문서를 받게 된다(Madrigal, 2014 참조. 이 글은 대단히 흥미롭고 적극적으로 추천하고 싶은 글이다). 이 회사는, 부사장 토드 옐링(Todd Yelling)의 말을 빌리면, 관습적인 장르를 "단지 포장지일 뿐"이라고 여긴다. 사용자들이 좋아하는 것과 유사한 영화를 추천하도록 만들어진 것은 바로 이 '미시 장르'이다.

어떤 점에서는 이러한 방식이 심지어 콘텐츠 추천 시스템에 우연한 만남을 더하기도 한다. 넷플릭스는 "이러한 기존에 인식된 (장르) 개념을 부수고, (사용자들이) 심지어 예상 밖의 장소로 보이는 곳에서조차 더욱 쉽게 자신들이 좋아하는 이야기를 찾을 수 있기를 바란다"(*Netflix*, 2017 인용). 마찬가지로, 음악 스트리밍 서비스 판도라는 450개의 확실히 구분되는 음악적 측면을 사용하여 모든 노래를 분석하는 음악 전문가들을 보유하고 있다. 바로 그들만의 '음악 게놈 프로젝트'이다(Lasar, 2011). 이러한 정밀도를 적용함으로써 이들은 자신들의 힘을 얻으면서 동시에 내용 기반 추천의 한계를 최소화하기를 바라고 있다.

이제 내용 기반 추천 시스템의 몇몇 추가적인 과제를 언급하면서 이 섹션을 마무리하려고 한다. 우리는 예시 속에 주어진 영화 속성들의 값을 어떻게 결정했는가? 몇몇 속성에 대한 '객관적인' 정보가 존재하지만(예: 영화 상영 시간), 소비자 평가 점수(IMDb에서 이것을 가져왔지만, 점수는 웹사이트마다 다를 수 있다)나 장르 같은 속성들은 여기에 해당하지 않는다. 〈캐리비안의 해적〉은 정말로 로맨틱한가? 1에서 5 사이의 로맨스 척도에서 이 영화는 2점이다. 하지만 당신은 거기에 몇 점을 줄 것인가? 속성들이 중요성이 동등하다고 가정하는 것 역시 문제가 있으며, 각 속성의 중요성이 소비자마다 똑같다고 생각하는 것도 문제가 있다. 이 문제는 가중치 계수를 추가하는 것으로 대응할 수 있다.

(3) 혼합 방식: 모든 추천 시스템 중 최고?

연구자들은 각기 다른 추천 방식을 통합하기 위한 노력도 해 왔다. 이는 한계점을 최소화하면서 각각의 강점을 결합하는 것이다. 협업 필터링 방식에는 새로운 사용자와 품목을 다룰 때의 콜드-스타트 문제와 세부적인 설명 부재의 문제가 다양한 수준으로 존재한다. 그리고 내용 기반 추천 시스템은 데이터베이스 내 다른 사용자들에 관한, 사용 가능한 정보를 활용하지 않으며 새로운 자극을 제공하는 것에 어려움을 겪는다.

각기 다른 방식을 결합하는 대중적인 방법은 아래의 내용들을 포함한다(세부 내용은 Burke, 2002 참조).

- 혼합 추천 시스템에 가중치를 둔다: 가중치 부여를 통해 한 품목에 대한 복수 추천 시스템의 점수를 합쳐서 가중치 평균 추천을 만든다.
- 혼합 추천 시스템 전환: 사용자에게 제공되는 평가는 각기 다른 추천 시스템에서 오며, 이는 상황의 특성에 따라 선택된다.
- 혼합 추천 시스템 혼용: 사용자에게 특정 상품에 대해 각기 다른 추천 시스템이 만들어 낸 복수의 평가를 제공한다. 이러한 방식은 사용자에게 '불필요한' 정보를 너무 많이 제공하게 될 위험이 있다. 이 방법의 변형으로는 복수의 추천 시스템을 사용하지만, 특정 상품에 대한 각각의 결과를 다 같이 제공하지 않고 각 시스템에 따라 별도로 제공하는 방식이 있다(품목 간 필터링 시스템보다 내용 기반 추천 시스템의 상위 추천을 우선 제공하는 식). 이를 통해 소비자는 어떤 추천 시스템을 사용할지 결정할 수 있다. 이런 방식은 넷플릭스가 활용하고 있다(Gomez-Uribe and Hunt, 2015).
- 순차적 혼합 추천 시스템: 다수의 추천 시스템을 합치기 위한 각기 다른 방식을 순차적으로 제안한다. 첫 번째 추천 시스템(예: 내용 기반 방식)의 출력 값을 두 번째 추천 시스템(예: 상호 협력 여과 방식)의 입력 값으로 이용하는 식이다.

이러한 혼합 추천 방식들이 효과가 있을까? 다수의 연구에서는 혼합 추천 시스템의 잠재적인 이득을 시사한다. 예를 들어 마르크스 등(Marx et al.,

2010)에서 우리는 전환 기준을 활용하여 내용 기반 방식과 사용자 간 상호 협력 여과 방식을 결합했고, 이는 순수하게 내용 기반 추천 시스템을 통한 것보다 16%, 상호 협력 여과 방식보다 10% 더 잘 맞춰 냈다. 그러나 추천 시스템을 제공하는 이들은 언제나 이러한 방식을 통해 얻는 효과의 이점과 현실적인 상황에서 이러한 방식의 유용성을 제한하는 과도한 복잡함, 긴 처리 시간, 높은 비용을 잘 저울질해야 한다.

지금까지는 자동 추천 시스템의 근간이라고 할 수 있는, 추천을 만들어 내는 알고리즘에 초점을 맞춰 왔다. 이어지는 섹션에서는 소비자와 추천 제공자 모두에 대한 이러한 추천의 가치가 몇 가지 다른 요인에 의해 영향을 받는다는 것을 알아볼 것이다.

2) 추천 시스템은 알고리즘 그 이상이다: 매트릭스 완성 너머

영화 평점을 정확하게 예상하는 일은 [넷플릭스의] 세계 최상급 추천 시스템의 한 부분일 뿐이다.

— 아마트리아인과 바실리코(Amatriain and Basilico, 2012)

알고리즘은 강력한 추천을 제공하는 데 있어서 필수이며 추천 시스템에 관한 학술적 연구 대부분이 '더 나은' 알고리즘, 즉 최소한의 오류로 사용자 취향을 예측하는 알고리즘 개발에 초점을 맞추고 있다. 하지만 최고의 정확성으로 매트릭스를 완성하는 것만이 추천 시스템 성공에 중요한 것은 절대 아니다(Jannach et al., 2016).

수백만 달러를 지출했지만, 그럼에도 불구하고 넷플릭스는 넷플릭스 상을 받았던 알고리즘을 아직 구현하지 못하고 있다. 그 이유는 해당 회사가 추천 시스템 관련 문제의 다른 부분에서 더 많은 이득을 얻을 수 있다는 것을 발견했기 때문이다. "스타들이 [넷플릭스 내] 추천의 핵심이던 시절은 이미 오래전에 지나 버렸다"(Gomez-Uribe and Hunt, 2015).[31] 추천 시스템 연구와 실천은 최근 추천의 다른 측면 및 이것을 사용자 인터페이스에서 구현하는 방향을 향해 있다. 엔터테인먼트 세계에서 추천을 제공하는 이들이 다뤄야 하는 해당 이슈들 및 연구자들이 수집한 관련 지식에 대해서도 이야기해 보자.[32]

(1) 맥락화(Contextualization)

우리가 어떤 엔터테인먼트 상품을 좋아하는지 아닌지는, 추천 시스템이 보통 암시하는 것처럼 상품 그 자체에만 달린 것이 아니다. 대신에, 호감은 우리가 상품을 사용하는 맥락에 영향을 받는다. 아도마비시우스(Adomavicius et al., 2011)는 아래에 제시되는 특정한 상황의 차원들이 우리가 엔터테인먼트 상품으로부터 얻는 즐거움에 특히 중요하며, 상품 추천을 할 때 이러한 점을 고려하면 추천의 유용성을 크게 확대할 수 있다고 주장했다.

※ 물리적인 상황

소비 패턴은 시간과 장소에 따라 달라진다. 예를 들어, 기상했을 때 듣고 싶은 음악은 낮 동안 혹은 운동할 때 듣고 싶은 것과 다른 것이 보통이

31) 넷플릭스가 '최고의' 알고리즘을 구현하지 않기로 결정한 또 다른 이유는 이 회사가 곧바로 자신들의 비즈니스 모델을 DVD 대여에서 영화 및 TV 프로그램 스트리밍으로 전환했기 때문이다. 추천 시스템은 여전이 이 회사에게 매우 중요하지만, 새로운 비즈니스 모델은 추천 시스템의 또 다른 활용 맥락을 제공하게 되었다. 이제 추천과 소비 사이의 직접적인 연결 고리로 인해 예측 정확성보다 다른 측면들이 더 중요하게 되었는데, 이 섹션에서 그 측면들 중 일부에 대해 논의할 것이다.

32) 잔나흐 등(Jannach et al., 2016)은 이 비(非)알고리즘 문제점들에 대한 매우 유용한 개요를 제공한다.

다. 일반적으로 클래식 음악 구성을 좋아하는 사람이 아침에 그 음악을 추천받으면 부적절하다고 느낄 수도 있다. 또한, 긴 주말의 밤 동안에는 데이비드 린(David Lean)이나 폴 토마스(Paul Thomas)의 장편 서사 영화를 좋아하는 소비자가 주중 저녁에는 훨씬 짧은 프로그램을 선호할 수도 있다. 4시간짜리 〈아라비아의 로렌스(Lawrence of Arabia)〉를 수요일 저녁에 즐기는 것을 좋아할 수도 있지만, 그러면 목요일 아침 회의에서 수면 부족이라는 값비싼 대가를 치를 수도 있다.

※ 역사적인 상황

엔터테인먼트 상품에 대한 모든 평가는 연속적인 소비 행위의 일부이다. 언제나 이전에 읽은 소설이 있고, 다음에 들을 노래가 있다. 연속적으로 일어나는 일들은 특정 상품에 대한 소비자의 반응에 영향을 미치는데, 이전 경험과의 유사성이 해당 상품에 대한 만족감을 촉발시키기도 한다. 친숙함에 대한 소비자의 욕구를 만족시키는 5개의 상품을 연속으로 소비한 다음이라면, 좀 더 독창적인 내용으로부터 얻게 될 새로운 자극을 어느 때보다 강하게 원할 것이며, 이와 관련된 추천을 받게 되면 매우 고마워할 것이다. 또한 이전 상품에 대한 불만은 다음 것에 대한 기대치를 낮출 수 있다. 〈람보(Rambo)〉 시리즈의 2탄과 3탄이 너무 실망스러웠다면 4탄에 대해 상대적인 긍정적 반응을 나타낼 수 있을 것이다.

※ 감정적 상황

우리의 기분과 감정을 관리하는 것은 종종 엔터테인먼트 소비의 동기가 되므로, 추천의 가치는 특정 시점에서 우리의 감정적 필요와 욕구에 따라 달라진다. 분노에는 행복감과는 다른 종류의 사운드트랙이 필요하며, 슬픔은 사랑에 빠졌을 때와는 다른 영화나 책을 원하게 만든다. 엔터테인먼트 선택은 특정한 감정 상태에 따라 달라지지만, 표준적인 추천 시스템은 감정을 고려할 여지가 없다.

※ 사회적 상황

영화를 혼자 보러 갈 것인가, 아니면 친구랑 갈 것인가? I권에서 사회적 상황이 의사결정 과정에 어떻게 영향을 끼치는지 논의한 바 있다. 추천 시스템은 홀로 행동한다는 가정 대신 사회적 상황을 가정함으로써 이익을 얻는다. 레오네의 서부영화 〈달 이탈리아(dall Italia)〉에 대한 오마주인 덴마크 영화 〈웨스턴 리벤지(The Salvation)〉를 서부영화 팬들에게 추천하는 것은 일반적으로는 타당하다. 하지만 그 사람이 자막 달린 영화나 서부영화에 '알레르기 반응'을 보이는 누군가와 이 영화를 보며 데이트를 하려고 한다면, 그 추천은 맞지 않을 것이다.

추천 시스템 연구자들은 시스템을 설계할 때 이러한 상황 정보를 고려하는 것을 상황 인식 추천 시스템[CARS: Context-Aware Recommender Systems (Adomavicius et al., 2011)]이라고 부른다. 이러한 상황화는 어떻게 만들어 낼 수 있을까? 한 가지 방법은 상황 필터링(contextual filtering)을 이용하는 것이다. 모든 상황에서 추천은 단지 유사한 상황을 기반으로 만들어지며, 다른 모든 평가는 걸러지고 무시되는 것이다(사전 필터링). 예를 들어 여러 사람과 함께 토요일에 영화를 보고 싶은 사람에게는 주말, 그리고/혹은 집단 소비 상황에서 획득된 평가 점수만을 영화 추천에 활용하는 것이다. 또는 상황 기준에 따라 결과가 걸러지기도 한다(사후 필터링).

CARS의 두 번째 방식은 상황 모델링이다. 여기서 추천 기능은 의사결정 계통도와 계층적 마르코프 연쇄 등과 같은 통계 기술을 활용한 상황 정보를 포함한다. 넷플릭스가 마르코프 연쇄로 추정되는 이러한 방식을 사용하고 있다. 그 회사의 전(前) 최고 생산 책임자인 닐 헌트(Neil Hunt)에 따르면, 넷플릭스는 "당신이 처음에 무엇을 봤는지를, 그리고 그다음과 다음다음에 무엇을 봤는지를 기록한다. 그 후 우리는 이것을 다른 사람들의 행동과 비교하여 '이행(移行) 가능성'을 계산한다"(Brodnig, 2015 인용). 두 방식 모두 광범위한 데이터 수집이 있어야 하는데, 매트릭스의 모든 칸이 거기에 입력된 특정한 상황과 연계되어 있어야 하기 때문이다. 하지만 넷플릭스와 스포티파이 같은 구독 서비스는 이러한 데이터를 이용할 수 있는데, 그들은 어떤 소비자가 점수를 매긴 특정한 영화를 봤거나 그들이 특정한 노래를 들었던 시기를 알고 있기 때문이다.

또한 콘텐츠 태그 지정(content-tagging)도 도움이 된다(그 노래는 슬픈가, 화가 나는가, 행복한가?). 만일 소비자들이 자신의 기분을 기꺼이 밝혀 준다면, 이는 내용 기반 추천 시스템을 통해 특정한 상황에서의 소비자 기분과 연결된다. 예를 들어 스포티파이는 청취자들에게 현재 기분이 어떤지 물어보고 있다(Jannach et al., 2016). 내용 태그를 활용하는 또 다른 방법은 청취자들에게 '상황 관련 플레이리스트'를 제공함으로써 그들이 스스로 자신의 기분에 맞는 노래들을 고르게 하는 것으로, 아마존은 '사랑에 빠진', '편안한 아침식사' 등과 같은 플레이리스트를 통해 이 방법을 사용하고 있다. 이렇게 하면 일하는 중에는 '덜 알려진' 영화음악을 듣고 싶은 소비자의 욕구—우리가 앞서 언급했던—에 대해 내용 기반 추천 시스템이 대응할 수 있다.

추천의 사회적 상황에 대응하기 위해, 연구자들은 한 집단 내 각기 다른 구성원들의 취향 데이터를 결합한 집합 추천 시스템을 제안했다(O'Connor et al., 2001). 우리가 제안하는 것은 2단계 방식으로, 1단계에서는 각 구성원의 개인적인 취향을 활용하여 선택 가능한 잠재적인 상품들의 평가 예측을 만들고, 2단계에서 그것을 그룹 전체의 집합적인 평가로 전환하는 것이다. 이때 가중치 메커니즘을 사용하는 것은 필수이다(Hennig-Thurau et al., 2012a).

이 방식이 표준적인 시스템보다 '더 나은' 추천을 제공하는가? 추천 영화를 실제로 본 소비자 460명을 대상으로 2개의 실험실 실험을 하여 이 방식을 검증해 보았다. 해당 추천은 사용자 간 협업 필터링 방식 추천 시스템을 통해 만들어진 것으로 한 유명 독일 영화 웹사이트의 영화 평가 480만 개를 바탕으로 한 것이다. 연구 결과에 의하면 집합 추천 시스템이 '개인' 추천 시스템과 비교해서 확실히 더 나은 결과를 냈다. 추천 영화에 대한 해당 집단의 만족도(두 시스템에 대한 집단 구성원의 평균)는 집합 추천 시스템일 때가 (해당 집단을 위해 영화를 선택한) '대리인'에게 추천된 영화를 혼자 봤을 때보다 1점 이상 더 높았다(0~10점 척도). 당연히도 이 효과 대부분은 '추천 영화에 대한 동반자의 만족감'으로부터 온 것이었다.33)

(2) 디자인과 상호작용

연구자들은 추천 시스템 유용성의 중요함을 강조하기도 했는데, 이는 인터페이스 디자인으로 결정된다(Jannach et al., 2016). 이것은 소비자 정보 입력에 영향을 끼치지만, 추천을 보여 준 방식에도 영향을 끼친다.

정보 입력에 있어서 핵심적인 과제는 시스템 사용자들이 평가를 쉽고 직관적으로 입력할 수 있게 만드는 것이다. 소비자들의 행동(이 사용자가 영화를 전부 보았는가? 그/그녀가 노래 전체를 들었는가?)으로부터 얻어 낸 취향을 바탕으로 하는 '수동적인' 데이터의 경우, 해당 행동을 취향으로 전환하기 위해서

---

33) 제시된 시나리오에서, 해당 집단의 구성원들은 추천 시스템이 추천한 영화를 봐야만 했다. 구성원들이 추천 시스템을 따를지 그것을 '무효화할지' 자유롭게 선택하게 했을 때도 집합 추천 시스템이 영화에 대한 집단 만족감에서 단일 추천 시스템보다 더 뛰어났다. 하지만 이 효과는 집단 구성원들이 서로를 좋아하며, 대리인이 추천 시스템을 따른 상태에서 자신의 취향을 극대화하는 영화가 아닌 절충적인 영화를 선택했을 때만 발생했다.

인공지능은 엄청난 작업을 해야 하지만 소비자는 어떠한 행동도 할 필요가 없다. '능동적인' 데이터의 경우에는 평가 척도가 중요한데, 편의성에 대한 소비자의 요구 사항을 반드시 만족시키는 입력 메커니즘이 바로 그것이다[최근 별점 5점에서 이분법으로 척도를 바꾼 넷플릭스처럼(Goode, 2017)]. 이런 점에서 아마존의 에코(Echo) 기기와 같은 음성 기반 시스템은 추천 시스템의 유용성을 증가시킬 수 있는 새로운 방법을 제공할 수도 있다.

추천을 보여 주는 방식은 대부분 시스템이 사용자에게 추천 결과를 얼마나 직관적으로 제시하느냐의 문제이다. 추천 시스템 사용에 대한 소비자들의 다양한 취향에 대응하기 위해 넷플릭스는 단일 추천 방식을 버리고 '다양한 사용 사례에 대응하는', 각기 다른 알고리즘을 모아 놓은 시스템으로 교체했다(Gomez-Uribe and Hunt, 2015).

(3) 신뢰

많은 소비자가 인공지능 기반 해법에 회의적이므로, 모든 추천 시스템의 중요 장애물은 사용자들의 신뢰를 획득하는 일이다. 신뢰는 능력과 자비로움을 포함하는데(예: Sirdeshmukh et al., 2002), 여기에서도 이 2개가 모두 유의미하다. 추천된 상품이 진짜 사용자에게 최선일까, 즉 추천 시스템 알고리즘이 그/그녀의 시간을 투자할 만한 가치가 있는 대안을 찾아 줄 만큼 똑똑할까? 추천 시스템의 능력을 증명하는 한 가지 방법은 추천한 상품에 대한 설명을 제공하는 것이다(일례로 "〈타이타닉(Titanic)〉이 추천된 이유는 당신이 엄청난 제작비가 들어간 할리우드 영화와 레오나르도 디카프리오가 출연한 영화를 좋아하기 때문이다"와 같은 것, 이러한 설명의 실증적인 힘에 대해서는 Marx et al., 2010 참조).

그리고 플랫폼 제공업체는 진짜로 내 최고 관심사를 맞춰 주려고 하는가, 아니면 해당 플랫폼의 이익을 우선시하여 추천을 만드는가? 자체 상품을 제작하는 비용이 엄청나게 증가한 넷플릭스는, 추천 점수가 상대적으로 낮을 때에도 자체 제작 영화와 드라마에 자신들의 화면을 불공평한 비율로 배분하고 있다(Bishop, 2017). 이러한 관행은 업체 추천 시스템의 자비로움에 관한 소비자의 신뢰를 위협할 우려가 있다.

3) 추천 시스템은 얼마나 '훌륭한가'?

우리는 소비자에게 상품의 품질을 제공하는 다른 종류의 '언드' 미디어가 실제로 소비자의 의사결정에 영향을 미친다는 사실을 살펴본 바 있다. 추천 시스템은 어떨까? 이것은 소비자에게 자신이 가치 있다고 생각한 것을 제공할까? 추천 시스템 사용이 소비자가 '더 나은' 결정을 할 수 있도록 돕는지 아닌지, 그리고 이러한 의사결정과 상품 성공에 추천 시스템이 하는 역할에 대해 살펴보자.

크리슈난 등(Krishnan et al., 2008)의 연구는 소비자가 추천 시스템을 전혀 사용할 수 없는 경우와 추천 예측의 성과를 비교한 흔치 않은 연구이다. 이 연구에서 이들은 추천 시스템이 제공한 소비자 14명에 대한 영화 평가 예상치의 정확성과 (다른 소비자들의 과거 평가를 이용할 수 있는) 인간 평가자 50명의 해당 14명에 대한 예상치를 비교해 보았다. 해당 추천 시스템은 품목 간 상호 협력 모델을 기반으로 한 무비렌즈의 추천 시스템으로, 연구 당시 1500만 개의 평가를 포함하고 있었다. 이 시스템은 인간 평가자보다 19% 낮은 평균오차(MAE)로 평가 점수를 예측했다. 그러나 인간 평가자의 예측은 다수의 특이치(아웃라이어) 예측으로 인해 편향되었으며, 추천 시스템의 예측은 14명의 절반보다도 적은 수 소비자들의 실제 평가와 가까웠다.

집합 추천 시스템의 실제 활약에 관한 연구에서, 우리는 자체적인 사용자 간 상호 협력 여과 방식 시스템의 예측과 '대리인'(선택을 내린 구성원)이 추천 시스템을 이용할 수 없는 조건을 비교해 보았다(Hennig-Thurau et al., 2012a).

후자의 조건에서 대리인은 오직 영화 제목, 제작 국가, 주요 장르, 섬네일 포스터만을 근거로 영화를 골라야 했다(인터넷이나 입소문은 이용할 수 없었다). 그 결과 일반적으로 선택된(그리고 시청된) 영화는 그룹 구성원들이 서로를 좋아할 때, 그리고 대리인이 추천 시스템에 대해 긍정적인 태도를 지니고 있을 때 더욱 긍정적으로 평가된다는 것을 알게 되었다. 그러나 표준적인 (단일) 추천 시스템의 경우, 영화 만족도에서 차이점을 발견할 수 없었다. 이 결과는 추천 시스템의 힘이 모든 상황과 조건에 걸쳐 당연하게 여겨져서는 안 된다는 것을 보여 준다.

도서 성공에 관한 연구에서 메이스버그(Meiseberg, 2016)는 추천의 품질이나 추천된 상품에 대한 사용자의 만족도가 아닌, 의사결정 과정에 추천 시스템이 미치는 영향을 살펴봤다. 아마존 웹사이트의 상품 추천이 아마존에서의 상품 판매량에 영향을 끼치는가? 다량의 도서 샘플에 대한 분석에서(또한 메이스버그는 수많은 다른 '성공 동인'을 통제했다) 메이스버그는 책에 대한 추천 강도의 척도로 추천된 모든 책의 판매를 이용했다. 메이스버그의 연구 결과에 따르면, 적어도 연구의 맥락에서는 상품 추천이 실제로 책의 판매를 촉발시켰다. 그것도 상당한 정도로. 상관관계는 입소문과 가격보다도 더 높았으며, TV에 등장한 책과 비슷했다. 추천 시스템 변인은 샘플 내 판매 순위 상위 20개의 책에 대해 가장 강력했으며, 최하위 20% 변위치가 그다음이었다.

상품 선택에 대한 추천 시스템의 효과 역시 넷플릭스가 밝힌 내용에 반영되어 있는데, 소비자가 검색을 통해 찾아낸 것을 보는 데 쓰는 시간은 단지 20%에 불과했지만 80%는 인기 순위(이 장에서 '성공이 성공을 낳는 효과'에 관한 섹션을 참고하라) 혹은 검색 시스템에 영향을 받는다고 한다(Gomez-Uribe and Hunt, 2015). 이 80% 중에서 영화나 드라마 시청에 개인 맞춤 추천('취사 선택')이 차지하는 비중은, 인기 있는 것들의 경우 인기 기반 추천과 비교하면 최고

약 4배 높았다. 또한 고메즈-유리베와 헌트(Gomez-Uribe and Hunt, 2015)는 넷플릭스의 개인 맞춤 추천이 '더 낮은 구독 취소율'을 만든다고 주장했다(p.13). 그러나 그들은 여기에 관한 실증적인 세부 내용이나 증거를 제공하지는 않았다.

비록 추천 시스템이 플랫폼에 의해 작동되지만, 입소문이나 행위 기반의 연쇄 확산처럼 이 역시 소비자로부터 '획득한' 데이터를 활용한다. 엔터테인먼트 커뮤니케이션에 관한 논의의 마지막 섹션에서는 엔터테인먼트의 다른 당사자, 즉 전문적인 비평가와 (상을 주는) 업계 동료들을 살펴볼 것이다. 이들의 결정 역시 엔터테인먼트 상품의 성공에 영향을 미칠 것이다.

4. 전문가들의 비평

> 나는 몇몇 영화사 관계자들이 영화 개봉일까지 비평가 시사회를 미루거나 아예 취소하고 싶어 한다는 것을 들은 적이 있다.
>
> — 앤서니 달레산드로(Anthony D'Alessandro, 2017)(〈베이워치: SOS 해상 구조대(Baywatch)〉와 〈캐리비안의 해적〉 다섯 번째 편의 실망스러운 개봉 첫 주말 흥행 성적을 두고 영화사 경영자들이 보인 반응에 대해)

> 최선의 경우라면, 비평가는 지원이 필요한 영화에 대한 응원단이다.
>
> — 영화 비평가 A. A. 다우드(A. A. Dowd)(2015)

엔터테인먼트 상품이 다른 상품과 다른 가장 분명한 결과 중 하나는, 언론 매체에서 기자들에게 거기에 관해 쓰라고 한다는 것이다. 엔터테인먼트 상품의 문화적인 특성으로 인해 그것은 미디어가 나눌 만한 가치가 있으며, 그 결과 영화, 책, 음악, 비디오 게임은 유력한 신문과 잡지의 지면 및 웹사이트에 공간을 할당받게 된다. 엔터테인먼트 상품의 이 '미디어 가치'로 인해, 전문적인 리뷰의 판단이 그들이 리뷰한 상품의 상업적 성공에 어떤 역할을 하는지에 관한 의문이 발생한다.

이것은 아주 오래된 질문일 수도 있지만, 여전히 논란의 여지가 있다. 엔터테인먼트 상품 제작자들은 종종 상품의 실패를 비평가들의 부정적인 코멘트 탓으로 돌리고는 한다. 서두에 인용된 달레산드로의 발언을 참조하라. 두 번째 다우드의 발언은 비평가들 스스로가 자신들 작업의 영향력에 대해 훨씬 더 회의적임을 보여 준다. 그리고 그들은 꽤 오랫동안 회의적이었다. 독일의 정상급 영화 평론가 페터 쾨르테(Peter Körte)에게 그의 글들이 관객에게 끼치는 영향에 대해 질문했을 때, 그는 프랑스의 비평가 안드레 바진(André Bazin)이 1950년대에 자신의 직업에 관해 썼던 글을 인용했다. "영화 평론이라는 것은 다리 위에 서서 강에다가 침을 뱉는 행위와 같다"(Körte, 2009: 194).

이 섹션에서는 엔터테인먼트 사이언스 연구자들에게로 돌아가서, 비평가들이 소비자들에게 영향을 미치는지, 그래서 결과적으로 상품의 성공에 영향을 미치는지를 알아볼 것이다. 이 책에서 우리가 제기한 다른 많은 질문들처럼, 계량 경제학적으로 신뢰할 수 있는 답을 찾는 것은 전혀 간단하지 않으며, 세심함과 전문성을 요구한다. 비평가들의 판단은 소비자들의 입소문과 마찬가지로 상품의 '진정한' 예술적 품질과 겹치는 부분이 있으며, 따라서 상관관계를 인과적 영향과 혼동해서는 안 된다. 그러나 연구자들은 이 인과적 영향을 거짓된 것(비평가를 '예언가'로 취급하는 것)으로부터 분리해 내려는 야심 찬 시도를 했으며(즉, 비평가를 '인플루언서'로 취급했다), 여기에서 요약하고자 하는 주요한 통찰이 바로 이것이다. 그리고 나서 다시 한번 '평균적인 효과'를 넘어 조정자와 관련 이슈에 대해 알아볼 것이다.

1) 소비자에 대한 리뷰(비평가)의 영향력: ‘인플루언서’ vs. ‘예언자’ 논란

전문가들의 비평은 엔터테인먼트 상품의 품질에 관한 제3자 평가 정보의 원천이다. 전통적으로 이러한 정보는 오직 신문과 뉴스를 통해서, 비평을 차례로 읽는 방식으로 소비자가 이용할 수 있었으며, 이는 말 그대로 게재된 바로 다음 날 사라져 버렸다. 하지만 인터넷은 리뷰의 이용 가능성과 형식을 바꾸어 놓았다. 인터넷은 리뷰 보관소를 만들어 냈으며, 만일 출판된 매체의 유료화 벽으로 인해 잠기지만 않는다면, 게재된 날짜와 관계없이 언제든지 이 리뷰들에 접속할 수 있게 되었다. 또한 인터넷은 소비자들에게 개별 리뷰와 더불어 평균값이나 리뷰의 개수 같은 요약 내용까지도 제공하는 로튼 토마토(1998년 설립되었고 영화와 TV 프로그램의 리뷰를 제공한다), 조금 더 선별적인 메타크리티(Metacritic: 1999년 설립되었고 영화, TV 프로그램, 게임, 음악을 다룬다) 같은 집계 웹사이트와 서비스도 제공하고 있다. 영화 〈에이리언: 커버넌트(Alien: Covenant)〉를 예로 들어 보자. 이 책을 쓸 당시, 로튼 토마토는 324개의 각기 다른 리뷰에 기반해 이 영화에 (10점 만점에) 6.3이라는 평균 점수와 68%의 ‘신선함’ 점수를 주었다. 반면 메타크리티은 52개의 리뷰에 기반해 (100점 만점에) 가중 평균 점수를 65점으로 계산했다. 두 집계 서비스는 모두 엔터테인먼트 대기업의 소유이다. 로튼 토마토는 유니버설/컴캐스트(Universal/Comcast)와 AT&T/워너(AT&T/Warner)가 합작 투자했으며, 메타크리틱은 CBS/내셔널 어뮤즈먼트(CBS/National Amusements)의 일부이다.

전문적인 비평가들은 ‘제도적인 게이트키퍼(문지기)’라고 불리는데, 제작자들이 제공한 엔터테인먼트 상품들을 훑어본 후 ‘그 상품들을 소비자들이 매일 선택하게 될 훨씬 적은 수의 선택된 상품으로 걸러 내는 일’을 하기 때문이다(Hsu, 2006a: 468). 하지만 전문가 리뷰가 실제로 소비자에게, 그리고 어느 정도까지, 영향을 미치는가? 연구자들이 엔터테인먼트 상품의 성공을 종속변수로 한 회귀분석을 실시할 때, 이들은 종종 집계 서비스 중 한 곳에서 계산한 상품에 대한 평론가들의 평균적인 리뷰 점수를 포함하고는 한다.

이러한 모델의 추정 매개변수는 보통 의미 있는 양의 값을 지니며, 이는 전문적인 평론가들의 품질 평가가 상품의 평균적인 상업적 성과와 같이 움직인다는 것을 보여 준다.[34] 그러나 이 책 전반을 통해 강조해 온 것처럼 관련성이 반드시 인과관계를 의미하는 것은 아니며, 평론가의 취향이 소비자가 구매하는 것과 관련되어 있다는 증거를 리뷰 그 자체의 인과적 영향력과 혼동해서는 안 된다.

(1) 초창기 통찰: 엘리아스버그와 슈건의 연구

리뷰 영향력 문제에 깊게 파고든 첫 번째 연구자들은 엘리아스버그와 슈건(Eliashberg and Shugan, 1997)이었다. 그들은 (비평가의 리뷰와 영화의 흥행 성과와의 인과적 연관성을 뜻하는) '인플루언서 효과'와, (통계적 관련성이 인과적이지 않은, 하지만 긍정적인 리뷰가 영화의 성공을 나타내는 것은 긍정적인 리뷰 기저에 있는 해당 상품의 품질이 성공을 이끌어 내기 때문인, 가짜 상관관계를 뜻하는) '예언자 효과'라는 용어를 만들어 냈다.[35] 이

---

34) 회귀분석을 통해 전문적 리뷰가 엔터테인먼트 상품 성공과 양의 상관관계를 지닌다는 것을 제시한, 그러나 그들의 실증적인 접근에서 우리가 앞으로 이야기할 좀 더 복잡한 문제들에 대해 다루지 않은 연구들로는 영화의 경우 클레멘트 등(Clement et al., 2014)과 엘버스와 엘리아스버그(Elberse and Eliashberg, 2003), 게임의 경우는 마르샹(Marchand, 2016)과 콕스와 카이만(Cox and Kaimann, 2015), 책의 경우는 클레멘트 등(Clement et al., 2007a)과 슈미트-스톨팅 등(Schmidt-Stölting et al., 2011), 음악의 경우는 리 등(Lee et al., 2003)이 있다.

35) 엔터테인먼트 산업에서 상품의 품질과 상업적 성공 사이의 연관성에 대한 논의는, 엔터테인먼트 경험에 관한 II권 1장을 참조하라.

들은 1991년에서 1992년 사이(즉, 인터넷 이전 시기) 개봉한 영화 56편에 대한 주간 북미 영화 흥행 성적을 설명함으로써 그 두 효과를 구분하려는 실증적인 시도를 가장 먼저 실시했다. 엘리아스버그와 슈건은 긍정적인 리뷰와 부정적인 리뷰에 대한 회귀 모수는 영화 개봉 5주차 이후부터 유의미했던 반면, 첫 4주 동안은 유의미하지 않음을 발견했다.

이들은 이 연구 결과가 '예언자 효과'의 우세를 지지한다고 생각했다. 인과성이 있는 '인플루언서 효과'는 (대부분의 리뷰가 영화 개봉 즈음에 게재되기 때문에 리뷰 정보가 여전히 신선한) 초기 주 차의 높은 모수에 반영이 되어 있기 때문이다. 그러나 엘리아스버그와 슈건의 접근 방식이 배제하지 않은 다른 설명도 있다. 개봉 초기의 관객은 나중에 영화를 보러 가는 사람들에 비해 리뷰를 덜 유용하다고 여기는 열성 팬인 경우가 많다는 것을 생각해 보라. 또한 모든 비판적인 리뷰의 핵심인 품질에 관한 정보는 이른 시기에 더 필요하며 그 이후에 사람들에게 퍼지기 시작한다(우리는 이 장의 앞부분, 입소문의 타이밍에 관한 논의에서 이를 제시한 바 있다). 바슈로이 등(Basuroy et al., 2003)은 다른 설명을 제시한다. 어쩌면 데이터 세트가 작았던 탓일 수도 있다는 것이다. 그들이 더 큰 같은 시기 영화의 데이터 세트에 대해 엘리아스버그와 슈건의 방식을 되풀이해서 적용했을 때, 모든 주 차에 대해 유의미한 리뷰 모수를 발견했다.

(2) 그 이후 리뷰 효과에 대해 알게 된 것들

이 중요한 연구를 기반으로 다른 연구자들이 영화의 품질을 기반으로 진짜 인과 효과로부터 리뷰의 가짜 '예언자 효과'를 따로 떼어 내기 위해, 대안적이고 더욱 정교한 실증적 디자인을 개발하고 더 큰 데이터 세트를 활용했다.

또한 영화를 상품 범주로 하여 라인스타인과 스나이더(Reinstein and Snyder,

2004)는 '이중차분법(DID: Difference In Differences)' 방식을 사용하여 가짜 상관관계 문제를 회피하려 했다. 리뷰의 타이밍을 활용하여 이들은 개봉 첫 주에 긍정적인 리뷰를 받은 영화들이 다른 영화들(더 늦게 평가되었거나 부정적인 리뷰를 받은 영화들)에 비해 더 높은 개봉 수익을 올렸는지 연구했다. 이들 연구자는 단일 리뷰 정보원(源)을 통해 전문가 평가를 측정했다. 바로 미국의 비평가 진 시스켈(Gene Siskel)과 로저 에버트(Roger Ebert)가 자신들의 TV 프로그램 〈시스켈 & 에버트/영화에서(Siskel & Ebert/At the Movies)〉에서 평가한 점수였다. 이들의 데이터 세트는 시스켈과 에버트의 프로그램이 방송된 긴 시간 동안(1982년에서 199년까지) 북미 지역 극장에서 개봉한 영화 609편을 포함했다.

[유통 규모를 통제하고, 더불어 레너드 말틴(Leonard Maltin)이 훨씬 나중에 출간한 영화 안내서의 평가 점수를 '실제' 예술성의 대용물로 사용한] 최소제곱 회귀분석을 실시하여, 이들은 개봉 주말에 비평가들로부터 '강력 추천!' 평가를 받은 영화들이 나중에 평가된, 그리고/혹은 부정적으로 평가된 영화에 비해 첫 3일간 평균 28% 더 높은 흥행 수익을 만들어 냈다는 것을 발견했다.36) 라인스타인과 스나이더의 연구 결과는 리뷰 효과가 비선형적임을 드러낸다. 만일 두 비평가 중 단 한 사람만이 긍정적인 평가를 내렸을 경우, 이 효과는 절반으로 떨어지며 유의미하지 않게 되었다.

이 연구의 한 가지 한계점은 가장 인기 있는, 그러나 현재는 존재하지 않는 단일한 리뷰만을 정보원(源)으로 삼았다는 것 외에도 시스켈과 에버

36) 더불어 이 회귀분석은 영화가 개봉 주말에 두 비평가 중 적어도 한 명으로부터 긍정적인 평가를 받았는지의 여부를 포함한 변수도 포함했다. 연구 결과에 대한 신뢰 수준은 일반적인 수준인 95%가 아닌 90%에 불과했음을 명심하라. 이는 이 섹션의 후반부에서 이야기할, 부표본과 관련된 라인스타인과 스나이더의 연구 결과 대부분에도 적용되는 사항이다.

트가 높은 품질의 영화들을 개봉 첫 주말에 리뷰할 가능성이 높다는 것이다. 이는 인과관계와 가짜 영향력의 경계를 흐릿하게 만들었을 수 있다.[37] 라인스타인과 스나이더가 자신들의 회귀분석에 '진짜' 품질 변인을 포함함으로써 이러한 효과 왜곡을 줄이고자 했던 반면, 우리가 해당 문제를 연구했을 때는 다른 종류의 접근 방식을 사용했다. 1998년에서 2006년 사이 북미에서 개봉한(그리고 적어도 100만 달러의 흥행 수익을 올린) 모든 픽션 영화 1370편에 대한 조사에서, 소비자의 품질에 대한 인식과 동일하지 않은 비평가 평가의 고유한 부분을 따로 분리했다(Hennig-Thurau et al., 2012b).

(메타크리틱에서 찾은) 영화에 대한 비평가들의 평균 평가 점수와는 별도로 (넷플릭스와 야후에서 찾은) 영화 소비자들의 평가 점수를 대상으로 ('보조적인') 회귀분석 실시했다. 이후 나머지 값[소비자 평가가 설명하지 않은 메타크리틱 점수 메타스코어(Metascore)의 일부]를 활용하여 영화의 흥행 성적을 설명했으며, 광고와 화제성 같은 다수의 '성공 동인'도 설명에 포함했다. 한 회귀분석에서는 개봉 주말의 흥행 성적을 종속 변인으로 활용했으며, 다른 회귀분석에서는 영화가 개봉 주말 이후의 주 차들에서 발생한 흥행 성적을 종속 변인으로 삼았다. 그 결과 전문적인 리뷰의 고유한 부분이 실제로 상품의 성공에 영향을 미치지만, 영화의 극장 개봉 후에야 그 효과가 나타난다는 것을 발견했다. 특히 리뷰의 효과는 개봉 주말에는 유의미하지 않았으나, 이후의 흥행 성적에서는 유의미한 양의 값을 보였다.

그렇다면 나중에 나타나는 효과는 얼마나 강력한가? 데이터에서, 전문적인 리뷰가 10단위 증가하면(즉, 메타스코어 점수가 60에서 70으로 증가하면) 개봉 주

---

37) 초기 리뷰의 더 높은 '내재된' 품질은 리뷰의 효과를 과도하게 높여 왜곡시킬 우려가 있다. 이들은 별도의 프로빗 회귀분석을 통해 이러한 품질 효과가 자신들의 데이터 세트에 실제로 존재한다는 것을 실증적으로 보여 주었다.

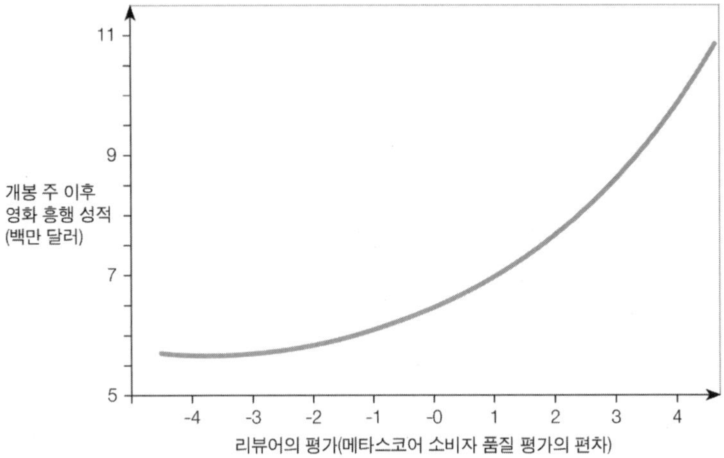

〈그림 2.8〉 개봉 주말 이후 전문적인 리뷰와 흥행 성적 간의 비선형적 관계

주: 흥행 성적 값을 로그화된 값에서 원래 형식으로 변환했다.
자료: Hennig-Thurau et al.(2012: 272) 참조.

이후의 흥행 성적이 15% 증가했다. 회귀분석에 제곱 평가 모수를 포함했을 경우, 우리의 연구 결과 역시 라인스타인과 스나이더의 연구 결과가 제시했던 리뷰 효과의 비선형적 속성을 확증했다. 〈그림 2.8〉은 높은 긍정적 리뷰가 영화의 재무 실적에 불균등한 이득을 주고 있음을 보여 준다.

영화에 대한 모든 주요 리뷰가 같은 시기(영화 개봉일 무렵)에 게재되는 반면, 서적과 같은 다른 엔터테인먼트 상품에 대한 리뷰는 오랜 시간에 걸쳐 이뤄진다. 소렌센과 라스무센(Sorensen and Rasmussen, 2004)은 ≪뉴욕타임스≫에 게재된 책 리뷰를 게재 이후 주 차의 판매량 변화와 연결하는 방식으로 이러한 특성을 활용했다. 2001년부터 2003년 사이에 출판된 양장본 175권의 주간 판매량 조사에서 이들 연구자는 이전 주 책 판매량에 대한 통제 패널 회귀분석을 실시하여, ≪뉴욕타임스≫에 게재된 긍정적인 책 리뷰가 미국 내 차주(次週) 판매량을 63%만큼 엄청나게 증가시킨다는 것을 발견했다.

이 섹션의 첫 부분에 제시된 다우드와 쾨르테의 말과 같은, 자신들 작업물의 영향력에 대한 비평가들의 회의론은 대체로 적절하지 않은 것으로 보인다. 반면 엔터테인먼트 제작자들의 걱정은 정당한 것 같다. 적어도 평균적으로, 전문적인 비평가들의 엔터테인먼트 상품에 대한 평가는 성공에 영향을 끼칠 힘을 가지고 있다.38)

평균적인 효과 외의 것들을 더욱 깊이 살펴보기에 앞서, 한 가지 관련 문제에 관해 이야기해 보자. 여기에서 살펴본 리뷰 결합의 인과적 효과 외에, 전문적인 리뷰에 대한 미디어 관심(혹은 인지) 효과, 즉 '나쁜 리뷰라고 해도 모든 리뷰 자체가 좋은 리뷰이다'라는 것이 존재할 수 있을까? 실제

---

38) 이러한 결론이 실험실 실험에서 얻은 통찰과도 일치한다는 것을 덧붙이고 싶다. 이 실험에서 연구자들은 소비자들을 리뷰에 노출시킨 후 그것이 어떤 영향을 끼치는지 측정했다. 예를 들어, 와이어트와 배저(Wyatt and Badger, 1984)는 부정적인 리뷰를 접한 소비자들에 대한 피험자 간 실험에서 리뷰된 해당 영화를 보는 것에 대한 흥미가 30% 낮아진다는 사실을 보고했다. 이러한 실험이 리뷰의 잠재적인 가치를 보여 주지만, 이 실험의 기여도는 실험 자체의 인공적인 속성으로 인한 한계가 있다. 미디어 경영자들은 다양한 정보원(源)이 소비자의 관심을 끌기 위해 경쟁하는 세상 속에서 특정한 종류 정보의 영향력이 어떠한지에 대해 관심이 있지만, 실험실 연구는 대체로 선택된 몇몇 정보원에 대한 설명만을 제공하기 때문이다. 와이어트와 배저의 연구에서 전문적인 리뷰는 단 하나의 정보원이었다. 200명의 소비자를 대상으로 피험자 내 실험을 실시한 나중의 연구에서, 이들은 영화의 플롯과 출연하는 스타들에 대한 정보를 갖고 있는 참가자들을 제시했다(Wyatt and Badger, 1990). 여기에서 이들은 긍정적인 리뷰를 제공할 경우 영화에 대한 관심이 12% 증가하며, 부정적인 것을 제공할 경우 7% 감소한다는 것을 발견했다. 별도로 첸 등(Chen et al., 2012)의 연구 결과는 리뷰 효과는 (개봉 주말 이후의) 수익에만 한정된 것이 아니라, 영화제작사의 주가까지도 확장될 수 있음을 제시했다. 2005년에서 2006년 사이 영화 220편의 전문적인 리뷰를 대상으로 한 그들의 연구에서, 평균 이상의 긍정적인 리뷰에 대한 영화사 주식의 '비정상적인 수익'은 평균적으로 12% 증가했고, 평균 이하의 부정적인 리뷰에 대해서는 24% 감소했다. 즉, 투자자들이 비평가들의 리뷰에 반응하며 좋은 리뷰보다는 나쁜 리뷰에 더 강하게 반응한다는 것이다.

로 소렌센과 라스무센(Sorensen and Rasmussen, 2004)은, 적어도 그들이 조사한 서적 분야에서만큼은 부정적인 리뷰도 판매에 긍정적인 효과가 있음을 발견했다. 언급하는 것 자체가 인지를 상승시키기 때문이다. 그러나 이 긍정적인 효과는 결합 효과의 절반 수준이었으며, 부정적인 리뷰로 인한 부정적인 결과를 단지 부분적으로 완화해 줄 뿐이었다. 영화의 경우 이러한 '미디어 관심 효과'를 발견한 연구들은 (광고, 그리고/혹은 화제성으로 인해 이미 존재하는) 영화의 '일반적인' 인기 요소를 통제하지 않았다. 이러한 요소를 통제할 경우, 영화에 대한 리뷰의 개수가 성공 촉진 효과가 있다는 것을 발견하지 못했다(Hennig-Thurau et al., 2012b).[39]

2) 전문적 비평에 대한 보다 깊은 이해: 리뷰 효과의 조정자와 중재자

연구자들은 리뷰가 어떤 식으로 엔터테인먼트 상품의 성공에 영향을 미치는지에 대해, 평균적인 것뿐만 아니라 좀 더 자세한 수준의 이해를 만들어 왔다. 엔터테인먼트 경영자와 기자들은 상품마다 '리뷰가 잘 먹히는' 정도가 다르다고 주장하며, 우리는 어떠한 종류의 상품이 이런 범주에 들어가는지에 관한 통계적인 증거를 제시할 수 있다. 연구들은 상품의 특성 외에도 소비자, 거시 경제 조건, 배급업체에 리뷰가 미치는 영향 등에 관해서도 이야기해 왔다.

39) 리뷰가 된 여러 책은 '틈새시장용' 성격이 강한 것으로 광고비 지출이 적기 때문에, (기본적으로 더 높은 인지도를 기대할 수 있는) 주류 시장을 타깃으로 한 영화나 다른 엔터테인먼트 상품보다 인지 효과가 더욱 그럴듯하게 나타났다.

(1) 조정자로서의 상품 요소

연구자들은 장르 사이의 차이와 더불어 상업적인 것(주류 시장 타깃)과 독립적인 것(틈새시장 타깃) 사이의 리뷰가 잘 먹히는 정도의 차이에 대해서 분석해 왔다.

상업적인 상품과 독립적인 상품 사이의 관계에 관해서,[40] 겜서 등(Gemser et al., 2007)은 독립적인 상품의 수용자들이 (주로 리뷰가 이야기하는 내용인) 상품의 예술적 성취에 더 초점을 맞추는 반면, 상업적인 상품은 예술적으로 덜 야심적인 기준에 근거하여 평가된다고 주장했다.[41] 또한 상업적인 상품은 거기에 참여한 스타와 강력한 광고에 힘입어 독립적인 상품에 비해 소비자들에게 더 많은 품질 관련 신호[혹은 준(準) 검색 속성]를 제공한다. 이는 소비자에게 리뷰의 중요성을 더욱 제한한다.

실증적인 연구 결과는 이 논리가 사실임을 보여 준다. 라인스타인과 스나이더(Reinstein and Snyder, 2004)가 (비평가 에버트와 시스켈의 TV 리뷰 연구에서) 자신들의 영화 데이터 세트를 넓은 범위 개봉과 좁은 범위 개봉으로 나누었을 때, 이들은 리뷰 효과가 좁은 범위 개봉 영화에서만 존재한다는 것을 발견했다. 이런 영화들의 경우 '강력 추천!'은 거의 45% 더 높은 개봉 주말 수익을 만든 반면, 넓은 범위 개봉 영화에는 이런 효과가 전혀 없었다. 영화 리뷰에 관한 연구에서도 전문적인 리뷰가 좁은 범위 개봉작의 흥행 수익에 더 강하게 영향을 끼친다는 것을 볼 수 있었다(Hennig-Thurau et al., 2012b). 그리고 람펠과 샴시(Lampel and Shamsie, 2000)는 1991년에서 1992년 사이 개봉한 영화 409편의 데이터 세트를 대상으로 한 최소자승 회귀분석에서, 북

---

40) 엔터테인먼트 비즈니스 모델에 관한 I권 5장에서 이 근본적인 상품 유형을 논의했다.

41) 각기 다른 수준의 취향이 전문적인 리뷰와 주류 시장, 그리고 틈새시장 수용자 사이에서 어떻게 겹치는지에 관한 논의는 엔터테인먼트 상품 특성에 관한 I권 6장을 참고하라.

미 전체의 흥행 수익에서 리뷰 점수와 배급 크기가 음의 상호작용 효과가 나타난다는 것을 밝혔다.

더불어 상업적인 상품과 독립적인 상품 사이에 차이가 있는 다른 요소들에 관해서도 차이점을 발견했다. 리뷰는 스타가 출연한 영화, 속편, 강력한 광고와 높은 화제성을 포함한 영화들에 대해서 덜 효과적이었다. 마지막으로 우리의 연구 결과는 나중의 흥행 성적에 대한 리뷰의 효과가 개봉 시 좋은 성적을 거둔 영화에서는 낮다는 것을 보여 준다. 초기의 성공이 행위 기반 연쇄 확산을 촉진하고, 이로 인해 전문적인 리뷰가 제공한 정보가 밀려나는 것으로 추정된다.

연구자들은 영화의 경우 특정한 장르가 다른 장르에 비해 전문적 리뷰의 영향을 더욱 강하게 받는다는 증거도 모았다. 라인스타인과 스나이더(Reinstein and Snyder, 2004)의 연구와 우리의 연구(Hennig-Thurau et al., 2012b) 모두 극영화(劇映畵) 장르가 다른 장르에 비해 리뷰에 더욱 의존적이라는 업계의 가정을 지지한다. 라인스타인과 스나이더는 이 장르의 경우 '강력 추천!' 리뷰가 90%의 증가를 불러일으킨다는 것을 발견했다. 수용자들이 볼거리보다는 대화 위주의 영화에 대한 품질을 판단할 때 비평가들을 더욱 신뢰하는 것이라고 추정할 수 있다. 라인스타인과 스나이더는 액션영화에서는 리뷰의 효과를 발견하지 못했다. 코미디 영화가 극영화보다도 더 메타스코어로부터 이득을 본다는 것을 발견할 수 있었다. 그 이유는 무엇일까? 유머는 매우 독특한 것이기 때문에, 소비자가 코미디를 봄으로써 어떤 이익을 얻을 수 있을지가 매우 불명확하다. 따라서 이럴 경우 전문적인 비평가들이 우리 대다수를 구원해 주는 것이다. 하지만 어떤 종류의 코미디가 재미있는가를 결정할 때, 모든 비평가들이 똑같이 가치 있는 안내를 해 주는 것은 아니다. 라인스타인과 스나이더는 에버트와 시스켈의 평가가 코미디의 개봉 초기 성공에 끼치는 영향을 발견하지 못했다.

이러한 통찰은 '리뷰가 잘 먹히는' 엔터테인먼트 상품의 특징을 결정하는 요소가 무엇인지에 대한 순조로운 출발점이다. 그러나 학자들이 지금까지 연구한 상품 변인들은 굉장히 이질적이다. 많은 종류의 극영화가 있는 것처럼, 다양한 종류의 상업적인 상품이 있는 것이다. 영화 〈차일드 44(Child 44)〉는 스탈린이 지배하는 디스토피아적인 러시아를 배경으로 하는 극적인 스릴러로, 흥행 성적이 좋지 못했다. 업계 분석가 달레산드로(D'Alessandro, 2015b)는 그것을 부정적인 리뷰의 탓으로 돌리며 이렇게 주장했다. "당신이 스펙타클의 측면에서 음침한 주제를 다루고 있다면, 강력한 비평가의 지원이 필요하다." 비평가들에게 특별히 더 의존하는 종류의 이야기와 (하위) 장르가 실제로 있을까? 어떤 것이 그러할까? 나중에 엔터테인먼트 사이언스 연구에서 이 문제에 대해 추가적인 이야기를 할 수 있기를 희망해 본다.

(2) 조정자로서의 소비자 요소

각기 다른 엔터테인먼트 상품은 각기 다른 소비자들에게 호소력을 지니며, 전문적 리뷰에 대한 민감함의 정도 역시 각기 다르다. 2차 데이터를 통한 이러한 소비자 요인 연구의 한 방법은 대상 집단에 따라 상품을 코딩하는 것이다. 우리는 (지금은 존재하지 않는) 영화 추천 웹사이트 Jinni.com의 태그를 활용하여 1370개의 영화 데이터 세트에 이 작업을 실시했다. 그 결과 가족을 대상으로 한 영화는 다른 집단을 대상으로 한 영화에 비해 전문적인 리뷰에 체계적으로 영향을 덜 받는다는 것을 알 수 있었다. 이 효과는 개봉 첫 주 이후에만 나타났다.

이 문제에 대한 더 자세한 논의는 다시금 영화 부분에서 소비자 수준의 데이터를 수집한 캐나다 연구자 팀에게서 나왔다. 다스토스와 콜버트(d'Astous and Colbert, 2002)는 캐나다의 학생 영화 팬 120명을 대상으로 하여 영화 관람 결정 시 전문적 리뷰의 활용에 관한 몇 가지 가설을 실험했다. 이들에 대한 최소자승 회귀분석 결과 전문적인 리뷰는 ⓐ 영화에 대해 많이 알고 있고, ⓑ 일반적으로 다른 이들로부터 받는 사회적 영향력에 예민하며, ⓒ 낮은 수준의 자존감을 가진 소비자들이 더 많이 활용하는 것으로 나타났다. 그리고 연구자들이 오스트리아, 콜롬비아, 이탈리아에서 모은 소비자 450명의 데이터를 바탕으로 시행한 반복 연구는 이를 캐나다 이외의 지역에서도 일반화할 수 있음을 시사한다(d'Astous et al., 2005).[42]

(3) 매개자로서의 거시 요소

상품과 소비자 외에도 엔터테인먼트 상품 성공에 전문적인 리뷰가 끼치는 영향을 달라지게 하는 일반적인 요소가 더 있을까? 다르와 와인버그(Dhar and Weinberg, 2015)는 오랜 기간(1983년에서 2009년 사이)에 걸친 영화 약 1700편의 데이터 세트를 활용하여 해당 시기의 거시경제학적 조건이 영화 성공에 대한 전문적 리뷰의 역할에 영향을 끼치는지 시험했다.

소비자 정서 지표를 거시경제학적 조건의 척도로 활용하고 패널 일반화적률 회귀분석을 통해 결과를 추산하여,[43] 이들 연구자는 연구 결과가 경제 위기 상황에(의사결정이 더욱 조심스럽게 이뤄질 때) 소비자들이 전문적인 리뷰에 더욱 민감하게 반응한다는 자신들의 가정을 지지한다고 해석했다. 반면 소비자들의 정서 상태가 높을 때, 사람들은 엔터테인먼트 상품 선택에

---

42) 캐나다 샘플에 대해 다스토스와 콜버트(d'Astous and Colbert, 2002)는 영화 참여가 전문적 리뷰 활용에 부정적인 효과를 준다고 주장했다. 이는 해당 개념과 영화 지식이 겹치기 때문에 발생한 결과인 듯하다. 지식 요인이 회귀분석 모델에 포함되지 않았을 때, 참여의 효과는 두 경우 모두 긍정적으로 나타났다.

43) 연구자들은 흥행 수익—'수요 측면'—과 영화가 상영된 극장의 개수—'공급 측면'—에 별도의 방정식을 적용했다.

덜 비판적인 경향이 있다는 것을 발견했다.

그러나 다와 바인버그는 반대 의견도 제시했다. 자신들이 연구한 상호작용 매개변수의 작은 크기는, 불리한 시기에서의 소비자 행동 변화에 대한 비평가의 역할에 관해서는 경영자가 별로 신경 쓸 필요가 없다고 주장했다. 이는 경제적 조건의 '주 효과'와 다르다. 배급 관련 장에서 엔터테인먼트 상품의 발매 시기를 조사할 때 이 문제로 다시 돌아올 것이다.

(4) 조정자로서의 배급사

마지막으로, 소비자뿐만 아니라 엔터테인먼트 가치 사슬 속에서 어떤 상품을 소비자에게 제공할지 결정하는 이들, 예를 들어 극장주 같은 이들도 전문적인 리뷰를 읽는다는 첫 실증적 증거가 있다. 영화 788편에 대한 16만 5000개 이상의 결정(캐나다 퀘벡 지역에서 2002년부터 2011년까지 극장주들이 매주 내린 극장 수준의 결정)에 관한 연구에서, 르고 등(Legoux et al., 2015)은 전문적인 리뷰가 극장주의 상영 계획 결정에 영향을 끼친다는 것을 발견했다.

이 연구자들은 이산 시간 생존 모델(discrete-time survival model)에 대한 자신들의 분석과 계산에서 특정 극장에서 특정 영화가 몇 주 상영되었는지를 종속 변인으로 하고 (그 전 주 차의 영화 흥행 성적을 포함한) 다수의 변인을 통제했다. 이들은 전문적인 비평가들로부터 매우 높은 평가를 받은 영화들이, 덜 긍정적으로 평가를 받은 영화에 비해 차주에도 극장에 걸려 있을 확률이 평균적으로 37~66% 높다는 것을 발견했다. 이 효과는 영화 수명주기 전반에 걸쳐 더욱 확실해졌으며, 성공한 영화의 경우 더욱 높았다.

이제 소비자의 품질 인식과 전문적 리뷰와의 관련성을 살펴보는 것으로 전문적 리뷰 효과에 대한 논의를 마무리하도록 하자. I권에서 엔터테인먼트 상품 품질을 판단하는 것은 소비자에게 그렇게 쉬운 작업이 아니라는 것을 강조한 바 있다. 이는 엔터테인먼트 상품을 경험하기 전뿐만 아니라, 경험하는 중이나 경험한 후에도 마찬가지이다. 또한 엔터테인먼트 상품에 대한 소비자의 평가가 그것의 인기에 영향을 받으며, 엔터테인먼트 상품에 대한 소비자의 경험 후 평가에 대한 전문적 리뷰의 효과에서도 비슷한 증거가 있음을 밝힌 바 있다.

이 증거는 와이어트와 배저(Wyatt and Badger, 1984)의 실험에서 나왔다. 이들 연구자는 89명의 미국 학생들에게 코미디 영화 〈국민보건서비스(The National Health)〉에 관한 리뷰(연구자들이 긍정적, 중립적, 엇갈린 평가로 조절했다)를 보여주었다. 77점의 다속성 호감도 척도에서, 영화를 보기 전 긍정적인 리뷰를 읽은 이들의 평균 평가 점수는 59점이었는데, 이는 엇갈린 평가를 읽은 이들의 점수(51점)나 부정적 리뷰를 읽은 이들의 점수(49점)보다 유의미하게 높았다.

실제 영화 관람은 모든 조건에서 이뤄진다는 것을 명심하라. 즉, 영화 관람 전 긍정적인 리뷰만을 읽는 상황과는 다르다. 전반적으로, 분산에 관한 분석에서 리뷰의 비중은 소비자 영화 평가의 11%라는 주목할 만한 비율로 나타났다. 따라서 비평가들은 심지어 우리가 이 섹션에서 지금껏 이야기한 것보다 전반적으로 더욱 강한 영향력이 있는 것으로 보인다.

3) 경영자들의 전문적인 리뷰 활용(혹은 악용)

〈빅대디(Big Daddy)〉 제작 팀이 또 하나의 성공작을 만들었다!

— 영화 평론가 데이브 매닝(Dave Manning)의 영화 〈애니멀(The Animal)〉 평가(Hoaxes.org, 2014)

우리의 정의에 따르면 전문적인 리뷰는 일종의 '언드' 미디어이다. 하지만 다른 유형의 '언드' 미디어처럼, 그렇다고 해서 엔터테인먼트 경영자들이 자신들 상품의 성공을 위해 리뷰의 역할에 영향을 끼치려고 노력하지 않는 것은 아니다. 이를 위한 2가지 주요 방법이 있다. 리뷰를 접할 가능성에 영향을 미치거나, 비평가들의 평가를 합쳐서 통제가 더욱 용이한 커뮤니케이션 형태(즉, 페이드 미디어나 온드 미디어)로 만드는 것이다.

전문적 리뷰를 접할 가능성에 경영자들이 영향을 끼치는 일은 일반적으로 각 국가의 언론 자유 정도에 따라 제한적이다. 그러나 엔터테인먼트 경영자들은 비평가들이 언제 자신들의 신작을 접할 수 있게 할지를 결정할 수 있다. 실제로, 제작자들이 발매 전에 비평가들에게 새 상품을 접할 수 있게 할 때(영화, 게임, 음악, 도서 산업에서의 오랜 전통이다), 이제 그들은 계약상으로 '엠바고'를 설정하여 비평가들이 특정한 날짜 전(보통 개봉일 혹은 그 직전)에 자신들의 리뷰를 게재하는 것을 금지하고 있다(예: Brew, 2016). 이렇게 하는 것은 리뷰가 제작자들의 화제성 만들기 계획을 방해하는 것을 막거나, 상품 또는 그것의 줄거리에 관한 원치 않은 정보가 새어 나가는 것을 방지하는 데 도움이 된다.

전문적 리뷰의 타이밍에 영향을 미치는 좀 더 극단적인 방법은 공개적인 발매 이전에 비평가들에게 상품을 아예 공개하지 않는 것이다. 역사적으로, 영화사들이 우리가 앞서 이야기한 이유들 때문에 종종 개봉 전 공개를 막아 왔고,[44] 이를 통해 자신들 최악의 작품 개봉 첫 주 흥행 성적에 부정적인 영향을 끼칠 수 있는 정보들을 방지해 왔다(그림으로 된 예시는 Golder, 2015 참조). 그러나 이러한 방식에는 숨은 애로점이 있다. 비평가에게 상품에 관한 정보를 숨기는 행위 그 자체가 품질에 대한 증표가 된다는 것이

---

44) 자신의 스릴러 영화 〈사이코(Psycho)〉에 대해, 앨프리드 히치콕은 엄청난 반전이 새어 나갈까 봐 언론 시사회를 허락하지 않았을 뿐만 아니라 원작 소설을 사들이기도 했다. 별난 영화 〈스네이크 온 어 플레인(Snakes on a Plane)〉의 제작자들 역시 이 영화에 필수적인 것으로 여겨진 '신비주의 화제성'을 더하기 위해 시사회를 제공하지 않았다.

다. 사전 공개를 하지 않는 상품들은 대부분 전혀 그 값어치를 못했다. 예를 들어, 영화 〈헨젤과 그레텔: 마녀 사냥꾼((Hansel and Gretel: Witch Hunters)〉을 비평가에게 공개하지 않았을 때, 로튼 토마토는 사용자들에게(그리고 잠재적인 영화 관람객들에게) "이 영화에 대해 더 알려 주고 싶지만, 이 영화는 이번 주중에 비평가들에게 시사회를 제공하지 않을 예정이라고 한다. 이는 절대 좋은 신호가 아니다"라고 했다(*TV Tropes*, 2013).

전문적 비평의 긍정적인 힘을 증폭시키기 위해, 경영자들은 종종 해당 리뷰들을 자신들의 페이드 미디어와 온드 미디어의 구성 요소로 활용한다. 예를 들어 포스터와 예고편에 리뷰의 한 토막을 포함하는 식이다. 우리는 '좋은 광고'의 관점에서 이러한 행동의 효과에 대해 논의했다. 그러나 경영자들은 가끔 이러한 방식을 제멋대로 사용하기도 한다. 전후 관계를 무시하고 비평가의 비평을 사용하는 것이다. 영화 〈27번의 결혼 리허설(27 Dresses)〉의 광고는 ≪엔터테인먼트 위클리≫의 해당 영화 리뷰 "캐서린 헤이글이 빛난다!"를 인용했다. 그러나 이 세 단어는 다음과 같이 이어지는 사진 설명의 첫 부분이었을 뿐이다. "… 그러나 〈27번의 결혼 리허설〉의 정형화된 로맨틱 코미디는 제단으로 가는 길에서 비틀거리고 만다"(Bialik, 2009). A.V. Club의 영화 편집자 다우드(Dowd, 2015)는 글 전체를 통해 영화 〈엑시덴탈 러브(Accidental Love)〉 DVD 겉면에 호도된 인용구를 지적했다. 그의 글 제목은 의심의 여지가 없다. "아니요, 나는 당신의 형편없는 영화를 '훌륭한 코미디'라고 한 적이 없어요." 이런 경우, 전체 인용은 광고에서 인용한 것과는 매우 다른 판단을 보여 주고는 한다.

아마도 전문적 리뷰를 악용한 가장 극단적인 위법 행위 사례는 2000년 무렵, 코네티컷의 리지필드에서 자란 한 소니 마케팅 매니저가 데이브 매닝을 창조했던 일일 것이다. ≪리지필드 프레스≫의 비평가로서 매닝은 소니에서 나온 영화 4편에 관한 행복한 리뷰들을 '썼으며', 여기에서 인용된 문구들은 지면 광고에 실렸다(*Hoaxes.org*, 2014). 이 섹션 서두의 인용구가 바로 매닝의 기교를 보여 주는 예시이다. ≪뉴스위크≫의 기자가 진실을 밝혀냈을 때(즉, 그가 존재하지 않는 인물임을 밝혀냈을 때), 소니는 처음에 자신들의 행위가 '언론의 자유'를 통해 정당화될 수 있다고 주장했다. 그러나 결국 해당 영화들을 극장에서 영화를 본 소비자들이 제기한 집단소송으로 인해 150만 달러를 배상하는 것에 합의했다(Phipps, 2005).

오늘날 이러한 방법의 위험 요소는 대단히 크다. 소비자들은 이러한 웃기는 일을 빠르게 찾아내며, 소셜 미디어의 핀볼 메커니즘을 통해 철저하게 파괴해 버린다. 그리고 엔터테인먼트 사이언스는 이런 행위가 긍정적인 잠재력마저도 없다고 알려 준다. 무명의 비평가가 수용자들을 새로운 상품으로 향하게 만드는 일은 매우 제한적인 가능성만 있을 뿐이다. 라오 등(Rao et al., 2017)이 광고 효과에 차이를 만들어 내는 것은 '톱 비평가들'에게나 허락된 일임을 밝혀냈다는 사실을 명심하라(이는 무명 신문사의 무명 비평가에게는 적용되지 않는 지위이다).

이 책은 새로운 엔터테인먼트 상품의 매력을 타깃 수용자에게 전달하는 훨씬 좋은 방법들을 제시했다. 전문적인 비평가들의 경우, '훌륭한' 작품을 생산하는 것이 가장 확실한 보증이라고 여겨진다. 여기에는 한 가지 추가적인 이득도 있다. 이제 상을 타는 것의 성공 잠재력에 대해 살펴보는 것으로 엔터테인먼트 커뮤니케이션 논의를 마무리하도록 하자.

5. 엔터테인먼트 업계 탁월함의 인정인 수상(受賞)

[오스카 상]은 사람들을 영화관으로 불러 모으기 위해 중요하다. 그것이 모든 상의 원칙적인 의미이다.

— 배우 하비에르 바르뎀(Javier Bardem)(Likesuccess.com, 2017 인용)

1) 엔터테인먼트 상의 몇 가지 필수 요소

엔터테인먼트 상품의 예술적 속성은 어디에나 있는 전문적 리뷰에만 반영되는 것이 아니라, 상 및 해당 상이 수여되는 시상식에 사회가 기울이는 관심에도 존재한다. 엔터테인먼트 상은 각 엔터테인먼트 상품 유형 고유의 다양한 기관에서 수여한다. 모든 상이 자신들의 독자적인 규칙을 따르지만, 그 속의 논리는 거의 항상 똑같다. 예술적 품질과 성과를 예우하기 위함이다.45)

영화의 경우, 예술적 우수성에 대한 가장 두드러진 인정은 영화예술과학아카데미(AMPAS: 영화 창작자와 제작자의 엘리트 집단)가 수여하는 오스카 상이다. 다른 주목할 만한 영화상은 골든 글로브 상, 칸 국제 영화제의 황금종려상, 영국 아카데미 상(British BAFTA awards)이다. 소설의 경우 스웨덴 한림원의 전문가 심사위원단이 작가들에게 수여하는 노벨 문학상보다 커다란 상은 없다. 작가들을 위한 다른 널리 알려진 영예로운 상은 퓰리처 상, 맨부커 상, (아동문학에 가장 뛰어난 공헌을 한 사람에게 수여되는) 뉴베리 상 등이 있다.

---

45) 엔터테인먼트 상의 두 번째 유형은 상품의 상업적 성과에 기반하는 것이다(골드 혹은 다이아몬드 레코드처럼). 경제 용어로 이러한 상은 상품의 상업적 성공을 시각화하는 기능을 한다고 말하며, 인기 순위와 비슷하다.

음악의 경우 그래미 상(음악 전문가들의 모임인 레코딩아카데미가 수여한다)이 독보적이다. 다른 잘 알려진 음악상은 아메리칸 뮤직 어워드와 MTV 뮤직 어워드가 있다. 게임 관련 상은 (비디오 게임 개발자 모임인 '게임개발자회의' 회원들이 수여하는) 게임 디벨로퍼스 초이스 어워드(Game Developers Choice Awards)와 게임 어워드(Game Awards)가 있다. TV 프로그램과 관련한 가장 유명한 상은 에미 상[제작자와 배급사 모임인 텔레비전아카데미(Television Academy)가 정하는 핵심적인 상들을 포함한다], 그리고 영화와 마찬가지로 골든 글로브 상이다.

2) 수상과 성공: 둘 사이의 관계에 대해 엔터테인먼트 사이언스가 우리에게 말하는 것

(1) 수상의 상업적 효과를 밝히는 일이 어려운 이유

시상식의 시청률이 높은 것은, 엔터테인먼트 상품 전문가들이 양질의 작품이라고 생각하는 것에 우리가 관심이 있다는 사실을 보여 준다. 벡(Beck)의 앨범 〈모닝 페이즈(Morning Phase)〉가 2015년 2월 그래미 올해의 앨범 상을 받았을 때 해당 앨범에 대한 구글 검색량은 100배가 증가했는데, 이는 해당 앨범의 이전 최고 검색량보다 5배 높았다. 그리고 마리오 바르가스 요사(Mario Vargas Llosa)가 2010년 노벨 문학상을 받았을 때, 사람들은 그의 1970년대 소설 『나는 훌리아 아주머니와 결혼했다(La Tia Julia Y el Escribidor)』를 직전 달보다 10배 더 자주 검색했다.

검색 효과가 상품마다 매우 다르며, 이는 보통 단시간 지속되고 곧 예전 수준으로 떨어진다는 것 역시 알 수 있다. 그리고 검색은 소비자의 관심을 의미하지만, 그것을 상업적인 성공과 동일시할 수는 없다. 하지만 상업적인 성공에 대한 상의 영향력에 대해 논하는 것은 복잡한 일이다. 입소문과 마찬가지로, 상은 상품의 품질에 대한 정보를 제공하며 이것은 소비자들 사이의 정보를 담은 연쇄 확산의 일부가 될 수 있다. 그러나 전문적인 리뷰와 마찬가지로, 상은 품질(및 전문적인 리뷰들)과 겹치며 이는 상의 진정한 인과적 기여도를 측정하는 것을 어렵게 한다. 상의 영향력을 수량화하기 위해 기본적으로 요구되는 것은 이러한 품질 변인을 포함하는 것이다. 그렇지 않으면, 상은 자신의 영역을 그릇되게 설정하며 그것의 가치는 부풀려진다.[46)]

하지만 상의 경우에서 진짜 인과적 효과를 알아내는 것은 더욱 복잡하다. 엔터테인먼트 상품은 보통 시장에 발매된 지 몇 달 후에 상을 받는 영광을 누리기 때문이다. 따라서 엔터테인먼트 상품의 짧은 수명주기와 더불어 역(逆)인과성은 심각한 문제이다. 10월에 개봉한 영화에 (다음 해) 2월에 수여된 오스카 상은, 2월 이전의 영화 관람객들에게 영향을 미치지 못한다. 즉, 상에 대한 통계적 모델을 계산할 때 시기는 특히 중요하다.

그리고 한 가지가 더 있다. 상의 예술적 관점으로 인해 이들은 보통 예술적이고 독립적인 엔터테인먼트 범주에 속한 상품에 수여되며, 상업적인 상품에 주어지는 일은 거의 없다. 그러므로 오스카 수상의 경제적 성공에 관해 이야기할 때, 오스카 상을 받은 저예산 영화 〈문라이트(Moonlight)〉를 마블 영화 〈어벤저스〉와 비교해서는 안 된다. 그보다는 상을 받지 못한 다른 저예산 영화와 〈문라이트〉를 비교해야 한다. 결합 모델에서 두 범주를 혼합할 경우, 결과는 편향되기 쉽다. 오스카 수상작의 비교적

---

46) 스미스와 스미스(Smith and Smith, 1986)의 역사적인 연구를 예로 들어 보자. 이들은 최소자승 회귀분석을 통해 1940년에서 1980년 사이 개봉한 영화 600편의 수익을 설명했다. 이들의 연구는 최근 영화에 대한 우리의 연구(Hennig-Thurau et al., 2006b)보다 오스카 매개변수를 더 높게 측정했다. 스미스와 스미스는 어떠한 품질 변인도 통제하지 않았지만, 우리는 소비자 평가인 시네마스코어(CinemaScore) 점수와 IMDb 점수를 통제했다.

저조한 상업적 성과가 상에 기인한 것으로 잘못 여겨질 수 있는 것이다.

(2) 오스카 상을 현금 가치로 평가하는 것, 그리고 알게 된 다른 것들

그렇다면 우리가 상의 재정적 가치에 대해 알고 있는 것은 무엇일까? 이 문제에 대한 가장 권위 있는 연구는 넬슨 등(Nelson et al., 2001)의 것으로, 이들은 오스카 상의 세 분야(최우수 작품상, 남우/여우 주연상, 남우/여우 조연상)에서의 시상 및 후보 지명이 영화의 흥행 수익에 미치는 영향을 조사했다. 그들의 데이터 세트는 1978년에서 1987년 사이 오스카 상 세 분야 중 하나의 후보에 오른 영화 131편을 모두 포함했다. 다른 종류의 영화(후보에 올랐지만, 계통적으로는 다른)가 아닌, 같은 종류의 영화(오스카 상 후보에 오른 영화와 후보에는 오르지 못했지만 비슷한 영화)를 비교함으로써 이들은 우리가 상 속에 존재한다고 주장한 처리(혹은 '선택') 편견(즉, 〈문라이트〉와 〈어벤저스〉를 비교하는 것 같은 일)을 방지했다. 그리고 II권에서 다른 성공 동인들에 관해서는 이미 논의한 바 있다.[47)]

그러자 넬슨 등은 주간 영화 흥행 성적 데이터를 활용하여 고정효과 회귀분석 모델을 실시했고, 이를 통해 주간 영화 흥행 성적 결과에 상이라는 범주가 끼치는 영향을 조사했다. 이들은 이러한 정보를 자신들이 영화가

---

47) 우리는 엔터테인먼트 브랜딩에서의 이러한 처치 편향에 대해 논의했다. 그러나 넬슨 등의 방식에는 한 가지 주의할 점이 있다. 이들의 단일한 선택 기준은 같은 주에 개봉한 영화를 후보작에 오른 영화로 선정하는 것인데, 이는 다른 '성공 동인'으로 인한 잠재적인 차이점을 제거하지 못할 수도 있다(장르, 제작비, 혹은 특히 중요한 영화의 품질 등을 생각해 보라). 클레멘트 등(Clement et al., 2007b)은 오스카 상 후보에 오른 영화들과 그렇지 않은 영화들의 차이를 면밀히 조사했다. 특히, 그들의 연구 결과는 비평가들이 평가한 오스카 상 후보에 오른 영화들의 품질이 후보에 오르지 못한 영화들에 비해 명백히 높다는 증거를 제시했다. 결과적으로, 이 섹션에서 우리가 제시한 넬슨 등의 연구 결과는 여전히 상을 통해 공인된 영화와 그렇지 못한 영화들 사이의 체계적 편향을 포함하고 있을 것이다. 따라서 이는 영역의 하단을 표시하는 '보수적인' 추정으로 여겨져야 한다.

극장에서 상영되는 평균 주의 수를 추정하는 생존 함수와 결합했다(여기에는 상을 받은 영화가 더 오래 남아 있을 것이라는 공급 측면의 효과를 가정했다).[48] 이들은 상의 세 부문 모두가 영화 상영 기간을 늘렸지만, 최우수 작품상과 주연상 부문만이 주간 수입에 영향을 끼친다는 것을 발견했다. 오스카 상 후보에 오르지 못한 평균적인 영화를 후보에 오른 (그리고 상을 받은) 동일한 종류의 영화와 비교하는 시뮬레이션에서 추정 매개변수를 사용하여, 이들은 영화가 상에서 (그리고 후보에 오르는 것만으로도) 이득을 얻을 수 있다는 연구 결과를 제시했다. 그러나 상의 효과는 시상 부문에 따라, 그리고 해당 영화가 개봉한 시기에 따라 달라진다. 이들의 분석에 따르면, 모든 장르에 걸쳐 4/4분기에 개봉한 영화가 1/4분기에 개봉한 영화에 비해 오스카 상으로부터 7배 많은 가치를 창출했다.

달러로 따지면, 〈그림 2.9〉에서 우리가 제시한 바와 같이 넬슨 등이 찾아낸 '오스카 상 효과'는 상당히 크다. 연구자들은 4/4분기에 개봉한 영화가 최우수 작품상을 받을 경우 영화 수익은 평균 1600만 달러 증가한다고 추산했다(이는 1987년 화폐가치로서, 2017년 가치로 환산하면 3500만 달러이다). 이들이 상 범주를 독립변인으로 다뤘지만, 우리는 둘 사이에 부정적인 상호 관계가 있다고 예상한다. 오스카 상의 주연상 부문 수상을 더한 증분 가치는 최우수 작품상만 받았을 경우보다 낮을 것이다.

---

48) 시장에 대한 조사 결과에 따르면, 영화를 더 오랫동안 상영하는 것만이 공급 측면의 효과는 아니었다. 극장에서는 종종 오스카 상 후보 지명 및 수상의 결과로 영화를 극장에 걸어 놓는 기간을 더 늘리기도 한다. 예를 들어 영화 〈셰이프 오브 워터: 사랑의 모양(The Shape of Water)〉이 2018년 13개 부문의 후보에 올랐을 때, 이 영화를 상영하는 극장의 수는 2배 이상 증가했다(853곳에서 1854곳으로, 혹은 117% 증가). 이는 영화가 후보에 오르기 전 주말에 비해 흥행 수익이 171% 증가한 것과 밀접하게 연관되어 있다. 넬슨 등은 자신들의 연구 결과를 공급 측면과 수요 측면 효과로 나누지 않았기 때문에, 이것을 입증되지 않은 일화적 증거로서 제시할 수밖에 없다.

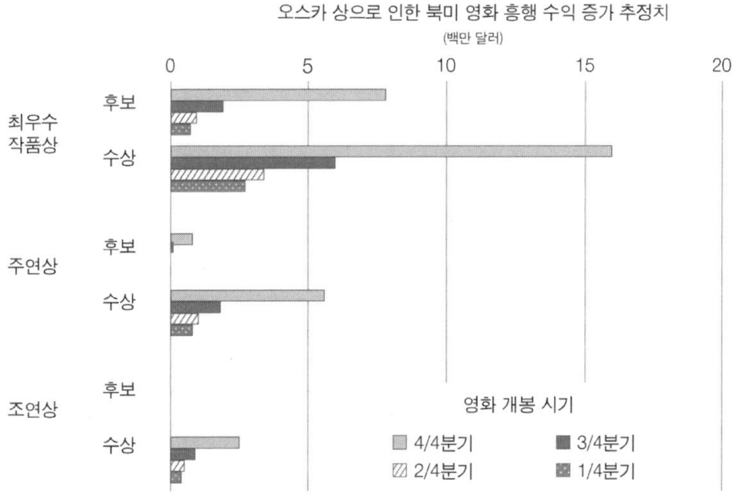

〈그림 2.9〉 오스카 상 수상과 후보 진입의 금전적 효과

주: 추산치는 생존 가능성으로 보정된 흥행 수입 효과이다. 모든 수치는 1987년 화폐가치 기준이며 2017년 가치 환산 시 2.2배 증가한다.
자료: Nelson et al.(2001)이 보고한 연구 결과 참조.

이러한 효과를 평가할 때, 학자들이 북미 극장가에서의 성공만을 살펴본다는 것을 명심해야 한다. 영화제작자들은 현재 극장보다 다른 채널에서 많은 수익을 얻고 있으므로,[49] 직접적으로건 혹은 채널 간 행위 기반 연쇄 확산을 통해서건 상이 다른 채널에서도 수익을 올리는 데 도움이 된다고 예상한다.

영화 분야에서 가장 저명한 상인 오스카 외에, 다른 상에는 이러한 효과가 어느 정도로 존재할까? 겜서 등(Gemser et al., 2008)은 영화 재무 성과에 13개의 각기 다른 상이 미치는 역할에 관해 연구했다. 이들은 1997년에서 2001년 사이에 개봉했으며 수상작 발표 후에도 계속 상영된, 상을 탄 영

49) 엔터테인먼트 상품의 배급 채널에 관한 좀 더 자세한 논의는 3장을 참조하라.

화 300여 개의 데이터 세트를 활용했다. 이 연구자들은 수상작 발표 2주 후와 4주 후의 데이터에 별도의 최소제곱 회귀분석을 실시하여 상이 흥행 실적과 배급(해당 영화가 상영되는 상영관의 개수)에 미치는 영향을 측정했다. 이들은 다른 성공 동인들(예: 광고비 지출)과 더불어 시상식 이전의 흥행 성적과 상영관 개수를 통제했다. 하지만 이들은 잠재적인 처리 편향은 수정하지 않았다. 겜서 등의 연구 결과는 (모든 범주에 걸쳐) 특정 영화가 받은 상의 총 개수, 그리고 그것이 받은 각기 다른 상의 개수가 흥행 성적과 영화에 할당되는 상영관의 개수를 늘린다는 것을 확인했다. 그러므로 상의 경제 잠재력은 오스카 상 수상에만 국한되어서는 안 된다.

흥미롭게도 연구자들은 누가 수상작을 뽑았는지도 수용자에 대한 상의 효과에서 중요하다는 점을 발견했다. 모든 상에 걸쳐, 전문가가 수여한 상(골든 글로브처럼)이 업계 동료들이나 소비자가 뽑은 상보다 유의미하게 훨씬 더 영향력이 있었다. 적어도 이런 점에서 오스카는 (통계적인) 규칙에서 분명 예외라고 할 수 있다.

우리는 다른 엔터테인먼트 분야에서의 상의 효과에 대해 분명 잘 모른다는 것을 인정할 수밖에 없다. 음악, 서적, 게임 분야 상에 관한 추후 연구는 해당 상들의 영향력에 대해 더 잘 이해할 수 있게 해 줄 것이며, 상을 받기 위한 경영자들의 노력에 대한 근거로서 작용할 것이다. 이 내용은 이어지는 하위 섹션에서 다룰 것이다. 그러나 이 문제로 넘어가기 전에, 학자들의 연구로부터 반드시 알아야만 하는 것 하나를 추가하고자 한다. 상이 주는 이득이 재무 이익에 국한되지 않는다는 것이다.

오스카 상을 받은 배우들의 인생 경로에 대한 연구에서, 리델마이어와 싱(Redelmeier and Singh, 2001)는 오스카 상 수상자들이 평균적으로 거의 4년을 더 산다는 것을 발견했다(80세 vs. 76세). 그들은 오스카 상 수상자와 후보에 오른 사람 1649명의 수명 기대치를, 상을 받지 못한 동성(同性)의 같은 영화 출연 배우와 비교하여 이러한 통찰을 얻었다. 출생 관련 인구학적 요소는 결과에 영향을 미치지 않았다. 오스카 상을 한 번 이상 받은 사람의 경우 심지어 더 긴 수명 기대치가 있지만, 후보에 오른(그러나 상을 받지는 못한) 경우는 후보에도 오르지 못한 사람과 비교해서 어떠한 이득도 얻지 못했다. 따라서 오스카 상이 우리를 불멸의 존재로 만들 수는 없다 해도, 좀 더 오래 살 수 있게 해 주는 경향은 있는 것이다. 왜 이럴까? 이들 연구자의 말을 빌리면, '성공이 생존 이득을 주기 때문'이다(Redelmeier and Singh, 2001: 960).

3) 경영자들의 수상 실적 활용(혹은 악용)

상이 특수한 종류의 '언드' 미디어 보도로서 엔터테인먼트 상품에게 상업적인 이득을 가져다줄 수 있음을 살펴봤다. 전문적인 리뷰와 마찬가지로, 엔터테인먼트 경영자들은 이 이득을 얻기 위한 몇 가지 관습들을 개발했다. 수상 기회에 영향을 미치는 것, 그리고 만일 수상에 성공한다면 이것을 지렛대 삼는 것이다.

수상 가능성에 영향을 끼치기 위해, 경영자들은 마케팅 믹스를 망라하는 관습들을 실행한다. 이 중 하나는 발매 시기를 포함한다. 넬슨 등(Nelson et al., 2001)은 후반기에 (극장에서) 공개된 수상작 영화들이 훨씬 더 높은 수익 창출 잠재력이 있음을 증명했다. 그것은 단지 늦게 개봉한 영화라면 상을 받았을 무렵에도 여전히 극장에 걸려 있을 가능성이 높기 때문이다. 하지만, 다음 장에서 논의할 것처럼 배급 시기는 복잡한 문제이며 수상 영향력과 관계된 최선의 시기는, 소비자의 수요나 경쟁작 등의 다른 기준에서는 덜 매력적인 시기일 수도 있다. 경영자들은 배급 고려 사항에 상의 효과를 포함해야 하지만, 그것은 다른 요소들과 균형을 이뤄야 한다. 특히, 시상 가능성이 거의 없고 매우 불확실할 경우 더욱 그렇다.

두 번째 인기 있는 경영자들의 관습은 광고 예산을 수상 후보작에 집중하는 것이다. 종종 영화사는 수상작을 선택하는 이들을 목표로 삼은 홍보 전략을 수립하고는 한다. 요즘 할리우드 영화사들은 오스카 상 수상 운동에 다 합쳐서 약 1억 5000만 달러가량을 쓴다(Kirkham, 2015). 팔로우스(Follows, 2015)는 이러한 오스카 상 수상 운동에 대한 상세한 분석에서 영화사들이 후보작 하나당 500만~600만 달러를 쓴다고 밝혔다. 어떤 상황에서는 지출액이 이것의 2배가 되기도 한다(영화감독 하비 와인스틴은 성공적인 결과로 끝난 〈셰익스피어 인 러브(Shakespeare in Love)〉의 오스카 상 수상 운동에 1500만 달러를 썼는데, 이는 2017년 화폐가치로 약 2300만 달러에 달한다). 대부분의 돈은 ('한 번 고려해 보세요'로 특징지어지는) 타깃 광고를 하는 데 들어간다. 그다음 영화의 '시사용' 버전을 만들어 영화예술과학아카데미 회원에게 제공하며, 동시에 극장 시사회도 개최한다. 영화 산업에서 이러한 수상 운동 예산의 절반 이상이 후보작 발표 전에 사용된다. 남은 예산은 후보작에 들어간 영화들에 집중되며, 이를 통해 후보작을 수상작으로 만들고자 노력하게 된다(Follows, 2015).

이런 지출은 정당한가? 수상 운동 비용을 넬슨 등의 수익 추정치와 연결 지어 보면 잠정적인 답을 얻을 수 있다. 4/4분기에 개봉한 오스카 수상작 영화가 2000만 달러의 추가적인 극장 수익, 그리고 영화 수명주기 동안 다른 채널들로부터 어림잡아 극장 수익의 2배 정도를 영화사에 가져다준다고 해 보자(여기에 후속편을 제작하거나 판권을 팔면 더 높은 브랜드 가치 수익을 얻을 수도 있다).[50] 그렇다면 오스카 상 수상 운동에 2000만 달러까지는 지출하는 것

---

50) 후속편[혹은 전편(프리퀄)]이 만들어진 오스카 수상작으로는 〈록키(Rocky)〉, 〈프렌치 커넥션(The French Connection)〉, 〈밤의 열기 속으로(In the Heat of the Night)〉, 〈양들의 침묵(The Silence of The Lambs)〉, 〈반지의 제왕(Lord of the Rings)〉 등이 있다. 물론 〈대부(The Godfather)〉도 있다. 우리는 이 영화들의 속편이 오스카 상을 받았기 때문에 만들어졌다고 생각하지 않는다. 그러나 이 섹션에서 제시한 오스카의 가치에 근

이 정당화된다. 하지만, 물론 종종 영화들은 상을 타지 못한다. 그러므로 포트폴리오 관점은 적절하다. 영화사는 수상작과 후보작의 개수를 통해 오랜 시간을 들여 지출의 균형을 맞춰야 한다. 오스카 상 후보와 수상 이면의 논리를 설명하려고 노력해 온 몇몇 엔터테인먼트 사이언스 연구자들의 작업이 이 지점에서 도움이 될 것이다(예: Krauss et al., 2008; Pardoe and Simonton, 2008).

마지막으로, 한 엔터테인먼트 상품이 상을 받게 되면 이 성과가 어떤 식으로 상업화될까? 여기에서도 전문적인 리뷰와 동일한 기본적 규칙이 적용된다. 후보에 오른 것과 수상 내역은 새로운 포스터에 들어가고, 웹페이지에 포함되며, 새로운 예고편에 추가되고, 상품의 포장에 표시된다(앨범 혹은 DVD 커버 등). 그리고 상은 품질의 증표이기 때문에 (특히 '대체 신호'), 이는 버전 차별 전략(versioning approach)으로서 상품의 특별 판(유니버설의 '오스카 에디션' 영화 DVD처럼) 발매를 정당화하는 데 활용되기도 한다. 이미 극장 상영이 끝난 영화가 상을 받으면 '재개봉'이라는 이름으로 극장에 다시 걸리기도 한다. 이를 통해 제작자들은 원 상영 기간 동안 이 영화에 관심이 없던 소비자들의 관심이 점화되는 것을 기대한다.

6. 맺음말

우리는 가장 자주 다뤄지는 언드 커뮤니케이션의 형태인, 입소문에 관

거하여, 이 작품들이 전작들의 수상으로부터 이득을 얻었다고 생각한다. 그렇다면 왜 더 많은 오스카 수상작들이 시리즈로 만들어지지 않았는가? 이는 오스카 투표인단이 드라마와 슬픈 결말의 작품(〈타이타닉〉을 생각해 보라!)을 선호하기 때문인 듯하다. 이는 브랜드 가치에 영향을 미친다.

한 엔터테인먼트 사이언스 연구자들이 모아 놓은 통찰을 검토하는 것으로 이 장을 시작했다. 3가지 유형의 입소문인 전통적 입소문, 소셜 미디어 입소문, 인터넷에 유통되는 전자 형태의 입소문을 구별했는데, 이들은 엔터테인먼트 상품의 매출에 영향을 미치고 있으며, 서로를 대체하는 것 그 이상이다. 엔터테인먼트 상품이 발매된 수 주, 그리고 수 달 동안 입소문의 유인성은 광고 및 수많은 다른 '성공 동인'들보다 더 크게 매출에 영향을 미친다. 이 강력한 영향력은 입소문이 소비자에게 '대체 신호'이기 때문이며, 엔터테인먼트 상품에 대한 실제 사람들의 실제 경험에 대한 공유를 포함하고 있기 때문이다. 따라서 이러한 커뮤니케이션을 '정보를 담은 연쇄 확산'이라고 칭했다.

그러나 정보가 결여된 연쇄 확산 역시 매우 영향력이 있다. 높은 차트 순위를 통해 나타나는 기대감("미국 최고의 로맨틱 코미디!") 외에도, 발매 전 화제성을 통해 드러나는 소비자의 열광적인 기대감이 강력한 징후를 제공한다는 것을 알 수 있었다. 2가지 모두 새로운 엔터테인먼트 상품의 성공을 이끌지만, 각기 다른 시기에 작용한다. 게다가, 자동 개인화 추천 시스템은 특정 상품의 소비자 선호에 대한 정보를 많은 소비자들이 소중하게 여기는 정보로 가공한다. 이러한 추천을 제공하는 기본적인 방식들(상호 협력 여과 방법, 내용 기반 추천, 혼합 방식)을 살펴봤으며, 이들 각각의 강점(과 한계)에 대해 논했다.

추천 시스템은 소비자 데이터와 그들의 행위를 합치는 것인데, 엔터테인먼트 기업의 또 다른 주주들로부터 '얻어 내야 하는' 정보에 관해서도 살펴봤다. 실증적인 증거들을 검토하여 전문적인 리뷰가 실제로 상품 매출에 영향력이 있으며, 적어도 오스카와 같은 몇몇 업계의 상 또한 그러하다고 결론을 내렸다. 그리고 각기 다른 상들의 이런 효과가 어떻게 현금화되는지를 확인했으며, 후보에 오르거나 수상함으로써 얻을 수 있는 것을 결정하는 요인들에 관한 통찰을 제공했다.

이것으로 엔터테인먼트 커뮤니케이션에 대한 분석을 마친다. 이제 배급의 문제로 간다. 만일 엔터테인먼트 상품을 구할 수 없거나 구하는 게 너무 힘들어서 그것을 얻고자 하는 자신들의 욕망에 따라 행동할 수 없다면, 그 상품의 성공이 저해될 것이다. 엔터테인먼트 산업에서 배급의 주요 난제는 상품 발매의 적기를 찾는 것, 현 디지털 시대에 엔터테인먼트 산업 내에 존재하는 다양한 배급 채널을 조화롭게 조정하는 것, 상품 해적판들과의 불법적인 경쟁을 어떻게 처리할 것인가 등을 포함한다.

참고문헌

Adomavicius, G., Bamshad, M., Francesco, R., & Tuzhilin, A. (2011). Contextaware recommender systems. *AI Magazine, 32*.

Amatriain, X., & Basilico, J. (2012). Netflix recommendations: Beyond the 5 stars (Part 2). *The Netflix Tech Blog*, June 20, https://goo.gl/N6QNK9.

Arndt, J. (1967). Role of product-related conversations in the diffusion of a new product. *Journal of Marketing, 4*, 291-295.

Asai, S. (2015). Determinants of demand and price for best-selling novels in paperback in Japan. *Journal of Cultural Economics, 40*, 375-392.

Austin, B. A. (1989). *Immediate seating: A look at movie audiences*. California: Wadsworth Pub. Co.

Bandura, A. (1977). *Social learning theory*. Englewood Cliffs, N.J.: Prentice-Hall.

Bart, P. (2017). Peter Bart: Amazon raises bet on movie business, but rivals still baffled about long-term strategy. *Deadline*, March 10, https://goo.gl/t46Vvj

Basuroy, S., Chatterjee, S., & Abraham Ravid, S. (2003). How critical are critical reviews? The box office effects of film critics, star power, and budgets. *Journal of Marketing, 67*, 103-117.

Berger, J. (2014). Word of mouth and interpersonal communication: A review and directions for future research. *Journal of Consumer Psychology, 24*, 586-607.

Berger, J., & Schwartz, E. M. (2011). What drives immediate and ongoing word of mouth? *Journal of Marketing Research, 48*, 869-880.

Berger, J., & Milkman, K. L. (2012). What makes online content viral? *Journal of Marketing Research, 49*, 192-205.

Bhattacharjee, S., Gopal, R. D., Lertwachara, K., Marsden, J. R., & Telang, R. (2007). The effect of digital sharing technologies on music markets: A survival analysis of albums on ranking charts. *Management Science, 53*, 1359-1374.

Bialik, C. (2009). The best worst blurbs of 2008. *Gelf Magazine*, January 2, https://goo.gl/gvDHhB.

Bikhchandani, S., Hirshleifer, D., & Welch, I. (1998). Learning from the behavior of others: Conformity, fads, and informational cascades. *Journal of Economic Perspectives, 12*, 151-170.

Bishop, B. (2017). How Netflix is trying to rewrite movie marketing with Bright. *The Verge*, December 19, https://goo.gl/VnDjM7.

Böll, H. (1963). *Ansichten eines Clowns*. Cologne: Kiepenheuer & Witsch.

Brew, S. (2016). Movie embargoes: What are they, and why do they matter? *Den of Geek*, July 15, https://goo.gl/Za6igw.

Brodnig, I. (2015). Netflix-Produktchef Neil Hunt: 'Ich weiß das alles über Sie'. *profil*, December 11, https://goo.gl/67ACyu.

Buli, L., & Hu, V. (2015). Data science and the music industry: What social media has to do with record sales. *hypebot*, December 6, https://goo.gl/tET39C.

Burke, R. (2002). Hybrid recommender systems: Survey and experiments. *User Modeling and User-Adapted Interaction, 12*, 331-370.

Chen, Y., Liu, Y., & Zhang, J. (2012). When do third-party product reviews affect firm value and what can firms do? The case of media critics and professional movie reviews. *Journal of Marketing, 76*, 116-134.

Chevalier, J. A., & Mayzlin, D. (2006). The effect of word of mouth on sales: Online book reviews. *Journal of Marketing Research, 43*, 345-354.

Chintagunta, P., Gopinath, S., & Venkataraman, S. (2010). The effects of online user reviews on movie box office performance: Accounting for sequential rollout and aggregation across local markets. *Marketing Science, 29*, 944-957.

Clement, M., Proppe, D., & Rott, A. (2007a). Do critics make bestsellers? Opinion leaders and the success of books. *Journal of Media Economics, 20*, 77-105.

Clement, M., Christensen, B., Albers, S., & Guldner, S. (2007b). Was bringt ein Oscar im Filmgeschä ft? Eine empirische Analyse unter Berücksichtigung des Selektionseffekts. *Schmalenbachs Zeitschrift für betriebswirtschaftliche Forschung, 59*, 198-220.

Clement, M., Hille, A., Lucke, B., Schmidt-Stölting, C., & Sambeth, F. (2008). Der Einfluss von Rankings auf den Absatz — Eine empirische Analyse der Wirkung von Bestsellerlisten und Rangpositionen auf den Erfolg von Büchern. *Schmalenbachs Zeitschrift für betriebswirt schaftliche Forschung, 60*, 746-777.

Clement, M., Wu, S., & Fischer, M. (2014). Empirical generalization of demand and supply dynamics for movies. *International Journal of Research in Marketing, 31*, 207-223.

Corliss, R. (2009). Box-office weekend: Brüno a one-day wonder? *Time Magazine*, July 13, https://goo.gl/wYf5v3.

Cox, J., & Kaimann, D. (2015). How do reviews from professional critics interact with other signals of product quality? Evidence from the video game industry. *Journal of Consumer Behavior, 14*, 366-377.

Craig, C. S., Greene, W. H., & Versaci, A. (2015a). E-word of mouth: Early predictor of audience engagement — How pre-release 'E-WOM' drives box-office out-comes of movies. *Journal of Advertising Research, 55*, 62-72.

D'Alessandro, A. (2015b). Tom Hardy Soviet drama 'Child 44' bombs at box office: What the hell happened? *Deadline*, May 1, https://goo.gl/HFaSmh.

D'Alessandro, A. (2017). How 'Pirates' & 'Baywatch' are casualties of summer franchise fatigue at the domestic B.O. *Deadline*, May 29, https://goo.gl/WZJjVP

D'Astous, A., & Colbert, F. (2002). Moviegoers' consultation of critical reviews: Psychological antecedents and consequences. *International Journal of Arts Management, 5*, 24-35.

D'Astous, A., Carù, A., Koll, O., & Sigué, S. P. (2005). Moviegoers' consultation of film reviews in the search for information: A multi-country study. *International Journal of Arts Management, 7*, 32-45.

De Vany, A., & Lee, C. (2001). Quality signals in information cascades and the dynamics of the distribution of motion picture box office revenues. *Journal of Economic Dynamics & Control, 25*, 593-614.

Dewan, S., & Ramaprasad, J. (2012). Music blogging, online sampling, and the long tail. *Information Systems Research, 23*, 1056-1067.

Dhar, T., & Weinberg, C. B. (2015). Measurement of interactions in non-linear marketing models: The effect of critics' ratings and consumer sentiment on movie demand. *International Journal of Research in Marketing, 33*, 392-408.

Divakaran, P. K. P., Palmer, A., Alsted Sø ndergaard, H., & Matkovskyy, R. (2017). Pre-launch prediction of market performance for short lifecycle products using online community data. *Journal of Interactive Marketing, 38*, 12-28.

Dowd, A. A. (2015). No, I didn't call your shitty movie a "comedic masterstroke". *A.V. Club*, July 27, https://goo.gl/s3FWnY.

Duan, W., Bin, G., & Whinston, A. B. (2008). The dynamics of online word-of-mouth and product sales — An empirical investigation of the movie industry. *Journal of Retailing, 84*, 233-242.

Ekstrand, M. D., Riedl, J. T., & Konstan, J. A. (2010). Collaborative filtering recommender systems. *Foundations and Trends in Human-Computer Interaction, 4*, 81-173.

Elberse, A., & Eliashberg, J. (2003). Demand and supply dynamics for sequentially released products in international markets: The case of motion pictures. *Marketing Science, 22*, 329-354.

Eliashberg, J., & Shugan, S. M. (1997). Film critics: Influencers or predictors? *Journal of Marketing, 61*, 68-78.

Fischer, S. F., Hammerschmidt, M., & Weiger, W. H. (2017). Signals from the echoverse — the informational value of brand buzz dispersion. *Proceedings of Winter AMA Conference, 28*.

Fishbein, M., & Ajzen, I. (1975). *Belief, attitude, intention, and behavior: An introduction to theory and research*. Reading, MA: Addison-Wesley. [An online version of the book can be found at Mr. Ajzen's website at https://goo.gl/Re6HGP].

Follows, S. (2015). How much do Hollywood campaigns for an Oscar cost? January 12, https://goo.gl/ke5nx4.

Forman, C., Ghose, A., & Wiesenfeld, B. (2008). Examining the relationship between reviews and sales: The role of reviewer identity disclosure in electronic markets. *Information Systems Research, 19*, 291-313.

Foutz, N. Z., & Jank, W. (2010). Prerelease demand forecasting for motion pictures using functional shape analysis of virtual stock markets. *Marketing Science, 29*, 568-579.

Freedman, N. (2015). How social media is changing Hollywood. *Digital America*, April 6, https://goo.gl/ufned5.

Fry, Stephen (2010). Two million reasons to be cheerful, November 30, https://goo.gl/8Ffq5w.

Gemser, G., Van Oostrum, M., & Leenders, M. A. A. M. (2007). The impact of film reviews on the box office performance of art house versus mainstream motion pictures. *Journal of Cultural Economics, 31*, 43-63.

Gemser, G., Leenders, Mark A. A. M., & Wijnberg, N. M. (2008). Why some awards are more effective signals of quality than others: A study of movie awards. *Journal of Management, 34*, 25-54.

Golder, D. (2015). 14 movies that were 'Not Screened For Critics', August 5, https://goo.gl/2WkDhb.

Gomez-Uribe, C. A., & Hunt, N. (2015). The Netflix recommender system: Algorithms, business value, and innovation. *ACM Transactions on Management Information Systems, 6*, 13-19.

Goode, L. (2017). Netflix is ditching five-star ratings in favor of a thumbs-up. *The Verge*, March 16, https://goo.gl/wRWgxY.

Gopinath, S., Chintagunta, P. K., & Venkataraman, S. (2013). Blogs, advertising, and local-market movie box office performance. *Management Science, 59*, 2635-2654.

Gower, S. (2014). Netflix Prize and SVD. Working Paper.

Hennig-Thurau, T., Walsh, G., & Bode, M. (2003). Exporting media products: Understanding the success and failure of Hollywood movies in Germany. Working Paper, Bauhaus-University of Weimar.

Hennig-Thurau, T., Gwinner, K. P., Walsh, G., & Gremler, D. D. (2004). What motivates consumers to articulate themselves on the Internet? *Journal of Interactive Marketing*, 18, 38-52.

Hennig-Thurau, T., Houston, M. B., & Sridhar, S. (2006a). Can good marketing carry a bad product? Evidence from the motion picture industry. *Marketing Letters, 17*, 205-219.

Hennig-Thurau, T., Houston, M. B., & Walsh, G. (2006b). The differing roles of success drivers across sequential channels: An application to the motion picture industry. *Journal of the Academy of Marketing Science, 34*, 559-575.

Hennig-Thurau, T., Marchand, A., & Marx, P. (2012a). Can automated group recommender systems help consumers make better choices? *Journal of Marketing, 76*, 89-109.

Hennig-Thurau, T., Marchand, A., & Hiller, B. (2012b). The relationship between reviewer judgments and motion picture success: Re-analysis and extension. *Journal of Cultural Economics, 36*, 249-283.

Hennig-Thurau, T., Wiertz, C., & Feldhaus, F. (2015). Does Twitter matter? The impact of microblogging word of mouth on consumers' adoption of new movies. *Journal of the Academy of Marketing Science, 43*, 375-394.

Hoaxes.org (2014). Dave Manning. https://goo.gl/tNadxL.

Horn, J. (2009). ComicCon's buzzmakers. *Los Angeles Times*, July 27, https://goo.gl/uAXFGT.

Houston, M. B., Kupfer, A., Hennig-Thurau, T., & Spann, M. (2018). Pre-release new product consumer buzz. *Journal of the Academy of Marketing Science, 46*, 338-360.

Hsu, G. (2006a). Evaluative schemas and the attention of critics in the US film industry. *Industrial & Corporate Change, 15*, 467-496.

Jabr, W., & Zhiqiang, Z. (Eric) (2014). Know yourself and know your enemy: An analysis of firm recommendations and consumer reviews in a competitive environment. *MIS Quarterly, 38*, 635-654.

Jain, K., & Srinivasan, N. (1991). An empirical assessment of multiple operationalizations of involvement. *Advances in Consumer Research, 17*, 594-602.

Jannach, D., Resnick, P., Tuzhilin, A., & Zanker, M. (2016). Recommender systems—beyond matrix completion. *Communications of the ACM, 59*, 94-102.

Jozefowicz, J., Kelley, J., & Brewer, S. (2008). New release: An empirical analysis of VHS/DVD rental success. *Atlantic Economic Journal, 36*, 139-151.

Karniouchina, E. V. (2011). Impact of star and movie buzz on motion picture distribution and box office revenue. *International Journal of Research in Marketing, 28*, 62-74.

Katz, E., & Lazarsfeld, P. F. (1955). *Personal influence: The part played by people in the flow of mass communication*. New York: The Free Press.

Kaye, D. (2012). 4 films that failed to live up to their blockbuster Comic-Conbuzz. *Syfy Wire*, December 14, https://goo.gl/baBFuu.

Kim, H., & Hanssens. D. M. (2017). Advertising and word-of-mouth effects on pre-launch consumer interest and initial sales of experience products. *Journal of Interactive Marketing, 37*, 57-74.

Kirkham, E. (2015). Hollywood spends $150 million on Oscar campaigns each year. *The Philadelphia Inquirer*, January 15, https://goo.gl/D7d8s7.

Koren, Y., Bell, R., & Volinsky, C. (2009). Matrix factorization techniques for recommender systems. *Computer, 42*, 30-37.

Körte, P. (2009). Filmkritik ist, wenn man von der Brücke in den Fluss spuckt. In T. Hennig-Thurau & V. Henning (Eds.), *Guru Talk — Die deutsche Filmindustrieim 21. Jahrhundert* (pp.192-197). Marburg: Schüren.

Krauss, J., Nann, S., Simon, D., Fischbach, K., & Gloor, P. (2008). Predicting movie success and Academy Awards through sentiment and social network analysis. In *Proceedings of 16th European Conference on Information Systems* (pp.2026-2037). Galway, Ireland.

Krishnan, V., Narayanashetty, P. K., Nathan, M., Davies, R. T., & Konstan, J. A. (2008). Who predicts better? — Results from an online study comparing humans and an online recommender system. In *Proceedings of the 2008 ACM Conference on Recommender Systems* (pp.211-218). New York: ACM.

Kupfer, A.-K., Pähler vor der Holte, N., Kübler, R., & Hennig-Thurau, T. (2018). The role of the partner brand's social media power in brand alliances. *Journal of Marketing, 82*, 25-44.

Lampel, J., & Shamsie, J. (2000). Critical push: Strategies for creating momentum in the motion picture industry. *Journal of Management, 26*, 233-257.

Lasar, M. (2011). Digging into Pandora's music genome with musicologist Nolan Gasser. *Ars Technica*, January 13, https://goo.gl/yWmG8M.

Lee, J., Boatwright, P., & Kamakura, W. A. (2003). A Bayesian model for prelaunch sales forecasting of recorded music. *Management Science, 49*, 179-196.

Legoux, R., Larocque, D., Laporte, S., Belmati, S., & Boquet, T. (2015). The effect of critical reviews on exhibitors' decisions: Do reviews affect the survival of a movie on screen? *International Journal of Research in Marketing, 33*, 357-374.

Li, X., & Hitt, L. M. (2008). Self-selection and information role of online product reviews. *Information Systems Research, 19*, 456-474.

Likesuccess.com (2017). The award is important in order to bring people to the movie theater. That's the only principle meaning of any award. https://goo.gl/qpYdkm.

Littleton, C., & Holloway, D. (2017). Jeff Bezos mandates programming shift at Amazon Studios. *Variety*, September 8, https://goo.gl/GFtV37.

Liu, Y. (2006). Word of mouth for movies: Its dynamics and impact on box office revenue. *Journal of*

Marketing, 70, 74-89.

Liu, X., Singh, P. V., & Srinivasan, K. (2016). A structured analysis of unstructured big data by leveraging cloud computing. *Marketing Science, 35*, 363-388.

Lops, P., de Gemmis, M., & Semeraro, G. (2011). Content-based recommender systems: State of the art and trends. In F. Ricci, L. Rokach, B. Shapira, & P. B. Kantor (Eds.), *Recommender systems handbook* (pp.73-104). New York: Springer.

Lovett, M. J., & Staelin, R. (2016). The role of paid, earned, and owned media in building entertainment brands: Reminding, informing, and enhancing enjoyment. *Marketing Science, 35*, 142-157.

Luan, Y. J., & Sudhir, K. (2010). Forecasting marketing-mix responsiveness for new products. *Journal of Marketing Research, 47*, 444-457.

Lynn, F. B., Walker, M. H., & Peterson, C. (2016). Is popular more likeable? Choice status by intrinsic appeal in an experimental music market. *Social Psychology Quarterly, 79*, 168-180.

Madrigal, A. C. (2014). How Netflix reverse engineered Hollywood. *The Atlantic*, January 2, https://goo.gl/4frKk3.

Malhotra, N., & Helmer, E. (2012). Inflation in weekend box office estimates. *Applied Economics Letters, 19*, 1411-1415.

Marchand, A. (2016). The power of an installed base to combat lifecycle decline: The case of video games. *International Journal of Research in Marketing, 33*, 140-154.

Marchand, A., Hennig-Thurau, T., & Wiertz, C. (2016). Not all digital word of mouth is created equal: Understanding the respective impact of consumer reviews and microblogs on new product success. *International Journal of Research in Marketing, 34*, 336-354.

Marx, P., Hennig-Thurau, T., & Marchand, A. (2010). Increasing consumers' understanding of recommender results: A preference-based hybrid algorithm with strong explanatory power. In *Proceedings of the fourth ACM Conference on Recommender Systems* (pp.297-300). New York: ACM.

McKenzie, J. (2010). How do theatrical box office revenues affect DVD retail sales? Australian empirical evidence. *Journal of Cultural Economics, 34*, 159-179.

Meiseberg, B. (2016). The effectiveness of e-tailers' communication practices in stimulating sales of niche versus popular products. *Journal of Retailing, 92*, 319-332.

Nelson, R. A., Donihue, M. R., Waldman, D. M., & Wheaton, G. (2001). What's an Oscar worth? *Economic Inquiry, 39*, 1-16.

Netflix (2017). Decoding the defenders: Netflix unveils the gateway shows that lead to a heroic binge. Press Release, August 22, https://goo.gl/2nmGZf.

Niraj, R., & Singh, J. (2015). Impact of user-generated and professional critics reviews on Bollywood movie success. *Australasian Marketing Journal, 23*, 179-187.

O'Connor, M., Cosley, D., Konstan, J. A., & Riedl, J. (2001). PolyLens: A recommender system for groups of users. In *Proceedings of the 7th European Conference on Computer-Supported Cooperative Work* (pp.199-218). Dodrecht: Kluwer.

Panaligan, R., & Chen, A. (2013). Quantifying movie magic with Google Search. White Paper, Google.

Papies, D., & van Heerde, H. (2015). How the Internet has changed the marketing of entertainment goods: The case of the music industry. Working Paper, Marketing Science Institute.

Pardoe, I., & Simonton, D. K. (2008). Applying discrete choice models to predict academy award winners. *Journal of the Royal Statistical Society: Series A (Statistics in Society), 171*, 375-394.

Phipps, K. (2005). The ghost of David Manning will have his revenge. *A.V. Club*, August 3, https://goo.gl/CCSWCW.

Rao, V. R., Ravid, A. S., Gretz, R.T., Chen, J., & Basuroy, S. (2017). The impact of advertising content on movie revenues. *Marketing Letters, 28*, 341-355.

Redelmeier, D. A., & Singh, S. M. (2001). Survival in Academy Award-winning actors and actresses. *Annals of Internal Medicine, 134*, 955-962.

Reinstein, D. A., & Snyder, C. M. (2004). The influence of expert reviews on consumer demand for experience goods: A case study of movie critics. *The Journal of Industrial Economics, 53*, 27-51.

Rosario, A. B., Sotgiu, F., De Valck, K., & Bijmolt, T. H. A. (2016). The effect of electronic word of mouth on sales: A meta-analytic review of platform, product, and metric factors. *Journal of Research in Marketing, 53*, 297-318.

Salganik, M. J., Dodds, P. S., & Watts, D. J. (2006). Experimental study of inequality and unpredictability in an artificial cultural market. *Science, 311*, 854-856.

Salganik, M. J., & Watts, D. J. (2008). Leading the herd astray: An experimental study of self-fulfilling prophecies in an artificial cultural market. *Social Psychology Quarterly, 71*, 338-355.

Schmidt-Stölting, C., Blömeke, E., & Clement, M. (2011). Success drivers of fiction books: An empirical analysis of hardcover and paperback editions in Germany. *Journal of Media Economics, 24*, 24-47.

Shone, T. (2004). ***Blockbuster***. New York: Free Press.

Smith, S. P., & Smith, V. K. (1986). Successful movies: A preliminary empirical analysis. *Applied Economics, 18*, 501-507.

Soderstrom, S. B., Uzzi, B., Rucker, D. D., Fowler, J. H., & Diermeier, D. (2016). Timing matters: How social influence affects adoption pre- and post-product release. ***Sociological Science, 3***, 915-939.

Sorensen, A. T. (2007). Bestseller lists and product variety: The case of book sales. Working Paper, Stanford GSB Research Paper No.1878.

Sorensen, A. T., & Rasmussen, S. J. (2004). Is any publicity good publicity? A note on the impact of book reviews. Working Paper, Stanford University.

Sirdeshmukh, D., Singh, J., & Sabol, B. (2002). Consumer trust, value, and loyalty in relational exchanges. ***Journal of Marketing, 66***, 15-37.

Strause, J. (2016). How 'My Big Fat Greek Wedding' became an indie phenomenon. ***Hollywood Reporter***, March 25, https://goo.gl/RV4prv.

Sun, M. (2012). How does the variance of product ratings matter? ***Management Science, 58***, 696-707.

The Economist (2017). How to devise the perfect recommendation algorithm. https://goo.gl/VouerJ.

tickld (2016). 31 fascinating things most people don't know about Netflix. https://goo.gl/8pNw7X.

TV Tropes (2013). Not screened for critics. TV Tropes, https://goo.gl/QxQiCs.

Wohlfeil, M., & Whelan, S. (2008). Confessions of a movie-fan: Introspection into a consumer's experiential consumption of 'Pride and Prejudice'. ***Proceedings of European ACR Conference*** (pp.137-143).

Wyatt, R. O., & Badger, D. P. (1984). How reviews affect interest in and evaluation of films. ***Journalism Quarterly, 61***, 874-878.

Wyatt, R. O., & Badger, D. P. (1990). Effects of information and evaluation in film criticism. ***Journalism Quarterly, 67***, 359-368.

Xiong, G., & Bharadwaj, S. (2014). Prerelease buzz evolution patterns and new product performance. ***Marketing Science, 33***, 401-421.

You, Y., Vadakkepatt, G. G., & Joshi, A. M. (2015). A meta-analysis of electronic word-of-mouth elasticity. ***Journal of Marketing, 79***, 19-39.

Zhu, F., & Zhang, X. M. (2010). Impact of online consumer reviews on sales: The moderating role of product and consumer characteristics. ***Journal of Marketing, 74***, 133-148

3장

엔터테인먼트 유통 결정

I권 4장에서 언급했듯이, 엔터테인먼트 시장은 풍부한 상품으로 특징된다. 이 시장구조는 엔터테인먼트 상품의 게이트키퍼(문지기) 역할을 하는 유통 메커니즘에 중요한 역할을 부여한다. 유통업체들은 '공급 측면의 효과'를 통해 엔터테인먼트 상품의 성공에 영향을 미치면서 어떤 상품이 소비자들에게 접근하고, 어떤 것은 그렇지 않는지를 결정한다. 여러 학자들이 공급 측면 효과에 대한 경험적 증거를 제시했는데, 그 대부분은 영화의 맥락에서 제한된 수의 상영관이 소비자들의 영화 관람을 제한한다. 이에 관한 저명한 연구에는 엘버스와 엘리아스버그(Elberse and Eliashberg, 2003), 클레멘트 등(Clement, 2014), 카르노차이나(Karnouchina, 2011)의 연구가 있다.[1]

1) 이러한 연구들은 모두 주류 영화들과 함께 대규모 데이터 세트를 사용하고, 영화가 상영되는 극장 수를 별도의 방정식으로 모형화하는데, 그 결과 산출된 추정치를 박스오피스 방정식의 '성공 동인'으로 사용한다. 이렇게 계산된 분포 탄력성은 상당히 일관적이다. 엘버스와 엘리아스버그는 극장 수에 대한 주간 탄력성을 같은 주(week)를 기준으

상점이나 웹사이트를 통해 판매되거나 대여되는 다른 엔터테인먼트 상품의 경우, 학술적인 연구 증거는 적지만, 엔터테인먼트 유통 집중에 있어서는 일반적으로 연구 증거가 많을수록 더 낫다.

집중적인 유통 방식은 편의 용품[코프란 등(Coughlan et al., 2006)과 상업용 및 많은 '독립형' 엔터테인먼트 상품과 마찬가지로 대형 소비자층을 대상으로 하는 내구재(예: 자동차용 버클린 외 연구진, 2008년)]의 성공의 열쇠가 되는 것으로 나타났다.[2] 이것이 엔터테인먼트 기업들의 유통 채널에 대한 접근을 중요한 전략적 자원으로 간주하는 이유이다. 물리적 장소를 유통하는 경우와 같이 '진열(선반) 공간'이 넉넉하지 못하고 비용이 많이 드는 유통 채널에서는 예외가 있을 수 있다. 예를 들어 금요일 밤에 영화관의 모든 빈 좌석은 돌이킬 수 없을 정도로 손실이 되어 돌아온다. 이러한 채널의 경우 신상품이 너무 광범위하게 배포되면 극장에서 더 수익성 있는 상품을 선호하기 때문에 수익성이 낮은

로 북미 개봉 주에 0.81, 다른 유럽 국가에 대해 약 1.50으로 추정했다. 그 다음 주에 대한 탄력성은 국가별로 1 정도이다. 클레멘트 등은 개봉 주와 그 다음 주 동안 북미와 독일에서 약간 높은 탄력성이 있음을 발견한다. 그리고 카르노차이나는 영화가 북미 극장에서 상영되는 몇 주 동안 거의 변하지 않는 탄력성을 보였으며, 그 변화는 1보다 약간 낮게 추정한다. 이러한 탄력성은 상품 및 커뮤니케이션 측정 또는 가격 결정과 비교해서는 안 된다. 반면에 상품 및 커뮤니케이션 결정은 엔터테인먼트에 대한 수요를 창출하는 데 목표를 두고 있다(그리고 가격 결정은 이러한 수요를 기반으로 생산자의 수익을 극대화하는 데 목적이 있다). 유통의 역할은 소비자 수요를 보장하고, 상품이 수익으로 전환될 수 있도록 하는 것이다. 그러므로 약 1의 경험적 탄력성은 일반적으로 시장이 엔터테인먼트에 대한 소비자 수요를 충족시키는 데 효과적이라는 것을 나타낸다.

2) 오해를 피하기 위해, 일부 예술적 엔터테인먼트 상품의 경우, 핵심은 최대 수의 유통업체를 통해 구입할 수 있는 것이 아니라 올바른 상품에 대한 접근이다. 그러나 유통업체들은 상용 상품과 독립 상품(예: 스포티파이, 아마존)의 경우 동일한 경우가 많으며, 핵심 틈새시장 목표 부문을 넘어서는 성공을 거부하는 예술적 상품의 제조업체는 거의 없을 것이기 때문에 결국 더 넓은 상품을 더 잘 사용할 수 있게 될 것이다. 본문에서 논의한 바와 같이 극장용 영화 채널(및 장소 유통의 다른 형태)은 다소 다르다.

영화를 상영하지 않는 공급과잉으로 인해 다음 주 및 수개월 내에 상품의 가용성이 위협받을 수 있다(엔터테인먼트 통합 마케팅의 틈새 개념에 대한 논의를 참조하기 바란다).[3)]

이 장에서 우리는 단순히 상품 가용성의 강도를 넘어 엔터테인먼트 상품의 '적합한' 유통업자가 될 수도 있다. 대신, 엔터테인먼트 상품의 성공을 위해 중요한 3가지 다른 유통 문제에 초점을 맞추고 있다. 첫 번째는 신상품 출시 시기이다. 엔터테인먼트의 수명의 주기가 일반적으로 짧고, 엔터테인먼트에 돈을 지출하려는 소비자의 동기는 쾌락적이고(엔터테인먼트의 즐거움을 위해 시간이 '적절'해야 한다), 엔터테인먼트 시장은 혼잡하고 경쟁적이기 때문에 그 시기에 특별한 관심을 가져야 한다. 따라서 이 장에서는 신상품 출시의 절대적 시기와 경쟁사와의 상대적인 시기라는 두 요건에 대해 논의할 것이다.

둘째, 책, 음악, 게임 및 영화는 모두 정보 상품이므로 순수 디지털 형식으로 제공될 수 있다. 따라서 광대역 인터넷 기술은 엔터테인먼트를 위한 잠재적인 유통 채널의 수를 크게 증가시켰다. 특히 시기 차원과 관련하여 이러한 유통 채널을 조정하는 것은 어렵다. 그렇다면 특정 유통 채널을 언제 열고 닫아야 할까? 그리고 다음 채널은 언제 열어야 할까? 다양한 채널 또는 형식에 걸쳐 각기 다른 시점에 특정 상품을 소비자가 사용할 수 있게 하는 것은 책과 영화에 대한 오랜 전통이지만, 오늘날 채널 조정은 그 어느 때보다 복잡하다.

---

3) 개별 영화관 수준의 '영화 생존(film survival)'에 대한 연구에서, 치숄름과 노먼(Chisholm and Norman, 2006)은 보스턴 지역의 13개 영화관에서 2000년과 2001년 데이터를 바탕으로 극장 소유주의 전략적 결정에 대한 풍부한 통찰력을 제공한다. 그들의 연구 결과는 극장들의 의사결정이 영화의 지난 주의 (상대적인) 성과에 근거한다는 강력한 증거를 제공한다.

마지막으로 셋째, 그 정보적 특성 때문에 엔터테인먼트는 불법 복제로 가장 큰 타격을 입은 산업 중 하나였다. 엔터테인먼트 사이언스 학자들이 불법 복제의 영향과 불법 복제 방지 조치의 효과에 대해 어떻게 논하는지 살펴보자.

1. 시기적 문제 : 엔터테인먼트 상품의 출시 적기는?

새로운 엔터테인먼트 상품의 출시 시기를 결정하는 것은 다면적인 결정이다. 다음으로는 '제한적' 출시 시기와 경쟁 상품과 관련된 시기에 대해 다룰 것이다. 이 시점에서는 채널 간 출시 시기 조정에 대해 논의하지 않지만, 이 널리 퍼진 문제에 대해서는 별도의 섹션을 할애했다.

1) 제한적 출시 시기 효과

엔터테인먼트 상품 경영자 및 제작자는 언제 시장에 진입할지 결정해야 한다. 경쟁 상품에 대한 명확한 고려를 생략하더라도, 시장 준비성과 같은 장기 요인, 연중 시즌과 같은 중기 요인 및 새로운 TV 쇼가 방영되는 날짜와 시간과 같은 단기적 측면을 고려해야 한다. 경영자들은 이러한 문제들을 해결하기 위해 경험 탐구 학습법(heuristics)을 개발했지만, 그 결과들이 모든 문제들을 지원하고 뒷받침하는 것은 아니다.

(1) 장기적 출시 시기

할리우드는 이런 불황에 익숙해질 수도 있다.

— 치플리와 반즈(Cieply and Barnes, 2009)

장기적 출시 시기 결정은 유통 결정 및 혁신 결정의 갈림길에 놓여 있다. 새로운 엔터테인먼트 상품을 개발하는 것은 종종 몇 년 동안 지속될 수 있는 시간 소모적인 과정이다. 아이디어를 승인하는 시점에서 제작자는 여러 요소들을 볼 필요가 있다. 이런 요소들은 후에 상품의 도입을 둘러싸고 있는 소비자의 수용에 영향을 미칠 것이기 때문이다. 이러한 요소들을 알고 이해하면 제작자가 제때에 적확한 창구에 맞춰서 혁신 프로세스의 속도를 가속화하거나 낮추는 등 변동시킨다. 또한 이런 창구가 닫히거나 예측 가능한 미래에 다시 열리지 않을 거라고 느낀다면 프로젝트를 완전히 버릴 수도 있다. 그렇다면 일정 기간 내에 새로운 엔터테인먼트 상품에 대한 시장의 준비 상태를 결정하는 요인에는 어떤 것들이 있을까? 우리는 그것을 기술, 인프라, 문화 동향 그리고 경제의 상태로 명명한다.

많은 엔터테인먼트 상품의 제작 및 유통에서 기술이 수행하는 중요한 역할을 감안할 때 제작자는 상품의 성공 여부가 결정되는 기술의 가용성을 예상하고 필요한 경우 기술의 발전을 촉진해야 한다. 제임스 카메론(James Cameron)과 그의 동료들은 영화 〈아바타〉의 제작을 의도적으로 지연시켰는데, 이는 영화에 그들의 목표를 담는 데 필요한 필수적인 기술의 증진을 위해서였다. 만약 〈아바타〉에서 영화제작자의 비전을 실현하는 데 필요한 2가지 핵심 기술인 모션 캡처와 3D의 조기 버전을 사용했다면 그렇게 엄청난 히트를 치지는 못했을 것이다.

인프라와 관련하여, 〈그림 3.1〉을 살펴보자. 시간이 지남에 따라 북미

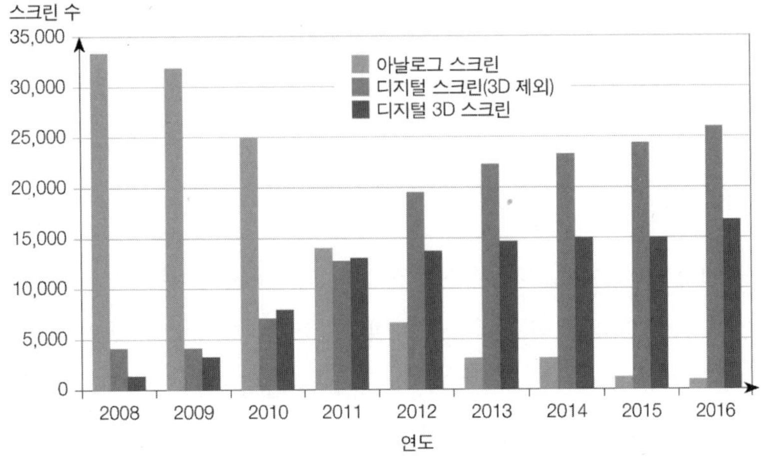

〈그림 3.1〉 북미의 아날로그, 디지털 및 디지털 3D 스크린의 진화

자료: 미국영화협회(MPAA: Motion Picture Association of America) 연간 출판물에 보고된 수치를 참조.

에서 3D 스크린이 개발되고 있음을 보여 준다. 2009년 이전에는 디지털 3D로 영화를 상영할 수 있는 스크린 수가 너무 적어서 전국적인 성공을 거두지 못했다. 유통 인프라는 제한적인 요소였으며, 워너의 〈폴라 익스프레스(The Polar Express)〉 같은 초기 3D 제작자들이 비자발적으로 지불해야 했던 가격이었다. 〈아바타〉의 제작자들은 그들의 영화 개봉 시간을 완벽하게 맞췄다. 2009년은 주요 시장에서 충분한 3D 배급 용량을 사용할 수 있었던 첫 해였고, 강력한 신바람으로 내생적 부분 발전을 통해 영화제작자들이 그들의 작품을 제작할 수 있는 해였다.[4)]

이와 관련해, 〈하우스 오브 카드〉와 〈더 겟 다운(The Get Down)〉과 같은

---

4) 3D 기술과 상품의 성공 간 연관성에 대한 경험적 연구 결과와 엔터테인먼트 탐색 품질에 대한 II권 2장의 시간의 중요한 역할을 참조하라.

야심 찬 연재 스토리는 광대역 인터넷 연결과 같은 기술 때문에 오늘날 훨씬 더 높은 성공 잠재력을 가지고 있다. 이 기술의 광범위한 가용성은 소비자들이 언제든지 원하는 것을 집중해서 볼 수 있게 하고, 시리즈의 복잡하고 수평적인 에피소드를 포괄하는 스토리텔링을 따를 수 있게 한다. 이러한 인프라의 구축은 넷플릭스와 스포티파이 같은 서비스 상승의 토대가 된다.

기술과 인프라를 넘어 문화적 트렌드는 소비자가 상품을 '성숙'하게 만들 수 있다. 이미 시대정신적 개념, 즉 엔터테인먼트 상품의 장르와 주제가 사람들의 관심과 욕구에 부합되는 것은 주어진 시간에 따라 높거나 낮을 수 있다는 개념에 대해 논의했다. 경영자의 도전 과제 중 하나는 시대정신을 미리 예측하고 그에 따라 상품의 출시 시간을 계획하는 것이다. 예를 들어 영화, 게임, 책의 제작이나 개봉을 수년 동안 연기한다면, 그것의 주제가 더 유행하기를 바라는 것이 합리적일 수 있다. 하지만, 상품 출시의 연기는 상품의 배후에 있는 창작자들과 상당한 갈등을 일으킬 수 있다. 만약 여러분이 각본을 쓰는 데 1년을 보냈다면, 여러분은 보통 경제적인 이유로 창작물의 출시가 연기되는 것을 싫어할 것이다.

역사는 그러한 인내심이 실제로 성과를 낼 수 있다는 것을 보여 준다. 그것은 상품의 상업적 수용뿐만 아니라 그것의 비판적 위치에도 도움이 될 수 있다. 일례로 서부영화 〈용서받지 못한 자〉의 대본은 1976년에 쓰여졌다. 이 영화는 1983년에 클린트 이스트우드가 구입했고, 그 후 영화로 변환되는 데 10년이 걸렸다(Schickel, 1996). 예술가인 이스트우드는 작품에 대해 주인공이 '너무 젊다(too young)'라는 느낌을 받는 것 외에는 분석적인 주장을 하지 않았다. 그러나 그는 이 작품이 당시의 배우나 할리우드에서 생소한 내용이었기 때문에 이 이야기의 성격이 1990년대에 훨씬 더 시기적절하다고 판단했다. 이러한 현대 문화적 환경에서 이 영화의 의미는 이제 사라진 장르를 되돌아보며 당시의 순진한 고정관념을 반영하는 동시에, 그 종말에 대한 설명을 제공하며, 또한 이스트우드의 역사적인 서부극의 인물을 현대적 감각으로 수정한 작품으로 평가받을 수 있다. 이 영화는 상업적으로 큰 성공을 거두었으며, 1992년 오스카 최우수 작품상을 수상하기도 했다.[5)]

마지막으로, 엔터테인먼트의 쾌락적 특성과 그 기본이 되는 '쾌락 욕구 원칙'은 엔터테인먼트에 대한 수요가 사회의 경제 상황에 영향을 받는다는 것을 의미한다. 그렇다면 엔터테인먼트와 경제는 소비자들이 돈을 덜 가지고 있음에도 불구하고 일상에서 탈출하는 것과 같은 엔터테인먼트 동기와 함께 경기 침체기에 엔터테인먼트 상품을 훨씬 더 매력적으로 만드는 데 역순환적인 방식으로 연결될 수 있을까?

엔터테인먼트 학자 다르와 와인버그(Dhar and Weinberg, 2015)는 26년간의 북미 영화 시장 데이터를 사용하여 이 주장을 실험했으며, 이들의 결과는 이러한 역순환적 수요 패턴의 존재에 대한 경험적 증거를 제공한다. 영화가 개봉하는 달의 전국적인 소비 심리는 영화 흥행의 다른 동인(유통과 장르, 광고 제외)을 넘어 학자들의 일반화적률 추정법(GMM: Generalized Method of Moments, 모멘트 조건식에 의해 보다 강력하게 모수를 추정하는 방법—옮긴이) 회귀에서 영화의 흥행에도 부정적인 영향을 미친다. 소비자 심리의 탄력성은 -0.32로, 심리의 10% 감소는 평균 3%의 영화 수요 증가로 이어진다. 다양한 종류의 엔터테인먼트 상품이 위기와 관련된 동기를 다소 다루므로 다양성의 정도에 영향을 받는 것이 타당해 보인다. 예를 들어, 다양성의 측면에서 힘든 시기에 코미디를 선택하는 것이 드라마를 선택하는 것보다 직관적인 선

5) 〈용서받지 못한 자〉는 1990년대 달러 기준으로 약 1400만 달러의 예산을 들여서 전 세계 박스오피스 1억 5900만 달러를 기록했다.

택일까? 다르와 와인버그는 그러한 장르 차이를 실험하지 않기 때문에, 이것을 엔터테인먼트 사이언스 연구에서 '해야 하는(To Do)' 리스트에 추가하고자 한다.

(2) 중기적 출시 시기

7월 4일(미국의 독립 기념일—옮긴이) 개봉이 흥행 보증이 되지는 않는다.

— 영화 〈타잔(Tarzan)〉 및 『마이 리틀 자이언트(The Big Friendly Giant)』(1982년작 아동소설을 1989년에 영화화했다—옮긴이) 출시 후(Schwartzel, 2016)

위 내용을 통해 유통 시점에는 엔터테인먼트 경영자의 전략적 기술이 필요하다는 것을 알 수 있다. 그러나 새로운 엔터테인먼트 상품의 성공 가능성을 극대화할 수 있는 올해의 '적합한' 시즌을 결정하기 위한 전술적 지식도 필요하다. 이 섹션에서 알 수 있듯이, 계절적 수익은 소비자 수요의 변동뿐만 아니라 그러한 수요에 대한 경영자의 경험에 의해 결정되기 때문에, 이 문제에 대한 통계적 통찰은 어렵다. 따라서 이런 효과들을 풀기 위한 연구를 보기 전에 먼저 계절별 패턴을 살펴보도록 하자.

① 계절별 패턴

엔터테인먼트에 대한 욕구는 인간의 본성에서 매우 근본적인 것이지만, 엔터테인먼트를 소비하는 능력은 우리가 이행할 수밖에 없는 실용주의적인 의무의 기능이다. 직원, 학생 또는 엔터테인먼트 학자로서 하루의 일을 완수해야만 엔터테인먼트를 향유할 시간을 얻을 수 있다. 이 실용주의적인 의무들은 일 년 내내 균등하게 분배된다. 예를 들어, 미국 전역의 학교 방학 기간은 종종 청소년과 가족이 영화를 보며 지내는 시간으로 활용하기 때문에, 영화관 소유주들은 이 기간에 주어진 몇 주를 상업적 잠재력으로 생각한다(Fritz, 2017).

엔터테인먼트 수입은 이것을 반영한다. 〈그림 3.2〉의 패널 A는 2010~2014년의 매년 주마다 발생한 북미 지역 극장 매표소 현황을 나타낸다. 각 주 간의 차이는 확연하다. 가장 높은 수익은 6월과 7월의 여름 달, 특정 여름 이전 주, 그리고 추수감사절과 크리스마스 주에 생성된다. 반면, 올해 1/4분기는 8월 말부터 10월 중순까지의 주에 가장 낮은 박스오피스 수익을 산출한다. 여기에서 관찰 기간 동안 평균 수익은 수익이 가장 큰 시

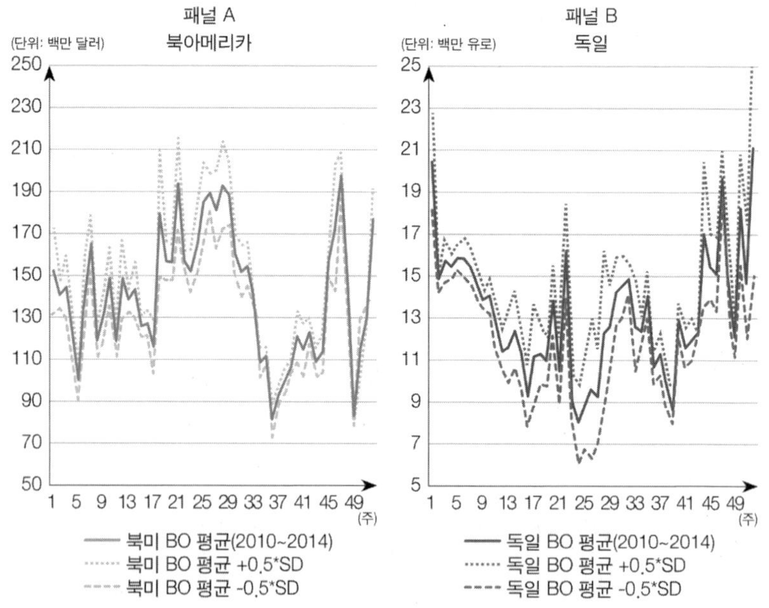

〈그림 3.2〉 영화의 계절적 흥행 수입: 북아메리카와 독일

주: 직선은 일주일의 평균값이다. 각 점선은 한 주의 표준 편차(+, −)를 곱한 평균값을 각각 나타내며, 2010년부터 2014년까지의 특정 주 박스오피스에서 경험한 변동을 나타낸다. 평균 선에서 편차가 크면 변동이 더 강하다는 것을 나타낸다. BO=매표소. SD=표준 편차.
자료: The Numbers와 Blickpunkt가 보고한 2010년부터 2014년까지 매주 영화당 박스오피스 숫자를 참조.

간의 절반에도 미치지 못했다.

학자들은 그러한 계절적 차이가 영화의 성공과 상당히 관련이 있다는 증거를 제공했다.[6] 예를 들어, 1999~2001년에 개봉한 영화 샘플의 경우, 여름이나 크리스마스 즈음에 개봉한 영화는 평균적으로 개봉 주와 그 다음 주 모두 더 높은 흥행률을 보인다는 것을 알게 되었다(Hennig-Thurau, 2006). 브루어 등(Brewer et al., 2009)이 1997년과 2001년 사이 북미에서 개봉된 466편의 성공작들을 분석한 결과, 여름 및 추수감사절과 크리스마스에 각각 평균 10%, 7% 더 높은 수익을 올렸다. 그리고 클레멘트 등(Clement et al., 2014)은 북미에서 전 주의 극장 수입에 기초하여 각 달의 주마다 지수 가치를 사용하고 수익에 대해서는 '시즌' 탄력성을 0.29로 추정했다. 영화 개봉 주 중 평균 박스오피스가 10% 더 높으면, 영화의 극장 수입은 약 3% 더 높아졌음을 알 수 있다. 독일의 경우, 학자들은 훨씬 더 높은 0.57의 탄성을 발견할 수 있다.

계절성은 또한 다른 형태의 엔터테인먼트의 성공과 관련이 있다. 1998년부터 2005년까지 연당 월평균 TV 시청률이 30% 가까이 차이가 났으며(Hennig-Thurau, 2013), 주요 영화 특성을 고려하더라도 TV에서 영화가 방영되는 달은 영화의 시청률과 상당한 관련이 있음을 알게 되었다(월별 매개변수는 영화의 장르 및 스타의 매개변수와 비슷한 크기이다). 음악 분야에서 연구자들은 휴가철이 중요하다고 지적한다. 바타차지 등(Bhattacharjee et al., 2007)은 12월에 발매된 음악 앨범은 평균적으로 다른 앨범들보다 상위 100위권 차트에서 23% 더 긴 시간을 머물 수 있음을 발견했다. 그리고 책의 경우 슈미트-스톨팅

---

6) 성공이 성공을 낳는 효과(SBS: Success-Breeds-Success)와 함께 종종 엔터테인먼트 상품이 실망스러운 오프닝에 대한 보상을 하지 못하게 하는 엔터테인먼트 상품의 짧은 수명주기를 명심하라.

등(Schmidt-Stölting et al., 2011)은 독일의 계절마다 판매량이 다르며, 계절적 판매 패턴에 따른 상업성의 특징은 양장본(1분기 출시에 비해 판매량이 분명히 낮다)과 문고판(1분기에 출시될 때 가장 성공한 책, 특히 가을에 출시되었을 때 가장 적게 성공한다) 간에 차이가 있음을 보여 준다.

계절적 판매 패턴은 엔터테인먼트의 형태와 상품 유형에 따라 다를 뿐만 아니라 국가마다 다를 수 있다. 〈그림 3.2〉의 패널 B는 독일에서도 영화 관람을 위한 계절적 패턴이 존재하지만, 북미와는 분명히 다르다는 것을 보여 준다. 북미에서는 여름에 상한점을 찾을 수 있는 반면에, 독일에서는 6~7월이 영화 관람객이 가장 적은 달임을 알 수 있다. 분명히 독일과 북미 소비자들은 영화관의 시원함과 햇빛을 맞바꾸어야 할 때를 다르게 결정한다. 경영자들은 민족 중심적인 관점을 적용하는 대신, 판매 패턴에서 이러한 문화적 차이를 주목할 필요가 있다.

② 수요 측면 vs. 공급 측면 효과

그러나 소비자 선호도의 단순한 변화를 넘어 다른 요소들이 작용하고 있을 수 있다. 1975년 6월 북미에서 스티븐 스필버그 감독의 영화 〈죠스〉가 개봉되기 전, 미국 영화 시청률의 계절적 패턴은 독일에서와 훨씬 더 비슷했다. 그 당시, 할리우드 영화사들은 "사람들이 여행을 하거나 야외에서 장난을 치느라 너무 바쁘고, 영화를 보러 가고 싶어 하지 않는 전형적인 시기"라고 보았다(Canning, 2010: 531).[7] 그런데 '블록버스터' 영화 〈죠스〉[8]가 수요가 적은 기간으로 여겨졌던 여름에 개봉된 이유는 무엇일까?

---

7) 보겔(Vogel, 2015: 94)이 제공한 통계를 참조하라.

8) 엔터테인먼트 통합 마케팅 장에서는 블록버스터 콘셉트와 이를 위한 〈죠스〉의 역할에 대해 설명한다.

이는 경영자의 비전 때문이 아니라 사고 때문이다. 이 영화는 1974년 겨울에 개봉될 예정이었으나 시간과 예산을 초과해 상영되었고, 제작사인 유니버설은 영화 팬들에게 보상을 받기 위해 6개월을 더 기다릴 수 없을 정도로 조급했다.

우리가 알고 있듯이, 그 영화는 개봉 당일에도 큰 인기를 끌었다. 발매일 때문에 히트를 친 것일까? 여기서 중요한 질문은 특정 주 또는 월 동안 존재하는 고객 수요의 수준과 공급 측면의 영향에서 어느 정도 차이가 발생하느냐 하는 것이다. 자기 충족 효과를 생각해 보라. 만약 경영자들이 수요가 적을 것이라고 생각하여 연도의 특정 시간에 약한 상품만 출시한다면, 소비자 수요는 낮을 것이다. 본질적으로 낮기 때문이 아니라, 제공되는 상품의 약점 때문이다. 계량 경제학적 측면에서, 이것은 공급 측면 내생성의 전형적인 사례가 될 것이다.

수요와 공급 측면의 요인을 구분하는 것은 통상적으로 수요가 많은 주에 상품을 출시하는 것이 타당한지, 아니면 수요가 적은 때에 상품을 출시하는 것이 타당한지를 이해하는 데 필수적이다. 업계의 모든 사람들이 같은 계절별 출시 경험을 활용한다면, '고수요(high-demand)' 시즌은 치열한 경쟁에 직면하게 될 것이고, 반면에 '저수요(low-demand)' 시즌으로 널리 간주되는 시즌에는 훨씬 적은 경쟁이 있을 것이라는 점을 명심하라. 사실, 그러한 공급 측면 효과의 존재를 지적하는 많은 지표들이 있다. 〈그림 3.2〉는 2010~2014년에 매년 정확히 같은 주 동안 박스오피스에 편차가 나타났음을 알 수 있는데, 이러한 편차는 몇 주 동안 상당히 강하게 나타났다. 그 이유는 특정 연도의 해당 기간에 출시된 상품 때문일 가능성이 있다. 디즈니가 〈스타워즈〉를 출시했을 때 어떤 일이 일어났는지 예를 들어 보자. 2015년 크리스마스에 개봉한 〈스타워즈: 깨어난 포스〉는 모든 기록을 깨고 개봉 첫 3일 동안 북미에서 2억 4800만 달러를 벌어들여 새로운 주말 기록을 세웠다. 이 결과가 오히려 크리스마스 시기로 인한 제작 지연의 결과였다는 것은 놀랍지 않은가? 이 영화는 원래 이전의 6편의 〈스타워즈〉 영화(Child, 2013)와 마찬가지로 5월 개봉 예정이었다.[9)]

에이나브(Einav, 2007)는 어렵지만 수요 측면과 공급 측면 효과의 분리를 목표로 계절적 영향에 대한 심층 조사를 실시했다. 그는 1985~1999년에 북미 극장에서 개봉된 약 2000편의 영화 데이터 세트를 사용하여, 영화의 상업적 매력과 근본적인 수요 효과를 결정하는 영화의 특성(제작 예산, 광고비, 장르 등)에 기인할 수 있는 성공의 요소를 구분하기 위해 네스티드 로짓 모형(nested logit demand model)을 추정했다. 그가 몇 가지 견고성 분석을 통해 확증하는 연구 결과는, 공급 측면 효과의 존재와 그 규모가 경영적으로 관련이 있다는 증거를 제공한다. 구체적으로, 그는 자신의 자료에서 영화 티켓 판매의 계절적 변동의 약 3분의 1이 주어진 시점에 경영자들이 상영하기로 선택한 영화의 종류에 기인한다고 추정한다.

이와는 대조적으로, 에이나브의 결과에 따르면 나머지 3분의 2는 '진정한' 수요의 차이 때문이라고 할 수 있다. 즉, 공급 측면 효과(또는 내생성)는 수요 효과를 약 50%까지 증폭시킨다. 따라서 소비자의 시간 가용성은 중요하지만, 역사적으로 수요가 적은 계절에 상품을 출시할 수 있는 여지도 있다. 업계는 최근 이에 따라 전통적으로 '여름 요금(summer fare)'으로 여겨져 왔던 블록버스터 영화들을 좀 더 유연한 방법으로 출시하는 경향이 있으며, 판매 수치들은 에이나브의 연구 결과에 대해 외적 타당성을 제공한다. 아마도 워너 브라더스(Warner Bros)의 영화 사업부 사장인 제프 골드스타인(Jeff Goldstein)의 말은 시장의 반응을 약간 과장하는 것 같지만, "지금은

---

9) 종합해 보면, 독자들은 〈스타워즈〉 첫 영화가 원래 1976년 12월 개봉 예정이었으나 5월로 연기되어야 했다는 소식을 듣고 놀라지 않을 것이다.

12개월 모두를 사용해야 하는 것에 의심의 여지가 없다”(Fritz, 2017)라는 본질적인 의미를 담고 있다.

이러한 공급 측면 효과는 영화 및 극장 이외의 다른 형태의 엔터테인먼트에도 존재하는가? 일반적으로는 이것이 사실이라고 가정하지만, 극장 영화의 유통 패턴이 다소 독특하다는 특성은 우리에게 주의를 상기시킨다. 다른 엔터테인먼트 상품과 관련된 문제에 대한 추가적인 학술 조사가 확실히 도움이 될 것이다.

③ 조정 요인

계절적 시기가 상품 성공에 미치는 영향도 여러 상품 요인에 따라 달라진다. 예를 들어, 앞서 오스카 상을 수상하는 영화가 개봉 시기에 따라 가치가 달라질 수 있다는 것을 보여 주었다. 오스카 상을 수상하는 영화는 특정 해의 적절한 시기에 개봉했을 때 그 수상으로 인해 재무적 이익을 얻는다. 이것은 시상식이 시즌 성공과 연관성이 낮다는 것을 의미한다. 오스카 상 수상 경쟁자들에게 가을에 개봉해 얻는 이점은 상을 받을 기회가 없는 영화들보다 더 높을 것이다. 따라서 영화제작자들은 이러한 효과와 시기에 관한 좀 더 일반적인 수요 측면에서의 고려 사항도 균형을 맞춰야 한다.

계절적 시기도 광고와 상호 작용하는 것으로 나타났다. 루안과 수디르(Luan and Sudhir, 2010)는 DVD로 영화를 광고하는 효과가 출시 시기에 따라 크게 다르다는 것을 발견했다고 앞서 언급한 바 있다. 소비자들은 공휴일이나 밸런타인데이와 같이 수요가 많은 계절 광고에 더 민감하다. 이런 시점에서 엔터테인먼트 상품을 내놓는 것은 경제적 매력이 높아질 수 있다는 뜻이다. 높은 수준의 광고 지출 또는 그 반대로, 높은 수요의 기간 동안 강력한 광고 지원을 목표로 하는 영화를 개봉하는 것은 추가적인 가치가 있다.

(3) 단기적 시기

마지막으로, 일부 엔터테인먼트 상품의 경우, 출시 기간이 짧으면 성공에 영향을 미칠 수 있다. 이 관점은 특히 TV의 시리즈와 영화, 라디오의 노래, 극장의 영화 등 소비자 대신 제작자와 유통업자가 소비 시간을 결정하는 선형 유통 메커니즘이 활용되는 상품에 적용된다.

TV 콘텐츠의 경우 굿하르트 등(Goodhardt et al., 1975)과 웹스터와 왁슐라(Webster and Wakshlag, 1983)의 선구적인 연구는 특정 쇼나 영화를 시청하는 소비자를 위한 '구조적' 측면의 역할을 강조한다. 이러한 측면들 중에는 TV 프로그램의 방송 날짜와 시간뿐만 아니라, 문제의 프로그램 앞에 놓인 이전 프로그램에 대한 시기의 역할을 설명하는 소위 '승계 효과' 또는 '선제 효과'도 있다. 몇몇 연구들은 방영 시간과 요일의 중요성을 지적한다. 예를 들어, 레디 등(Reddy et al., 1998)은 TV 방송국에 대한 최적의 스케줄 알고리즘을 개발하기 위한 노력의 일환으로, 미국 케이블 네트워크에서 방영되는 26개 프로그램의 주간 데이터를 사용했다. 그들은 특정 시간과 요일 모두 시청률과 상당히 관련이 있다고 추정했는데, 이는 윌버(Wilbur, 2008)의 2003년 5월 주요 TV 방송국의 황금시간대에 방영된 프로그램의 데이터를 통해 확인할 수 있다.

독일 전국 TV 채널에 상영된 674편의 영화에 대한 자체 PLS(Partial Least Squares)[10] 분석을 통해 이러한 단기적 시기 효과의 상당한 크기를 추정할

---

10) 원본 데이터 대신 상관관계가 없는 성분 집합으로 예측 변수를 줄이고 이러한 성분에서 최소제곱법을 수행하는 방법이다. 예측 변수의 수가 관측치의 수보다 많으며 범용 최소제곱법에서 계수를 생성하지 못하거나 표준오차가 높은 계수를 생성할 경우에 특히 유용하다. —옮긴이

수 있다(Hennig-Thurau, 2013). 영화가 방송된 주간 조합의 평균 등급 측정은 영화 시청률을 결정하는 두 번째로 강력한 결정적 요소였으며, 독일 극장의 영화 관객 수는 더 높은 매개변수를 나타냈다.

연구는 또한 승계 효과가 TV 프로그램에 중요하다는 증거를 제공한다. 여기서 널리 사용되는 경험적 접근법은 프로그램의 시청률과 그 프로그램을 선행한 쇼 프로그램 시청률 사이의 상관관계를 연구하는 것이다. 연구는 대개 유의미한 연관성을 보여 준다. 예를 들면 타이게와 크소비치(Tiedge and Ksobiech, 1986)는 1963~1984년 동안 방영된 약 1000편의 황금시간대 시리즈 연구에서 평균 0.49의 상관관계를 찾는다. 하지만 인과관계가 한 번 더 불분명해졌다. TV 경영자들은 그들의 결정에 그 효과를 반영하고, 소비자들을 다른 매력적인 쇼들을 보도록 이끌기 위해 유도 할 수 있다. 윌버(Wilbur, 2008)의 연구는 경영자의 경험에 따른 결정의 일환인 내생성 편향을 완전히 설명하지는 않지만, 경영자가 프로그램의 시장 점유율을 설명하기 위해 프로그램에 선제 효과로 청중을 포함하여 여러 다른 프로그램 및 네트워크 특성을 제어한다고 보고한다. 그는 매개변수인 선제 효과만큼 매개변수를 통해 후속 프로그램의 매력을 포착하려고 함을 이끌어 내는 효과도 중요하다는 것을 밝힌다.

라디오에서 재생되는 음악에도 이와 유사한 단기적 시기 효과가 존재한다. 주중과 같은 일부 요일과 아침 및 식사 시간은 주말 저녁과 같은 다른 요일보다 소비자에게 더 매력적이다. 따라서, 라디오 소비는 이른 시간(독일의 경우 주중에는 오전 7시, 주말에는 오전 9시)에 최고조에 달하고, 이후 계속해서 감소하며 초저녁에는 매우 낮은 수준으로 떨어진다(예: Gattringer and Klingler, 2014). 리즈와 라이트(Lees and Wright, 2013)는 뉴질랜드의 1000명 이상의 소비자의 라디오의 사용을 이용한 연구에서, 이 매체 또한 승계 효과가 중요하다는 증거를 제공한다. 우리는 그들의 연구 결과가 대부분의 다른

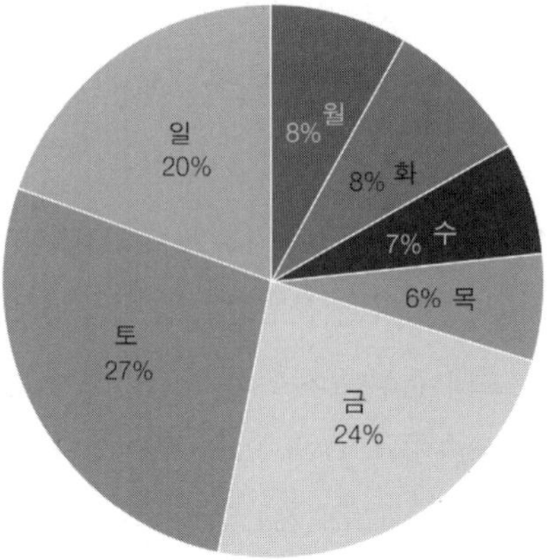

〈그림 3.3〉 요일당 평균 흥행 수익

주: 그림의 백분율은 2016년 한 해에 주어진 주 동안 가장 성공적인 영화 10편에 의해 생성된 박스오피스를 의미한다. 예를 들어, 총 평균 주당 박스오피스가 1억 9370만 달러이다. 따라서 토요일(모든 휴일 포함)이 평균 27%이므로 약 5300만 달러에 해당한다.
자료: The Numbers의 데이터를 참조.

서구 시장에도 적용되어야 한다고 가정한다.

그리고 영화 관람객들은 또한 극장에서 영화를 보는 것을 선호하는 요일과 시간에 대해 다양한 선호도를 가지고 있다. 〈그림 3.3〉은 2016년 주말이 전체 박스오피스 수익의 약 71%를 차지했음을 보여 준다. 영화 관객의 이러한 요일 및 시간 관련 선호도는 극장 소유주가 낮 시간 및 주간 상영 일정을 잡는 방식을 통해 각 영화의 성공에 영향을 미친다는 것을 의미한다.

엔터테인먼트 사이언스 학자 여호수아 '조시' 엘리아스버그(Jehoshua 'Josh' Eliashberg)는 동료인 찰스 '척' 와인버그(Charles 'Chuck' Weinberg) 및 베렌드 와렝가(Berend Wierenga)과 함께 실버스크리너(SilverScreener)를 개발했다. 이는 극장 소유주에게 특정 영화를 상영할 시기에 대한 과학적 지원을 제공하는 복잡한 계량경제 모델이다(예: Swami, 1999).[11]

전반적으로, 이러한 결과는 장기적 또는 중기적 출시 시기 결정 외에도 단기적 출시 시기 결정이 엔터테인먼트 상품의 성공에 상당한 영향을 미칠 수 있다는 것을 보여 준다. 그러나 단기적 시기 결정은 주로 유통업자의 손에 달려 있기 때문에, 엔터테인먼트 경영자들이 단기적 시기에 미치는 영향은 일반적으로 상당히 제한적이다. 어느 정도 영향력을 행사하는 주요한 방법은 제작 또는 유통 계약의 일환으로, 즉 영화를 TV 네트워크에 판매하거나 극장에 임대하는 것이다.[12] 만약 그것이 효과가 없다면, 유통업자에게 상품의 완벽한 출시 기간에 대한 설득력 있는 주장을 제공하고, 그들이 그것을 구현하도록 신뢰하는 것이 제작자에게 남은 유일한 도구일 것이다.

2) 경쟁적 출시 시기

지금까지 엔터테인먼트 출시 시기 효과에 대한 논의는 수요 및 공급 측면의 효과에 크게 초점을 맞추고 있지만 경쟁의 역할은 배제하고 있다. 상품의 비교 가능성을 제한한 엔터테인먼트의 쾌락적 특성에도 불구하고, 엔터테인먼트 경영자는 경쟁이 엔터테인먼트 성공에 영향을 미친다는 가정하에 행동한다. 이 때문에 할리우드 영화사들은 NRG(미국에 소재한 엔터테인먼트와 기술의 교차점에서 글로벌 인사이트 및 전략을 수립하는 회사)가 작성한 '경쟁적 포지셔닝(Competitive Positioning)' 보고서(경쟁으로 인한 잠재적 갈등을 인식하고 곧 나올 영화 관람에 대한 관객들의 인식과 관심을 결정하는 내용을 다룬다)를 일제히 구독하고, 이그지비터

---

11) 초기 연구와 더불어 접근 방식 및 구현에 대한 자세한 내용은 엘리아스버그 등(Eliashberg et al., 2001, 2009)의 내용을 참조하기를 추천한다.

12) 그런 거래의 한 예로 슈워츨(Schwartzel, 2017)은 디즈니가 영화 〈스타워즈: 라스트 제다이〉를 상영하기 위해 극장 소유자에게 부과한 조항을 보고한 바 있다.

릴레이션스(Exhibitor Relations: 박스오피스 통계와 영화 출시 일정, 영화 트렌드에 관한 미디어와의 대응 등을 수행하는 회사)가 발간한 '영화 개봉 일정(Feature Release Schedule)'을 참조하고 있다.

다음으로는 경쟁이 엔터테인먼트 상품의 성과에 영향을 미치는 정도에 대한 학술 조사를 논할 것이다. 그런 다음 경제 게임 이론의 논리를 바탕으로 경쟁적 반응을 설명하는 방법인 상품 출시 시기를 조절하기 위한 전략을 수립하려는 학술적 시도를 살펴볼 것이다.

(1) 경쟁이 엔터테인먼트 상품 성공에 미치는 영향

경쟁 효과에 대한 경험적 학술 연구의 대부분은 영화의 극장 성과를 조사했다. 학자들은 특정 영화가 개봉되었을 때 존재했던 경쟁의 척도를 만든 다음, 이러한 척도를 면밀히 조사한 후에 영화의 성공과 연결시킨다. 이러한 경쟁의 척도는 연구마다 다르기 때문에, 결과는 경쟁이 영화 성공에 영향을 미치는 정도를 조명할 뿐만 아니라, 개봉 결정을 내릴 때 가장 경영적인 관심을 기울여야 할 경쟁의 측면을 강조한다.

경쟁의 주요 측면 중 하나는 상영 가능한 다른 영화와의 유사성이다. 연구에 따르면, 매우 유사한 대안의 존재가 새 영화의 성공을 저해한다는 증거를 제공한다. 엘버스와 엘리아스버그(Elberse and Eliashberg, 2003)는 새로 개봉된 영화와 동일한 장르 또는 미국영화협회(MPAA) 등급의 상위 25개 영화의 북미 박스오피스에 대해, -0.22의 경쟁 탄력성을 발견했다.[13] 경쟁 수준이 10% 높으면 새로 개봉된 영화의 극장 성공률이 평균 2% 정도 감소한다. 서유럽 3개국을 대상으로 분석한 결과 경쟁도 중요하지만 그 요소가 다는 아니며, 영국에서는 2배 이상 높은 경쟁률을 보였다. 클레멘트

---

13) 엘버스와 엘리아스버그는 각각의 영화를 이전 몇 주 간의 관점에서 '나이'별로 나눈다.

등(Clement et al., 2014)이 북미와 독일에 대해 대규모 최신 데이터 세트를 사용하여 이 같은 방식으로 접근했을 때, 매우 유사한 매개변수를 발견했다.

그러나 유사성이 어떻게 정의되는지가 중요하다. 인슬리 등(Ainsli et al., 2005)은 825편의 영화 확산 모델링에서 같은 장르와 등급의 영화에 대한 경쟁이 중요하다는 것을 발견했다. 분석 결과를 통해 박스오피스 예측 오류를 거의 40% 줄일 수 있었다. 그러나 그들은 서로 다른 두 종류의 유사성의 차이를 지적한다. 같은 장르의 영화에 대항해 새로운 영화를 개봉하는 것은 개봉 주간 판매에 지장을 주고, 시간이 지남에 따라 판매율이 감소한다. 연령 등급 측면에서의 경쟁도 초기 판매량을 감소시키지만, 학자들은 개봉 첫 주에 같은 등급의 경쟁자들에게 밀려 영화를 보지 못한 관객들이 그 다음 주에 영화에 몰리게 되는 '변위 효과(displacement effect)'에 주목한다. 작품의 수명주기가 점점 짧아지면서, 오늘날 이러한 '변위 효과'를 위한 충분한 시간이 남아 있을지는 불분명하다.

유사도가 낮은 영화도 포함하는 광범위한 경쟁 조치는 덜 진단적인 것으로 보인다. 클레멘트 등은 영화 개봉 주말(각 광고 지출에 가중치 부여)에 어떤 다른 신작의 수는 유사한 신작의 판매의 단지 절반 정도만큼만 관련된다고 발표했다.[14] 그리고 컬랜톤 등(Calantone et al., 2010)은 1997년에서 2004년 사이에 북미 극장에서 개봉된 약 3000편의 영화를 지표로 사용하여, 동일 장르의 경쟁과 주간 수익 사이의 부정적인 상관관계를 발견한다. 그러나 매우 낮은 유사성이 측정되는 서로 다른 장르의 경쟁과 주간 수익 사이 간의 경쟁은 기본적으로 0이다.

클레멘트 등은 이전에 개봉된 영화들을 살펴보는 경쟁적인 측면도 포

14) 그들의 경험적 모델에서, 클레멘트는 또한 모든 신작 영화의 (가중) 수가 유통업자 및 극장 소유주들에 의해 한 영화에 할당된 극장 수에 영향을 미친다는 것을 발견했다.

함하고 있다. 그들은 성공이 새 영화가 상영되는 영화의 평균 연령과 거의 상관관계가 없다는 것을 발견한다. 이러한 통찰력은 경쟁적 효과에 대한 시간의 역할을 지적한다. 구티에레즈-나브라틸 등(Gutierrez-Navratil et al., 2014)은 2000~2009년에 5개국(미국, 영국, 프랑스, 독일, 스페인)에서 개봉한 2811편의 영화를 분석하여 이 문제를 잘 조명했다. 그들은 특히 여러 주간에 걸친 출시 기간별로 다른 국가에 걸친 고정효과 회귀를 추정하여 경쟁의 역할을 연구했다. 학자들은 주간 경쟁 효과와 관련된 내생성 문제를 최소화하기 위해 횡단면 추정 접근법(cross-sectional estimation approach)[15]을 사용하고, 주어진 주에 한 국가에서 개봉된 다른 모든 영화의 수로 '경쟁성'을 측정하여 각 경쟁자에게 자체의 개봉 주말 상영관을 가중시켰다.

그들의 분석 범위는 영화 개봉 3주 이전부터 개봉 후 3주까지의 7가지 경쟁 측정을 포함한다. 예를 들어, 첫 〈아이언맨〉 영화가 2008년 5월 2일 북미에서 개봉되었을 때, 같은 주간의 경쟁 작품인 〈남 주기 아까운 그녀(Made of Honor)〉가 2729개의 영화 상영관에서 개봉되었고, 나머지 영화 상영관 30곳에서 〈퓨지티브 피스(Fugitive Pieces)〉가 동시에 개봉되었다.

영화에 관심이 있는 모든 소비자들이 영화 개봉 첫 주 동안 영화를 보는 것은 아니라는 점을 고려했을 때, 그 전 주의 경쟁작인 〈베이비 마마(Baby Mama)〉, 〈해롤드와 쿠마 2: 관티나모로부터의 탈출(Harold & Kumar Escape from Guantanamo Bay)〉, 〈트리즘(Trism)〉은 모두 4월 25일 2000개 이상의 북미 극장에서 개봉되었다. 학자들은 분석에서 영화의 자체적인 주말 극장 개봉 요소를 제한했다.

구티에레즈-나브라틸 등의 연구 결과는 경쟁의 역할이 시간에 따라 상당히 다르다는 것을 보여 준다. 〈그림 3.4〉는 출시 주당 탄력성을 보고한

15) 하나의 시점 혹은 기간에 관찰된 여러 변수의 관측치를 이용한 통계적 기법. —옮긴이

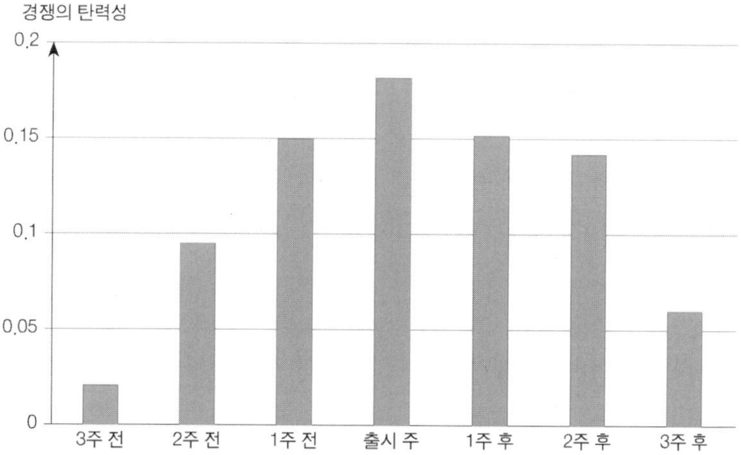

〈그림 3.4〉 영화 성공을 위한 개봉, 개봉 전 및 개봉 후 경쟁의 효과

주: 이 숫자는 영화의 전체 박스오피스에서 주어진 주 동안 경쟁의 탄력성(1차, 2차)이다.
자료: Gutierrez-Navratil et al.(2014)에 보고된 결과를 참조.

다. 이는 출시되는 주에서는 경쟁의 영향력이 최고조에 달하며, 출시 주 이전 2주 및 이후 2주 동안은 다른 출시 요소가 역할을 수행한다는 것을 보여 준다. 경쟁의 효과 또한 불균형적이며, 영화를 개봉하기 전에 경쟁사들이 무엇을 하느냐보다 개봉 후의 조치가 더 중요하다는 것을 보여 준다. 그리고 구티에레즈-나브라틸 등의 연구는 또 다른 통찰력을 제공한다. 즉, 경쟁 효과는 주어진 주에 비선형적으로 나타난다는 것이다. 경쟁 측정치 제곱항의 유의성과 부정적 특성은 경쟁 상품의 수에 따라 경쟁의 영향이 감소함을 시사한다. 구티에레즈-나브라틸 등의 평균 영화에 대한 탄력성 추정치(일차항과 제곱항을 고려한다)는 개봉 주에 -0.18로 정점에 달하는데, 이는 다른 엔터테인먼트 사이언스 학자들의 연구 결과에서 배운 것과 매우 유사하다.

우리는 다른 엔터테인먼트 형식의 경쟁에 대해 더 잘 알지는 못한다.

그러나 한 가지 주목할 만한 예외는 루안과 수디르(Luan and Sudhir, 2010)의 DVD 판매를 위한 경쟁의 역할 연구에서 살펴볼 수 있다. 그들은 이 유통망에서도 경쟁이 중요하며, 이 경우 2가지 다른 경쟁의 원천이 있다는 것을 알게 된다. 첫 번째 원천은 다른 DVD의 출시와 그로부터 2주 내에 영화관에서 성공 여부에 따라 정해지는 DVD 출시 수량에 따른 것이다. 이는 DVD 간 경쟁이 10% 더 높아지면 매출이 0.5% 감소하는 데 그친다는 점에서 주목할 만하지만 그 영향력은 미비하다.

경쟁의 두 번째 원천은 훨씬 더 높고 덜 예상적이다. 작가들은 DVD 판매가 동시에 극장에서 일어나는 일에 영향을 받는다는 것을 발견한다. 다시 말해, 상영되는 모든 영화의 DVD 출시 주간과 박스오피스 상영관 간의 경쟁이 10% 변화하면 DVD의 판매가 2.2% 감소한다. 루안과 수디르(p.454)는 영화사는 박스오피스 블록버스터가 개봉되는 같은 주에 DVD를 발매하는 것을 피해야 한다는 결론에 도달했다.16)

(2) 경쟁력 있는 엔터테인먼트 시장 진입의 적기는 언제인가?

경쟁 상품의 영향을 이해하는 것은 분명 중요한 정보이며, 대체 상품이 어떤 조건에서 경쟁을 뒷받침하는 효과가 가장 강하게 유발되는지 파악하는 것과 같다. 이와 관련된 부분이지만 별도의 질문은 엔터테인먼트 제작자가 경쟁 환경, 즉 상대적인 시기에서 신상품의 시장 진입 시기를 어떻게 측정하느냐 하는 것이다.

많은 학자들이 영화 개봉을 위한 문제를 해결하기 위해 행하는 제작자의 의사결정을 '게임'의 일부로 취급하는 게임 이론을 도출해 냈다. 게임

---

16) 좀 더 일반적인 방법으로, 그들의 연구 결과는 극장과 DVD 판매 사이의 채널 간 자기잠식 현상(inter-channel cannibalization)을 지적한다.

이론은 할리우드나 오스카가 주류 영화에서 선도적인 역할로 각광을 받았다고 생각하는 유일한 경제 이론이다. 그러나 영화 〈뷰티풀 마인드(Beautiful Mind)〉가 이 이론에 대해 가장 신뢰할 수 있는 출처는 아니라는 점을 염두에 두자(예: Rey, 2008: 696).

게임 이론을 이용한 시기 연구의 좋은 예는 크라이더와 와인버그(Krider and Weinberg, 1998)의 '동적 호감 모델(dynamic attraction model)'에 기초한 게임 이론 분석을 수행한 연구이다. 학자들은 2개의 영화 중에 경쟁력이 강한 영화가 경쟁력이 약한 영화와 시장성 면에서 같은 주에 개봉되는 것을 비교해 볼 때, 경쟁력이 약한 영화가 개봉을 연기하는 것이 두 영화 모두에 최적이라는 분석적 증거를 제공한다.

두 영화가 시장성 면에서 더 유사하고, 한 영화가 다른 영화보다 약간 더 시장성이 있는 영화라면 어떻게 될까? 이러한 상황에서 크라이더와 와인버그는 동일한 출시 패턴이 더 강한 영화에는 여전히 최적이지만, 시장성이 약한 영화에는 차선의 결과를 가져온다는 분석을 통해 추론한다. 그럼에도 불구하고 그것은 시장성이 강한 영화보다 약한 영화가 잃을 것이 더 많기 때문에 일어날 가능성이 높다. 크라이더와 와인버그는 이 상황이 게임 이론이 말하는 '치킨 게임(chicken game)'을 구성한다고 주장한다.[17] 이들은 폭스바겐 승합차와 그레이하운드 버스가 정면충돌하는 상황과 비교한다. 두 차량 모두 상대 차량을 피하면 시간을 빼앗기는 반면, 각 차량이 방향을 튼다면 안정적인 상황이 발생하지만 폭스바겐은 충돌 시 피해 가능성이 높기 때문에 운전자가 방향을 바꿀 가능성이 더 높다. 따라서 "폭

17) 게임 이론 모델 중 하나로, 한 사안에 대해 대립하는 2개의 집단 중 어느 한쪽이 그 사안을 포기하면 손해를 보지만, 양쪽 모두 양보 없이 포기하지 않는다면 가장 나쁜 결과를 야기한다. —옮긴이

스바겐과 유사한 시장성이 약한 영화는 개봉을 연기할 가능성이 가장 높다". 말하자면 방향을 틀게 된다.[18)]

후속 연구에서, 에이나브(Einav, 2010)는 영화의 시기 결정에 대한 수요와 공급의 영향을 분리하고, 그가 명명한 '영화 개봉 시기 게임'을 실증적으로 분석하면서 경쟁 유통 시기 결정의 게임 이론 모델을 개발한다. 그는 이전 연구에서처럼 1985년과 1999년 사이에 개봉된 것과 동일한 세트의 영화를 사용하며, 이번에는 이그지비터 릴레이션스가 '영화 개봉 일정' 리포트에 보고한 대로 영화제작자의 출시 데이터 발표와 그것을 결합한다.

에이나브는 개봉 주당 '진정한' 수요의 척도를 도출함으로써 (공급 측면 효과를 제거한다) 제작자들이 주어진 시간에 경쟁작에 의해 야기된 대체 수요와 적절하게 균형을 이루는지 여부를 테스트하는 모델을 추정한다. 그의 모델은 2개의 영화를 가정하는데, 한 제작자는 다른 제작자의 개봉 날짜를 모른 채 개봉일을 설정하고 다른 제작자는 그 후에 완전한 정보를 가지고 개봉일을 설정하는 것을 가정한다.

에이나브의 연구 결과는 제작자들이 그의 데이터 세트로 대표되는 기간 동안, 수요의 계절적 차이의 영향에 대해서는 과도한 비중을 두는 경향이 있었지만, 경쟁의 영향에 대해서는 비중을 낮게 두고 있었음을 암시한다. 그 결과 휴일 주말 동안 너무 많은 영화가 개봉되었다. 에이나브는 과도한 비중이 상당히 많다고 판단한다. 즉, 피크 기간 즈음에 무더기 개봉

---

18) 학자들은 또한 두 영화가 똑같이 소비자들에게 호감을 받을 때, 비슷하게 높은 호응성을 가지고 있을 때 어떤 일이 일어날지를 숙고한다. 이 경우, 크라이더와 와인버그는 두 영화가 동시에 개봉하는 것과 '시즌' 초반에 개봉하는 것이 가장 좋을 것이며 그들의 호응성을 충분히 실현할 수 있다고 결론을 내린다. 그러나 에이나브(Einav, 2007)가 보고한 서로 다른 출시일 사이에 보통 때보다 적은 소비자 수요의 차이를 고려할 때 이 결과는 다시 살펴볼 필요가 있다.

(the clustering of releases)을 정당화하기 위해서는, 해당 기간 동안 내재된 수요가 실제보다 2배 더 컸어야 했다. 에이나브의 해결책으로 좀 더 유연한 개봉 패턴은 연중 가장 밀집된 주에서 벗어나 전환된 것인데 이는 위에서 언급한 바와 같이 영화 산업이 나아가고 있는 방향이다.

(3) 출시 시기 변경

경쟁 출시 시기에 대한 게임 이론적인 접근 방식은 적어도 특정 조건에서는 출시 날짜를 먼저 설정하는 사람이 후속 상품에 비해 경쟁 우위를 차지한다는 것을 시사한다(Einav, 2010). 그래서 영화계는 영화 대본이나 배역이 존재하기도 전에, 심지어는 수년 전에 개봉 발표를 하는 일정을 채택했다.[19] 이러한 조기 결정의 부작용은 상품 또는 관련 개발의 지연으로 인해 개봉 시점의 변경이 필요할 수 있다는 것이다. 에이나브(Einav, 2010)의 데이터에 포함된 거의 2000편의 영화 중에 20% 이상이 개봉 날짜를 변경했다. 이러한 변화는 대부분 단기적인 것이다. 영화의 약 5%만이 개봉일이 5주 이상(이전 또는 이후) 변경되었다. 그런데 출시 날짜를 공지하고 변경하는 것은 영화에만 국한된 것은 아니다. 예를 들어, 브래드 토르(Brad Thor)의 출판사는 그의 새 책인 『힘의 사용(Use of Force)』의 발매일을 2017년 6월 6일에서 3주 후로 변경했다.[20]

이러한 출시일 변경은 소비자와 재무 투자자에게 어떻게 인식되고 있

---

19) 한 예로, 폭스는 2017년 여름에 〈아바타〉 속편 4개의 개봉일을 발표했는데, 그중 어느 것도 그때까지 촬영을 시작하지는 않았다. 폭스는 이 브랜드의 페이스북 페이지를 통해 팬들에게 "영화의 여정은 2020년 12월 18일, 2021년 12월 17일, 2024년 12월 20일, 2025년 12월 19일!"이라고 언급했다.

20) 출판사는 그것이 독립적 조치이며, 같은 날 스타 작가 존 그리샴(John Grisham)의 새 소설의 발표에 대한 반응이 아니라고 주장했다(Gamerman, 2017).

을까? 에이나브와 레이비드(Einav and Ravid, 2009)는 출시일에 최소 60일 이전 또는 이후까지 영향을 미친 변화에 초점을 맞춰 출시 변경에 대한 주식시장의 반응을 실증적으로 분석했다. 그들의 데이터는 에이나브(Einav, 2007)가 사용한 영화의 하위 집합으로, 상장 엔터테인먼트 회사 25개의 영화 260편에 대해 변경 사항 302개로 구성되었다. 이를 위해 연구자는 사례 연구 방법을 사용했는데, 날짜 변경 발표 후 제작사 주가의 변동을 측정하여 소비자의 반응을 예상하는 금융 투자가들은 새로운 날짜가 발표의 일부인지 아닌지 상관없이 날짜 변경에 대부분 부정적으로 반응한다는 것을 발견했다.

그 발표가 기업의 가치에 미치는 평균적인 부정적 영향은 2200만 달러였다. 그러나 영화 간에는 큰 차이가 있다. 제작비가 더 높은 영화의 경우, 증권시장의 반응은 상당히 강하며, 아마도 제작자에게 일어날 수 있는 더 높은 손실을 반영한다. 소비자들은 날짜 변경이 제작에 문제가 있다는 것으로 인식한다. 학자들은 개봉 날짜가 변경된 영화의 경우 실제로 박스오피스 실적이 저조한지 여부를 조사하지는 않는다. 그러나 이런 결과와 소비자들의 수요가 통상적인 것보다 적은 계절적 변동을 고려하면, 엔터테인먼트 제작자들은 대가를 치르며 시간 목록(타임 슬레이트)을 막으려 하지 말고 처음 발표했던 것에 대해 찬반양론의 균형을 주의 깊게 맞춰야만 한다.

지금까지 우리는 새로운 엔터테인먼트 상품의 초기 출시에 영향을 미치는 출시 기간의 결정만을 살펴봤다. 그러나 오늘날, 이 상품 출시 시기는 신상품 유통의 한 측면일 뿐이다. 상품들은 현재 수많은 유통 채널을 통해 다양한 형태로 소비자에게 제공되고 있기 때문이다. 이러한 형식과 유통 채널을 조율하는 것은 각 형식의 시장 진입 시기가 핵심 관심사인 엔터테인먼트 경영자들에게 또 다른 큰 도전을 의미한다. 다음은 이 주제에 대해 자세히 살펴보자.

2. 멀티 채널 문제: 엔터테인먼트 멀티 포맷의 편성

TV: 영화가 죽을 때 가는 곳이 바로 그곳이다.

— 밥 호프(Bob Hope)가 1953년에 TV에서 첫 번째 오스카 시상식 진행 시(Martinez, 2003 인용)

VCR은 미국 영화제작자와 미국 대중에게 보스턴 살인자가 집에 혼자 있는 여자와 함께 있는 것과 마찬가지로 위험하다.

— 영화 산업 로비스트 잭 발렌티(Jack Valenti)는 미국 의회 소위원회 청문회에서 VCR이 불법이어야 하는 이유를 1982년 위원회에서 주장하면서

오늘날 많은 상품과 서비스가 여러 채널을 통해 유통되고 있다. 예를 들어, 기차 승차권을 여행사, 기차 회사의 오프라인 아울렛, 온라인 사이트, 역의 키오스크 또는 열차의 차장에게서 구입할 수 있다. 멀티 채널의 가용성은 대부분의 엔터테인먼트 상품에서도 유효하다. 그러나 엔터테인먼트 상품과 기차표는 상당히 다른 점이 있다. 서로 다른 유통 채널들은 단순히 똑같은 소비 경험으로 가는 관문이 아니라, 고유한 엔터테인먼트 형식에 연결되는 경우가 많다.

기차 승차권은 소비자가 어느 채널을 통해 구입했는지에 관계없이 동일하게 유지된다. 하지만 극장에서 영화를 보는 것은 DVD나 스트리밍 형식으로 보는 것과는 다르다. 상품의 각 포맷 또는 소비 방식에 따라 소비자는 각기 다른 선호도를 가지는데, 일부는 극장의 어둠을 선호하고, 다른 일부는 거실의 편리함을 선호한다. 다음 페이지에서 유통 채널에 대해 이야기할 때 염두에 두어야 할 사항이다.

이 책에서 논의하는 모든 종류의 엔터테인먼트 콘텐츠는 원래 극장용 영화, 레코드판 음악, 인쇄된 종이 소설[21], 그리고 쇼핑몰이나 바의 기계

용 게임 등의 단일 형식만 상업적인 이용이 가능했다. 그 이후로 기술이 개발되고, 특히 최근 소비자의 디지털 연결성이 발전되면서, 이러한 모든 콘텐츠에 대한 대체 포맷을 가능하게 만들었다. 엔터테인먼트는 처음부터 신기술과 형식에서 중요한 역할을 해 왔지만 이 섹션의 소개 인용문은 상당히 보수적인 태도를 보여 준다. 이것이 소비자들에게 새로운 형식의 인기를 늦추지 않고 있으며, 대개는 업계 자체의 이익을 위해서이다.

영화제작자들은 이제 극장에서만 개봉했던 영화들(Epstein, 2010)에 비해 많은 수익을 올리고 있으며, 대부분의 수입은 극장 이외의 여러 채널에서 발생하고 있다(Friend, 2016). 음악 수익은 음반업계가 1980년대 중반에 음악 콘텐츠를 레코드판과 카세트뿐만 아니라 CD 포맷으로 제공 했을 때 거의 2배가 상승되었다(Degusta, 2011).

기업들이 음악 스트리밍(*ifpi*, 2017)을 수용하기 시작하면서 마침내 이러한 기업들은 다시 성장하기 시작했다. 도서 판매는 이용 가능한 디지털 책 형식의(Anderson, 2016) 혜택을 받았고, 게임 판매는 1980년대 초 소비자들이 가정에서 사용할 수 있게 된 이후 전례 없는 수준에 도달했다(Fandom, 2017). 라이온스게이트의 중역인 존 펠트하이머(Jon Feltheimer)는 2010년 초 다양한 형식과 그 중요성을 설명했다. 쇼타임의 히트 쇼인 〈위즈(Weeds)〉는 한 편당 평균 약 200만 명의 시청자를 기록했지만, 1억 달러 이상의 DVD 매출 이외에도, 아이튠즈 차트를 석권하고 있다. 또한 넷플릭스의 즉시 시청을 통해서 바로 스트리밍할 수 있는 서비스와 아마존, 준(JUNE), 시네마나우(CinemaNow), 무비링크(movielink) 및 부두(VUDU)에서도 에피소드 또는 시즌별로 판매된다. 전체적으로는 이미 거의 500만 건에 달하는 디

21) 셸락 레코드와 축음기가 있었다는 것도 알지만, 녹음된 음악은 디스크가 저장 매체로 사용되었을 때 대중적이 되었다.

지털 거래 및 집계를 달성했다(Smith, 2010 인용).

어떤 사람들은 동일한 영화, 게임, 앨범 또는 소설의 다른 형식이 단순히 특정 엔터테인먼트 콘텐츠의 버전이라고 주장할 수 있다. 이 책의 '버전 관리' 섹션에서 관리에 대해 더 잘 논의해야 한다(가격 결정 장 참조). 그러나 그렇게 하면 핵심 통찰력이 흐려질 것이다. 비록 가격은 포맷에 따라 다를 수 있지만 중요한 문제는 아니다. 대신 다양한 포맷과 채널에 대한 업계 논의에서 가장 큰 비중을 차지하고 있는 부분은 바로 출시 시기이다.

특히, 많은 엔터테인먼트 상품이 여러 유통 채널 전반에 걸쳐 순차적으로 출시되고 있는데, 이는 업계에서 창구화(windowing)라고 하는 접근 방식이다.[22] 이러한 순차적 유통은 채널의 확산과 '현상 유지'에 대한 모든 변화가 제작자와 유통업자에게 미칠 수 있는 광범위한 영향의 결과로, 경영적·학술적 관심의 중심에 있었다. 다음으로 채널 시기 결정 시 주의 깊게 고려해야 할 여러 가지 요인을 식별하기 전에, 먼저 엔터테인먼트의 순차적 유통 상태를 분석적으로 살펴보겠다. 그런 다음, 기존의 전통적인 유통 모델의 변화가 유통산업에 어떤 영향을 미칠지, 누가 가장 많은 이익을 얻을 수 있는지 또는 누가 손해를 볼 수 있는지를 설명하는 순차적 유통에 대한 경험적이고 실증적 연구를 다룰 것이다. 이러한 통찰력을 바탕으로, 현재 순차적 유통을 사용하지 않는 엔터테인먼트 포맷이 이 접근법의 혜택을 받을 수 있는지와 그 방법에 대해서도 알아보겠다.

---

22) 대표적으로 영화의 경우를 보면 가격 차별 방식에 따라 그 영화 상품에 대해 높은 유보가격을 가진 소비자들은 높은 비용을 지불하는 대신 우선 관람권을 가질 수 있다. 이때 극장 관람이 가장 빠른 창구에 해당하게 된다. 그리고 점차 가격이 낮아지면서 다양한 윈도우로 순차적으로 제공된다. ―옮긴이

1) 최적의 채널 믹스 설계 시 고려해야 할 사항

(1) 엔터테인먼트 유통 창구와 기본 관심사에 대한 개요

지금부터 10년 후에는 영화를 개봉하고 원하는 대로 소비할 수 있게 될 것입니다. 극장에서 원하십니까? 집에서요? 아니면 차 안에서요?

— 소니 픽처스의 부회장 겸 사장 야이르 랜도(Yair Landau)(smith, 2005 인용)

순차적 유통은 다양한 형식의 상품을 연속적으로 소비자에게 제공함으로써 생산자의 이익을 극대화하도록 설계된 마케팅 전략이다(Hennig-Thurau, 2007a 참조). 생산자의 수익 극대화 전략은 상품 유통업체의 전략과 완전히 일치하지는 않지만, 생산자와 유통업자의 채널 유통 시기에 대한 공동 관심은 상당할 수 있다. 예를 들어, 도서 출판업자들과 소매업체들은 인쇄된 책의 양장본과 문고판 버전 사이의 시간 차이에 대해 제한적인 논쟁만 해 왔다.

그러나 다양한 유통업체를 통해 서로 다른 형식이 제공될 경우, 생산자의 수익 극대화 노력은 유통업체에 다르게 영향을 끼쳐 갈등의 불씨를 부채질할 수 있다. 이것이 순차적 유통의 역사가 치열한 전투를 겪고 있는 이유이다. 영화의 경우를 생각해 보자. 극장 소유주들은 극장이라는 형식으로 영화를 유통하고 해당 수입으로부터 이익을 얻는 반면, 소매업체들 또는 임대 회사나 스트리밍 제공업자들은 영화가 홈 엔터테인먼트 형식으로 유통될 때의 수익을 확보한다. 전통적인 극장 포맷은 영화가 DVD 형식으로 흥행할 때 어떤 것도 얻지 못한다. 따라서 극장 소유주들은 극장 수익을 극대화하는 구성을 목표로 하는 반면, 홈 엔터테인먼트 유통사들은 각각의 홈 엔터테인먼트 채널을 통해 창출되는 수익의 극대화를 추구한다.

영화의 경우, 순차적인 유통은 1950년대 중반 할리우드 영화제작사들이 영화의 TV 판권을 네트워크가 아닌 개별 TV 방송국에 팔기 시작하면서 도입되었다. 처음 시도된 방식으로 영화가 TV로 옮겨 가는 기간은 수년에 걸쳐 이뤄졌으며, 황금시간대에 소비자의 집에서 방영된 첫 장편영화는 MGM의 〈오즈의 마법사(The Wizard of Oz)〉로 1939년 극장 개봉 이후 17년 만에 방영되었다. 그러나 이러한 지연에도 불구하고, 극장 소유주들은 극장과 TV에서 상영되는 영화 간의 일반적인 경쟁을 두려워했기 때문에 대체적 영화 포맷에 반대했다. 이 섹션의 서두에 있는 밥 호프의 인용문은 이 첫 번째 채널 갈등에 대해 많은 것을 말해 준다.[23] 영화의 극장 개봉과 다른 포맷의 창구는 그 이후로 계속해서 줄어들고 있다.

오늘날 할리우드 영화는 개봉 3~4개월 후에 가정용으로 개봉되고 있으며, 가치 사슬에서 그들 자신의 위치를 원하는 새로운 '중개자(middlemen)'들이 이 기간을 더욱 단축시키기 위해 자주 노력하고 있다. 최근의 창구화 모델은 극장과 홈 채널에서 동시 개봉을 지지하는 데까지 도달했다.

이 전략에 대한 제안은 션 파커(Sean Parker)의 더 스크리닝 룸(The Screening Room)과 같은 프리미엄 VOD(Video On Demand)에서 제안한 서비스로 소비자가 새 영화에 50달러, 특별 셋톱 박스(Smith, 2016)에 150달러를 지불하는 서비스부터 무제한 동시 제공에 이르기까지 다양하다. 이러한 방식은 스트리밍 회사가 가입자들에게 일반적으로 제한된 극장 개봉과 동시에 시청자들에게 제공하는 〈비스트(Beast of No Nation)〉와 같은 넷플릭스 영화와 극장에서 상영되기 전에 VOD로 먼저 선보이는 〈마진 콜(Margin Call)〉과 같은

23) 순차적 유통론(sequential distribution)을 제기한 할리우드와 TV의 복잡한 역사적 관계에 대해 더 알고 싶은 독자들을 위해, 세그라브(Segrave, 1999)를 추천한다.

독립영화를 위한 최근의 접근법이다(James, 2015; Miller, 2012).[24] 이러한 각각의 모델은 자신의 비즈니스 모델이 위협받고 있다고 느끼는 극장 소유주들로부터 강한 역풍을 맞았으며, 기존의 창구화 설정(예: Lang, 2015)을 방해하기 위한 노력에 참여하는 제작사의 현재 또는 향후 개봉에 대한 보이콧에 이르기까지 광범위한 조치를 취했다.

다른 엔터테인먼트 분야에서도, 이러한 시기와 관련된 갈등이 생산자와 다른 가치 사슬 구성원들 사이에 존재한다. 도서의 경우, 디지털화를 통해 1930년대에 확립된 순차적 양장본 이후 문고판 모델이라는 공식에 도전하는 전자책과 전자책을 읽어 주는 전자책 단말기의 생성을 가능하게 했으며, 이는 아마존과 같은 디지털 소매업자들이 선호하고 있다. 특히 'CBS/내셔널 어뮤즈먼트'의 사이먼 앤 슈스터(Simon & Schuster)는 인쇄된 책과 실제 소매점을 지원하기 위해 2008년과 2009년에 양장본 출시 후 디지털 버전의 출시를 최대 4개월 늦추기도 했지만 결국 양장본과 디지털 버전을 동시에 출시하는 것으로 결정했다.

좀 더 최근에는 도서의 포맷 경쟁이 유통으로부터 출판사의 모든 포맷의 가격을 조화롭게 하려는 노력에 반영된 가격 정책으로 바뀌었다. 이것은 낮은 제작비를 반영해 저렴한 가격으로 이용할 수 있는 전자책의 매력을 감소시켰다. 그러나 양장본과 전자책 버전이 동시에 출시됨에 따라 양장본과 문고판의 기간 설정에 압박을 받고 있는데, 이 중 일부는 기존의

24) 어떤 면에서, 이러한 동시 개봉은 영화 산업의 채널 관련 시작으로의 복귀를 의미할 것이다. 1933년 3월 10일, 첫 번째 영화는 여전히 극장에서 상영되는 동안 로스앤젤레스에서 TV로 방영되었다. 〈크룩드 서클(The Crooked Circle)〉이 당시 TV를 소유했던 소수의 소비자들과 함께 비즈니스 모델의 혁신이라기보다는 기술적인 실험에 가까웠다는 것을 주목해야 한다. 또한 반년 전에는 로스앤젤레스의 극장에서 초연되었다. 그때는 극장의 수명주기가 훨씬 더 길었다. 노박(Novak, 2013) 참조.

12개월 표준(Bossman, 2011)에서 6개월로 축소되었다. 창구화 기능 설정은 더 높은 소매 이익을 보호하기 위해 고안된 '프라임 리딩(Prime Reading) 도서 대여 제안'과 같은 다른 프로그램 아래 아마존이 제공하는 균일 요금에도 적용된다.[25)]

요즘에는 게임과 음악의 경우 유통 창구 설정이 눈에 띄지 않는다. 전통적으로 게임은 별도의 하드웨어 포맷으로 재출시되었지만, 오늘날 제작자들은 동시에 여러 버전의 게임을 제공하는 데 초점을 맞추고 있다. 게임 제작자들은 소비자의 특정 형식에 대한 접근을 지연시키는 이점이 없으므로 순수한 디지털 형식이 패키지에 포함된 것과 병행하여 출시된다. 물리적으로 약한 게임 소매업자들은 이러한 동시 발매를 막을 수 없다. 대부분의 음악은 소비자들이 단일 거래나 구독으로 선택한 형식(CD, LP판)을, 디지털 다운로드 또는 스트리밍의 포맷을 통해 바로 즐길 수 있다.

그러나 다른 형태의 엔터테인먼트와 마찬가지로, 이 동시 출시 모델은 다음처럼 간주되어서는 안 된다. 음악 산업은 꽤 오랫동안 유통 창구(distribution window)에 대해 고민해 왔다. 예를 들어, 바티아 등(Bhatia et al., 2001)은 부즈 앨런 해밀턴(Booz Allen Hamilton) 컨설턴트로서 고가 CD에서 중저가 디지털 다운로드에 이르는 시퀀스를 제안하면서, 이 윈도우 모델이 "기존 수익 흐름을 보호할 수 있는 레이블을 허용하고, 여전히 소비자에게 음악을 구매할 수 있는 새로운 방법을 제공할 것"이라고 주장했다. 그들은 냅스터(Napster)가 버림받은 시점에 그들의 모델을 제안했고, 작가들은 불법 복제를 통제하고 있다고 생각했다. 잠시 후에 논의하겠지만, 역사는 그들이 틀렸다는 것을 증명했고, 업계는 그들의 창구화 아이디어를 제쳐 두었다.

---

25) 소매 및 대여 버전과 같은 다른 형식을 다른 가격에 제공하는 것은 가격 차별화의 일종으로, 다음 장에서 논의할 것이다.

하지만 약 15년 후에 이 방식을 다시 사용하면서, 비록 그들이 그렇게 부르지도 않았고 그것을 인정하지는 않았지만, 음악 제작사들은 비슷한 순차적 모델을 실험하기 시작했다. 2015년 12월에 가수 아델(Adele)은 25 장의 앨범을 CD와 디지털 다운로드로 발매했지만, 스트리밍 플랫폼에서는 발매하지 않았다(Sisario, 2015). 결국 스포티파이 및 기타 스트리밍 플랫폼에서 해당 형식으로 7개월 후에 사용할 수 있게 되었다. 아델은 스트리밍 발매 지연에 대한 개인적인 이유를 언급했지만,[26] 음반사는 아델 음악의 성과를 면밀히 연구했다. 그 결과는 놀라웠다. 이 앨범은 발매 한 달 동안 800만 장 이상이 판매되었고, 발매 후 첫 6개월 동안 약 1800만 장이 팔렸으며, 이 기간에는 스트리밍이 불가능했다(McIntyre, 2016).

이러한 수치는 음악 출시를 위한 유통 창구 설정의 이점을 잘 보여 주는 듯하다. 하지만 최종 판단은 스트리밍 수익에 미치는 지연의 영향도 고려해야 한다.[27] 그리고 아델 외에도 순차적인 음악 유통의 측면에서 더 많은 일이 일어나고 있다. 2017년 유니버설은 스포티파이의 광고 기반 스트리밍(Roettgers, 2017)에 일반적인 2주간의 기간을 부과했다. 또한 스트리밍 공급업체는 최소한 일정 기간 동안만 채널을 통해 일부 음악을 이용할 수 있도록 시도하고 있다. 일례로 제이-지(Jay-Z)의 2017년 앨범 〈4:44〉는 다른 형식과 스트리밍 플랫폼으로 접근하기 전 일주일 동안 스트리밍 서비스 데일(Dale)에서만 독점적으로 공개했다.[28]

---

26) 아델의 말을 인용하자면, "스트리밍은 조금 일회용이다"(*Time*, 2015).

27) 앨범의 재생 수치가 공개되지 않았지만 스포티파이에서 사용할 수 있게 된 후에는 재생된 상위 목록에 오르지 못했다. 다음 섹션에서 설명하는 것처럼 아델의 결정에 대한 최종 평가는 훨씬 더 복잡하다. 실제 앨범은 스트리밍 출시 지연 이후 몇 주 동안 더 많은, 적지 않은 노래들이 판매되었다(Caulfield, 2016).

28) 스트리밍 서비스를 통해 일부 다른 독점적 프로덕션의 이름을 지정하는 음악 시장에 대

기존 및 최신 방식 대부분의 유통 창구 설정에는 다양한 업계 경영자들과의 논의에서 알 수 있듯이 경영상의 가정이 있다. 현재 관행은 신뢰할 수 있는 경험적 데이터나 확실한 유통 창구 설정 방법 이론에 근거하지 않는다. 그리고 제작사에서 시행한 제한적인 경험적 테스트는 방법론적 관점에서 심각한 결함이 있는 설계를 사용한다. 종종 사용되는 특정한 콘텐츠는 일반화를 방해하는데, 예를 들어 스티븐 소더버그(Steven Soderbergh)의 소규모 예산으로 만든 실험적인 영화 〈버블(Bubble)〉은 극장에서 개봉과 동시에 홈 엔터테인먼트 채널에서 제공되는 최초의 영화 중 하나였다(Risen, 2005).

또 다른 경우는, 파라마운트(Mendelson, 2015)의 '초기 VOD' 실험의 일부였던 여섯 번째 〈파라노말 액티비티(Paranormal Activity)〉 영화의 경우와 같이, 실제 유통 창구 설정 전략의 효과는 극장에서의 보이콧으로 인해 불분명하다. 마지막으로, 일부 실험에는 본질적으로 매력이 없는 상품이 포함되어 있다. AT&T의 다이렉트 TV를 통해 개봉된 지 60일이 지난 후에 30달러에 영화를 제공하는 상품이 소비자들에게 큰 흥분을 일으키지 못했다는 사실에 놀란 사람은 거의 없을 것이다.

그러나 엔터테인먼트 사이언스 연구자들은 멀티 포맷의 유통 결정을 정할 때 균형을 잡아 줘야 하는 복잡한 세력을 체계적으로 탐구했으며, 이러한 세력을 인정하면서, 복잡한 문제에 대해 강력한 경험적 빛을 비추는 방법을 찾아냈다. 이를 위해 먼저 순차적 유통 구성의 효과를 결정하는 세력에 대해 살펴보겠다.

한 개요는 엔터테인먼트 비즈니스 모델에 대한 장(I권 5장)을 참조하라.

(2) 최적의 유통 창구를 결정하는 세력 구조

여러 채널을 통해 소비자에게 판매 및 대여되는 엔터테인먼트 상품에 대한 유통 모델의 수익성은 여러 가지 요인에 따라 달라진다. 〈그림 3.5〉는 채널의 좀 더 구체적인 기능 및 상호 관계, 즉 '거시적 차원'의 세력과 관련된 다른 요소와 다소 추상적인 일반 소비자의 선호도인 '미시적 차원'의 세력과의 관련을 구분하는 주요 세력을 개괄적으로 보여 준다(Hennig-Thurau, 2007a). 이러한 모든 세력은 특정 산업 환경에서 '제공'된 것이며 단일 생산자의 영향을 받을 수 없다. 그러나 〈그림 3.5〉의 중심에는 제작자가 실제로 채널의 순서와 시기, 그리고 각 채널 내 가격을 결정할 수 있는 변수 또는 적어도 큰 영향을 미치는 변수들을 포함한다. 이들의 활동적인

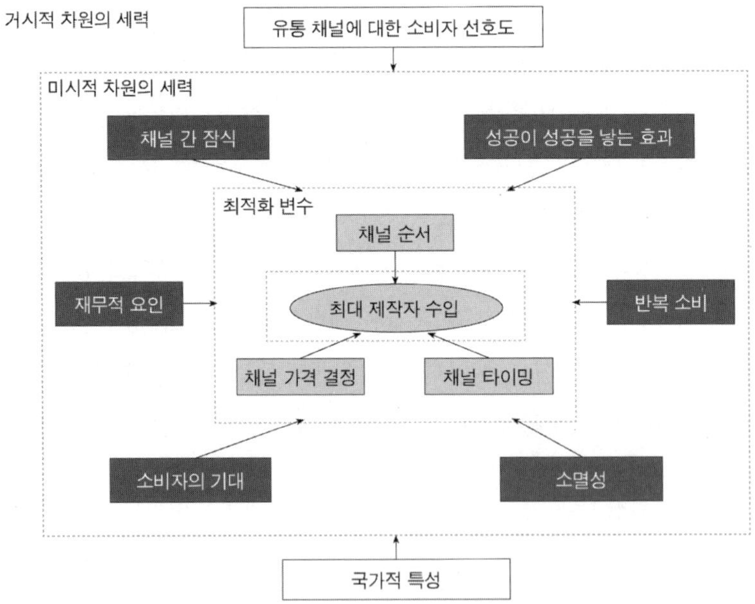

〈그림 3.5〉 엔터테인먼트 제작자를 위한 채널 설계의 최적성에 영향을 미치는 세력

자료: Hennig-Thurau et al.(2007: 63~83) 참조.

특성 때문에 이러한 것들을 '최적화된 변수'라고 부른다.

실제로 엔터테인먼트 경영자는 유통의 구성을 최적화하려고 할 때 다른 요소에 직면하게 된다. 그렇다면 특정 채널 시퀀스나 구성에 반대하거나 일반적으로 유통 변화에 반대하는 엔터테인먼트 가치 사슬상의 구성원에 의한 항의 및 보이콧 비용은 어떨까? 이러한 측면은 채널 파워의 문제이며, 최적화 논의와는 별개이다. 유통 구성이 제작자에게 미칠 수 있는 원시 효과를 먼저 결정하는 것이 더 유용하다고 생각한다. 만약 2가지가 충돌하지 않고, 기본적으로 모든 조건이 동일하다는 접근 방식을 적용할 경우에 말이다.

그리고 이 접근 방식은 제작자들이 잠재적으로 생길 수 있는 분쟁의 비용을 판단할 수 있는 기준을 제시한다. 만약 다른 유통 모델로부터 1억 달러를 벌 수 있다는 것을 안다면, 100만 달러만 벌 수 있다는 것을 알 때보다 그것을 위해 싸울 더 많은 동기를 얻을 수 있을 것이다. 그러나 우리의 분석은 결코 그러한 채널의 충돌을 찾으려는 요구가 아니다. 대신에, 소비자의 이익을 위한 방법으로 채널 구성을 설계하여, 이 산업이 엔터테인먼트 가치 창출에 관련된 모든 당사자에게 이익이 되는 모델을 식별할 수 있도록 하는 것이다. 그러나 그렇게 할 수 있으려면 메커니즘에 대한 더 나은 이해가 필요하며, 이것이 우리가 분석과 이론을 사용하는 이유이다.[29] 이제 〈그림 3.5〉에 명명된 거시적 및 미시적 차원의 세력에 대해

---

29) 우리의 토론은 엔터테인먼트 경영자 개개인의 관점을 취한다. 또한 업계 전반에서 유통 구성을 전체적으로 살펴볼 필요가 있다. 엔터테인먼트에서의 소비자 행동에 대한 우리의 분석은 감성 및 이미지 프로세스의 양이 엔터테인먼트 상품이 소비되는 매체에 따라 달라질 수 있다는 가능성을 지적한다. 극장에서 보는 영화가 넷플릭스에서 보는 영화보다 더 큰 영향을 미치는 경우, 우리의 관심을 더 많이 받기 때문에 유통 채널의 구성은 전체적으로 영화 엔터테인먼트와 관련된 부분에 영향을 미칠 수 있다. 예를 들어 극장 방문에서 넷플릭스로의 전환은 단기적으로는 더 많은 수익을 창출할 수 있지만, 이미지

더 자세히 살펴보도록 하자.

① 거시적 차원의 세력

앞서 언급한 2가지 일반적이고 추상적인 특성은 엔터테인먼트 경영자를 위한 특정 채널 구성의 재무적 매력에 영향을 미친다. 글로벌 관점을 적용할 경우 각 채널에 대한 소비자의 선호도와 특정 국가의 특성을 고려해야 한다.

※ 소비자의 채널 관련 선호도

해당 채널이 소비자들에게 더 많은 가치를 제공할수록, 소비자는 기꺼이 더 많은 비용을 지불하려고 한다. 이러한 일반적인 사실은 엔터테인먼트 유통 채널에도 적용된다. 즉, 고객은 채널을 더 가치 있게 사용할수록 그 채널에 대한 사용 비용을 많이 지불할 것이다. 엔터테인먼트 기업들은 특정 채널의 가치에 대해 강력한 규범적 신념을 갖는다. 그들의 논리는 극장에서 영화를 보는 것이 TV 화면으로 보는 것보다 '우월한(superior)' 것이고, 스마트폰으로 영화를 보는 것은 수치스러운 일에 가깝다는 것이다. 크리스토퍼 놀란(Christopher Nolan) 감독이 자신의 영화 〈덩케르크(Dunkirk)〉에 대해 "관객들을 영화에 데려갈 수 있는 유일한 방법은 극장 유통밖에 없다"라고 말했을 때, 영화계의 많은 사람들에게 박수를 받았다(Busch, 2017 인용). 음악에 대해서도 비슷한 주장이 있다. 경영자는 LP판 녹음을 음악의 '진정한' 매체로 간주하는 경우가 많고, 예술가는 스트리밍을 무례하게 여

제작 감소의 위험을 수반하며 따라서 장기적으로 영화의 중요성을 수반한다. 이와 비슷한 주장이 음악 산업에 나타났으며 LP와 CD에서 디지털 음악의 흐름으로 전환하기 위한 수단일 수 있다.

기는 경우가 있다. 아델만 그런 것이 아니다. 그리고 출판사와 작가들 사이에서도 디지털 장치로 책을 읽는 것은 '실제'로 인쇄된 책을 읽는 것보다 열등하다고 여겨진다.

이러한 업계 내부의 믿음은 소비자가 실제로 다른 채널에 대해 생각하고 느끼는 것이 아니라 각 매체의 역사와 '객관적인' 품질에 대한 고려에 의해 주도된다. 극장, LP판, 양장본이 업계의 사랑을 받는 것은 우연이 아니다. 이러한 상품은 최초로 널리 사용되는 형식이었기 때문에, 엔터테인먼트라는 예술적 지위는 특히 이런 것들을 이전에 사용했던 오늘날 대부분 업계의 리더와 밀접하게 연관되어 있다.[30]

그러나 학문적인 관점에서 예술가들이 그런 규범적인 판단을 한다면, 제작자들과 다른 경영자들이 추구하는 것과는 완전히 다른 것이다. 낮은 '문화적 존중(cultural esteem)' 때문에 특정 채널 방식을 무시하는 것은 소비자 선호도의 변화를 해결하지 못한다. 우리는 문화와 관련된 논쟁이 종종 제작자들에 의한 반동적 사고에 지푸라기 같은 역할을 한다는 것을 감지한다. 이는 엔터테인먼트의 현재와 미래를 형성하는 데 있어 적절하지도 않고 도움이 되지도 않는다.[31]

실제로 소비자의 선호도는 매우 복잡하다. 영화의 경우 일부 소비자들은 '나는 어둠이 깔린 극장의 신화를 사랑한다'라고 말하며 극장의 체험을

---

30) 엔터테인먼트 상품 특성에 대해 다룬 1권 3장에서 특정 단계의 엔터테인먼트 선호[예: '회상 범프(reminiscence bump)']에 대한 논의를 살펴보라. 이 내용은 엔터테인먼트를 경험하는 채널에도 적용된다.

31) 채널 및 구성의 경제적 효과에 집중하는 것은 채널에 대한 예술가의 의견을 무시하는 것과는 다르다. 대신, 경영자는 자신의 유통 결정이 비즈니스의 '공급 측면', 즉 자신과 함께 일하고 싶어 하는 인재의 흐름에도 영향을 미칠 수 있다는 사실을 알아야 한다. 따라서, 유통 모델을 설계할 때 예술가와 유통업체의 역할 사이에는 어떤 유사성이 있다. 수익성 효과와 함께 각각의 태도를 고려해야 한다.

선호하는 반면(Puig, 2005), 다른 소비자들은 '집만큼 좋은 곳이 없다'라고 주장하면서, 집은 "당신 옆에 있는 누구도 패스트푸드로 바스락거리지 않고 빈 콜라잔을 끝없이 후루룩 마시지 않고, 아무도 그의 발로 당신의 등을 차고 다니지 않는다"라고 말하기 때문이다[베를린 국제 영화제의 수석대표 디터 코스릭(Dieter Kosslick)의 말 인용(*epd Film*, 2017)].

소비자의 채널 관련 선호도 역시 역동적이다. 그들은 특히 디지털 기술의 부상과 그에 따른 새로운 기회의 영향을 받았다. 스트리밍을 통해 우리는 전례 없는 편리함으로 엔터테인먼트 콘텐츠를 '몰아 보기/몰아 듣기' 할 수 있으며, 새롭게 연속되는 콘텐츠는 이 기회에 스트리밍 채널에 가치를 더한다. 넷플릭스에 따르면 소비자 4명 중 3명은 드라마 시리즈 〈브레이킹 배드(Breaking Bad)〉의 첫 번째 시즌 7개 에피소드를 한번에 시청했으며, 시즌 2와 3(각각 13개 에피소드로 구성)(Ascharya, 2014)에서는 이러한 몰아 보기 비율이 훨씬 더 높았다.32) 이러한 선호도 역학 때문에 엔터테인먼트 경영자들은 정기적으로 유통 모델을 업데이트해야 한다. 그들은 수익의 잠재력을 달성하기 위해 노력하지만, 일반적으로 콘텐츠의 관련성을 위협하지 않는 범위 내에서 수행해야 한다.

만약 사람들이 극장보다 집에서 시간을 보내는 것을 선호할 때, 영화의 가용성을 영화관 또는 극장으로 제한하면 사람들은 영화에서 다른 형태의 엔터테인먼트로 멀어지게 될 것이다. 영화를 떠난 사람은 비디오 게임,

---

32) 콘텐츠를 몰아서 보는 것을 좋아하는 사람은 어떤 사람이며 어떤 콘텐츠를 이용할까? 슈비델과 모(Schweidel and Moe, 2016)는 지금까지 이 현상을 조명한 몇 안 되는 학자들 중 하나이다. 게임 쇼와 뉴스 및 스포츠를 포함한 스트리밍 공급업체 훌루(Hulu)의 매우 이질적인 TV 콘텐츠 세트에 대한 분석에 따르면, 몰아 보기는 프로그램 특성뿐만 아니라 소비자 특성, 즉 시청 패턴에 따라 다르다고 주장한다. 코미디 및 드라마 콘텐츠는 '몰아 보기'될 가능성이 더 높다.

책 또는 음악을 선택할 수 있다. 그러나 그들은 또한 소셜 미디어, 즉 오늘날 대부분의 소비자들이 그 자체로 엔터테인먼트로 간주하는 것과(Leggatt, 2011) 같은 완전히 다른 형태의 엔터테인먼트로 전환할 수 있으며 유튜브 및 유사한 플랫폼의 짧은 비디오로 전환할 수 있다. 디즈니의 최고 경영자는 유통 시스템을 재고해야 할 필요성에 대해 다음과 같이 지적했다. "만약 우리가 기술 변화에 맞서 싸우거나 속도를 늦추거나, 비즈니스에 미치는 영향을 막기 위해 어떤 조치를 취하려고 한다면, 손실을 입고 그 전투에서 질 것이다. 인터넷 유통 채널을 수용하는 것이 필수적이다. 왜냐하면 그것이 오늘날 소비자가 있는 곳이기 때문이다"(Ryan, 2016 인용).

※ 국가적 특성

이 책은 여러 문화권의 소비자와 국가 간의 엔터테인먼트 상품에 대한 수요에 존재하는 차이점을 두 번 이상 강조했다. 이러한 차이는 유통 채널에 대한 소비자의 선호도에 거의 확실한 영향을 미친다. 프랑스와 같은 일부 국가는 영화관 또는 극장의 제도를 100년 동안 동경한 반면, 많은 아시아 국가와 같은 다른 나라들은 이러한 역사를 가지고 있지 않다. 그들은 집에서 영화를 보는 경향이 더 강하다.

소비자 행동의 차이와 관련해 엔터테인먼트 소비의 품질과 편의성에 영향을 미치는 인프라 조건이 있다. 빠른 광대역 연결 없이 영화를 스트리밍하는 것은 흥미가 저하되기 때문에, 그 조건이라면 스트리밍에 대한 소비자의 관심은 낮아질 것이다. 편의성은 채널에 접근하기 위해 필요한 노력과 관련이 있으므로, 채널이나 형식의 이용은 물리적 극장, 소매점, 대여점 등을 쉽게 이용하는 용이성에 따라 달라진다. CD나 DVD를 집으로 배송하거나 인쇄된 책을 쇼핑하는 경우에도 편리함이라는 동일한 논리가 적용되며, 집 근처에 반스앤노블 슈퍼스토어(Barnes and Noble Superstore)

가 있다면 인쇄된 책은 소매가 부족할 때와 비교하여 더 높은 상업적 전망을 가질 수 있다.

유통 구성 설계를 위해 고려해야 할 다른 문화와 국가 매개변수는 현지 규정 및 법률이다. 비록 미국의 창구화 설정 디자인은 시장 참여자들 간의 협상에 전적으로 달려 있지만, 프랑스 법은 프랑스 극장에서 상영된 모든 영화에 대해 4개월이 지나도 VOD로 상영하는 것을 금지하고 있다. 2017년도 기준으로 영화의 발상지인 프랑스의 넷플릭스 스트리밍 플랫폼을 위한 기간은 3년이다. 이 법안의 결과로, 넷플릭스는 프랑스 극장에서 영화를 전혀 개봉하지 않으며 프랑스 영화 산업과의 충돌을 경험했다 (Wilkinson, 2017). 독일에서는 정부에서 제작 보조금을 받는 모든 영화라도 DVD나 VOD로 개봉되기 전 6개월, 유료 TV는 12개월, 무료 TV는 18개월 동안 법적인 금지 조치를 받는다.[33]

② 미시적 차원의 세력

우리가 강조한 거시적 세력은 특정 유통 구성의 재무적 매력에 직접적인 영향을 준다. 예를 들면 소비자가 선호하는 채널을 사용할 수 없는 경우에 다른 형태의 엔터테인먼트로 전환할 수 있다. 그뿐만 아니라 간접적으로 특정 미시적 차원의 세력에도 영향을 미친다. 이제 채널 구성의 최적성에도 영향을 미치는 이러한 세력에 대해 자세히 살펴보겠다.

※ 채널 간 잠식

다른 채널에서 동일한 콘텐츠를 사용할 수 있게 되면 "좋은 영화는 상

---

33) 최근 영화에 대한 문화 관련 규정 개요를 보려면 맥납 등(MacNab et al., 2017)의 연구를 살펴보라.

영 위치에 관계없이 좋은 영화"이기 때문에, 한 채널이 다른 채널을 잠식할 위험이 있다[영화제작자 마틴 브래그먼(Martin Bregman)(Arnold, 2005 인용)]. 채널 간 잠식은 다른 이전의 채널에서 생성된 높은 마진을 손상시키지 않기 위해 더 낮은 이익을 내는 채널의 상품 출시를 연기하는 논거를 제공한다. 도서의 경우 클레리데스(Clerides, 2002)의 연구는 이러한 효과의 증거와 그 크기에 대한 통찰력을 제공한다. 양장본과 문고판 형식으로 발매된 미국 출판사의 약 500권의 판매 패턴을 조사한 결과 4건 중 3건에서 발생된 결과는 문고판 발표가 지연될 때 양장본이 전체 판매의 38%를 차지하는 반면, 2가지 형식이 동시에 도입되면 양장본 판매는 전체 도서 판매량의 12%에 불과하다는 것을 발견했다.

그러나 잠식은 형식에 따라 다르다. 첸 등(Chen et al., 2017년)은 2010년 봄에 주요한 한 출판사가 아마존에서 새로운 출판물의 전자책 버전 출시를 중단했을 때 '자연 실험(natural experiment: 연구자의 직접 개입이 아닌 단지 관찰에 의한 실험 상황—옮긴이)'의 일환으로 일어난 99권의 전자책 버전이 1주에서 8주간 지연된 경우에 대한 소비자의 반응을 연구했다. 주간 도서 판매를 종속변수로 두고 패널 음이항 회귀분석(negative binomial panel regression)을 사용했을 때, 학자들은 전자책과 인쇄책 판매 간에 유의한 판매 잠식화를 발견하지 못했다. 그 결과에 따르면 아마존에서 즉시 책을 구할 수 없는 미국 서적 소매업체의 전자책 판매가 매주 40% 이상 감소하지만, 아마존 및 기타 소매업체에서도 전자책을 사용할 수 없기 때문에 주간 인쇄 도서 판매가 증가하지 않는 것으로 나타났다. 즉, 전자책 형식의 (불)가용성은 소비자를 인쇄된 형식으로 전환하지 못하게 하여, 디지털적인 것을 추구하는 소비자들은 실제로 대체 형식을 찾아서 보지는 않는다는 것을 암시한다. 하지만 인쇄된 책을 선호하는 소비자들이 인쇄된 형식에 위 경우처럼 충성할지 여부는 명확하지 않다.

영화의 경우, 학자들은 블록버스터 및 기타 업체의 전통적인 비디오 대여가 여전히 성공적인 사업이었던 시기에, 비디오 대여가 극장 관객들을 잠식할 수 있다는 증거를 제공했다(Frank, 1994; Lehmann and Weinberg, 2000). 그들은 또한 그 효과가 일방적이지 않다는 것을 발견했다. 즉, 매력적인 영화의 극장 개봉은 개봉한 주에 DVD 판매에 타격을 줄 수 있다는 것이다(Luan and Sudhir, 2010).

최근 연구는 온라인 채널이 물리적 채널을 잠식할 수 있다는 것을 보여준다. 쿠마 등(Kumar et al., 2014)은 대여용 영화(VOD) 및 구입용 영화(EST: Electronic Sell Through)를 디지털 버전으로 사용할 수 없는 것이 DVD 대여에 어떤 영향을 미치는지 조사했다. 그들은 영화가 유료 TV에 상영되기 전인 2008~2010년경에 존재했던 디지털 형식(DVD는 아님)에 대해 '블랙아웃(blackout)' 기간을 이용했다. 당시 상위 4개 유료 케이블 네트워크에서 방영된 194편의 영화 데이터 세트의 SUR 분석을 통해, '블랙아웃'으로 인해 DVD 판매가 매주 약 6%씩 증가한다는 사실을 발견했다.[34] 사람들은 디지털 형식으로 영화를 구할 수 없기 때문에 대신 DVD를 대여했다.

유 등(Yu et al., 2017)은 2015년 파라마운트, 라이온스게이트, MGM의 영화 128편을 더 이상 '자연 실험' 대상으로 선정하지 않기로 한 넷플릭스의 결정을 이용하여, 넷플릭스와 DVD 판매 간의 상호작용을 연구했다. 대신 이 영화들은 덜 인기 있는 스트리밍 서비스인 훌루가 선택했다. 이 차이점(difference-in-difference) 모델은 스트리밍 서비스에서 콘텐츠를 사용할 수 없게 된 후 2개월에서 6개월 사이에, 영화의 DVD 판매가 평균 25% 증가한다는 것을 나타냈다. 연구자들은 이것이 소매 판매에서 약 60만 달러의

---

34) 이 모델의 두 번째 방정식은 DVD 판매를 종속변수로 사용한다. 몇 가지 단락에서 이 문제를 확인할 수 있다.

증가를 의미한다고 계산한다(이 중 약 60% 또는 36만 달러는 스튜디오로 되돌아갔을 것이다). 데이터 세트를 분할하면 넷플릭스의 가용성이 최신 영화와 흥행작에만 영향을 미쳤으며, 최근 영화의 경우 DVD 판매 증가율은 평균 60%에 달했음을 알 수 있다.

스트리밍 옵션의 잠식에 대한 몇 가지 추가 통찰력은 아난타크리슈난 등(Ananthakrishnan et al., 2016)에서 도출할 수 있다. 학자들은 실제 SVOD(Subscription VOD) 소비 데이터를 사용하지 않지만, PBS(미국의 공영방송—옮긴이) 웹사이트의 인기 시리즈 〈다운튼 애비(Downton Abbey)〉 에피소드를 무료로 이용하고, 이런 무료 이용이 넷플릭스 서비스 가입자에게 주는 '무료(gratis)' 특성과 비교해서 그 시리즈의 디지털 EST 판매에 어떤 영향을 미치는지 살펴봤다. 아난타크리슈난 등은 시리즈의 고정효과 회귀분석을 사용하여 PBS가 2014년 제한된 기간 동안 〈다운튼 애비〉 에피소드를 제공했을 때, 해당 시리즈 에피소드의 EST 판매가 평균 8.4% 감소했다는 증거를 제공했다.

극장 방문에 대한 잠식화의 증거는 거의 없다. 1200명의 소비자를 대상으로 한 설문 조사에 따라 연구 조사 회사인 마켓케스트가 2016년 초에 발표한 바로는 응답자의 25%가 만약 원하는 영화를 '50달러로 매일 프리미엄 VOD 서비스'로 볼 수 있다면, 극장에 가는 것 대신 VOD 서비스를 받을 것이라고 밝혔다(Busch, 2016). 그러나 우리는 이 책을 통해 이러한 자체 보고 설문 조사와 '~한다면 ~할 것인지'라는 가정적 질문의 성격이 이러한 걱정거리를 완화시키지는 못할 것이라는 점에 주목했다.

그러나 일부 엔터테인먼트 형식의 경우, 소비자가 대체물로 간주하지 않는다는 증거가 있다. 에이즈터와 괴데르티에(Weijters and Goedertier, 2016)가 벨기에 음악 소비자를 대상으로 잠재된 클래스 분석을 수행했을 때, 그 결과로 응답자의 절반 이상이 CD 또는 온라인 형식을 사용하는 단일 형식에 충실하지만, 2가지 형식 모두 대체 형식은 아니라는 것을 알게 된다.

다나허 등(Danaher et al., 2010)은 2007년 8월 EST 채널인 애플의 아이튠스 스토어에서 〈배틀스타 갤럭티카(Battlestar Galactica)〉, 〈히어로즈(Heroes)〉 등 75편의 NBC TV 시리즈 에피소드 5200편을 회수하는 것을 또 다른 자연 실험으로 사용했는데,[35] 아마존을 통한 DVD 판매에 대한 전환 효과가 없었다. 프로그램의 전체 시즌을 포함하는 실제 DVD 형식은 에피소드별로 판매되는 디지털 쇼 형식의 대체물로 보이지 않는다. 쿠마는 디지털 영화 형식의 '블랙아웃' 기간에 대한 연구에서 DVD 판매량도 조사했는데, 디지털 형식의 이용 불가능으로 인한 DVD 대여료보다 훨씬 적은 이익을 얻는 것으로 나타났다.[36] 확실히 소비자들은 영화를 구매하는 것보다 빌리는 쪽으로 더 쉽게 바뀔 수 있다.

※ 성공이 성공을 낳는 효과

잠식은 일반적으로 부정적인 것이지만, 일부 채널은 다른 채널에 긍정적인 영향을 미칠 수 있다. 우리는 이 책을 이러한 행동 기반인 성공이 성공을 낳는 효과에 할애했고, 경영자가 유통 결정을 내리기 전에 재검토할 것을 권고한다. 유통은 본질적으로 성공이 성공을 낳는 효과의 존재가 이전 채널의 엔터테인먼트 상품의 성능이나 상품의 존재 또는 품질에 대한 신호를 소비자에게 전달하여 상품이 출시될 경우 후속 채널의 상품 성능

35) NBC의 콘텐츠 회수에 대한 배경 정보는 반즈(Barnes, 2007)를 참조하라. 저자는 또한 탈퇴가 불법 다운로드에 영향을 주었는지에 대해서도 살펴봤다. 이 장의 뒷부분에서 저작권 침해에 대해 논의한 내용을 참조하라.

36) DVD 판매 및 대여가 포함된 공동 모델에서 '블랙아웃' 효과는 DVD 대여만 조사할 때 나타난 6%에 비해 10%이다. 그러나 SUR 모델의 분리된 DVD 판매 방정식에서는 블랙아웃 매개변수가 중요하지 않다.

에 도움이 된다는 가정하에 결정된다.[37] 상품이 동시에 여러 채널에 출시되는 경우 이러한 채널 간의 효과는 제한적이거나 존재하지 않는다.

공 등(Gong et al., 2015)은 영화를 위한 2개의 거래 디지털 채널, 즉 EST 구매 및 VOD 대여의 연구에서 긍정적인 파급 효과를 발견하지만, 이는 한 채널에서 영화가 성공한 것이 아닌 다른 채널의 마케팅 측정에서 비롯된다. 학자들은 가장 상업적인 타이틀을 제외한 233편의 '카탈로그' 영화에 대한 EST 가격 인하가 대여 수익에 어떤 영향을 미치는지 분석하기 위해 14주 동안 현장 실험을 실시했다. 고정효과 음이항 회귀분석의 결과는[38] 영화의 소매가격을 낮추면 각 영화의 대여 수익이 2~9% 증가한다는 것을 보여 준다. 공 등(Gong et al., 2015)은 이를 채널 간 정보 유출의 긍정적 효과, 즉 판매 가격 할인이 대여 채널의 상품에 대한 인지도를 높여 주기 때문이라고 설명했다.

※ 반복 소비

한 채널 또는 형식이 다른 채널에 미칠 수 있는 두 번째 긍정적인 효과는 그 사용이 동일한 엔터테인먼트 상품에 대한 후속 소비 경험을 통해 소비자의 욕구를 재유발할 수 있다는 것이다(Luan, 2005 참조). 그러나 그러한 반복적인 소비는 포만감 효과 때문에 엔터테인먼트에서의 규칙이라기보다는 예외라는 것을 기억하라.

일반적인 주장은 대여 거래가 구매를 촉발할 수 있는 반면, 그 반대의 경우는 가능성이 훨씬 적다는 것이다. 음악 앨범의 경우 음반을 구매하는

---

37) 성공이 성공을 낳는 효과의 긍정적인 통계 효과도 상품에 불리하게 작용할 수 있다는 것을 명심하라. 상품이 성공을 거두지 못할 경우, 이후 채널에서는 실패라는 오명을 쓰게 되기 때문이다.

38) 이 방법은 주별 데이터에서 판매의 비정규 분포와 많은 수의 '제로' 판매를 설명한다.

소비자의 약 절반이 이미 디지털 스트리밍과 같은 온라인 채널을 통해 음악을 듣는다. 이는 음반 판매가 디지털 채널에서 사용할 수 있는 앨범의 혜택을 받을 수 있음을 시사한다(*The Economist*, 2017). 영화의 경우, 스미스와 텔랑(Smith and Telang, 2009)은 영화의 DVD 판매가 무료 TV로 영화를 방영함으로써 이익을 얻을 수 있다는 것을 알게 된다. 연구자들은 2005년부터 2006년까지 8개월 동안 미국에서 지상파 및 무료 케이블 TV로 방영된 522편의 영화에 대한 DVD 판매를 분석했다. 이들은 매주 고정효과 회귀분석을 사용하여, 영화가 방영되는 주에 시작해서 2~3주 동안 아마존에서 DVD 판매가 크게 증가했음을 발견했다.[39] 이는 TV로 영화를 보는 것은 소비자에게 DVD를 구매하도록 자극하고, 그 효과는 상당하다. DVD 판매량은 지상파가 특정 영화를 방송하는 주에는 평균 120%까지 증가하며, 케이블은 거의 30%까지 증가한 후에 감소한다. 그렇다면 이것은 영화가 홈 엔터테인먼트 수익을 촉진하기 위해 영화를 더 일찍 방영해야 한다는 것을 의미하는가? 그렇지 않다. 결과는 데이터를 수집한 조건에서만 유효하기 때문에 DVD 판매는 영화가 처음 개봉된 지 몇 년이 지난 후에야 TV 방송을 통해 이익을 얻는다는 사실을 알려 준다. 그 이상도, 그 이하도 아니다.

나아가 쿠마 등(Kumar et al., 2014)은 유료 TV 방영 영화를 연구하면서 DVD 판매도 조사했다. 그들은 유료 TV 채널에서 영화를 방영한 후 평균적으로 8%의 매출이 증가했음을 발견했으며, 이는 그들이 '방송' 효과라고 명명한 효과이다. 그들의 설명은 기본적으로 스미스와 텔랑이 무료 TV

39) 이 효과는 방영 당시 아마존에서 구입할 수 있었던 영화에만 존재한다. 회귀분석에서, 영화가 방송된 '주'에는 '1'로 코드화되었고, 그 다음 관객 수를 곱한 반면, 다른 '주'들은 '0'으로 코드화되었다.

방송에 대해 설명한 것과 동일하다. DVD를 구입하면 소비자가 유료 TV에서 새로 발견된 영화를 자신의 컬렉션에 추가할 수 있게 해 준다. DVD 대여를 위한 TV 방송의 반복적인 소비 효과는 없다. 다시 말해, TV에서 영화를 보는 것은 가치 창출 분석(I권 5장 엔터테인먼트 비즈니스 모델 참조)에서 '대여' 행위로 간주하는 것으로 그 이상의 자극은 없다.

※ 소멸성

엔터테인먼트 상품의 짧은 수명주기는 시간이 지날수록 상품의 매력이 떨어진다는 것을 의미한다. 프랭크(Frank, 1994), 레만과 와인버그(Lehmann and Weinberg, 2000), 프라사드 등(Prasad et al., 2004) 모두는 제작자가 영화, 게임 또는 책의 출시 시기를 지연시킬 때, 채널 또는 형식에 따라 '마모' 또는 '감쇠' 효과가 발생한다고 주장했다. 산업계의 경영자들은 이와 유사한 인식을 표명해 왔으며, 소비자의 관심 감소는 채널 윈도우를 단축하기 위한 핵심 논거였다. 디즈니의 홈 엔터테인먼트 사장인 밥 차펙(Bob Chapek)은 영화를 녹는 얼음 조각에 빗대어 "더 오래 앉아 있으면 있을수록 작아진다"라고 했다(Dutka, 2005 인용).

독일에서의 성공적 출판에 대한 경험적 조사에서 슈미트-스톨팅 등(Schmidt-Stölting et al., 2011)은 책의 문고판 판매가 양장본 출시 이후 몇 주가 경과했는지에 따라 다르다는 것을 보여 준다. 그들은 선형 시간 효과를 가정하여, 매주 문고판 출시가 지연될 때마다 문고판 판매가 0.7%씩 감소한다는 것을 발견했다. 연구에서 평균 윈도우 기간이 78주이고 평균 변동이 18주임을 고려하면, 윈도우 기간을 18주 단축했을 때 문고판의 매출이 12% 이상 증가할 수 있다. 물론, 이러한 움직임이 잠식화를 통한 양장본 판매에 어떤 영향을 미칠지에 대해서는 아무것도 알 수 없다.

※ 소비자의 기대

어떤 사람은 경영자가 다른 미시적 차원의 세력을 기반으로 수익을 극대화하는 채널 구성을 개발할 수 있다고 주장할 수 있지만, 특정 상품이 1차 주요 채널을 완전히 이용하는 즉시 2차 보조 채널을 열 수도 있다. 그러면 더 이상 잠식이 일어나지 않을 수 있기 때문이다. 그러나 그러한 관점은 소비자의 전략적 의사결정을 배제한다. 영화의 맥락에서, 프라사드 등(Prasad et al., 2004)은 홈 엔터테인먼트와 같은 후속 채널에서 영화를 보는 것을 선호하는 소비자들은 언제 선호 채널에서 영화를 이용할 수 있는지에 대한 기대에 따라 극장과 같은 이전 채널에서 영화를 볼 것인지의 여부를 결정한다고 주장해 왔다.

따라서 제작자가 영화가 실패했기 때문에 영화의 극장 개봉과 홈 엔터테인먼트 제공 시간을 단축할 때 소비자들은 다른 영화의 소비를 전략적으로 미룰 수 있는데, 이는 그들이 선호하는 채널에서 곧 영화를 대여하거나 구입할 수 있을 것으로 기대하기 때문이다. 이런 '예상되는 잠식화(anticipatory cannibalization)'를 막는 것은 영화가 더 이상 극장에서 상영되지 않지만 소비자들은 다른 어떤 채널에서도 이용할 수 없기 때문에 이 '블랙아웃' 기간 동안 전혀 수익을 창출할 수 없는 몇 주 또는 몇 달의 시간이 지연되는 문제가 존재한다는 것에 관한 주요 논쟁이다. 단점은 위에서 주장했던 것처럼 제품의 경제적 가치가 이 기간 동안 사라진다는 것이다.

소비자의 채널 관련 기대치에 대한 출처는 무엇인가? 출시일을 일찍 발표함으로써 이들은 소매업체로부터 정보를 얻지만,[40] 주로 '산업 표준

---

40) 예를 들어, 아마존은 영화 〈스타워즈: 시스의 복수(Star Wars: Revenge of the Sith)〉가 개봉하기 일주일 전 독일 관객들에게 이메일을 보내 새 영화의 DVD를 예약 주문하도록 초대했다. 오늘날, 이 업체는 종종 극장 개봉 시 영화의 홈 비디오 형식을 사전 주문할 수 있는 기회를 관객에게 제공한다.

(industry standards)'에 근거한 개인적인 경험에 의존한다. 이 기준들은 또한 극장에서 제작자들이 단일 타이틀의 윈도우 기간을 단축하거나 심지어 잠재적 효과를 테스트하는 것을 원하지 않는 이유이기도 하다. 단순히 그렇게 하는 것이 소비자의 기대 심리에 영향을 미칠 수 있고, 전략적인 지연을 부추길 수 있으며, 소비자는 실제적인 단축이 이뤄지지 않을 때에도 극장을 우회할 수 있다고 극장 소유주들은 우려한다.

※ 재무적 요인

소비자의 채널 선호도와 더불어, 특정 채널 구성의 경제적 매력도 특정 재무 매개변수에 따라 달라진다. 첫째, 채널 개설을 연기하는 것은 수익이 나중에 제작자에게 다시 돌아간다는 것을 의미하기 때문에 산업별 할인율과 관련이 있다. 할인율이 높을수록 제작자는 돈을 일찍 돌려받는 데 더 많은 관심을 가져야 한다. 다른 모든 상황이 같기 때문에, 후속 채널이 열릴 때까지 기다리는 것은 더 많은 돈을 잃는 것을 의미하기 때문이다.

둘째, 서로 다른 채널의 수익은 다른 비율과 다른 조건으로 제작자에게 다시 돌아간다. 따라서 경제적 관점에서는 다른 사람이 엔터테인먼트 상품에서 발생하는 수익의 대부분을 차지하는 채널보다 제작자가 더 많은 지분을 얻는 채널을 우선시한다. I권 5장과 고정 지불에 대한 논의에서 엔터테인먼트 분야에서 제작자와 유통업자 간에 수익을 공유하는 다양한 방식에 대해 설명했다. 비록 극장과 디지털 홈 채널 사이의 유통 창구가 짧아져 총 순이익이 낮아지더라도, 이러한 서로 다른 제작자의 지분은 고려될 필요가 있다.[41] 이러한 변화는 디지털 홈 채널에서 얻는 수익의 점

41) 서로 다른 할당 모델을 비교해야 할 경우(넷플릭스의 고정 결제 vs. 극장 매출 점유율) 상당히 까다로울 수 있다는 점에 유의하라.

유율이 극장 흥행 수입의 점유율보다 실질적으로 더 높을 경우 제작자들에게 여전히 매력적일 수 있다.

2) 대체 유통 모델의 실증적 가치 평가

채널 조정의 복잡성은 이전 섹션에서 논의한 모든 세력이 동시에 병렬로 존재하기 때문에 발생한다. 우리가 인용한 일부 실증적 연구에서는 이미 서로 다른 세력이 섞여 있었다. 예를 들어, 스미스와 텔랑(Smith and Telang, 2009)이 영화의 TV 방송이 반복된 소비로 인해 DVD 판매량에 긍정적인 영향을 미친다는 것을 발견했을 때, 이 결과는 본질적으로 '순효과(net effect)'임을 나타낸다. 왜냐하면 그것은 또한 일부 소비자들을 위한 이전 상영에 의한 DVD 판매의 잠식화를 포함하기 때문이다. 그리고 쿠마 등(Kumar et al., 2014)이 유료 TV에서 영화가 상영되는 것이 DVD 대여에 아무런 영향을 미치지 않는다는 것을 발견했을 때, 이것은 서로를 무력화하는 반대 세력의 결과로도 볼 수 있다. 그러나 일부 소비자들은 이미 영화를 봤기 때문에 아마 대여를 기피할 수도 있고(즉, 잠식) 다른 사람들은 그것을 다시 보고 싶어 할 수도 있다(즉, 반복 소비).

우리는 이러한 2차 데이터 기반 접근 방식이 채널 간 효과를 이해하기 위한 통찰력을 생성한다는 것을 입증했다. 그러나 대체 채널 구성을 판단하는 데는 다소 어려운 부분이 있다. 그 이유는 실제 엔터테인먼트 시장에서 채널 시기와 순서의 변동은 매우 제한적이었으며, 사용 가능한 필드 데이터 범위를 벗어난 추론은 일반적으로 타당성이 없기 때문이다.[42] 간

42) 그리고 출시 날짜가 종종 내생성의 영향을 받는다는 문제도 있다. 예를 들어, 매력적인 책은 문고판 형식으로 발매되기 전에 체계적으로 더 오래 지연될 수 있는데, 이것은 문

혹 특정 채널을 통해 일부 콘텐츠를 갑자기 사용할 수 없는 '자연 실험'도 연구된 변경 사항이 대개 단일 채널과 특정 조건으로 제한되기 때문에 선택된 보기만 허용한다.

이런 문제는 복잡한 채널 구성의 모델링을 작업의 중심으로 삼은 연구에 의해 방지되며, 연구실 실험에서 얻은 통찰력을 사용하여 업계 실무에서 사용되지 않은 채널 옵션의 효과를 조명한다. 우리는 복잡한 엔터테인먼트 채널 시스템에서 작용하는 다양한 효과를 동시에 연구하기 위해 미국, 독일, 일본 3개국의 1770명 소비자를 대상으로 한 대표적인 설문 조사 데이터와 실험적 통찰력 및 분석 모델링을 결합했다(Hennig-Thurau, 2007a).

우리는 영화에 초점을 맞추고 그 당시 존재했던 4대 유통 채널인 극장, DVD 소매, DVD 대여, EST(인터넷을 통한 디지털 파일 판매)를 연구했다. 그리고 채널 순서와 시기의 가능한 한 모든 조합을 고려했다. 연구의 핵심은 2005년에 우리가 행한 공동 실험이었는데, 참가자들에게 관심이 있는 영화를 소비하기 위한 대체 옵션으로 위에 열거된 4개의 채널 중 하나를 선택하도록 요청했다. 높은 수준의 사실성을 보장하기 위해 참가자들이 선택한 영화는, 그 당시 개봉될 실제 영화들인 〈엑스맨 3(X-Men 3)〉, 〈나니아 연대기(Chronicles of Narnia)〉, 〈다빈치 코드(The DaVinci Code)〉를 포함하여 9편이었다.[43] 소비 옵션은 채널에 따라 다르지만 가격이나 '추가'의 가용성(단편 영화의 메이킹 필름과 같은) 및 언어 옵션과 같은 기타 주요 특성에 따라서도 달랐다. 실험에서 소비자의 선택은 다른 소비 특성에 대한 평가와 함께 결합 부문의 가치로 측정된 다른 채널에 대한 각 참가자의 개인적 선호를 추출하는 데 사용되었다.

고판의 성공에 대한 지연 길이 효과의 측정을 방해한다.

43) 각 참가자는 포스터, 예고편, 줄거리, 배역을 기준으로 영화에 대한 관심을 평가했다.

그런 다음 설문 조사에서 얻은 개별화된 정보와 선호 데이터를 결합하여 성공이 성공을 낳는 효과, 잠식 및 반복 구매 성향 등 위에서 언급된 채널 구성의 수익성에 영향을 미치는 다른 요인을 조합했다. 또한 대기 비용과 각 채널의 수익 배분에 대한 재무적 힘을 위해 실제 관찰을 기반으로 가정했다.[44] 최첨단 연결 기술을 사용하여 각각의 3개국에 대해 875개의 모든 대체 채널 구성을 검사하고 개별 소비자가 어떤 채널을 선택했을지 결정했다. 500명 이상의 모든 참가자를 대상으로 정보를 집계하고 우리 연구의 가정하에 이러한 선택 사항이 제작자 수익에 어떤 영향을 미칠지 계산한 결과, 다음 사항을 알게 되었다.

- 연구 당시 진행 중이던 표준 채널 구성, 즉 DVD 소매 및 대여 6개월과 EST 출시 6개월을 비교하면 제작자는 대체 채널 구성을 통해 수익을 크게 높일 수 있었다. 조사 대상 3개국의 경우 11.6%에서 16.2%의 높은 수익을 보장하는 구성 형태를 발견했다. 다시 말해, 대체 유통 모델을 고려하는 것은 실제로 엔터테인먼트 제작자의 실질적인 수익 증가 잠재력을 내포한다.
- 제작자를 위한 최적의 유통 구성은 국가마다 크게 다르고, 지금도 그럴 것이다. 미국의 한 제작자에게 있어 최상의 시나리오는 극장, DVD 대여, EST[45]의 동시 개봉 3개월 후 DVD 판매 출시였다. 〈그림 3.6〉에서 우리는 제작자(뿐만 아니라 다른 유통업자)에 대한 결과적 효과를

44) 구체적으로, 당시 업계 평균을 사용하여 제작자는 극장 매출의 50%를, DVD 판매 수익의 60%(DVD 소매업체 40%), DVD 대여 수익의 40%(DVD 대여업체 60%), EST 수익의 50%를 각각 얻을 수 있을 것으로 추정했다(나머지 절반은 인터넷 회사에 남아 있다).

45) 우리의 결과는 인터넷을 통한 영화 시청에 대한 소비자의 선호도가 매우 낮았던 때를 반영한다는 것을 명심하기 바란다.

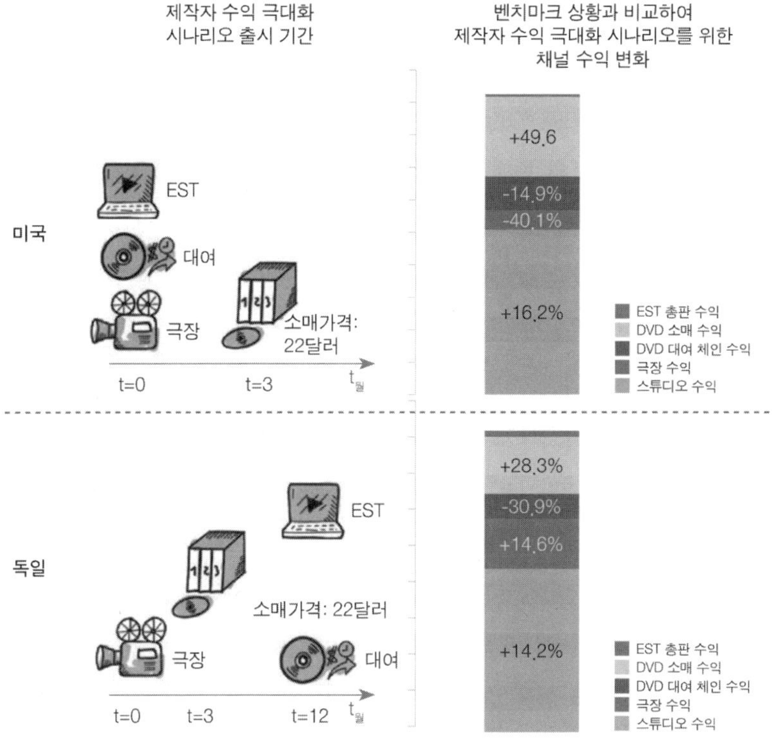

〈그림 3.6〉 영화제작자 수익을 극대화하는 채널 구성

주: Studio Tense 그래픽 지원.
자료: Hennig-Thurau(2007a) 참조.

보고하고 이를 독일의 결과와 대조했다. 이상적인 모델은 독점적인 극장 개봉이었으며, 개봉 3개월 후에 DVD 소매 출시와 DVD 대여 및 VOD로 영화가 출시되기 전까지 9개월을 더 기다려야 했다. 채널에 관한 소비자 선호도는 국가마다 다르며, 채널 솔루션은 이러한 이질성을 인정해야 한다. 하지만 우리는 다른 유통 패턴을 가지고 있다는 것을 인정해야 하며, 오늘날의 디지털 시대에 엔터테인먼트는 대륙 사이를 빠르게 이동한다는 점을 감안할 때 전 세계 여러 지역에서 고유한 도전 과제가 있다.

- 제작자를 위한 모든 수익 극대화 구성에서, 적어도 한 개의 유통업체는 수익 감소에 직면했으며, 때로는 이러한 손실이 상당할 수도 있다. 이 수치는 미국의 동시 개봉이라는 시나리오에서 극장의 수익이 40% 이상을 잃게 될 것이고, 제작자에게 최적화된 독일 시나리오에서는 극장이 이익을 얻을 수 있지만 DVD 대여는 거의 3분의 1 정도 줄어들 것이라는 것을 보여 준다.
- 제작자는 이익을 얻지만 다른 채널은 피해를 입지 않는 '윈윈(win-win)'의 타협 시나리오도 존재한다. 미국의 경우, 극장들과 DVD 소매점 사이에 3개월간의 기간이 있고, DVD 대여와 VOD로 영화가 출시되기 전에 3개월을 더 연기하면 극장들의 손해 없이 생산자 수입을 7% 늘릴 수 있다. 지난 10년간 시장의 발전을 연구해 보면, 영화 산업은 이런 유형의 타협 모델을 채택하는 쪽으로 나아가고 있는 것으로 보인다. 그러나 타협은, 정의에 입각해 보면, 일부 참여자들이 더 큰 이익을 위해 더 많은 수익성이 있는 것을 포기하도록 요구한다. 이것은 시스템이 불안정하다는 것을 의미하는데, 누가 더 큰 수익을 원하지 않겠는가?

이 연구에서 얻은 주요 통찰력은 채널 구성을 조정하는 것이 엔터테인먼트 제작자들에게 더 높은 수익을 가져다줄 수 있는 잠재력을 지니고 있으며, 따라서 노력할 가치가 있다는 것이다. 동시에 변화의 영향은 매우 다면적이며 직관적으로 예측할 수 없다. 작용하는 많은 세력의 복잡성과 아마도 역행하기 어려운 결과를 고려할 때, 제작자와 유통 파트너는 엄격한 분석을 통해 변경 사항을 철저히 평가해야 할 것이다.

우리의 결과는 그 연구의 가정하에서 의미가 있다.[46] 우리의 접근 방식은 일부 측면을 배제하기도 했지만, 채널 구성의 최적성에 대한 불법 채널의 영향은 확실히 주목할 만하다. 버메스터 등(Burmester et al., 2016)은 우리 연구를 부분적으로 확장하고 업데이트해서 소비자가 엔터테인먼트 상품의 소비 여부와 소비 채널을 결정할 때 직면하는 옵션에 불법 파일 공유를 추가했다. 또한 극장 방문, DVD 판매 및 대여, EST 외에도 우리가 연구를 수행한 이후 인기를 얻은 합법적인 채널 2개를 더 고려했다. 즉, VOD 영화의 디지털 대여 및 블루레이 구매이다. 그들은 또한 VOD 오퍼에서 고화질과 저화질 중 선택을 제안했다. 그러나 이들의 수익 모델은 앞서 논의한 몇 가지 핵심 요소를 생략한 단순화된 버전이며, 버메스터 등은 채널 효과에 대한 한 제작자의 관점이 아니라 제작자에 유통업체를 추가한 산업적 관점을 취했다.[47]

불법 채널을 고려하지 않을 때, 학자들은 2500명의 독일 영화 관객을 대상으로 산업의 수익을 극대화하는 채널 구성이 영화를 극장과 DVD 구매, VOD(30유로로 요즈음 업계에서 프리미엄 VOD라고 명명한 것과 동등한 가격)의 병행 개봉이라고 밝혔다. 그러나 버메스터 등의 결과는 반복 구매나 성공이 성공을 낳는 효과를 고려하지 않기 때문에 채널 전반에서 더 빠른 출시 시기로 편향되어 있다. 그렇다면 불법 채널을 포함하면 연구 결과가 많이 달라질까? 학자들의 대답은 '아니오'이다. 극장 관람료와 DVD 구입 가격은 이러한 환경에서는 다소 낮은 수준이나, 채널은 여전히 동시에 사용할 수 있어야 하며, VOD 대여 또한 한 달 후에 도입되어야 하며, 파일 공유도 모든

---

46) 예를 들어, 연구를 수행한 당시 실제 채널 구성을 추정했을 때, 결과는 '실제 세계'를 상당히 정확하게 재현했으며, 제작자 수익의 추정 백분율이 실제 채널 비율과 유사했다(±2%포인트).

47) 버메스터 등(Burmester et al., 2016)은 단순히 연결 분석을 통해 결정된 채널 선호도와 채널 가격을 '시장 점유율'에 곱해 각 채널의 수익을 계산한다.

채널에 유사하게 영향을 미쳐야 한다. 버메스터 등은 같은 한계에 직면한 도서 부분에 대해서도 그들의 접근 방식을 적용한다.

요약하자면, 엔터테인먼트 사이언스 연구는 채널 구성의 정확한 설계에 대한 최종 청사진을 경영자에게 제공하지는 않지만, 과제를 고려할 때의 관련성을 강조한다. 또한 채널의 출시 시기와 순서 변경이 제작자와 유통업체의 수익에 미치는 영향에 대한 현실적인 통찰력을 얻을 수 있는 방법론적 경로를 제공한다. 그러나 기존 연구의 구체적인 결과는 엔터테인먼트 소비자가 직면한 현실을 완전히 반영하지 못하기 때문에 너무 많은 가치를 두어서는 안 된다. 따라서 일반적인 학습은 가능하지만 업데이트 및 확장도 권장한다. 학자들에 의해 개발된 접근법들은 또한 경영자들에게 지나치게 단순한 결론을 피하도록 경고해야 한다. 이 섹션에서 우리가 다뤘던 연구는 복잡한 채널 집합이 어떻게 작동하는지에 대한 아이디어를 제공한다.

불법 채널의 영향에 대해 좀 더 심층적인 조사로 넘어가고 그리고 어떻게 불법 채널이 엔터테인먼트 유통의 일부로 다뤄질 수 있는지 조사하기 전에, 엔터테인먼트 상품의 국제 출시의 조정에 관련된 시기 문제가 존재한다는 점을 언급하고자 한다. 그렇다면 게임이나 음악과 같은 상품이 전 세계에 동시 출시되어야 하는가? 또는 영화와 도서 같은 상품은 순차적으로 출시되어야 하는가? 대부분의 국가 간 또는 채널 간 잠식화 문제가 덜한 상황에서 '지형 차단(geoblocking)'과 언어는 경영자들이 국가 간의 교체를 제한하는 데 도움이 되는데, 이 문제의 핵심 요소는 국가 간 성공이 성공을 낳는 효과의 존재이며, III권의 커뮤니케이션 장인 1장, 2장에서 이미 자세히 다루었다.

3. 불법 복제 문제: 상품을 무료로 제공하는 경쟁업체에 대한 대처법

훔치는 것은 잘못된 것이다. 다른 사람에게 상처를 주고, 자신의 성격도 그르치게 한다.

— 스티브 잡스(Steve Jobs)(The Deadline Team, 2013 인용)

엔터테인먼트 상품은 정보 상품이기 때문에 비교적 저렴한 비용으로 복제할 수 있다. 그러나 공급이 빠르고 전 세계적으로 확장되어 엄청난 규모의 경제를 실현할 수 있어, 제작자들에게 막대한 경제적 이점을 가져다주는 반면에, 상품을 복제할 법적 권리가 없으나 복제로부터 이익을 얻는 사람에게는 인센티브가 된다는 대가를 치르게 된다. 여기에는 불법 복제업자와 소비자가 포함되며, 이는 엔터테인먼트 상품을 복제하는 것에 대한 소비자의 권리가 다소 불분명하기 때문에 종종 구분이 모호해진다.

독창적인 아이디어나 창작물의 창작자에게 그 아이디어나 창작물을 사용하고 유통할 수 있는 독점적인 권리가 주어진다는 개념은 오랜 역사를 가지고 있다. 1709년 영국 의회에서 성문화된 '앤의 법령(Statute of Anne)'은 저작물의 발행자와 저자가 타인에 의해 복제되지 않도록 보호한다는 내용을 포함하며 일반적으로 최초의 저작권법으로 간주된다. 그 이후로, 엔터테인먼트 제작자들은 저작권 침해에 대해 오랫동안 불평해 왔으며 복제가 제작자들의 재정적 생존력을 해치고 모든 창작 산업을 전체적으로 위협한다고 주장하면서, 사용자 권리를 최소화하려고 노력해 왔다. 이와는 대조적으로 소비자와 그 옹호자들은 저작권이 소비자의 사용권을 제한해서는 안 된다고 주장한다. 예를 들면, 사용자가 지불한 상품의 사용을 위한 백업 생산, 재판매 또는 친구에게 대여하는 것이 있다. 그리고 저작권이 있는 아이디어의 합법적인 '공정한 사용(fair use)'에 해당하는 것에 대한 논의는 상당히 논쟁의 여지가 있고 진행 중이다.

오디오나 비디오 카세트 또는 LP와 같은 아날로그 형식 콘텐츠와 물질적 요소의 엔터테인먼트 상품이 포함된 디지털 이전 시대에 제작자들은 이미 복제 방지를 위한 계획을 실행했다. 예를 들어, 듀얼 카세트 플레이어가 도입된 1980년대 초(Zaleski, 2016) 영국에서는 '홈 테이핑이 음악을 죽이고 있다'라는 홍보 캠페인을 하기도 했으며, 나아가 녹음 기술에 세금을 부과하고 심지어 테이프 레코더와 비디오 레코더 같은 녹화 기술을 금지하기 위한 시도를 했다. 그러나, 디지털 이전 시대에는 콘텐츠의 아날로그 형식이 모든 복제품에서 품질 손실을 초래하고, 원본은 불법 복사본에 비해 내장형 이점을 제공했기 때문에 문제가 다소 제한적이었다.

플로피 디스크와 CD-ROM, CD 및 DVD와 같은 저장 매체가 등장하면서 상황이 근본적으로 바뀌었는데, 이 포맷은 엔터테인먼트 콘텐츠를 디지털 형식으로 저장하여 성능의 무손실 복사가 가능해졌다. 게다가, 인터넷과 증가하는 파일 공유 인프라는 음악, 영화, 책, 게임에 이르기까지 모든 종류의 엔터테인먼트 상품의 복제를 전례 없는 방식으로 대중화했다. 당시 P2P(Peer-to-peer) 서비스 냅스터는 십 대였던 숀 패닝(Shawn Fanning)과 숀 파커(Sean Parker)에 의해 설립되어 1999년 5월에 출시된 이후 1년도 채 되지 않아 2000만 명의 사용자를 보유했다. CD 버너 또는 MP3 플레이어와 같은 새로운 하드웨어 기술로 보완된 다운로드 파일은 빠르게 합법적인 엔터테인먼트 상품을 구입할 수 있는 매력적인 대체품이 되었다(Liebowitz, 2008). 비록 냅스터 자체는 단명했지만, 엔터테인먼트의 세계는 영원히 달라졌다.

냅스터의 유산은 오늘날에도 여전히 만연해 있다. 통계 자료에 따르면 2016년에 전 세계적으로 소비자들이 불법 엔터테인먼트 및 소프트웨어 콘텐츠에 약 1790억 번 접속했다(MUSO, 2016). 영국에서는 2016년 3개월 동안 엔터테인먼트 또는 소프트웨어를 사용하는 사람들의 25%가 불법 소스를 통해 최소한 일부 콘텐츠에 접속했다[책 12%, 비디오 게임 18%, 음악 20%, 영화 24%(Intellectual Property Office, 2016)].

그러나 그런 행위에는 또한 역동성이 있으며, 전반적인 경향은 예년보다 불법 엔터테인먼트 소스에 매력을 느끼는 사람들이 적다는 것을 지적하는 것 같다. 영국에서는 2012년 이후 불법 오디오-비디오 콘텐츠와 음악을 소비한 사람들의 비율이 각각 23%와 13% 감소했다.[48] 또한 불법 복제에 접근하는 경로도 변경되었다. 인터넷을 통해 다른 소비자와 엔터테인먼트 파일을 공유하는 것은 여전히 상당한 자원이지만 비공식 소스의 스트리밍 콘텐츠는 시청각 콘텐츠에 대한 불법 소비의 지배적인 수단이 되었다. 파일 호스팅 사이트에서 소비자가 스트리밍 전용 콘텐츠를 다운로드하는 '스트리밍 리핑(stream-ripping)'이 인기를 끌고 있다. MUSO(2016)는 모든 종류의 콘텐츠에서 현재 약 60%의 불법 복제가 스트리밍을 통해, 19%는 P2P 파일 공유를 통해, 17%는 다운로드를 통해, 4%는 리핑으로 발생한다고 보고했다. 불법 복제 방지 전략에 대한 우리의 논의는 이러한 경향을 고려할 것이다.

---

48) 그렇다면 왜 일부에서는 불법 복제 행위가 줄어드는 대신 늘어나고 있다고 주장하는가?(예: Steele, 2015) 우리는 대부분 불법 행위를 본질적인 위협으로 내세우는 것이 그들의 의제에 부합하기 때문이라고 추측한다. 성장에 집착하는 세상에서는 줄어드는 현상의 중요성에 대한 재무적·정치적·사회적 지지를 얻기가 훨씬 더 어려울 것이다. 그들의 경험적 주장은 보통 불법 복제 파일 수가 아니라 불법 사이트를 통해 교환되는 데이터의 양을 가리킨다. 이러한 양은 실제로 증가하고 있지만, 이러한 증가는 10년 전에 공유되었던 파일 크기에 비해 오늘날 불법 복사본의 파일 크기가 훨씬 더 크기 때문이라고 볼 수 있다. 디지털 불법 복제 초기부터 저장 매체의 개발을 고려해 보자. 초기에는 저해상도 필름 크기가 1GB에서 3GB 사이였지만, 고화질 버전의 가용성은 파일 크기를 약 8GB로 늘렸고, 4K 버전은 심지어 그 크기의 4.5배까지 증가했다.

업계 대표들 및 조직들은 경제적 불법 복제 행위 효과에 대한 수많은 통계를 발표했는데, 이들 대부분은 편향적이고, 모든 불법 다운로드 또는 사이트 방문을 분실 판매로 취급하는 등의 비현실적인 가정으로 고통받고 있다. 이러한 수치는 불법 복제에 맞서 싸우는 업계를 돕는 대신, 언론인과 소비자가 업계의 신뢰성에 의문을 제기하므로 역으로 업계에 해를 끼칠 수 있다(예: Masnick, 2016). 학문적 호기심 vs. 상업적 이익에 의해 주도된 학자들은 불법 복제를 조사하고 불법 복제 행위에 대한 풍부한 통찰력을 얻었다. 다음 섹션에서는 불법 복제와 법적 채널 경로의 사용 및 산업 수익 간의 연관성에 대해 학술 연구들이 밝혀낸 내용을 요약한 후, 엔터테인먼트 저작권 침해의 원인과 관련하여 불법 복제 방지 조치의 효과에 대한 통찰을 제공할 것이다.

1) 불법 복제의 영향

소비자와 그들의 합법적 형태의 엔터테인먼트 소비에 대해 불법 소스가 미치는 영향을 이해하고 측정하는 것은 사소한 일이 아니다. 이러한 불법 소스는 상쇄 효과를 가질 수 있기 때문이다. 우리는 소비자에게 예고편 또는 발췌와 같은 샘플에 대한 액세스를 제공하면 상품의 상업적 성과에 도움이 될 수 있으며, 유출(spillover), 성공이 성공을 낳는 효과나 반복 소비로 인해 채널 간에 긍정적인 효과가 존재할 수 있다는 것을 주장하면서 몇 가지 경험적 증거를 제시했다. 예를 들어 TV에서 영화를 상영하면 DVD 형식의 구입이 증가할 수 있다. 경제 논쟁으로 불법 채널의 경로를 방어하려고 노력하는 사람들은 대부분 이러한 효과가 불법 복제 행위에도 적용된다고 주장했다.

그러나 다음에서 언급하겠지만, 경험적 증거는 소비자가 정상적인 상품 대신 불법 복제된 버전을 사용하기 때문에 불법 채널이 합법적 형태의 엔터테인먼트를 대부분 잠식한다는 사실을 압도적으로 보여 준다. 불법 복제의 '건설적' 효과에 대한 '파괴적' 효과의 우세는 또한 우리가 I권 5장에서 스케치한 2000년대 음악 산업의 급격한 쇠퇴와 일치한다. 그런데 왜 다른 산업은 음악 산업만큼 심하게 영향을 받지 않았을까? 이러한 차이는 인터넷을 통해 시청각 영화 및 대화형 게임 파일을 전송하는 것과 관련된 더 까다로운 인프라 문제 때문일 수 있다. 또한 영화용 넷플릭스나 전자책 및 아마존과 같은 파괴적인 서비스와 명시적인 불법 복제 방지 전략이 제공하는 법적 대안의 부상 때문일 수 있다. 이 부분은 이 장의 뒷부분에서 논의하고자 한다.

대부분의 불법 복제 관련 연구는 냅스터가 불법 소비를 대중적인 현상으로 처음 전환한 음악 분야에서 실시되었다. 음악 불법 복제에 대한 학술 연구 사이에는 광범위한 합의가 존재한다. 음악 산업의 수익은 실질적으로 상당히 잠식되고 있고, 불법 복제 행위는 음악 산업이 위축되는 하나의 주요 원인이다.[49] 일부 학자들은 합법적 구매와 불법 소비에 대해 질문한 횡단면 조사를 사용하여, 불법 소비가 합법적 구매에 미치는 영향을 통계적으로 분리하려고 했다. 음악에 관련된 부분은 합법적 행동과 불법적 행동(내생성으로 인한 불법 복제 효과를 부풀리는 경향이 있다)을 모두 주도하기 때문에, 학자들은 원시적인 불법 소비량 대신에 파일 공유를 촉진해야 하지만 법적 소비에 영향을 주지 않는 도구 변수를[50] 사용했다. 룹과 월드포겔

---

49) '광범위한 합의'가 만장일치를 의미하는 것은 아니라는 점을 명확히 하자. 파일 공유의 매출 감소 효과를 찾지 못한 가장 두드러진 연구는 오버홀러-지와 스트럼프(Oberholzer-Gee and Strumpf, 2007)에 의한 것이다. 그러나 다른 학자들은 '이 논문의 중요한 문제'를 지적했다(Liebowitz, 2008: 852).

50) 이러한 변수의 예는 인터넷을 통해 합법적인 버전을 사용할 수 없는 상황에서 소비자의

(Rob and Waldfogel, 2006)이 419명의 대학생을 대상으로 한 설문 조사에서, 다섯 번의 음악 앨범 다운로드가 1개의 앨범 구매를 대체한다고 추정하고, 젠트너(Zentner, 2006)는 1만 5000명 이상의 소비자를 대상으로 한 유럽 샘플 연구에서 파일 공유에 대한 액세스가 음악 구매 가능성을 30% 감소시킨다고 계산했다.

다른 연구자들은 시간이 지남에 따라 집계된 2차 데이터를 기반으로 불법 복제 효과를 추정했다. 그중에는 리보위츠(Liebowitz, 2008)가 있으며 그는 닐슨이 정의한 100개 지역에서 1998년부터 2003년 사이에 개별 소비자당 누적 앨범 판매량의 변화를 연구했다. 리보위츠는 판매 데이터를 각 지역의 인터넷 보급률과 결합하여 해당 지역의 파일 공유량을 측정했다.[51] 이를 통해 리보위츠는 판매와 인터넷 보급이 강한 상관성이 있다는 것을 발견하고, 링크 및 인터넷의 매력이 2003년 소비자당 평균 1.55장의 앨범 판매 감소의 원인이 될 것으로 추정한다. 그러나 이러한 효과 중 얼마나 많은 부분이 파일 공유와 같은 불법적인 활동에 기인할 수 있을까? 리보위츠는 앨범 판매량과 인터넷 이외에도 TV 소비와 같은 미디어 활동의 변화를 비교했을 때, 이러한 판매 감소의 약 76%(또는 1.19개 앨범)가 파일 공유로 인한 것이라고 추정한다.

그러나 추정해 보면 이 금액은 1998년과 2003년 사이의 실제 기록적인 판매 감소보다 클 것이다. 리보위츠는 자신의 결과가 파일 공유가 없었더라면, 음악 수익이 매년 3~4%씩 증가했을 것이라고 지적하면서 이를 인정한다. 나중에 기존 조사의 연구 결과를 검토할 때(Liebowitz, 2016), 대다수

인터넷 연결 속도일 것이다.

51) 닐슨의 지리적 영역 또는 'DMA'를 사용한 유사한 접근법에 대해서는 입소문 효과에 대한 친타군타 등(Chintagunta et al., 2010)의 연구를 참조하라.

가 다음과 같은 결론을 내린다. 연구에 따르면 "파일 공유는 음악 판매의 전체 감소를 설명한다"(p.19), 모든 연구의 '미가공 상태(raw)' 수치를 평균화할 때, 파일 공유로 인한 판매 감소 비율은 100%가 넘는다고 보고했다.

그러나 주의할 점이 있다. 이러한 결과는 소비자가 파일 공유에 대한 법적 디지털 대안이 없었던 시기에 나온 것이다. 그렇다면, 소비자들이 아이튠즈에서 음악을 구입하거나, 스포티파이와 같은 서비스에 가입해서 인터넷을 통해 합법적으로 음악을 소비할 수 있는데도 불법 복제의 위협은 지속되고 있는 것일까? 우리는 불법 채널 퇴치 조치에 대해 논의할 때 불법 채널을 사용하기 위한 합법적인 스트리밍 서비스의 역할로 돌아가게 된다.[52] 모든 종류의 음악들이 같은 정도로 불법 복제의 영향을 받는 것은 아니라는 점을 추가해서 언급하고자 한다. 2008년 리(Lee, 2018)의 연구는 GMM 패널 접근으로 약 2000장의 음반 판매와 함께 공개되지 않은 '프라이빗 네트워크'에서의 주간 비트토렌트(BitTorrent) 다운로드를 분석한 결과, 잠식화 현상은 (판매량에 따라 정의되는) 최상위 앨범의 경우 가장 강하게 나타나며, 이미 널리 알려진 앨범보다도 '샘플링'을 통해 인지도가 창출되는 인기가 덜한 앨범에 더 약함을 시사한다.

영화의 경우 불법 복제 효과와 관련해서는 상황이 상당히 비슷해 보인다. 이에 대한 연구는 불법 행위가 산업의 수익을 해친다는 것을 지속적으로 밝혀내고 있다. 롭과 월드포겔(Rob and Waldfogel, 2007)이 두 번의 설문조사에서 470명의 학생으로부터 2005년 봄과 여름에 정보를 수집했을 때, 그들은 불법 행위가 언제 일어나느냐에 따라 유료 소비를 잠식하는 정도가 달라진다는 것을 밝혀냈다. 만약 소비자가 영화를 경험하는 첫 번째 채널이 불법 복제라면, 평균 80%의 불법 시청 비용이 영화 시청으로 지불

---

52) 가격 결정 장(4장)에서 번들 해제 및 음악 수익에 미치는 영향에 대한 논의를 참조하라.

되었다. 이들의 연구 샘플의 경우 합법적 채널에 걸쳐 유료 영화 소비가 약 3.5% 증가했을 것이라고 계산하지만, 샘플의 파일 공유를 통해 영화 시청의 5%만 발생하므로 이 계산의 일반화는 제한적이다.[53]

2006년에 자체적으로 실시한 연구에서, 1,075명의 독일 소비자 대표 쿼터 샘플을 채택하여 일반화 가능성을 보여 주었다(Hennig-Thurau, 2007b). 우리는 8개월 동안 세 차례에 걸쳐 그들을 조사했고, 그 기간 동안 극장과 DVD로 개봉된 25편의 영화의 수명주기 동안 합법적 및 불법적인 소비 행태를 추적했다.[54] 그리고 영화에 대한 소비 의도와 실제 행동에 대해 묻고, 도덕적 또는 법적 판단은 조심스럽게 피했다. 이러한 조치들은 롭과 월드포겔의 연구보다 훨씬 더 현실적인 '무료' 소비 경험(즉, DVD 출시 전 17%)에 기여했다. 파일 공유가 법적 채널에 영향을 미치는지 여부를 판단하기 위해서는 각 법적 채널과 동영상에 대해 로지스틱 회귀분석을 실행했으며, 영화가 개봉된 극장 수와 IBDB(Internet Broadway Database: 브로드웨이 작품과 관련 인물의 온라인 데이터베이스—옮긴이) 사용자에 의한 품질 등급과 같은 파일 공유 의도와 영화 특성이 포함되었다.[55]

이를 통해 우리는 무엇을 발견했을까? 파일 공유는 법적 소비에 상당한 피해를 입혔으며, 극장뿐만 아니라 DVD 판매와 DVD 대여에도 피해를 입혔다. 시뮬레이션에 따르면 불법 채널 및 해당 채널을 사용할 의도가 없는 경우에 극장 수익은 거의 13%, DVD 판매는 거의 15%, DVD 대여

---

53) 편의성 샘플 외에도, 연구의 일반화 가능성을 제한하는 또 다른 요인은 참가자들이 3년 간의 영화 관람 기간을 상기해야 한다는 점인데, 이는 아마도 잠재적인 기억력 편향을 야기했을 것이다.

54) 응답자 중 770명이 세 번의 설문 조사에 모두 참여했다.

55) 특히, 데이터 집합의 많은 수의 0(비시청)을 설명하는 로지스틱 회귀분석의 특정 변형인 'ReLogit' 회귀분석을 사용했다.

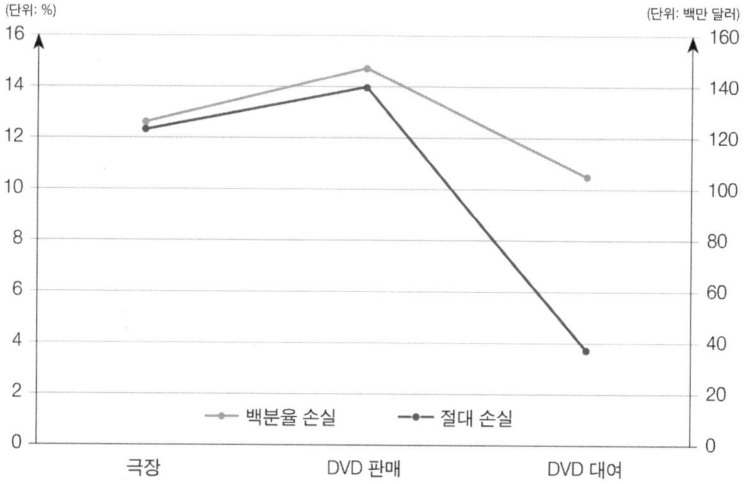

〈그림 3.7〉 파일 공유가 독일 영화 매출에 미치는 영향

주: 달러 금액은 연구에서의 유로화를 환전한 것이다. 그것들은 인플레이션에 대해 조정되지 않았다.
자료: Hennig-Thurau(2007b) 참조.

수익은 10.5% 이상 증가했을 것이다. 〈그림 3.7〉은 2007년 독일 시장의 가치에 해당하는 연간 달러 금액을 보여 준다. 흥미롭게도, 우리는 그것이 주로 수익을 해치는 실제 파일 공유가 아니라는 것을 발견한다. 그 대신 소비자가 불법 복제에 대한 의도적인 접근을 실제로 하는지 여부에 관계없이, 영화의 무료 복제판을 보겠다는 소비자들의 의도는 불법 복제로 인한 금전적 손실의 대부분을 책임진다.

이러한 결과는 마 등(Ma et al., 2016)이 2006년과 2008년 사이에 북미에서 개봉된 533편의 영화에 대한 2차 데이터와 영화의 불법 복제판이 사용 가능하게 된 시점을 포함했던 연구 결과와 일치한다. 그들은 극장 방문의 대안으로 영화 불법 복제판의 존재에 적응한 영화 성공에 대한 예측 모델인 엘리아스버그 외 연구진(Eliashberg et al., 2000)의 '무비모드(MOVIEMOD)'를 기반으로 한다.[56] 그다음 학자들은 마르코프 연쇄 몬테 카를로(MCMC) 일고리즘을 사용하여 모델 매개변수를 보정한다.

그들은 불법 포맷이 없었더라면 모든 영화가 박스오피스에서 훨씬 더 좋은 성과를 나타냈을 것으로 추산한다. 또한 2006~2008년에 연간 15%, 약 13억 달러의 손실을 보였으며, 2011~2013년에도 비슷한 규모의 손실을 보였다. 그들의 접근 방식의 흥미로운 측면은 소비자의 의사결정 과정에 대한 모델의 가정하에서, 불법 복제 행위와 부정적인 잠식화 영향의 잠재적인 긍정 수요를 향상시키는 효과를 분리할 수 있다는 것이다. 이러한 효과들을 분리하는 관점에서 마 등은 불법 콘텐츠의 1.5%라는 작은 긍정적인 '샘플링' 효과가 있음을 발견하지만, 이는 극장에서 영화를 보는 것보다 무료 복제판을 선호하는 더 많은 소비자들이 있음을 시사한다.

게임과 책은 불법 복제 행위가 산업 수익에 미치는 영향에 대한 학술적 관심을 덜 받아 왔다(Watson et al., 2015 참조). 그러나 게임 및 도서 시장은 불법 복제판의 파괴적인 영향을 제한하는 방식으로 발전해 왔다는 것을 알고 있으며, 실제로 이러한 상품들에 대한 위협은 덜 한 것으로 보인다(예: Depoorter, 2014). 영화나 음악과는 달리 게임은 스트리밍하기에 적합하지 않으므로, 최근의 불법 복제 행위의 변화로부터 혜택을 받는다. 이 변경 사항은 미디어 파일 공유에서 스트리밍으로의 변화를 통해 책의 불법 복제를 줄이는 사항이다. 다음 섹션은 이러한 변화가 우연이 아니라 적어도 부분적으로 전략적인 산업의 움직임의 결과라는 것을 보여 준다.

2) 엔터테인먼트 저작권 침해에 대처하는 방법

이론과 경험적 결과는 또한 저작권 침해에 대항하는 방법을 찾는 데 도

---

56) 혁신 관리에 대해 다룬 II권 4장에서 '무비모드' 접근법에 대한 논의를 참조하라.

움을 줄 수 있다. 우리는 여러분에게 이론 기반의 체계적인 불법 행위의 결정 요인을 제공하고, 경험적 연구에 의해 보고된 바와 같이 소비자들에게 그 요인들의 상대적인 영향도 제공한다. 그리고 다시 이론적 주장과 경험적 통찰력을 결합하여 엔터테인먼트 상품에 대해 선택한 불법 복제의 퇴치 전략 효과를 논의하고자 한다.

(1) 소비자들은 왜, 언제 원본보다 불법 복제품을 더 선호하는가?

소비자의 저작권 침해에 대한 판단을 결정하는 요인을 이해하기 위한 한 가지 접근 방식은 경제적인 효용 관점을 취하는 것이다. 이렇게 하면 엔터테인먼트 상품의 합법적이고 불법적인 포맷이, 소비자가 소비 결정을 내릴 때 선택할 수 있는 대안이라는 것을 알 수 있다. 경제적인 효용 논리에 따르면, 소비자들은 더 큰 효용을 제공한다고 인식될 때 합법적 형식보다 불법 복제 형식을 선호한다.

저작권 침해에 대한 효용 관점의 첫 번째 적용은 음악 소비에 효용 논리를 적용한 프랑스 학자 로켈란데와 르 겔(Rochelandet and Le Guel, 2005)의 이야기로 거슬러 올라간다. 그들은 로지스틱 회귀분석을 사용하여, 다른 요인들 중에서도, 소비자가 직면하는 도덕적 비용이 파일 공유 가능성을 낮추는 반면, 소비자의 불법 복제 거래 비용을 낮추는 인터넷 기술이 파일 공유를 증가시킨다는 것을 발견했다. 우리는 그들의 아이디어를 불법 복제의 소비자 효용 프레임으로 확장하여, 소비자의 합법 및 불법 복제 형식에 대한 효용 인식과 그에 따른 소비자의 불법 복제 행위를 결정하는 일련의 범주를 도입했다(Hennig-Thurau, 2007b). 이 프레임워크는 다음과 같은 4가지 주요 불법 복제 결정 요소로 구성된다.

- 효용 소비자는 총 효용(the gross utility) 및 소비와 관련된 비용을 포함하

여 합법적 형식에서 파생되기를 기대한다. 합법적 형식의 유용성이 높을수록 소비자는 불법 복제를 선호하지 않을 것이다.

- 소비자가 불법 복제 포맷의 획득 및 소비와 관련된 비용, 즉 일반적인 논리로 불법 형식의 비용이 높을수록 유용성이 낮아지고, 소비자가 불법 복제품을 선호하지 않을 것이라는 것이다. 파일 공유에 대한 지식이 많을수록 소비자는 불법 복제품을 검색하는 데 드는 노력을 줄일 수 있으므로 이를 더욱 매력적으로 만들 수 있다.
- 잘못된 포맷의 특정 효용의 경우, 유용성이 높을수록 소비자들은 불법 복제품을 더 선호하게 될 것이다.
- 마지막으로, 소비자가 합법적 포맷과 불법 복제 포맷을 대체물로 간주하는 정도는 대체성의 인식 정도가 낮을수록 소비자들은 불법 복제품을 선호하지 않을 것이다.

각 카테고리의 정확한 변수는 엔터테인먼트 형식과 상품에 따라 다소 다르다. 온라인 판매점에서 CD를 구매하면, 극장에서 영화를 보는 것과 비교할 때 극장의 주차장을 찾고 집의 보모를 위해 돈을 지불해야 하는 다른 종류의 비용이 발생할 수 있다. 〈그림 3.8〉은 소비자가 영화를 보기 위해 극장에 나가거나 파일 공유 버전에 접근해야 하는 경우 영화 콘텍스트에 대한 프레임워크의 4가지 서로 다른 특정 변수를 보여 준다(Hennig-Thurau, 2007b).

이 그림에는 독일 소비자 813명을 대상으로 한 실증 테스트 결과도 포함되어 있다. 부분최소자승법을 사용하여 제안된 각각의 파일 공유의 이유가 불법 영화 사본을 획득하고 시청하는 소비자와 어떤 관련이 있는지 분석했다. 데이터에 따르면 극장 영화의 특징 중 주차 및 보모 급여와 같은 거래 비용이 가장 큰 몫을 차지했고, 파일 공유 감소 등 극장 방문의 효

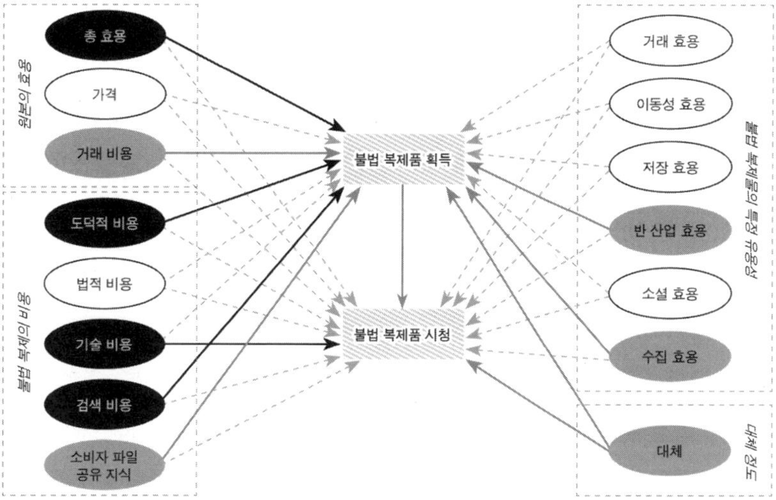

〈그림 3.8〉 영화 불법 복제의 원인

주: 회색(실선) 화살표는 한 변수에 대한 값이 높을수록 다른 변수의 값을 증가시킨다는 것을 의미하지만, 검정색(실선) 화살표는 한 변수에 대한 값이 높을수록 다른 변수의 값을 감소시킨다는 것을 의미한다. 점선 화살표는 통계적으로 유의하지 않다.
자료: Hennig-Thurau(2007b)의 연구 결과를 참조.

용성이 뒤따랐다. 영화에서는 대체로 일정하지 않기 때문에 티켓 가격이 크지는 않았다.

불법 복제와 관련된 비용도 샘플에서 매우 중요하다. 소비자의 검색 비용과 파일 공유에 대한 지식은 가장 강력한 불법 복제 요인 중 하나이다. 도덕적 비용과 복사본이 바이러스에 감염될 위험과 같은 기술적 비용도 파일 공유를 결정한다. 그러나 법적 비용은 응답자에게 영향을 미치지 않는다. 최소한 데이터를 수집할 당시에는 소비자가 불법 복제물을 사용하는 것을 막기에는 고소를 당할 위험이 너무 추상적이었다고 가정한다. 다음 섹션에서 중요한 이 문제로 다시 돌아갈 것이다.

그러나 불법 복제는 소비사가 합법적인 형식으로 볼 수 없는 이점을 제공할 수 있으며, 이러한 이점이 파일 공유를 매우 강력하게 유발한다는 사실도 알게 되었다. 우리의 경우, 모으려는 수집의 효용이 주요 원동력이다. 불법 복제는 소비자들이 많은 영화 목록(레퍼토리)을 가지고 싶어 하는 욕구를 충족시킬 수 있게 한다. 참고로, 우리는 합법적인 디지털 복사본과 아카이브를 사용하기 전에 데이터를 수집했다. 즉, 넷플릭스와 같은 구독 서비스는 소비자들에게 많은 수의 영화에 즉시 접근할 수 있는 기회를 제공한다. 그리고 우리는 불법 복제가 항의 행위가 될 수 있다는 것을 안다. 영화 산업에 대해 사람들이 더 비판적인 태도를 취할수록, 영화 산업의 합법적인 제안을 더 많이 피하려고 한다. 마지막으로, 그 결과는 소비자들이 불법 형식을 불완전한 모조품에 비해 '완전한 대체'로 생각할수록, 합법적 형식보다 대체품을 더 선호하는 경향이 있다는 우리의 주장을 확인시켜 준다.

전반적으로 우리 모델은 파일 공유 의도의 약 20%를 설명하여, 좀 더 심층적인 연구를 위한 여지를 남겨 둔다. 왓슨 등(Watson et al., 2015)은 모든 형태의 엔터테인먼트 및 소프트웨어에 대한 연구를 포함해, 파일 공유 드라이버에 대한 학술적 통찰력의 광범위한 검토를 제공한다. 195건의 연구에서 그들은 위에서 논의한 범주와 변수의 관련성을 크게 강조했으나, 추가 설명은 거의 제공하지 않았다. 그러나 이러한 결정 요소가 엔터테인먼트 불법 복제를 이해하는 데 좋은 출발점이 될 것이라고 결론지었다.

소비자의 불법 행위 결정에 영향을 미치는 이러한 요소들을 이해하는 것은 엔터테인먼트 상품의 불법 행위에 대항하는 효과적인 전략을 개발하기 위한 전제 조건이기도 하다. 엔터테인먼트에서 유통 결정에 관한 이 장의 마지막 섹션에서는, 어떤 불법 복제 퇴치 전략이 가장 유망하며, 어떤 전략이 그렇지 않은지에 대해 살펴볼 것이다.

(2) 엔터테인먼트에서의 불법 복제 방지 전략에 대한 몇 가지 생각들과 연구 결과

지난 수십 년 동안 엔터테인먼트 산업은 위에서 설명한 불법 복제 프레임워크의 다양한 측면을 대상으로, 불법 소비에 대응하기 위해 다양한 접근 방식을 개발했다. 엔터테인먼트 사이언스 학자들은 이러한 전략의 효과 중 몇 가지를 경험적으로 테스트하여, 이 업계의 노력을 재평가할 수 있도록 피드백을 제공했다. 다음은 학자들이 밝혀낸 내용이다.

※ 합법적 포맷의 매력을 높이는 전략

1990년대 후반까지 MP3와 같은 엔터테인먼트 저장용 디지털 포맷이 보급되었을 때, 업계는 기존 형식과 채널의 가치 사슬을 망치는 것을 피하기 위해 그것들을 사용하는 데 주저했다. 결과적으로, 완전히 디지털화된 형태의 오락물들은 불법적으로만 이용 가능했는데, 이는 음악 판매 붕괴의 주요 원인으로 널리 여겨지는 조건이다. 비디오 게임을 제외하고, 전통적인 엔터테인먼트 제작자들은 소비자들에게 그들이 불법 경쟁자들로부터 익숙해진 것과 동일한 효용을 제공하는 합법적인 다운로드와 VOD와 같은 새로운 디지털 포맷을 육성하는 것에 대해 수년간 망설여 왔다.

그러나 다행히도 엔터테인먼트 업계 외부의 회사가 제작자와 소비자들의 공백을 메웠다. 애플은 2001년부터 아이튠즈를 통해 노래와 앨범을 판매했고 나중에는 영화도 제공했다. 스포티파이는 합법적인 음악 정액제를 제공하기 시작했고, 넷플릭스는 영화와 시리즈의 합법적인 스트리밍을 대중화했다. 이러한 모든 제안들은 가격 및 품질과 관련하여 소비자들에 의해 가치 있는 것으로 여겨졌다. 그러나 스포티파이와 넷플릭스의 경우 인터넷을 통한 액세스로, 언제든지 대규모 레퍼토리에 접근할 수 있는 불법 제안의 이점을 차용했다. 제작사가 그런 포맷을 받아들인 것은 그

후였고, 어떤 제작사는 여전히 반신반의하며 건성으로만 그렇게 하고 있다. 따라서 이러한 새로운 엔터테인먼트 포맷의 증가를 '전략'이라고 표현하지만, 그것은 업계에서 전통적인 참여자들에 의해 적극적으로 생겨나기보다는 대부분 강요된 것이라는 점을 주목해 보자.

학자들은 매력적인 법적 포맷을 제공함으로써 불법 복제 퇴치의 효과에 대한 몇 가지 경험적 증거를 수집했다. 푸트와 웨다(Poort and Weda, 2015)는 2008년과 2012년에 수행된 대표적인 네덜란드 설문 조사에서 제목의 가용성, 가격 및 법률 제안의 기술적 품질이 소비자가 불법에서 합법적 형식으로 전환하도록 하는 데 중요한 요인이라는 징후를 발견했다. 신하와 만델(Sinha and Mandel, 2008)은 합법적인 음악 웹사이트의 기능을 조작한 다음, 참가자의 '불법 복제 가능성'을 측정하는 일련의 실험을 통해 좀 더 엄격한 통찰력을 얻었다. 특히 저자들은 165명의 경영 전공 대학생 표본에서 실시한 실험에서, '고기능' 웹사이트는 '저기능' 웹사이트에 비해 학생들의 불법 복제 가능성이 상당히(27%) 감소한다는 사실을 발견했다. 심지어 '중간 기능' 웹사이트조차도 유익하여 불법 복제 가능성을 17% 줄였다.

불법 영화 다운로드에 대한 법적 대안을 마련하기 위한 할리우드 제작사의 초기 실패작인 무비링크를 기억하는가? 2002년에 시작된 5개의 스튜디오 합작사는 매우 제한된 선택으로 초기 목록은 175개의 영화 타이틀에 불과했고, 모든 영화 타이틀은 이미 몇 달 동안 대여점에서 구할 수 있었을 뿐이다. 오직 대여만 하고 유용성 대신 보안에 중점을 두어 컴퓨터로 영화를 보는 것을 제한했다(Harmon, 2002). 위에서 보고한 학술적 연구 결과를 보면, 왜 그 노력이 소비자들에게 더 많은 반향을 일으키지 않았는지 확실히 알 수 있다.

신하와 만델의 연구 결과는 NBC가 애플의 아이튠즈 스토어에서 TV 시리즈 에피소드의 대규모 무기고를 제거했을 때의 영향을 조사한 다나허 등(Danaher et al., 2010)의 실제 시장 데이터에 대한 분석에 의해 잘 보완되었다. 이러한 조치가 제거된 영화 타이틀의 DVD 판매에 미치는 영향을 조사하는 것 외에도, 이 콘텐츠에 대한 불법 복제의 양도 연구했다.

시간이 지남에 따라 불법 복제를 측정하기 위해 다나허 등은 비트토렌트를 사용하여 NBC의 콘텐츠 제거를 자연 실험으로 취급했고, 아이튠즈에서 콘텐츠의 가용성을 이용하여 매일 다운로드되는 불법 프로그램의 수를 설명했다. 학자들이 같은 기간(아이튠즈의 가용성이 변하지 않음)에 다른 콘텐츠에 대한 저작권 침해의 변화를 통제하는 OLS 회귀는 법적 포맷이 종료된 후 2주 동안 NBC 콘텐츠의 저작권 침해율이 11.4% 증가했음을 보여준다. NBC 콘텐츠의 불법 다운로드 수는 하루에 4만 8000건이 추가로 측정되었다. 그리고 그 숫자는 상한점이 아니다. 코미디와 SF와 같은 특정 종류의 콘텐츠처럼 주로 젊고 불법 복제가 잦은 소비자에게 어필할 경우 그 증가율은 20%에 달한다.

우리는 영화제작사가 인기 있는 SVOD 플랫폼을 사용하기 시작했으며, 특히 넷플릭스는 라이선스를 판매하여 이익을 얻었음에도 불구하고 그것을 위협으로 간주하기 시작했다는 점에 주목했다. 드 마토스 등(de Matos et al., 2017)은 이러한 서비스 때문에 불법 행위 감소의 이점도 있다고 지적한다. 한 통신 회사가 있는 비공개 국가에서 실시한 현장 실험에 근거하여 학자들은 고객들에게 영화와 시리즈의 'SVOD(구독형 VOD—옮긴이) 같은' 패키지를 무료로 제공하고, 소비자 IP를 비트토렌트 트래픽과 매치하여, 합법적 패키지가 소비자들의 비트토렌트 트래픽 업로드와 다운로드에 어떻게 영향을 주는지 연구했다. 'SVOD' 패키지에 포함된 영화에 대한 선호도를 가진 소비자의 경우, 업스트림이 거의 50% 감소한다는 것을 발견했다. 반면 다운스트림은 감소가 적었으며, 이는 연구 제한에 기인할 수 있다.[57] 그러니 그들의 결과는 또한 콘텐츠 가치가 확실히 중요하다는 것을 보여 준다. 합법적인 콘텐츠가 불법 콘텐츠의 선호도와 일치하지 않으면 저작권 침해의 감소는 발견되지 않는다.

그리고 소비자들 사이에서 매우 인기 있는 디지털 채널을 열면 또 다른 긍정적인 효과가 있을 수 있다. 이러한 채널은 업계의 명성을 높이는 데 도움이 될 수 있다. 나쁜 평판은 불법 복제를 유도하고 불법 복제는 '복수(revenge)'의 행위가 된다는 사실을 명심하라. 새로운 기술에 대한 모델 공개를 거부했기 때문에 엔터테인먼트 회사는 소비자들 사이에서 고객 중심적이라는 평판을 얻지 못하고 대신 '마찰 및 고객 소외'와 연관된다(Lasica, 2005: 4). 관련 상품을 스포티파이 및 넷플릭스와 같은 새로운 형식으로 제공하면 그것이 다른 사람의 아이디어였을지라도 소비자의 반(反) 산업 태도가 줄어들고 결과적으로 불법 복제품의 사용을 줄일 수 있다.

※ 불법 포맷의 비용을 증가시키는 전략

엔터테인먼트 상품에 대한 소비자의 기대를 충족시키는 합법적인 디지털 채널을 개설하면, 전환 효과와 업계 평판의 잠재적 증가를 통해 불법 복제를 줄일 수 있다. 그러나 엔터테인먼트 상품의 선택은 종종 상품이 제공되는 플랫폼을 사용하는 다른 사용자 수에 따라 소비자가 상품에서 얻는 가치가 증가하는 네트워크 효과에 관한 것임을 기억하라. 이 경제 논리는 파일 공유 네트워크에도 직접적으로 적용된다. 합법적인 포맷의 매력 증가는 콘텐츠를 제공하는 사람들의 관점에서 불법 네트워크를 축소하여 불법적인 포맷의 매력을 감소시킴으로써 불법 복제물의 수를 제한한다. 따라서 불법 포맷에 대한 소비자의 검색 비용이 증가한다

57) 드 마토스 등은 사용자에 대해 자동으로 생성된 권고 사항의 중첩과 'SVOD' 패키지에 이러한 권고 사항을 포함시켜 선호 적합성을 결정한다.

(Depoorter, 2014 참조).

그러나 불법 복제본의 비용을 증가시키는 것을 목표로 하는 좀 더 적극적인 전략도 있다. 그중 하나는 공급을 줄임으로써 소비자의 불법 복제본의 검색 비용을 증가시키는 것이었다. 다나허와 스미스(Danaher and Smith, 2014)는 2012년 1월 전 세계 불법 다운로드 사이트 메가업로드(Megaupload.com)의 폐쇄로 인해, 전 세계 인터넷 트래픽의 약 4%를 차지하게 된 플랫폼이 두 영화제작사의 디지털 판매 및 임대 수익에 어떤 영향을 미쳤는지 조사했다.[58] 저자는 메가업로드의 전체 인터넷 트래픽 점유율이 국가마다 어떻게 다른지 측정했다. 그들은 그 주에 메가업로드의 인터넷 점유율에 따른 결과로, 주어진 주에 한 국가의 합법적인 영화 수입을 추정했다. OLS 회귀분석은 예상되는 영향의 존재에 대한 명확한 지원을 제공한다. 다나허와 스미스는 12개 국가에서 사이트 종료 후 18주 동안 총 디지털 수익이 6.5~8.5% 더 증가했다고 계산했다. 그들은 효과의 크기가 판매와 임대 거래에 비견될 수 있다는 것을 발견했다.

불법 콘텐츠에 대한 접근을 제한함으로써 소비자의 검색 비용을 증가시키는 것 또한 '디지털 저작권 관리(DRM: Digital Rights Management)' 조치의 이면에 있다. 그러나 DRM의 경우 불법 콘텐츠를 무료로 배포할 수 있는 플랫폼이 아니라, 엔터테인먼트 콘텐츠에 유료로 합법적으로 접속하는 소비자가 대상이다. DRM은 다른 사용자가 콘텐츠에 접근하지 못하도록 소비자 자신의 콘텐츠 사용을 제한한다. DRM은 비용 지불 없이 노래를 들을 수 있거나 영화가 재생될 수 있는 장치의 수를 제한하는 형태인 '개인' DRM의 공유 수를 제한하는 것과 같이 구입한 콘텐츠를 다른 사람에게 유통하는 소비자의 능력인 '공유' DRM을 제한할 수 있다. 기본적으로 이러

58) 메가업로드 사례에 대한 배경 정보는 그로스(Gross, 2012)를 참조하라.

한 행위는 파일 공유 또는 파일 호스팅 사이트를 통해 알 수 없는 다른 사람과 콘텐츠를 공유하는 것과 동일하다.

여기에서 이를 수행할 업계의 도덕적 권리에 대해 논의하고 싶지는 않지만, 대신 DRM을 통해 소비자의 검색 비용을 증가시키는 것이 효과적인 전략인지에 대해 확인할 것이다. DRM의 문제점은 검색 비용이 높기 때문에 아직 구매하지 않은 사용자의 순효용성을 낮출 뿐만 아니라, 우리가 핵심이라고 알고 있는 불법 복제의 합법적 포맷의 효용성도 낮출 수 있다는 것이다. 신하 등(Sinha et al., 2010)은 엔터테인먼트용 DRM의 문제성에 대한 경험적 증거를 제공한다. 그들은 DRM이 음악을 즐길 수 있는 소비자의 개인적 자유에 대한 위협으로 인식된다고 주장하는 유도 저항 이론(Brehm, 1966)을 바탕으로 한다.[59] 또한 이러한 논리를 뒷받침하는 일부 기술 통계도 보고한다.

학자들은 '공유' DRM에 대해 특히 강력한 효과를 발견하는데, DRM의 제거는 디지털 음악에 대한 소비자의 지불 의욕을 높일 뿐만 아니라, 불법 복제를 하는 소비자에서 합법적인 음악 포맷을 택하는 소비자로 전환시킨다. 이에 비해 개별 DRM은 소비자에게 긍정적이거나 부정적인 영향을 미치지 않는다. 이러한 결과에 기초하여, 신하 등(Sinha et al., 2010)은 "순수한 DRM이 없거나 상당히 완화된 DRM 전략을 추구하는 것이 최적일 수 있다"라고 결론짓는다(p.51).

소비자의 불법 복제 비용을 증가시키기 위한 다른 접근 방식은 증가된 기술적 부담을 통해서이다. 이 전략은 콘솔 게임의 불법 복제본이 감소하는 주요 원인으로 여겨져 왔다. 플레이스테이션 또는 엑스박스에서 불법

59) 엔터테인먼트 비즈니스 모델에 대해 다룬 I권 5장에서 브랜드 배치의 맥락에서 반발 이론에 대한 논의도 참조하라.

복제본을 실행하려면, 전문 지식과 시간이 필요하고 보증이 무효화될 위험이 있는 하드웨어를 수정해야 한다. 콘솔 하드웨어의 독과점 때문에 소비자들은 PC로 타사 기술을 사용하여 훨씬 더 쉽게 접근할 수 있지만, 해독이 훨씬 더 큰 문제인 경우 그러한 제한을 피하기가 어렵다(Depoorter, 2014 참조). 이는 영화제작자들이 "넷플릭스를 켜는 것만큼 쉽게 불법 콘텐츠에 접근할 수 있게 만든 팝콘 타임"과 같은 인터페이스에 대해 그토록 관심을 기울인 이유이기도 하다.

우리는 불법 복제품을 사용하는 데 따른 법적 비용이 불법 복제의 또 다른 결정 요인이라는 것을 주목했다. 비록 2000년대 중반부터 시행된 연구에서는 소비자들이 비용에 영향을 받는다는 것을 발견하지 못했지만, 그 이후 몇 가지 법적 접근법이 전 세계적으로 시행되었다. 이러한 법률 전략은 구체적인 목표와 접근 방식에 따라 크게 다르기 때문에 결과를 일반화하기가 어렵다. 다나허 등(Danaher et al., 2014)은 2009년 5월 프랑스 의회를 통과한 프랑스 '하도피(Hadopi)' 법을 연구했다. 이는 이메일 알림부터 인터넷 중단 등 엄중한 처벌에 이르기까지 3단계에 걸친 정부 개입을 고려한 '점진적 대응 시스템'을 의미한다.

학자들은 같은 기간 동안 저작권 침해와 관련된 정책 변화가 없었던 유럽의 다른 나라들과 프랑스의 판매 동향을 비교함으로써, 이 법이 아이튠즈에서 디지털 음악의 법적 판매에 어떤 영향을 미쳤는지 비교한다. 그들은 실제 수입과 '정상적인' 수입의 차이를 연구한다. 다나허 등은 법 시행 후 2년 동안 아이튠즈를 통한 디지털 노래 및 앨범 매출이 약 22~25% 증가했으며, 이는 거의 1400만 유로에 상당하는 금액이라고 결론지었다. 그들은 또한 음악 장르에 대한 차별적인 영향을 추정한다. 랩이나 힙합과 같은 '젊은' 그리고 인기가 많은 '해적판, 불법' 장르들은 그들의 모델에서 30% 더 높은 수익 증가를 경험했지만, 반면에 재즈음악 같은 인기가 적은

'해적판, 불법' 장르는 더 높은 법적 비용 때문에 겨우 7% 더 많은 수익을 창출했다.

하지만 법적 비용이 증가하면 부작용이 생길 수 있다는 것을 주목하자. 신하와 만델(Sinha and Mandel, 2008)은 파일 공유 조치에 대한 소비자 반응을 실험적으로 분석하면서 불법 소비에 관여하는 소비자의 위험도 다룬다. 법적 위협을 피하는 경향이 있는 소비자들은 위험이 높을 때 불법 복제에 관여하는 경향이 낮은 반면, 자극에 대한 필요성이 높은 소비자, 즉 '감각 추구자(sensation seeker)'에게는 그러한 효과가 발견되지 않았다. 법적 위협이 높았을 때 불법 복제의 방지 가능성은 통계적으로 유의하지는 않지만 6% 정도 더 높았다.

불법 복제를 다루기 위한 마지막 접근은 전략적인 (재)목표 설정이다. 이는 콘솔 게임 제작자에 의해 성공적으로 행해진 전략이다. 이전 논의에서는 소비자 전체의 불법 복제 결정 요소의 평균적인 중요성만을 보고했지만, 비디오 게임 산업은 이러한 중요성이 소비자 계층마다 다르다는 가정을 구축했다. 예를 들어, 부족한 개인 예산 때문에 십 대들은 가격에 민감하고 불법 콘텐츠의 비용을 올리는 조치에 상대적으로 둔감한데, 이는 편의성을 더 높이 평가하는 나이 든 소비자들에게는 해당되지 않는다.

지난 10년 동안 게임 산업은 적어도 콘솔 게임의 경우 초점을 십 대에서 성인으로 이동시키는 성공적인 전환을 했으며, 이 포맷의 불법 복제를 대폭 줄였다. 기술에 익숙하지 않은 성인들은 콘솔을 '탈주(jail breaking)'하는 것을 거부하고, 대신 쉽고 적은 시간에 접근할 수 있는 게임에 60달러를 지출하는 것을 선호한다. 이제 이것을 영화 산업과 비교해 보자. 영화 산업은 주로 저작권 침해에 대한 선호도가 훨씬 더 높은 십 대들을 대상으로 하고 있는데, 영화 산업은 이러한 부문에 대한 경향이 강해지고 있다.[60] 엔터테인먼트 제작자가 상품의 불법 복제품과 경쟁하는 것을 피할 수 없는 디지털 시대에, '불편한' 것보다 '저렴한' 것을 선호하는 경향이 있는 소비자에 집중하는 것은 효과적인 접근 방법이 아닐 수 있다.

4. 맺음말

엔터테인먼트 상품의 디지털화는 엔터테인먼트 유통을 극적으로 변화시켰다. 이 장에서는 엔터테인먼트 경영자 및 제작자가 이론 및 경험적 연구에 의해 생성된 통찰력에 기초하여 현재 다루고 있는 3가지 기본적인 유통 관련 문제를 조명했다. 신상품의 최초 출시 시기, 오늘날 대부분의 엔터테인먼트 상품에 존재하는 수많은 채널의 조정, 불법 상품의 위협이 그것이다.

학술 연구에 따르면 특정 출시 기간의 상업적 잠재력에 대한 기술 통계는 수요 측면의 영향과 관리자 자신이 초래하는 공급 측면의 영향을 결합하기 때문에 오해의 소지가 있으며, 이는 신상품 출시 시기를 결정할 때 고려해야 하는 또 다른 내생성 사례일 뿐이다. 우리는 또한 경쟁의 역할, 즉 언제 중요하고, 어떻게 정의하고 측정되어야 하는가에 대한 엔터테인먼트 사이언스 학자의 결과와 이를 처리하는 방법에 대한 게임 이론적 학습을 지적했다.

또한 우리는 채널 구성을 결정하는 데 유용한 프레임워크를 제공했다. 현재의 분포 모델은 변화에 대한 저항이 주력이 되는 오래된 논리에 기초하고 있다. 업계는 임시방편적으로 새로운 모델을 제시해 왔지만, 우리는

60) 또한 엔터테인먼트 통합 마케팅에 대한 장(5장)에서 업계가 지향하는 방향에 대한 논의를 참조하라.

이와 같은 전력 중심의 변화가 대규모로 일어날 수 있다는 업계 내부의 비판적인 목소리에 동의한다. 적어도 장기적으로는 엔터테인먼트에 해를 끼친다. 우리는 학자들이 대체로 유통 모델을 평가할 때 고려해야 할 거시적 및 미시적인 요인을 식별함으로써 훨씬 더 체계적인 접근법을 취했음을 보여 주었다. 이러한 접근 방식은 특정 유통업체의 비용으로 생산자가 이기는 유통 모델도 존재하지만, 유통업체도 패배하지 않는다는 것을 나타낸다. 여기에서 중요한 점은 오늘날의 엔터테인먼트 세계에 존재하는 극도로 복잡한 채널 관계를 설명하는 방식으로, 엔터테인먼트 사이언스에서 영감을 받은 솔루션이 직감 기반 접근 방식보다 선호되어야 한다는 것이다.

우리는 불법 복제가 여전히 엔터테인먼트 회사가 대처해야 하는 주요 위협으로 남아 있지만, 오늘날 그들의 역할이 과장되어서는 안 된다는 증거를 수집했다. 이를 위해 소비자 불법 복제의 원인에 대한 풍부한 통찰력을 요약했다. 또한 경영자들은 반독점적 조치를 개발할 때 지침을 제공해야 한다는 것을 알 수 있었다. 합법적인 복제본의 유용성을 높이는 것 또는 비용 절감이 유망한 방법이라는 증거는 매우 분명 하다. 엔터테인먼트 회사는 기존의 전통적인 채널을 보호하기 위한 노력을 오랫동안 소홀히 해 왔고, 여전히 건성으로 받아들이는 것처럼 보인다. 이러한 전략은 또한 엔터테인먼트 회사의 평판을 향상시킨다는 부수적인 이점과 함께 제공되어, 콘텐츠를 불법 복제하려는 소비자의 동기를 더욱 감소시킨다. 불법 복제 콘텐츠에 대한 접근을 차단하는 데 중점을 두는 전략은 이러한 노력을 지원하는 것처럼 보이지만, 제한점을 추가하여 합법적 상품의 가치를 낮추는 접근법은 권장하지 않는다.

상품, 판촉(커뮤니케이션)을 살폈고, 이 장에서 장소(유통) 문제를 살폈으니, 이제 마케팅 퍼즐의 마지막 단계인 엔터테인먼트 콘텐츠의 가격 결정으로 넘어가고자 한다. 가격 결정은 엔터테인먼트 마케팅 믹스에서 가장 덜 발전된 구성 요소일 수 있지만, 다음 장에서는 가격 결정 진행을 추구해야 하는 타당한 이유가 있음을 보여 줄 것이다.

참고문헌

Ainslie, A., Drèze, X., & Zufryden, F. (2005). Modeling movie life cycles and market share. *Marketing Science, 24*, 508-517.

Ananthakrishnan, U. M., Smith, M. D., & Telang, R. (2016). When streams come true: Estimating the impact of free streaming availability on EST sales. *ICIS 2016 Proceedings*.

Anderson, P. (2016). Glimpses of the US Market: Charts from Nielsen's Kempton Mooney. *Publishing Perspectives*, May 20, https://goo.gl/1Kc8YF.

Arnold, T. K. (2005). Coming back for seconds, thirds…. *USA Today*, September 26, https://goo.gl/C2DjVS.

Ascharya, K. (2014). Binge-viewing is turning Hollywood into Broadway. Here's how. *2machines*, March 19, https://goo.gl/PaM1Lz.

Avatar (2017). Great to be working…. Facebook post on @Avatar site, April 22, https://goo.gl/WXnvaf.

Barnes, B. (2007). NBC will not renew iTunes contract. *The New York Times*, August 31, https://goo.gl/tzHCN5.

Bhatia, G. K., Gay, R. C., & Ross Honey, W. (2001). Windows into the future: How lessons from Hollywood will shape the music industry. *Journal of Interactive Marketing, 17*, 70-80.

Bhattacharjee, S., Gopal, R. D., Lertwachara, K., Marsden, J. R., & Telang, R. (2007). The effect of digital sharing technologies on music markets: A survival analysis of albums on ranking charts. *Management Science, 53*, 1359-1374.

Bosman, J. (2011). Paperback publishers quicken their pace. *The New York Times*, July 26, https://goo.gl/uXZAhW.

Brehm, J. W. (1966). *A theory of psychological reactance*. New York: Academic Press.

Brewer, S. M., Kelley, J. M., & Jozefowicz, J. J. (2009). A blueprint for success in the US film industry. *Applied Economics, 41*, 589-606.

Bucklin, R. E., Siddarth, S., & Silva-Risso, J. M. (2008). Distribution intensity and new car choice. *Journal of Marketing Research, 45*, 473-486.

Burmester, A. B., Eggers, F., Clement, M., & Prostka, T. (2016). Accepting or fighting unlicensed usage: Can firms reduce unlicensed usage by optimizing their timing and pricing strategies? *International Journal of Research Marketing, 33*, 343-356.

Busch, A. (2016). MarketCast study takes a hard look at consumer attitudes toward day-and-date home/theatrical release. *Deadline*, April 13, https://goo.gl/ MKjXFL.

Busch, A. (2017). Christopher Nolan shows off 'Dunkirk,' says "The Only Way To Carry You Through" the film is at a theater—CinemaCon. ***Deadline***, March 29, https://goo.gl/L6QhGz.

Calantone, R. J., Yeniyurt, S., Townsend, J. D., & Schmidt, J. B. (2010). The effects of competition in short product life-cycle markets: The case of motion pictures. *Journal of Product Innovation Management, 27*, 349-361.

Canning, B. (2010). How Jaws heated up summer movies. In A. B. Block & L. A. Wilson (Eds.), *George Lucas's Blockbusting* (pp.531-532).

Caulfield, K. (2016). Adele's '25' heading back to top 10 on Billboard 200 after streaming debut. *Billboard*, June 30, https://goo.gl/rvM3G3.

Chen, H., Hu, Y. J., & Smith, M. D. (2017). The impact of ebook distribution on print sales: Analysis of a natural experiment. ***Management Science***, forthcoming.

Child, B. (2013). Star Wars Episode VII pushed back to Christmas 2015. ***The Guardian***, November 8, https://goo.gl/bApFrt.

Chintagunta, P., Gopinath, S., & Venkataraman, S. (2010). The effects of online user reviews on movie box office performance: Accounting for sequential rollout and aggregation across local markets. *Marketing Science, 29*, 944-957.

Chisholm, D. C., & Norman, G. (2006). When to exit a product: Evidence from the U.S. motion-picture exhibition market. ***American Economic Review, 96***, 57-61.

Cieply, M., & Barnes, B. (2009). In downturn, Americans flock to the movies. *The New York Times*, February 28, https://goo.gl/jbgLsE.

Clement, M., Wu, S., & Fischer, M. (2014). Empirical generalization of demand and supply dynamics for movies. *International Journal of Research in Marketing, 31*, 207-223.

Clerides, S. K. (2002). Book value: Intertemporal pricing and quality discrimination in the US market for books. *International Journal of Industrial Organization, 20*, 1385-1408.

Committee (1982). Hearings before the subcommittee on courts, civil liberties, and the administration of justice of the committee on the judiciary house of representatives, Serial No.97, Part I, April 12, https://goo.gl/tfXKtP.

Coughlan, A. T., Anderson, E., Stern, L. W., & El-Ansary, A. I. (2006). *Marketing channels*. Upper Saddle River: Prentice Hall.

Danaher, B., & Smith, M. D. (2014). Gone in 60 seconds: The impact of the Megaupload shutdown on movie sales. *International Journal of Industrial Organization, 33*, 1-8.

Danaher, B., Dhanasobhon, S., Smith, M. D., & Telang, R. (2010). Converting pirates without cannibalizing purchasers: The impact of digital distribution on physical sales and internet piracy.

Marketing Science, 29, 1138-1151.

Danaher, B., Smith, M. D., Telang, R., & Chen, S. (2014). The effect of graduated response anti-piracy laws on music sales: Evidence from an event study in France. *Journal of Industrial Economics, 62*, 541-553.

de Matos, M. G., Ferreira, P., & Smith, M. D. (2017). The effect of video-on-demand on piracy: Evidence from a household level randomized experiment. *Management Science*, forthcoming.

Degusta, M. (2011). The REAL death of the music industry. *Business Insider*, February 18, https://goo.gl/2eVt3V.

Depoorter, B. (2014). What happened to video game piracy? *Communications of the ACM, 57*, 33-34.

Dhar, T., & Weinberg, C. B. (2015). Measurement of interactions in non-linear marketing models: The effect of critics' ratings and consumer sentiment on movie demand. *International Journal of Research in Marketing, 33*, 392-408.

Dirks, T. (n.d.). The history of film. *AMC Filmsite*, https://goo.gl/4yfrwo.

Dutka, E. (2005). Battle escalates over the speedy debut of DVDs. *Los Angeles Times*, March 29, https://goo.gl/97HmJF.

Einav, L. (2007). Seasonality in the U.S. motion picture industry. *The Rand Journal of Economics, 38*, 127-145.

Einav, L. (2010). Not all rivals look alike: Estimating an equilibrium model of the release date timing game. *Economic Inquiry, 48*, 369-390.

Einav, L., & Ravid, S. A. (2009). Stock market response to changes in movies' opening dates. *Journal of Cultural Economics, 33*, 311-319.

Elberse, A., & Eliashberg, J. (2003). Demand and supply dynamics for sequentially released products in international markets: The case of motion pictures. *Marketing Science, 22*, 329-354.

Eliashberg, J., Jonker, J., Sawhney, M., & Wierenga, B. (2000). MOVIEMOD: An implementable decision-support system for prerelease market evaluation of motion pictures. *Marketing Science, 19*, 226-243.

Eliashberg, J., Swami, S., Weinberg, C. B., & Wierenga, B. (2001). Implementing and evaluating SilverScreener: A marketing management support system for movie exhibitors. *Interfaces, 31*, 108-127.

Eliashberg, J., Hegie, Q., Ho, J., Huisman, D., Miller, S. J., Swami, S., et al. (2009). Demand-driven scheduling of movies in a multiplex. *International Journal of Research in Marketing, 26*, 75-88.

epd film (2017). E-Mail an··· Dieter Kosslick, January 30, https://goo.gl/2BN7r6.

Epstein, E. J. (2005). Hidden persuaders: The secretive research group that helps run the movie business. *Slate*, July 18, https://goo.gl/bjdBRz.

Epstein, E. J. (2010). *The Hollywood economist — The hidden financial reality behind the movies*. Brooklyn: Melville House.

Fandom (2017). Video game industry. *Video Game Sales Wiki*, https://goo.gl/y1XCen.

Frank, B. (1994). Optimal timing of movie releases in ancillary markets: The case of video releases. *Journal of Cultural Economics, 18*, 125-133.

Friend, T. (2016). The mogul of the middle. *The New Yorker*, January 11, https://goo.gl/8hYXxT.

Fritz, B. (2017). The 365 days of summer movies. *Wall Street Journal*, April 27, https://goo.gl/LdkYgB.

Gamerman, E. (2017). The year of the blockbuster. *Wall Street Journal*, May 28, https://goo.gl/R3etWZ.

Gattringer, K., & Klingler, W. (2014). Radio bleibt wichtiger Begleiter im Alltag. *Media Perspektiven, 2014*, 434-447.

Gong, J., Smith, M. D., & Telang, R. (2015). Substitution or promotion? The impact of price discounts on cross-channel sales of digital movies. *Journal of Retailing, 91*, 343-357.

Goodhardt, G. J., Ehrenberg, A. S. C., & Collins, M. A. (1975). *The television audience: Patterns of viewing*. Westmead (UK): Saxon House.

Gross, D. (2012). What's the controversial site Megaupload.com all about? *CNN*, January 21, https://goo.gl/RgzU8H.

Gutierrez-Navratil, F., Fernandez-Blanco, V., Orea, L., & Prieto-Rodriguez, J. (2014). How do your rivals' releasing dates affect your box office? *Journal of Cultural Economics, 38*, 71-84.

Harmon, A. (2002). Movie studios provide link for Internet downloading. *The New York Times*, November 11, https://goo.gl/68ZKvN.

Hennig-Thurau, T., Houston, M. B., & Walsh, G. (2006). The differing roles of success drivers across sequential channels: An application to the motion picture industry. *Journal of the Academy of Marketing Science, 34*, 559–575.

Hennig-Thurau, T., Houston, M. B., & Walsh, G. (2007a). Determinants of motion picture box office and profitability: An interrelationship approach. *Review of Managerial Science, 1*, 65-92.

Hennig-Thurau, T., Henning, V., & Sattler, H. (2007b). Consumer file sharing of motion pictures. *Journal of Marketing, 71*, 1-18.

Hennig-Thurau, T., Henning, V., Sattler, H., Eggers, F., & Houston, M. B. (2007c). The last picture show? Timing and order of movie distribution channels. *Journal of Marketing, 71*, 63-83.

Hennig-Thurau, T., Fuchs, S., & Houston, M. B. (2013). What's a movie worth? Determining the monetary value of motion pictures' TV rights. *International Journal of Arts Management, 15*, 4-20.

Ifpi (2017). Global music report 2017. https://goo.gl/WSPh8U.

Intellectual Property Office. (2016). Online copyright infringement tracker: Latest wave of research Mar 16-May 16, June 20, Newport (UK).

James, C. (2015). 'Beasts of No Nation' hits cinemas and netflix. *The Wall Street Journal*, October 8, https://goo.gl/1cWs85.

Karniouchina, E. V. (2011). Impact of star and movie buzz on motion picture distribution and box office revenue. *International Journal of Research in Marketing, 28*, 62-74.

Krider, R. E., & Weinberg, C. B. (1998). Competitive dynamics and the introduction of new products: The motion picture timing game. *Journal of Marketing Research, 35*, 1-15.

Kumar, A., Smith, M. D., & Telang, R. (2014). Information discovery and the long tail of motion picture content. *MIS Quarterly, 38*, 1057-1078.

Lang, B. (2015). 'Steve Jobs' bombs: What went wrong with the Apple drama. *Variety*, October 25, https://goo.gl/U4wW2d.

Lasica, J. D. (2005). *Darknet: Hollywood's war against the digital generation*. Hoboken: Wiley.

Lee, J. F. (2018). Purchase, pirate, publicize: Private-network music sharing and market album sales. *Information Economics and Policy, 42*, 35-55.

Lees, G., & Wright, M. (2013). Does the duplication of viewing law apply to radio listening? *European Journal of Marketing, 47*, 674-685.

Leggatt, H. (2011). Social media is a form of entertainment, say users. *BizReport*, May 30, https://goo.gl/z6jfDi.

Lehmann, D. R., & Weinberg, C. B. (2000). Sales through sequential distribution channels: An application to movies and videos. *Journal of Marketing, 64*, 18-33.

Lieberman, D. (2017). Marvel and 'Star Wars' films to move from Netflix to new Disney streaming service. *Deadline*, September 7, https://goo.gl/m1R6Qa.

Liebowitz, S. J. (2008). Testing file sharing's impact on music album sales in cities. *Management Science, 54*, 852-859.

Liebowitz, S. J. (2016). How much of the decline in sound recording sales is due to file-sharing? *Journal of Cultural Economics, 40*, 13-28.

Luan, J. Y. (2005). Optimal inter-release timing for sequential releases. Working Paper, Yale School of Management.

Luan, Y. J., & Sudhir, K. (2010). Forecasting marketing-mix responsiveness for new products. *Journal of Marketing Research, 47*, 444-457.

Ma, L., Montgomery, A., & Smith, M. D. (2016). The dual impact of movie piracy on box-office revenue: Cannibalization and promotion. Working Paper, Carnegie Mellon University.

MacNab, G., Niola, G., Blaney, M., Cabeza, E., & Goodfellow, M. (2017). Are much shorter theatrical windows around the corner? ***Screendaily***, January 2, https://goo.gl/mhzsqi.

Martinez, A. (2003). Bob Hope, the master of the one-liner, dies at 100. ***Los Angeles Times***, July 29, https://goo.gl/pLvGDC.

Masnick, M. (2016). Once again, piracy is destroying the movie industry… to ever more records at the box office. ***techdirt***, January 11, https://goo.gl/U71nM1.

McIntyre, H. (2016). Adele's '25' has now sold 15 million copies worldwide. ***Forbes***, January 10, https://goo.gl/B4vqRZ.

Mendelson, S. (2015). Theaters are wrong to boycott 'Paranormal Activity: The Ghost Dimension'. ***Forbes***, October 16, https://goo.gl/GBNrHh.

Miller, D. (2012). Sundance 2012: The day-and-date success story of 'Margin Call'. ***The Hollywood Reporter***, January 18, https://goo.gl/i2LT7E.

MUSO (2016). ***MUSO global piracy report 2017***. London: MUSO.

Novak, M. (2013). Friday fun fact: The first movie on TV was in theaters at the time. ***Paleofuture***, May 24, https://goo.gl/4nCqtu.

Oberholzer-Gee, F., & Strumpf, K. (2007). The effect of file sharing on record sales: An empirical analysis. *Journal of Political Economy, 115*, 1-42.

Poort, J., & Weda, J. (2015). Elvis is returning to the building: Understanding a decline in unauthorized file sharing. *Journal of Media Economics, 28*, 63-83.

Prasad, A., Bronnenberg, B., & Mahajan, V. (2004). Product entry timing in dual distribution channels: The case of the movie industry. *Review of Marketing Science, 2*, 1-18.

Puig, C. (2005). Movies as you like them. *USA Today*, July 25, https://goo.gl/bXctWu.

Reddy, S. K., Aronson, J. E., & Stam, A. (1998). SPOT: Scheduling programs optimally for television. *Management Science, 44*, 83-102.

Rey, J. (2008). If we all go for the blonde. ***Plus magazine***, June 1, https://goo.gl/ A4awuk.

Risen, C. (2005). Collapsing the distribution window. *The New York Times Magazine*, December 11, https://goo.gl/m7XRdo.

Rob, R., & Waldfogel, J. (2006). Piracy on the high C's: Music downloading, sales displacement, and social welfare in a sample of college students. *The Journal of Law and Economics, 49*, 29-62.

Rob, R., & Waldfogel, J. (2007). Piracy on the silver screen. *The Journal of Industrial Economics, 55*, 379-395.

Rochelandet, F., & Le Guel, F. (2005). P2P music-sharing networks: Why legal fight against copiers may be inefficient? *Review of Economic Research on Copyright Issues, 2*, 69-82.

Roettgers, J. (2017). Spotify signs Universal Music licensing agreement that includes release windows. *Variety*, April 4, https://goo.gl/18WX6p.

Ryan, G. (2016). Disney CEO Bob Iger talks distribution amid Netflix, Twitter acquisition rumors. *Boston Business Journal*, October 5, https://goo.gl/NEZmkw.

Schickel, R. (1996). *Clint Eastwood: A biography*. New York: Knopf.

Schmidt-Stölting, C., Blömeke, E., & Clement, M. (2011). Success drivers of fiction books: An empirical analysis of hardcover and paperback editions in Germany. *Journal of Media Economics, 24*, 24-47.

Schwartzel, E. (2016). July 4 opening is no guarantee for success at box office. *The Wall Street Journal*, July 4, https://goo.gl/Zo7K3z.

Schwartzel, E. (2017). Disney lays down the law for theaters on 'Star Wars: The Last Jedi'. *The Wall Street Journal*, November 1, https://goo.gl/76AUiG.

Schweidel, D. A., & Moe, W. W. (2016). Binge watching and advertising. *Journal of Marketing, 80*, 1-19.

Segrave, K. (1999). *Movies at home: How Hollywood came to television*. Jefferson: McFarland.

Sinha, R. K., & Mandel, N. (2008). Preventing digital music piracy: The carrot or the stick? *Journal of Marketing*, 72, 1-15.

Sinha, R. K., Machado, F. S., & Sellman, C. (2010). Don't think twice, it's all right: Music piracy and pricing in a DRM free environment. *Journal of Marketing, 74*, 40-54.

Sisario, B. (2015). Adele is said to reject streaming for '25'. *The New York Times*, November 19, https://goo.gl/gouUhT.

Smith, S. (2005). Coming to a theater near you. *Newsweek*, August 7, https://goo.gl/uokEQS.

Smith, N. M. (2010). Jon Feltheimer: Embrace new economic models. *IndieWire*, October 5, https://goo.gl/1At6EV.

Smith, N. M. (2016). Will Sean Parker's screening room hurt or help the film industry? *The*

Guardian, April 8, https://goo.gl/xQQbd4.

Smith, M. D., & Telang, R. (2009). Competing with free: The impact of movie broadcasts on DVD sales and Internet piracy. *MIS Quarterly*, 33, 321-338.

Steele, R. (2015). If you think piracy is decreasing, you haven't looked at the data…. *Digital Music News*, July 16, https://goo.gl/TUjzt6.

Swami, S., Eliashberg, J., & Weinberg, C. B. (1999). SilverScreener: A modeling approach to movie screens management. *Marketing Science, 18*, 352-372.

The Deadline Team (2013). Steven Soderbergh's state of cinema talk. *Deadline*, April 30, https://goo.gl/3md7zK.

The Economist (2017). Vinyl gets its grove back, May 20, p.58.

Thielman, S. (2015). Popcorn Time helps film piracy to live on — even though it technically doesn't exist. *The Guardian*, May 31, https://goo.gl/EYrbVX.

Tiedge, J. T., & Ksobiech, K. J. (1986). The 'lead-in' strategy for prime-time TV: Does it increase the audience? *Journal of Communication, 36*, 51-63.

Time (2015). Adele talks decision to reject streaming her new album. *Time*, December 21, https://goo.gl/bqvyYc.

Vogel, H. L. (2015). *Entertainment industry economics: A guide for financial analysis* (9th ed.). Cambridge: Cambridge University Press.

Watson, S. J., & Zizzo, D. J., & Fleming, P. (2015). Determinants of unlawful file sharing: A scoping review. *PLOS ONE, 10*, 1-23.

Webster, J. G., & Wakshlag, J. J. (1983). A theory of television program choice. *Communication Research, 10*, 430-446.

Weijters, B., & Goedertier, F. (2016). Understanding today's music acquisition mix: A latent class analysis of consumers' combined use of music platforms. *Marketing Letters, 27*, 603-610.

Wilbur, K. C. (2008). A two-sided, empirical model of television advertising and viewing markets. *Marketing Science, 27*, 356-378.

Wilkinson, A. (2017). Cannes 2017: Two vastly different cinema cultures provoke one big Netflix controversy. *Vox*, May 31, https://goo.gl/o83UB1.

Yu, Y., Chen, H., Hung Peng, C., & Chau, P. (2017). The causal effect of video streaming on DVD Sales: Evidence from a natural experiment. Working Paper, The University of

Hong Kong.

Zaleski, A. (2016). 35 years ago: The U.K. launches the 'Home Taping Is Killing Music' campaign. *Diffuser*, October 25, https://goo.gl/FdvRuk.

Zentner, A. (2006). Measuring the effect of file sharing on music purchases. *The Journal of Law and Economics, 49*, 63-90.

4장

엔터테인먼트 가격 결정

가격 관리는 과학이 아니라 예술이다…

— 울린(Ulin, 2014: 252)

결국 소비자는 상품이나 서비스를 구매해서 받을 것으로 예상되는 가치가 상품 거래를 위해 포기해야 하는 돈이나 시간 같은 자원의 가치를 초과하는 경우에만 돈을 소비한다(Nagle, 2011). 그러한 기본적인 공리로 미루어 봤을 때, 소비자들이 엔터테인먼트 상품에 지출하는 엄청난 액수의 돈은 전반적으로 영화, 책, 노래, 비디오 및 게임 등의 상품 가격이 매력이 있을 때 소비된다. 실제로 워커 퍼시(Walker Percy)의 소설 『무비고어(The Moviegoer)』에서는 1950년대 뉴올리언스 근처 한 극장의 영화관 구호를 '행복은 적은 비용으로도 얻을 수 있다'라고 선정하고 잠재적 방문객들에게 광고했다.

하지만 조심해야 할 것은 아마도 더 낮은 가격, 더 높은 가격 또는 심지어 둘의 조합으로 얻을 수 있는 것이 훨씬 더 많을 수도 있다는 것이다. 엔터테인먼트 경영자가 어떻게 가격을 결정할 수 있을까? 우리는 앞에서 제프리 울린(Jeffrey Ulin)의 인용으로 엔터테인먼트 사이언스라는 책의 한 장을 흥미롭게 시작하게 된 것을 알 수 있다. 울린의 주장은 성공에 영향을 미치는 엄청난 수의 고도로 복잡한 요소들에 근거를 두고 있다. 모든 엔터테인먼트 상품에 대한 가격 결정 전략의 일환으로서 그것은 경영자들이 과학적 방법을 사용하여 새로운 엔터테인먼트 상품의 이상적인 가격을 결정하려고 시도하기보다는, 산업 규범과 규정[이하 '기준(artistic)' 경로]에 의존하도록 동기를 부여한 전략이다. 그 결과, 가격 결정은 꽤 오랫동안 엔터테인먼트 마케팅 믹스에서 가장 적게 탐구되어 왔다.

우리는 엔터테인먼트 상품의 가격을 결정한다는 것이 실제로 쉬운 알고리즘적 해결책이 존재하지 않는 도전이라는 것에 동의하지만, 학자들이 가격 결정에 대해 정리해 온 지식을 탐구하는 노력에는 그만한 가치가 있다고 믿는다. 따라서, 이 장에서는 경영자가 엔터테인먼트 상품 가격에 과학적인 접근 방식을 적용함으로써 얻을 수 있는 이점을 살펴볼 것이다. 엔터테인먼트 경영자들이 가격을 결정할 때 전략적인 차원에서 직면하는 2가지 기본적인 질문에서 시작한다.

- 내가 판매하는 모든 영화, 책, 노래 또는 게임에 대해 '표준' 시장가격을 유지해야 하는가, 아니면 그 가격에서 벗어나야 하는가?
- 특정 영화, 책, 노래 또는 게임의 경우 항상 같은 가격에 판매해야 하는가? 아니면 관객 또는 청중, 상황에 따라 가격을 달리해야 하는가?

큰 관성을 수반하는 강력한 산업 규범 때문에 아마도 이런 질문들은 거의 관심을 받지 못하는 것처럼 보인다. 그러나 우리는 이런 요소들이 마땅히 받아야 할 배려를 받지 못한다고 주장한다. 엔터테인먼트에 대한 가격 결정 규범이 존재하는 것은 어떤 개별 상품에 대한 시장 반응을 예측하는 것, 즉 '어떻게 될지 아무도 모른다(Nobody Know Anything)'라는 현실적 도전 때문이다. 경제학자들은 가격과 상품의 성공을 "더 많거나 더 적거나, 온전히 추측"에 의지한다면, 시장 규범을 단순히 따르는 것은 쉬울 뿐만 아니라 합리적일 수도 있다고 주장한다(McKenzie, 2008: 173). 엔터테인먼트 가격 결정 규범의 일부는 외부 규제에 의해 부과되는 반면, 그 대부분은 업계의 골드먼 통설인 '어떻게 될지 아무도 모른다'를 수용한 결과에 기인한다. 예를 들면, 책의 경우에 문화적 특성상 독일과 같은 몇몇 국가에서는 가격 규제로 이어지기도 한다.

이러한 규범들은 매우 강력해서 시장가격은 종종 엔터테인먼트 상품에 대해 상당히 표준화되어 있기 때문에, 우리는 한때 이 책에 가격 결정에 대한 4장을 포함하지 않는 것을 고려했었다. 하지만, '엔터테인먼트 사이언스'의 주요 목표 중 하나가 골드먼 통설에 도전하는 것이기 때문에 업계 관행상 어쨌든 가격 결정에 도전하기로 결정했다. 이론적 고려 사항뿐만 아니라 문제에 대한 초기 경험적 결과로 인해 이제는 엔터테인먼트 상품의 가격을 새롭게 살펴봐야 할 때라고 믿는다.

이 장에서는 이론적 가정이 적용되는 '이상적인' 엔터테인먼트 세계에서 가격이 어떤 방법으로 결정되어야 하는지를 설명하기 위해 기본적인 가격 결정 이론에 대한 검토에서부터 시작한다. 차별화된 상품은 고객에게 차별화된 가치를 제공하고, 고객은 상품에 따라 다른 가격을 지불한다. 엔터테인먼트 이외의 모든 종류의 소비재에 대해서는, 적어도 상품의 전체적인 매력에 따라 특정 상품에 대한 소비자의 지불 의향이 다소 다르다. 그리고 우리는 어떤 노래, 소설, 영화, 게임은 다른 노래들보다 더 많은 매력을 가지고 있고, 듣는 사람이나 독자, 관람객이나 플레이어를 위해서 더 많은 가치를 창출한다는 뚜렷한 인상을 받고 있다.

그러나 엔터테인먼트 상품에서는 개별 상품의 가격 변동이 이러한 수요 요인과 관련이 있는 경우는 거의 없었다. 대신 가격은 신규 출시와 카탈로그 제목과 같은 광범위한 범주 또는 상품 형식[양장본 vs. 문고판 vs. 킨들(Kindle)]에 따라 달라지는 경향이 있다. 다음 장에서는 가격 이론에 입문한 후, 혁신적인 경험적 연구와 환경에서 얻은 통찰력을 인정하면서, 다양한 잠재적 형태의 차등 가격 결정의 장단점을 탐구할 것이다. 이 토론들은 우리의 첫 번째 질문에 대한 답을 제공할 것이다. 이후 두 번째 질문에서는 청중 부문과 상황 간에 하나의 특정 상품 또는 동일한 버전에 대한 다양한 가격의 잠재성을 탐구할 것이다. 가격 차별의 이론적 개념으로는 엔터테인먼트 가격 전략의 분석을 안내할 것이다.

1. 가격 결정 이론 입문: 가격의 정확한 근거로서 소비자 가치

첫 번째 근본적인 가격에 대한 질문으로, 새로운 엔터테인먼트 상품이 단순히 시장 표준에 따라 가격이 결정되어야 하는지에 대해 가격 이론이 언급한 내용을 살펴보고자 한다. 가격에 관한 MBA 수준의 많은 논문들은 가격 탄력성 개념, 즉 대부분의 상품 가격의 변화는 시장이 요구하는 상품의 수량에 변화를 일으킬 것이라는 개념에 중점을 두고 있다. 그런 다음 탄력성의 도출과 최적의 가격을 선택하는 데 있어, 수요곡선의 하향 경사의 역할에 대한 논의를 신속하게 탐구한다. 이러한 주제는 기업에게 매우 중요하며 현명한 가격 결정을 내리는 기초가 된다.

그러나 탄력성 및 수요곡선 이면에 진행되는 상황은 놓치기 쉽다고 주장한다. 토머스 나글(Thomas Nagle)과 그의 동료들이 말했듯이, "적절한 가격 결정은 상품에서 생성된 금전적·심리적 가치를 이해하고 관리하기 위해 수요곡선 아래를 살펴봐야 하며", 이는 특정 가격으로 상품을 구매할지 여부에 대한 고객의 결정에 영향을 미친다(Nagle et al., 2011: 13). 한계효용 및 가격 탄력성과 같은 과학적 레이블(Scientific labels)은 실제로 인간이 시장 교환을 통해 그리고 제한된 자원을 할당함으로써 그들의 요구를 해결하려고 할 때 발생하는 매우 실제적인 소비자 평가, 판단 및 행동에 대한 설명이다.

우리는 소비자로서 시장에서 치아를 보존하고 몸을 보호하며 다른 장소로 이동하거나 또는 우리를 즐겁게 하는 데 도움이 되는 상품이나 서비스를 구입한다. 우리 대부분은 모든 획득 욕구를 충족할 수 있는 제한된 자원을 가지고 있기 때문에, 상품이 우리에게 제공할 '가치'를 판단하여 할당량에 대한 결정을 내린다. 이 값은 의식적으로든 무의식적으로든 통화 금액으로 변환될 때 고객이 상품에 대해 기꺼이 지불할 최대 가격인 '예약 가격'으로 나타낸다.

상품에 대한 지불 의향은 고객의 요구, 우선순위 및 리소스 수준이 매우 다르기 때문에 개인마다 다르다. 만약 상품의 가격이 창출될 가치에 대한 고객의 추정치보다 높다면, 소비자는 시장의 해결책 없이 수용 가능한 가격으로 원하는 혜택을 제공하는 대안을 모색할 것이다. 제작자가 상품 또는 서비스의 가격을 낮추면 '요구하는 가격'은 더 많은 수의 소비자가 지불할 의사가 있는 허용 범위 내에 있을 수 있다. 그러나 가격이 상승하면 점점 더 많은 소비자를 위해 생성된 가치를 초과하고 수용할 수 없게 된다. 이것이 바로 가격 탄력성과 수요곡선이 아래로 기우는, 대체로 부정적인 신호를 보내는 이유이다.

〈그림 4.1〉의 패널 A는 하향 수요 함수의 표준 경로를 보여 준다. 패널 B와 패널 C는 가격 변동에 덜 또는 더 강하게 반응하는 좌표를 보여 준다.

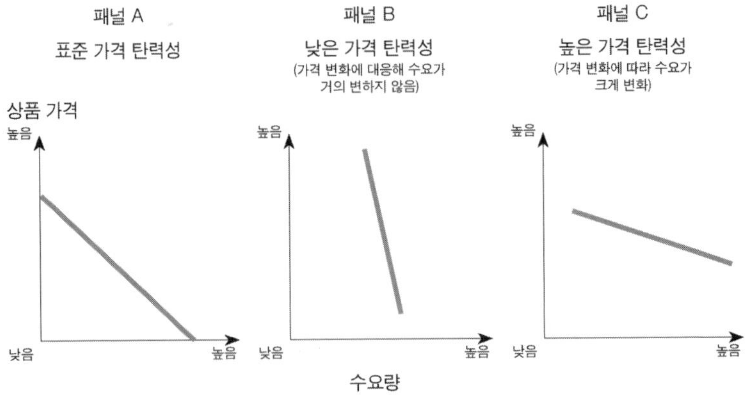

〈그림 4.1〉 표준, 낮은, 그리고 높은 가격 탄력성

패널 B에서 가격 변화는 상품 수요의 실질적인 변화로 이어지지 않는다. (절대적) 가격 탄력성은 '낮다'.[1)]

낮은 가격 탄력성은 소비자가 필수적이라고 인식하고 대체해서 사용할 수 없는 상품의 전형적인 특징으로 나타난다(많은 국가에서 전기 또는 의료와 같은 경우 대체할 재화가 부족하기 때문에 해당 시장의 강력한 규제를 받는다). 또한 소수의 사람들만이 좋아하고 대부분의 사람들이 아주 낮은 가격조차 지불하지 않는 상품의 경우도 마찬가지이다. 이것은 적어도 일부 미디어 및 엔터테인먼트 상품의 경우라고 주장할 수 있는데, 일부 사람들은 가격에 상관없이 다음 미카엘 하네케(Michael Haneke)의 영화를 보지 않을 것이다(그의 영화는 비관적이고 불편한 스타일로 현대사회의 실패와 문제점을 부각시키는 것으로 유명하다—옮긴이). 당신은 굳이 비용을 지불하고 하네케의 영화를 볼 의향이 있는가? 다음으로 패널 C는

---

1) 높은 가격 탄력성 또는 낮은 가격 탄력성이라는 용어를 사용할 때, 항상 마이너스 기호를 제외하고 탄성의 절대 값을 언급한다는 것을 유념하라(그렇지 않을 경우 마이너스 3의 탄성은 직관에 반하는 마이너스 0.5보다 훨씬 낮다).

상품의 가격 탄력성이 '높은' 시장에 대해 설명한다. 즉, 가격 변동이 작으면 전체 수요량에 큰 변화가 생긴다. 이와 같이 높은 가격 탄력성은 유사한 대안들이 많은 상품에 나타난다. 소비자가 쉽게 전환할 수 있는 상품으로 대부분 식료품 및 뉴스에 해당된다. 그렇다면 표준 엔터테인먼트 상품의 경우는 어떠한가?

수요곡선과 가격 탄력성은 심리적 특성, 목표, 위험 회피 수준 등에서 종종 크게 다른 많은 개별 소비자의 집합체이다. 보통 수요 기능 또한 선형적이지 않다. 애플의 핵심 고객들은 특정 가격대에 해당하는 아이폰 등의 가격에 대해 매우 비탄력적인 반면, 애플 상품 이외의 좋은 전화기를 찾는 사람들은 훨씬 더 높은 가격 탄력성을 보여 줄 것이다.

제작자의 목표가 수익이나 이윤을 최대화하는 것이라면, 소비자의 지불 의지는 상품의 가격을 결정하는 중요한 지표가 되어야 한다. 고객이 상품 또는 서비스가 필요한 가치를 창출하지 못하거나 창출된 가치 이상의 가격으로 가격이 결정되었다고 판단하면, 기존의 공급 중심 가격 전략인 '경쟁업체에 대한 벤치마킹, 우수한 비용 및 가격 공식 작성, 확고한 전략에 따른 가격 결정' 등의 요소는 모두 "일반적인 재무 성과를 위한 청사진"이 될 수 있다(Nagle et al., 2011: 2). 하지만 할리우드 자체의 창작물 중 하나를 인용하자면, 소비자의 지불 의사에 따라 상품의 가격을 매기는 것은 복잡하다. 왜냐하면 이런 지불 의지는 상품의 고유한 특징 외에도 많은 요소들에 의해 영향을 받기 때문이다.

소비자의 지불 의사는 사용 가능한 대안에 따라 다르다. 첫째, 유통 결정의 맥락에서 논의한 특정 경쟁이 있다. 존 그리샴의 『루스터 바(The Rooster Bar)』•를 읽을 때 기대하는 가치는 같은 시점에 고객의 관심을 끌기 위해 경쟁하는 유사한 소설이 제공하는 가치에 따라 달라진다. 그러나 우리가 보여 준 바와 같이 경쟁은 이분법적이지 않다. 그 경쟁은 지속적

• 존 그리샴은 미국의 소설가이다. 미시시피 대학 법대를 졸업하고 사우스헤븐 법률 사무소에서 10여 년 동안 변호사로 일했다. 1983년에는 미시시피 주 하원 의원으로 선출되기도 했다. 1989년 『타임 투 킬(A Time To Kill)』을 발표하며 소설가로 데뷔했고, 두 번째 소설 『그래서 그들은 바다로 갔다(The Firm)』는 1991년 전미 베스트셀러 1위에 오르는 등 인기를 얻어 〈야망의 함정〉으로 영화화되었다. 이후 첫 작품을 포함해 『펠리칸 브리프(The Pelican Brief)』, 『의뢰인(The Client)』, 『레인메이커(The Rainmaker)』 등 무려 10여 편의 작품이 영화로 제작될 만큼 법정 소설계에서 독보적인 위치를 차지하고 있다. 『루스터 바』는 그리샴의 25번째 법정 스릴러 소설이다. 그는 2014년 ≪애틀랜틱(The Atlantic)≫ 지에 실린 'The Law-School Scam'이라는 기사를 읽고 이 이야기를 창작하는 데 영감을 받았다. 그리샴 특유의 이야기를 풀어내는 재미로 긴장감을 유발하여 독자들의 큰 호응을 얻은 작품이다.

이며, 어느 정도 일반적이다. 소비자로서 우리는 총 자원의 풀(pool)에서 얻을 수 있는 총이익을 최적화하려고 노력하고 있다. 그래서 우리는 더 다양하고 일반적인 요구 사항을 해결하는 많은 상품 카테고리에 걸쳐 절충 결정을 내린다. 예를 들어 '앞으로 며칠 동안 그리샴의 소설을 읽으면, 좋은 평가를 받은 새로운 넷플릭스 시리즈를 볼 수 없다'라든지 또는 '만약 소설에 썼을 비용을 저축하면, 새 헤드폰을 살 여유가 있다'라고 하는 것은 이 새 소설이 우리에게 어떤 가치가 있는지, 그리고 우리가 이 소설을 위해 기꺼이 얼마나 많은 돈을 쓸지에 영향을 미친다. 시장가격은 일반적으로 소비자의 지불 의사 범위 내에 있을 수 있지만 그럼에도 소비자는 구매하지 않을 수도 있다.

소비자의 지불 의지에 따라 가격을 정할 때도 비용을 고려해야 한다. 상품의 가격은 상품의 가변 비용, 즉 물리적인 상품의 실제 재료 또는 서비스를 지원하는 공급품 등 판매된 단위 수에 따라 상대적으로 직접적으로 변동되는 비용을 포함하고 합리적인 가격을 제공해야 한다. 상품 가격은 발생한 고정 비용인 생산된 상품과 서비스의 수에 따라 달라지지 않는 비용을 충당하는 데 기여한다. 우리는 정보적 상품으로서의 엔터테인먼트 상품의 특정 비용 구조, 특히 완전히 디지털화된 형식에 대해 논의했는데, 이는 생산자들에게 가격 결정에 있어 유연성을 제공한다.

마지막으로, 기업의 시장 관련 전략은 최종적으로 선택된 가격에도 영향을 미친다. 예를 들어, 시장에 깊이 침투한다는 목표는 새로운 기술을 빨리 사용하고 싶어 하는 열정적인 애호가들에게 높은 가격으로 먼저 판매한다는 목표를 세우는 동시에, 시장 점유율을 극대화하기 위해서는 상대적으로 낮은 가격을 적용해야 한다는 것을 의미한다. 엔터테인먼트 상품의 성공은 종종 네트워크 효과에 달려 있기 때문에 변동 비용에 맞지 않더라도 신상품을 출시할 때 저렴한 가격을 설정하는 것이 합리적일 수 있다.

이번 논의에서는 이론에 따른 가격 결정의 본질을 제시했다. 이제 이러한 통찰력을 사용하여 이 장의 2가지 기본적인 질문에 대한 답을 찾을 것이다. 첫 번째는 모든 상품의 가격이 균일해야 하는가? 그리고 두 번째는 한 특정 상품의 가격이 모든 조건에 걸쳐 균일해야 하는가?이다. 첫 번째 질문인, 일부 사람들이 엔터테인먼트의 '가격 결정 문제의 퍼즐'이라고 생각하는 부분부터 해결해 보자.

2. 엔터테인먼트의 균일 가격 vs. 차등 가격 결정 문제

> 인습이 합리성을 이기는, 더 곤혹스러운 사례 가운데 하나는 영화관인데, 인기가 시들해진 개봉 마지막 주 동안 영화를 보는 것은, 개봉 첫날 밤에 엄청나게 인기 있는 영화를 보는 것만큼 비용이 많이 든다.
>
> — 수로비키(Surowiecki, 2004: 99)

가격의 기본 사항에 대한 검토는 소비자와 소비자의 지불 의사에 대한 상품 가치를 이해하는 것의 중요성을 지적한다. 그렇다면 엔터테인먼트 상품은 이러한 수요 중심 접근 방식에 따라 가격이 결정되는 것인가?

모든 책이 같은 품질과 호소력, 모든 게임이 같은 재미와 모험, 모든 노래가 같은 정신과 신체를 움직이는 능력, 또는 모든 영화가 동등한 영향을 미친다고 주장하는 엔터테인먼트 경영자를 떠올리기는 어렵다. 그러나 각 상품의 최근 가격 전략은 책 한 권, 게임 한 개, 노래 한 곡 또는 영화 한 편의 각기 다른 제작물에 대해 고객의 가치 차이를 반영하지는 않는다. 모든 가격이 동일하지는 않지만, 차등 가격은 주로 공급 요인의 영향을 받는다. 예를 들어 양장본이 문고판보다 제작비가 더 들어간다거나, DVD 영화가 블루레이 영화보다 저렴하거나 디지털 형식의 노래가 CD보다 저렴하다는 것이다.

클레리데스(Clerides, 2002)의 연구는 예일대 출판사가 양장본과 문고판으로 내놓은 책 1100여 권을 조사했는데, 가격은 "수요 변동에 관계없이 시간이 지남에 따라 거의 변하지 않는다"라는 것을 발견했다. 그는 또한 "크기와 결합 품질과 같은 관측 가능한 물리적 특성을 통제하면 가격 변동이 거의 남지 않는다"라고 결론짓는다. 학자들은 이 상황에 대해 "왜 가격은 비용과 관련된 수요 이동에 의존하고, 비용과 상관없는 '순수한' 수요 이동에 의존하지 않는가?"(p.1386)라고 말한다. 오바크와 에이나브(Orbach and Einav, 2007)도 영화 티켓 가격을 고려할 때 같은 용어를 사용한다.

수요 측면의 특성은 실제로 엔터테인먼트 상품의 차등 가격 결정의 기준으로 사용되는 상황에서, 개별 상품들 간의 품질 차이를 고려하는 것에 비해 광범위한 범주 수준에서 적용된다. 예를 들어, 음악은 그 영향이 덜하지만 영화나 게임, 책의 카탈로그 제목보다 새로 출시된 상품의 가격이 더 높다. 하지만 소비자들은 여전히 영화관에서 비평가들이 〈환상적인 여자(A Fantastic Woman)〉 같은 작품을 좋아하든 〈댄서(The Dancer)〉 같은 영화를 싫어하든 상관없이, 〈위대한 쇼맨(The Greatest Showman)〉 같은 소규모 예술 영화나 〈스타워즈(Star Wars)〉 같은 블록버스터 신작을 보기 위해 같은 가격을 지불한다. 거의 모든 곡들은 아이튠즈에서 트랙당 0.99달러이며, 스포티파이에 포함된 모든 노래들도 일반 구독료에 포함되기 때문에 가격이 같다. 코트리(Courty, 2011)는 이를 '가격 없는 품질'이라고 부른다.

오바크와 에이나브(Orbach and Einav, 2007)가 영화 산업의 법률과 경제구조를 조사하여 균일한 가격의 존재를 설명할 때, 그들은 수직적 유통 구조로 인해 제작사가 극장을 소유할 수 없는 것과 같은 규제 금지 외에 다른 외부 제약은 없다고 결론짓는다. 일부 업계 전문가들은 단순히 '항상 이런 식이었기 때문에 이 방법이어야 한다'라고 말했다. 이것은 다소 실망스러운 주장인 것뿐만 아니라 잘못된 예이다. 영화 산업 초창기에는 영화의 인기와 스타에 따라 티켓 가격이 달라지는 등, 차등적인 가격이 표준적인 관행이었다. "1940년대까지 30년 동안 한 극장이 특정 구역 내에서 각 영화에 대한 권리를 갖게 되었고, 그 극장들에서 영화 관람료에 해당하는 등급(A, B, C)을 받았다. 1920년대의 규칙이 오늘날에 적용된다면 〈미션 임파서블(Mission Impossible)〉은 15달러, 〈영 어덜트(Young Adult)〉는 7달러가 될 것이다"(Thompson, 2012).

그렇다면 확립된 관행은 왜 버려졌을까? 오바크와 에이나브(Orbach and Einav, 2007)는 1948년 파라마운트 영화제작사가 전시 사업에 관여하는 것을 금지한 미국 연방 대법원의 결정이 영화의 획일적인 가격 결정으로 돌아가게 된 중요한 역사적 사건이라고 간주한다. 그 이후, 다른 등급의 상품이 더 쉽게 판매되도록 세심하게 제작된 수직 배열은 더 이상 존재하지 않았다(McKenzie, 2008). 그러나 톰슨(Thompson, 2012)은 기본적인 차등 가격 결정이 1972년까지 살아남았다고 지적하는데, 소비자들은 여전히 극장별로 '이벤트' 영화를 볼 수 있는 프리미엄 가격을 지불했기 때문이다. 펄스타인(Pearlstein, 2006)이 주장하듯이, 제작사의 요청에 따라 〈대부〉의 출시와 함께 차등 가격 결정은 중단되었다.[2)]

요약하자면, 엔터테인먼트 시장의 소비자 가격은 더 높은 품질의 상품이 더 높은 가격을 요구할 수 있는 상품 범주의 소비자 가격과는 근본적으로 다르다. 최초 복제 비용이 높지만 추가 비용이 발생할 때마다 한계비용이 미미한 정보 상품인 엔터테인먼트 상품에 대한 변동 가격의 상당한 잠재력에도 불구하고 균일한 가격이 존재한다. 그렇다면, 이러한 차이점에 대한 근본적인 경제적 정당성이 있을까? 아니면 균일한 가격을 폐기해야 하는가? 다음 장에서는 엔터테인먼트를 위한 차별화된 가격 결정의 장단점을 살펴볼 것이다.

1) 차등 가격 결정에 대한 이론적 주장과 반대

지금까지 균일한 가격 결정을 설명하고 또는 정당화하기 위한 다양한 논리와 주장이 제시되었다. 이러한 논리는 차등 가격에 대한 주장과 대조될 필요가 있다. 균일한 가격에 대한 근본적인 주장은 '어떻게 될지 아무도 모른다'의 경우 소비자의 지불 의사가 사전에 알려지지 않았기 때문에 상품마다 다른 가격을 부과할 근거가 없다는 것이다(McKenzie, 2008). 이 아이디어는 일부 학자들의 지지를 받았다. 드 배니(De Vany, 2006)는 "영화가 상영된 후에야 프리미엄 가격이 부과될 수 있을 정도로 수요가 높다는 사실을 안다"라고 주장했고(p.626), 스리니바산(Srinivasan, 2009)은 "골자가 벗겨진 모든 영화는 고객에 의해 동일하게 인식된다"라고 주장했다.

그러나 우리는 I권에서부터 골드먼 통설을 거부하는 것을 강조해 왔으

---

2) 볼멘소리로 펄스타인은 프란시스 포드 코폴라(Francis Ford Coppola) 감독의 마피아 영화에 이런 권력 행사가 일어났다는 사실이 우연의 일치라고 했는데, 그것이 마피아들을 자랑스럽게 했다.

며, 이는 균일한 가격 결정의 정당화로 작용한다. 첫째, 제작자가 훨씬 적은 비용으로 동일한 성공을 거둘 수 있다면 상품 개발에 수억 달러를 지출하는 것은 말이 되지 않는다. 그러나 둘째, 이 책은 엔터테인먼트에 대한 성공 예측이 가능하고 유익하다는 광범위한 경험적 증거를 제공한다. 해당 연구들은 디지털 시대의 엔터테인먼트 상품에 대해 존재하는 풍부한 데이터를 활용한다.[3] 신상품 배포에 대한 세부 정보는 일반적으로 출시 전 며칠 또는 일주일에만 제공되므로 이러한 모델의 예측 적합성은 우수해야 한다.

균일 가격을 정당화하기 위해 제기되는 또 다른 핵심 주장은 차등 가격에 대한 필수 요건인 소비자의 지불 의향이 충분히 다양하지 않다는 것이다. 우리는 엔터테인먼트 제작자들이 오랫동안 균일한 가격 결정을 실행해 왔기 때문에 특정 상품의 차등 가격에 대한 소비자 반응을 수학적으로 계산할 수 있는 보조 데이터가 없다는 것을 인정해야 한다(Orbach and Einav, 2007). 그러나 경제 논리는 소비자의 지불 의사에 따라 가격을 설정하는 것이 가장 현실적이며(Varian, 1995), 소비자 선호도의 차이와 함께 상품마다 큰 품질 차이가 존재한다는 것을 보여 준다.[4] 따라서 엔터테인먼트에 대한 지불 의지는 상품마다 다를 수 있다.

하지만 소비자들은 기꺼이 지불할 의향을 넘어 새롭게 발생하는 가격 차이에 어떻게 반응할까? 일부에서는 소비자들이 오랫동안 균일한 가격이 존재해 왔기 때문에, 차등 가격에 의해 혼란스러워하거나 불공평하다고 인식할 것이라는 점에 주목했다. 오바크와 에이나브(Orbach and Einav,

---

3) 이 시리즈의 혁신 장(II권 4장)의 예측 모델에 대한 섹션을 참조하라.

4) 취향에 대한 섹션에서 소비자 선호도의 체계적인 차이와 그 이유에 대해 논의하며, 비즈니스 모델 장(I권 5장)에서 엔터테인먼트 시장에 대한 검토는 사용 가능한 상품 및 유형의 이질성을 보여 준다.

2007)는 왜 소비자들이 차등 가격을 불공정하다고 보지 않는지에 대한 이유를 설명한다. 소비자로서 우리는 대부분의 다른 상품 범주에서 품질에 따라 다른 가격을 지불하는 데 익숙하다는 것을 기억하라. 낮은 가격은 잠재적으로 상품의 품질이 낮은 것으로 인식되는 부정적인 피드백 효과를 유발하기 때문에, 티켓 가격을 단순히 낮게 결정하는 것은 잠재적인 히트 상품을 실패로 만들 수도 있다. 그러나 낮은 가격이 실제로 품질이 좋지 않다는 것을 의미할 수 있지만, 상품에 따라 가격이 보내는 품질 신호에 영향을 덜 받을 수도 있다. 즉, 비정보 행동 기반 연쇄 확산은 정보의 연쇄 확산과 경쟁한다는 점을 기억하라. 또한 제작자는 고가 영화의 경우 이러한 가격 신호의 이점을 누릴 수도 있다. 그렇다면 일단 제작자들이 그들의 전략적인 사용에 익숙해지면, 고객들은 품질 신호로서 가격에 의존할 것인가? 우리 모두는 가장 비싼 브랜드가 다른 상품 및 서비스 범주에서 반드시 최고의 브랜드는 아니라는 것을 알고 있는데(적어도 우리에게는 그렇지 않다), 엔터테인먼트에 관련해 가격 신호에 대해 배울 수 없는 이유는 무엇인가?

다른 주장은 차등 가격 결정을 구현하는 문제를 다룬다. 플랫폼이 상품마다 다른 방식으로 가격 결정을 담당한다면, 그들은 서로 다른 이해관계를 가질 수 있고 다른 논리 및 경제 모델을 따를 수 있으며 이는 생산자에게 불리할 수 있다. 예를 들어, 일부 영화의 가격을 낮추어 입장료를 증가시킨다면, 극장들은 스튜디오와 공유되지 않는 추가 할인 수익으로부터 높은 이윤을 얻을 수 있다.[5] 반면, 높은 입장료는 흥행 수입을 줄이기 때

5) 톰슨(Thompson, 2012)은 1970년 "일부 DC 극장들은 평일 입장권을 3분의 2로 줄였고, 팝콘 판매량은 2배로 늘었다"라고 보도했다. 극장 수입의 절반이 팝콘 판매처 같은 편의 시설에서 나오기 때문에 이는 극장에 큰 도움이 된다. 하지만 톰슨은 그 사건에 대해 자세한 내용은 밝히지 않았다.

문에 제작자에게 피해를 줄 수 있다. 또한 차등 가격 모델의 정책 결정 비용이 높을 수 있다. 오늘날 대부분의 멀티스크린 영화관의 구조를 고려할 때 사람들은 저렴한 가격의 영화를 위한 표를 살 수도 있지만, 일단 극장 안에 들어가면, 더 비싼 영화를 몰래 보게 된다(Thompson, 2012).

이러한 주장은 심각하게 받아들여야 하지만, 본질적으로 차등 가격에 대한 일반적인 주장보다는 차등 가격 결정 모델의 구현에 관한 것이다. 이와 같은 가격 모델의 구현은 생산자에 의해 크게 영향을 받을 수 있다. 예를 들어 생산자는 양보 수익에 참여해야 한다고 주장할 수 있다. 그러나 실제로 가격 모델을 구현하는 것이 경제적으로 합리적이지 않을 수 있는 상황이 있을 수 있다. 예를 들어 생산자와 유통업체 간에 강한 불신이 존재하고 통제 비용이 부풀려지는 경우가 그러하다.

본질적으로 차등 가격 결정의 장단점에 대한 우리의 주장에 대한 가중치는 전략의 우수성을 확실히 입증할 수 없다. 그러나 채널 파트너가 각 모델의 구현 문제를 해결하기 위한 건설적인 방법을 찾을 수 있다면, 가격 결정 이론은 제작자 및 유통업체가 적어도 어느 정도는 다른 가격으로 서로 다른 상품을 제공함으로써 이득을 얻어야 한다고 제안한다(Courty, 2011; Orbach and Einav, 2007). 경제학자들이 분석적으로 균일한 가격 결정이 최적일 수 있음을 입증한 조건은 상당히 제한적이며[일부 소비자의 이질성은 있지만 과하지 않으며 특정 상품에 할당된다(예: Courty, 2011)], 대부분의 엔터테인먼트 상품에는 적용되지 않는 것 같다. 일부 학자들은 차등 가격 결정의 변화를 실제로 실행하는 경험적 연구를 수행함으로써 문제에 대해 추가적으로 조명했다. 그러나 그들의 통찰을 보고하기 전에, 먼저 엔터테인먼트 상품의 소비자가 동일한 상품, 동일 가격에 대한 반응보다는 다른 종류의 가격 변동에 어떻게 탄력적으로 반응하는지 먼저 살펴보도록 하자.

2) 엔터테인먼트 상품의 일반적인 가격에 대한 소비자 반응

엔터테인먼트 상품의 쇼핑에 관한 일반적인 가격 차이에 대한 소비자 반응의 탄력성에 대해 말할 수 있을까? 학자들은 대체로 상품 가격이 균일하게 매겨지는 오늘날의 시장 상황에서도, 소비자들이 가격이 하락하고 더 이상 상승하지 않을 때 더 많은 엔터테인먼트 상품을 구매하는 경향이 있다는 증거를 수집했다. 소비자의 지불 의사는 체계적인 차이가 거의 없는데, 이러한 변화는 어디에서 오는가? 수요 기반 가격 결정에 대한 소극적 접근법이 있다. 즉, 새 앨범은 카탈로그 앨범보다 더 비싸다는 것(Mixon and Ressler, 2000)에 추가하여, 영화관의 화요일 밤 할인 티켓처럼 일부는 상황에 따라 달라지기도 한다. 또 일부는 두꺼운 책이 더 많은 비용이 드는 것처럼 비용 기반에 따라 다르기도 하다. 다음으로 다양한 형태의 엔터테인먼트에 대한 조사 결과를 살펴보자.

※ 도서

클레리데스(Clerides, 2002)는 549권의 문고판의 판매를 조사하여 문고판이 양장본과 동시에 출시될 때, 가격 탄력성 -3.9(즉, 1% 상승하면 수요가 4.5% 감소)와 양장본 이후 순차적으로 출시되는 문고판의 탄력성이 -3.0 하락했음을 발견한다. 다른 것들은 절대적인 면에서 여전히 1보다 높지만, 더 적은 양의 탄력성이 발견되며, 매우 탄력적인 가격 반응을 나타냈다. 세발리에와 메이즐린(Chevalier and Mayzlin, 2006)은 아마존의 서적 판매의 탄력성을 -1.5와 -2.1 사이로 추정하고 있으며, 아마존에서는 반스앤노블이 1.8에서 -2.7 사이의 가격 변동이 나타난다. 비틀링메이어(Bittlingmayer, 1992)는 독일 서적 시장의 탄력성을 -1.5에서 -3.0으로 보고하고 있는데, 아마도 소매업체 간의 가격경쟁이 정부에 의해 결정되지 않았기 때문일 것이다.

※ 음악

요즘 음악 가격이 대체로 균일한 상황에서 가격 변화에 대한 소비자 반응을 조사할 연구의 여지는 책보다 훨씬 제한적이다. 다나허 등(Danaher et al., 2014)은 메이저 음반사와 함께 2009년 286개 앨범에서 1457개의 '베스트셀러 노래(best-selling songs)' 샘플을 사용하여, 비록 가격이 0.99~1.29달러 사이에 불과했지만, 노래의 가격을 체계적으로 다양화할 수 있었다. 이 연구에 판매량 변화와 관련하여 가격 변동을 적용한 결과, 노래 가격이 1% 상승하면 판매량이 0.48% 감소하여 상대적으로 음악 탄력성이 떨어지는 것으로 나타났다. 이는 첸 등(Chen et al., 2015)이 아마존에서 물리적인 디지털 음반 판매량을 조사했을 때 보도한 내용이기도 하다. 가격 탄력성은 중요하지만 음악의 경우 그 중요성이 상대적으로 낮다. 그러나 연구진은 음악 유형 간의 차이를 발견했는데, 잘 알려지지 않은 아티스트의 상품 가격에 대한 소비자의 반응이 더 강하게 나타났다.[6] 이러한 차이는 브랜드 경영자들에게 잘 알려져 있다. 강력한 브랜드는 충성도를 높이고 다른 브랜드로의 전환을 제한하여 경영자들이 상품에 대해 더 높은 가격을 부과할 수 있게 한다.

※ 영화 ―극장에서 관람

영화의 극장의 관람 가격은 매우 제한적인 변화를 보여 준다. 그러나 일부 학자들은 가격 탄력성을 평가할 때 이러한 제한점을 피하기 위해 창의적인 방법을 사용했다. 그 결과는 높은 일관성을 보여 준다. 극장에서 상영되는 영화에 대한 수요는 매우 탄력적이다. 데이비스(Davis, 2002)는 6개의 미국 극장과 협력하여 실험을 수행했다. 1998년 3주 동안 극장들은

---

6) 학자들의 VAR 결과는 우리가 탄력성을 보고할 수 있도록 허락하지 않는다.

성인의 저녁 입장료를 7.75달러에서 5달러로 대폭 인하했고, 이후 성인 입장료를 다시 8달러로 인상했다(p.82). 데이비스는 47편의 영화를 표본으로 삼아 6개 극장에서 -2.30에서 -4.11 범위의 가격 탄력성을 발견했는데, 이는 입장료가 1% 오르면 수요가 2.5%에서 5% 가까이 감소한다는 것을 의미한다. 그렇다면 극장들이 티켓 가격을 그렇게 극적으로 인상할 수 있었던 이유는 무엇일까? 미국의 경우, 2007년부터 2017년까지 30%를 인상했는데 데이비스의 실험과는 달리 기본적으로 모든 극장에서 가격이 비슷한 수준으로 인상되었기 때문에, 영화 팬들은 극장에 전혀 가지 않는 유일한 대안을 남겼다.

드 루스와 매켄지(De Roos and McKenzie, 2011)는 이 문제를 우회하는 또 다른 방법을 사용한다. 즉, 상황에 따른 가격 차이를 이용한다. 호주에서는 화요일에 영화 티켓 가격이 인하된다. 화요일에는 영화의 수요가 기본적으로 평일과 동일하다는 가정에 따라, 시드니 지역에서 2007년에 개봉한 314편의 영화에 대해 무작위 계수 이산 선택 모델(coefficients discrete choice model)을 적용하고, 영화의 할인에 대한 소비자들의 높은 탄력성을 발견했으며, 그 결과 영화의 중간 탄성도가 2.5보다 높을 것으로 추정한다. 가즐리 등(Gazley et al., 2011)은 결합 분석 접근법(conjoint analysis)을 사용하여 가격 반응을 결정한다. 장르, 원산지, 스타와 같은 다른 영화적 특성에 다양한 디자인을 적용하여, 소비자들이 좀 더 복잡한 디자인에서 8달러와 15달러 티켓 가격에 어떻게 반응하는지 테스트한다. 뉴질랜드의 225개별 소비자 분석은 티켓 가격이 소비자의 판단에 대한 강력한 결정 요인이라는 것을 보여 준다. 티켓 가격은 '가장 좋아하는 배우' 또는 '가장 좋아하는 감독'의 참여만큼이나 영향력이 크다.

※ 영화 —집에서 관람

그리고 영화에 대한 소비자의 수요가 극장 이외의 채널에 대해서도 탄력적이라는 증거가 있다. 공 등(Gong et al., 2015)은 디지털 영화 소매업체의 주요 제작사별로 299편의 카탈로그 영화의 디지털 EST 가격을 체계적으로 변경하는 실험적인 방법을 사용했다. 그들은 소비자가 해당 채널의 가격 프로모션에 매우 민감하다는 것을 발견한다. 구체적으로, 회귀분석 결과에 따르면, 영화의 EST 가격이 1달러 하락하면 예상 EST 매출이 판매의 35%에서 47%까지 증가한 것으로 나타났다. 가격에 대한 탄력성 계산은 다른 판촉 활동(예: 배치)에 따라 -1.9에서 -3.8 또는 20%에서 44% 사이의 범위를 보여 준다. 마지막으로, 루안과 수디르(Luan and Sudhir, 2010)는 526개의 DVD에 대한 연구에서 극장에서 흥행한 영화에 대해 더 낮은 가격을 결정하거나 또 다른 전략적 가격 움직임이 있는 소매업체의 경향을 조정하는 접근 방식을 사용하고 있으며, 가격 탄력성은 약 -1.8 정도라고 추정한다.

게임과 가격에 대한 연구가 있는가? 마르샹(Marchand, 2016)의 연구는 게임 가격이 매우 기본적인 가격 수준, 즉 콘솔 게임의 경우 70달러, 50달러 및 30달러에 불과하지만, 가격은 게임이 제공해야 하는 매력과 긍정적인 상관관계가 있음을 보여 준다. 그는 "보통 가장 잘 팔리는 비디오 게임은 'AAA 게임'으로, 많은 제작 예산과 함께 높은 소매가격으로 현재 이용 가능한 최고의 기술 표준을 제공한다"라고 주장한다(p.147). 마르샹의 분석은 게임의 가격을 통제 수단으로만 사용하고 내생적 특성을 수정하지 않으며, 가격과 게임 판매 사이에 긍정적인 연관성을 발견한다.

우리는 충분한 가격 변동이 존재하거나 학자들이 가격 변동을 극복할 방법을 찾은 엔터테인먼트 유형의 경우, 소비자 반응이 가격 변동에 상당히 탄력적이라는 것을 보여 주었다. 이제 엔터테인먼트에서 차등 가격 결정에 대한 탐색을 통해 근본적인 통찰을 보완해 보고자 한다.

3) 엔터테인먼트 상품의 차등 가격에 대한 소비자 반응에 대해 알고 있는 사실

영화에 대한 몇 가지 일화로부터 시작해 보자. 톰슨(Thompson, 2012)은 일본의 경우 〈쥬라기 공원(Jurassic Park)〉의 티켓이 67%의 프리미엄에 팔린 반면, 〈오스틴 파워(Austin Powers)〉의 티켓은 45% 할인된 가격에 팔렸던 2가지 경험 모두 '수익성이 있는' 것이라고 말했다. 그러나 우리는 학문적 연구를 통해 추가적인 통찰을 배울 수 있다.

이 장에서는 이미 저자들이 계산한 음악의 일반 가격 탄력성에 관한 다나허 등(Danaher et al., 2014)의 연구를 언급했다. 그러나 학자들의 통찰력은 이러한 일반적인 탄력성을 훨씬 뛰어넘는다. 그들의 체계적인 연구 설계를 통해 이러한 가격 변동이 각 곡의 판매량뿐만 아니라 앨범 및 기타 곡의 판매량에도 어떤 영향을 미치는지 확인할 수 있었다. 각기 다른 시나리오의 영향을 조사하는 구조 모델을 기반으로, 학자들은 일반적인 앨범에 대해 가장 높은 순위에 오른 가장 인기 있는 6곡의 가격이 1.29달러여야 하고, 덜 인기 있는 7~10위의 가격은 1.09달러여야 하며, 가장 인기 없는 3곡의 최적 가격은 0.89달러여야 한다고 권고한다. 이러한 '계층별 가격' 접근 방식의 논리는 2가지이다.

- 다나허 등은 대중가요에 대한 수요가 상대적으로 비탄력적이라는 것을 발견한다. 이때 가격 상승은 판매량과 같은 수준으로 감소하지는 않는다.
- 인기가 높은 곡의 가격 인상은 앨범 판매에 긍정적인 영향을 미치는 반면, 덜 인기 있는 곡의 가격 변동은 앨범 판매에 영향을 미치지 않는다. 덜 인기 있는 노래의 낮은 가격에서 얻은 긍정적인 효용성은

상대적으로 높은 가치에도 불구하고 소비자가 앨범 전체를 구매하는 요소로서는 충분하지 않다.

이질적인 가격의 성공 가능성을 테스트하는 또 다른 연구는 실러와 월드포겔(Shiller and Waldfogel, 2011)의 연구가 있으며, 이들은 2008년과 2009년에 50개의 인기곡에 대해 약 500명의 와튼 학부생들의 지불 의향을 측정했다. 그들은 균일한 가격을 '구성 요소 가격', 즉 각 곡마다 다른 가격과 비교하고 후자가 제작자의 흑자를 약 3% 증가시킨다는 것을 발견했다. 그들은 좀 더 정교한 묶음상품(bundling) 등의 가격 차별 제도가 더 높은 보상을 제공한다는 것을 도출했다. 이 부분은 잠시 후에 다시 설명하겠다.

지금까지 영화의 맥락에서 가장 가치 있는 연구는 영화 극장별 차등 가격이라는 실제 적용 방식을 활용하는 호 등(Ho et al., 2017)의 연구가 있다. 그들은 1990년대 말까지 홈 비디오의 불법 복제가 지역 극장에 미친 영향에 대한 대응으로 본격적인 차등 가격 결정을 도입한 홍콩 극장의 실제 가격 데이터를 활용했다. 저자들은 2012년의 3개월 동안 홍콩의 5개 주요 프랜차이즈 극장의 일일 티켓 판매 데이터를 수집했으며, 이를 기반으로 GMM 모델을 사용하여 가격 차이의 영향을 추정했다. 그들의 시뮬레이션 분석에 따르면 영화별 가격은 균일 가격에 비해 37% 더 높은 입장료와 24% 더 높은 수익을 창출했다. 그러나 이러한 입장료와 수익 증가의 대부분은 극장에서 영화의 3D 버전과 2D 버전에 대한 높은 가격에 의해 점유된다. 그럼에도 불구하고 3D와 2D의 차이를 넘어서는 차등 가격 결정의 형태로 인해 입장률은 24% 증가하고 수익이 거의 8% 증가함을 알 수 있었다.

이러한 아시아에서의 결과가 서구 영화 관객에게 어느 정도까지 적용되는지는 여전히 다소 불분명하며, 경영상의 편견을 없애기 위해서는 도구적 변수를 사용하는 것보다 진정한 실험 설계가 바람직할 것이다. 최근 미국의 영화 프랜차이즈 기업인 리걸 시네마(Regal Cinema)는 2018년에 여러 파일럿 시장에서 블록버스터에 대한 프리미엄 가격과 실패작에 대한 더 낮은 가격을 실험할 것이라고 발표했다. 그리고 AMC(AMC 엔터테인먼트가 운영하는 미국에서 가장 큰 영화관 체인—옮긴이)의 독일 자회사인 UCI 키노벨트(UCI Kinowelt)는 제한된 수의 장소에서 2년 동안 현장 테스트를 한 결과를 바탕으로 컨설팅 회사인 스마트 프라이서(Smart Pricer)와 협력하여, 2018년부터 23개 독일 극장 및 203개 상영관에 대해 최소 5년간 차등 가격을 적용할 것이라고 발표했다. 이에 대한 보도 자료는 수익이 '평균 이상'이며 우리의 주장에 따라 영화 팬들로부터 호평을 받았다고 명시했다(*Smart Pricer*, 2018). 그리고 바라건대 다른 현장 실험과 추가적인 학문 탐구가 학자들에게 일반화 가능한 통찰을 제공할 수 있는 데이터가 되기를 바란다.

차등 가격은 상품마다 가격을 다르게 설정하는 광범위한 방법일 뿐이며, 접근법의 효과는 소비자의 수요와 지불 의향이 결정되는 정확성에 따라 달라질 것이라는 점을 유념하자. 일반적인 인기와 수요는 대상 그룹의 특정 탄력성에 대한 정보와 균형을 이뤄야 한다. 그렇다면 수요가 적기 때문에 예술 영화제작비가 상업적인 블록버스터 영화보다 저렴해야 하는가? 그 수요는 높은 지불 의향을 가진 소비자들의 독특한 부문과 연결되어 있는가? 반면 가격에 관계없이 스페인 뉴웨이브 영화의 대표적 감독인 페드로 알모도바르(Pedro Almodóvar)의 영화를 기꺼이 보는 사람은 극소수인가? UCI 키노벨트의 경우 가격 변동이 상당히 적고 상승 편중 경향이 있는 것을 발견했는데, 이는 생산자와의 갈등을 최소화하는 접근법이다. 그렇다면 더 큰 차이도 지불할까? 따라서 진정한 질문은 엔터테인먼트에 대한 차등 가격이 작동하는지 여부가 아니라 차등 가격을 어떻게 설정하고 적용해야 하는가이다.

3. 가격 차별화: 다른 소비자(및 상품)에 다른 가격

우리는 가격 전략을 세우고 있는 엔터테인먼트 상품 경영자가 직면하는 2가지 근본적인 질문을 제기하면서 이 장을 시작했다. 이번에는 서로 다른 상품의 가격을 다르게 결정해야 하는지에 대해 논의한 후, 특정 상품의 가격이 청중이나 상황에 따라 달라져야 하는지를 알아보고자 한다. 균일한 가격 조건에서조차 엔터테인먼트 상품의 가격 변동은 소비자들 사이에 선호성이 다르다는 이전의 통찰과 함께 가격 차이의 유용성을 시사하는데, 이는 마케터들에게 가격 차별화로 알려진 전략이다.

엄격한 의미에서 가격 차별은 동일한 상품을 서로 다른 가격으로 개별 소비자에게 판매하는 관행을 의미한다. 그러나 회사별로 가격 수준에 따라 상품 또는 상품 가용성이 달라지는 다른 형태의 가격 차등이 있다. 미국에서는 가격 차별이 경쟁에 해를 끼칠 수 있다는 우려 때문에 1936년부터 로빈슨-팻맨 법(Robinson-Patman Act)이 등장했지만, 소비자 가격에 실질적인 영향을 미치지는 않는다. 소비자는 이 법에 따라 소송을 제기할 권리가 없으며, 따라서 대부분의 경우는 기업에서 제기된다. 특정 부문을 구별하기 위한 3가지 강력한 방어 수단이 있는데, 비용 정당화(예: 서비스 비용 차이), 경쟁 충족(예: 가격 매칭, 물량 할인), 조건 변경(시장 내 또는 기업)이다(Nagle et al., 2011).

이 이론은 이 섹션을 구성할 3가지 유형의 가격 차별화를 구별하는데, 자세한 내용은 〈그림 4.2〉에서 설명할 것이다. 이를 위해 우리는 '가장 순수한' 형태의 가격 차별화, 즉 '1차' 가격 차별화에서 시작해, 고객이 다양한 수준의 제안 중에서 스스로 선택하는 '2차' 가격 차별화에 해당하는 방식을 살펴보고, 마지막으로 대부분의 마케터에게 친숙한 방식인 명시적 또는 잠재적 고객 특성인 '3차' 가격 차별화 접근 방식으로 시장을 세분화할 것이다.

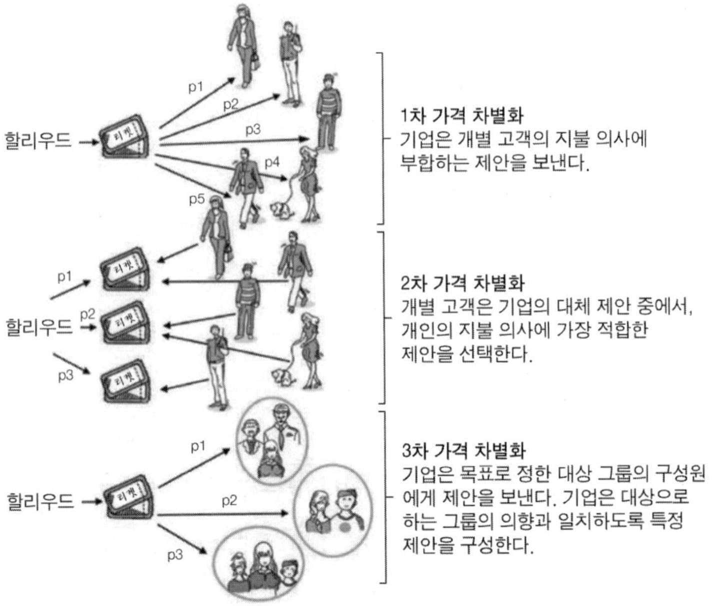

〈그림 4.2〉 3가지 유형의 가격 차별화

주: Studio Tense 그래픽 지원.
자료: 린드(Linde, 2009) 참조.

1) 1차 가격 차별화: '완벽한' 가격 차별화

1차 가격 차별화는 때로는 '완벽한' 가격 차별화라고도 하는데, 이는 각 단위 재화에 대해 소비자의 최대 지불 의사에 따라 가격 결정이 되는 것이다. 그러나 각 소비자의 실제 예약 가격을 알기 어렵고, 엔터테인먼트 각각의 제안을 별도로 관리해야 하는 복잡성 때문에 이러한 유형의 가격 차별화는 주로 이론적이다(예: Shiller and Waldfogel, 2011).

그러나 엔터테인먼트 상품은 정보 상품으로서의 특성 때문에 실제로 이점이 있을 수 있다. 따라서 엔터테인먼트 제작자는 1차 가격 차별화에 가까운 가격 결정 방식을 실험하는 소수에 속했다. 개별 소비자의 '진정한' 지불 의향을 판단한 다음 제안을 하는 것은 어렵기 때문에, 이에 대한 대안으로서의 접근 방식은 고객이 지불하고자 하는 금액을 선택할 수 있도록 제안하는 것이다. 이는 '자발적 지불', '참여 가격' 또는 단순히 '소비자가 원하는 만큼 지불(PWYW: Pay What You Want)'하는 접근 방식이다. 이러한 가격 결정 모델의 대표적인 예는 2007년 영국의 얼터너티브 록 밴드 라디오헤드(Radiohead)가 본인들의 인터넷 사이트에서 앨범 〈인 레인보우즈(In Rainbows)〉를 사전 출시한 것으로, 밴드는 팬들에게 디지털 다운로드의 가격을 직접 정해 달라고 요청했다.[7]

'소비자가 원하는 만큼 지불'하는 것은 기본적으로 소비자가 엔터테인먼트 상품의 가격을 결정하도록 하므로, 자발적 지불이 이뤄지지 않을 가능성도 있다. 합리적으로 생각하면 모든 고객이 무료로 가져가지 않을까? 그렇다면 엔터테인먼트 상품의 문화적 특성과 소비자가 자신이 좋아하는 음악가, 배우 및 작가와 어떤 형태의 '관계'를 인지하거나 게임 커뮤니티에 대해 느끼는 충성도를 고려해 보자. 라디오헤드 앨범의 경우, 〈인 레인보우즈〉를 다운로드한 사람들 중 62%가 돈을 지불하지 않았다. 그러나 이는 앨범을 다운로드한 사람들 중 38%가 자발적으로 일부 금액을 지불했다는 것을 의미한다. 금액을 지불한 소비자의 17%는 4~8달러, 6%는 8~12달러, 나머지 4%는 12달러 이상을 지불했다. 금액을 지불한 사람들의 평균 가격은 6달러였고, 다운로드를 한 모든 사람들 중에서는 2.26달러였다(*comScore*, 2007).

라디오헤드의 제안 이후, 이 접근 방식은 인디음악 웹사이트 밴드캠프

---

7) 당시 웹사이트의 스크린 샷은 https://goo.gl/e9KZ7F와 같은 인터넷의 다양한 사이트에서 볼 수 있다.

(Bandcamp.com) 및 많은 다른 음악가들에 의해 이용되었다. 지난 10년간 '소비자가 원하는 만큼 지불'하는 방식으로, 아티스트들을 위해 2억 3700만 달러를 모금했다고 주장한다. 예를 들어, 〈월드 오브 구(World of Goo)〉 비디오 게임은 2009년 2주간 '소비자가 원하는 만큼 지불'한 실험(Groening and Mills, 2017)에서, 게임 개발자 2D 보이(2D Boy)에게 10만 달러 이상의 수익을 안겨 주었고, 험블번들(Humblebundle.com)과 같은 웹사이트는 '소비자가 원하는 만큼 지불' 게임의 정규 기능을 만들었다.

왜 일부 소비자는 무료로 얻을 수 있는 상품에 대해 비용을 지불할까? 킴 등(Kim et al., 2009)은 자발적 지급 모델은 통화적 가치 지표가 교환을 규제하는 '화폐-시장 관계(money-market relations)'와 공정성과 같은 사회적 규범을 기반으로 한 사회적 가치 지표인 '사회적 시장 관계(social-market relations)'의 구분을 해소한다고 주장한다. 요컨대, 소비자는 무료로 상품을 얻는 기회를 자발적으로 포기한 금전적 혜택으로 강력한 '사회적 효용(social utility)'을 보상받는다. 이러한 사고방식과 일관되게, 학자들은 '소비자가 원하는 만큼 지불'하는 실험 연구에서 고객이 지불하는 금액이 공정성 인식과 만족에 의해 긍정적인 영향을 받는다는 것을 발견했다. 웨이터나 웨이트리스에게 팁을 주는 이유는 무엇인가? 그 이유는 소비자가 "소비자가 원하는 만큼 지불"하고자 하는 제안의 일부로 지불하도록 장려하는 이유와 비슷할 수 있다.

다른 학자들도 위 연구에 동의한다. 와스코우 등(Waskow et al., 2016)은 주요 동기가 "명백한 시장 규범을 능가할 수 있는 사회적 규범의 힘"이라고 언급하며, 그니지 등(Gneezy et al., 2012)은 이러한 사회적 규범을 위반하는 것이 고객의 자아 정체성을 위협할 수 있다고 제안한다. "자발적 지불은 친사회적 정체성의 신호일 수 있으며 구매자들은 '대금 지불의 용이성이 너무 낮다'고 느낄 때 구매를 기피하는 경향이 있다." 한 가지 시사점은 기업이 '소비자가 원하는 만큼 지불'하고 수익을 높이기 위한 홍보 메시지를 통해, 사회적 측면인 '판매자, 규범, 상호성, 형평성'에 대한 우려를 전략적으로 강조하고자 할 수 있다는 것이다(Groening and Mills, 2017).

그렇다면 '소비자가 원하는 만큼 지불'하는 방식은 실행 가능한 전략일까? 어떤 조건에서 효과가 있을까? 겔포트(Gerpott, 2016)는 가장 큰 범주인 식음료에서 저가 상품에 이르는 엔터테인먼트 콘텍스트 및 기타 다양한 상품의 데이터를 사용하여, '소비자가 원하는 만큼 지불'하는 전략에 대해 수행된 경험적 연구를 메타 분석했다. 그는 "고정 가격이나 증정품을 비교한 '소비자가 원하는 만큼 지불'하는 방식의 결과에 대한 경제적 평가는 부정적인 경우보다 긍정적인 경우가 더 많다"라고 결론 내렸지만(Gerpott, 2016: 588) 대부분의 연구는 단기적 효과만 볼 수 있다고 언급했다.

엔터테인먼트 상품만을 조사하는 연구에서 좀 더 상세한 통찰력을 얻을 수 있다. 킴 등(Kim et al., 2009)은 영화관에서 현장 조사를 실시했다. 경영진은 월요일에서 수요일까지 3일 동안 '소비자가 원하는 만큼 지불'하는 조건으로 영화 관람권을 제공했다. 멀티플렉스 극장은 8개의 서로 다른 영화 스크린으로 구성되어 99~355명의 객석을 제공하고, 최대 수용 인원은 1500명에 이른다. 학자들은 '소비자가 원하는 만큼 지불'하는 방식의 매출을 53주간의 일일 데이터에서 계산한 정규 매출 기준치와 비교했다. 킴 등은 소비자들이 평균적으로 0원 이상, 정가보다는 적게 낸다는 사실을 밝혀냈다. 일반적인 평균 티켓 가격이 6.81유로임을 감안할 때 평균 '소비자가 원하는 만큼 지불'한 티켓 가격은 4.87유로였으며, '할인 날(discount day)'에는 일반적인 평균 가격인 4.43유로에 비해 저렴한 3.11유로이었다. 〈그림 4.3〉은 해당 연구에서 고객이 지불한 가격의 분포를 보여준다.

그들의 실험에서, 낮은 가격은 더 많은 티켓 판매량을 유도하지 못했기

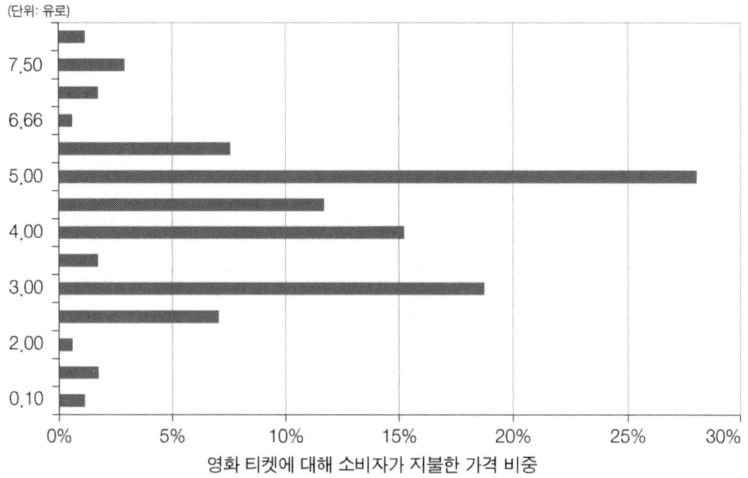

〈그림 4.3〉 영화관 'PWYW'에 따라 소비자가 지불하는 가격

자료: Kim et al.(2009: 44~58)을 수정하여 재인용.

때문에, '소비자가 원하는 만큼 지불'하는 방식이 박스오피스 수익에 미치는 전반적인 영향은 부정적이었다. 관객들이 저축한 돈의 일부를 매점에서 더 많이 지출하기 위해 사용했는지 여부를 알아보는 것은 흥미로울 수 있겠지만, 그 수입은 학자들에 의해 측정되지 않았다. '소비자가 원하는 만큼 지불'하는 방식의 또 다른 엔터테인먼트 실험에서, 와스코우 등 (Waskow et al., 2016)은 다른 엔터테인먼트 상품의 실험에서 참가자 25명의 음악 앨범에 대한 자발적인 지불 실태를 분석했다. 이들의 조사 결과는 킴 등의 조사 결과와 유사했으며, 평균 가격은 0원보다 높지만 전체 지불 가격보다는 20%가량 낮다. 흥미롭게도, 저자는 연구 참가자들의 신경 구조를 연구함으로써 '소비자가 원하는 만큼 지불'하는 방식의 음악 구매가 정규적인 '정가' 가격으로만 음악을 제공한 통제 대조군보다 '보상 처리에 관여하는 뇌 영역'에서 더 강력한 신경 활동을 촉발시켰다고 도출했다.

전반적으로, 경험적 증거로부터 적어도 자발적 수익의 단기 생성 측면에서 '소비자가 원하는 만큼 지불'하는 가격 결정 접근법이 실생활 환경에서 수익성이 있을지는 불분명하다. 그러나 '소비자가 원하는 만큼 지불'하는 것의 가장 중요한 가치 기여는 적어도 소비자 관심과 입소문이 생길 수 있다는 암시적인 증거가 있다. 라디오헤드의 제안은 8주 동안만 유효했고, 이후 밴드는 디지털 및 CD(Leeds, 2007)를 통해 앨범을 발매했다. 그리고 정규 발매 후 첫 해에 라디오헤드의 앨범은 175만 장의 CD를 포함해 300만 장이 팔렸다.

부로 등(Bourreau et al., 2015)은 라디오헤드의 발매를 자세히 분석했고, 2004~2012년에 미국에서 주간 음악 판매 데이터를 사용하여 라디오헤드의 접근 방식이 밴드 앨범의 후속 판매에 미치는 영향을 조사했다. 그들은 '소비자가 원하는 만큼 지불'하는 것을 통해 "직접 수익을 얻지 못했다고 가정하더라도 '소비자가 원하는 만큼 지불'하는 제안 방식이 판매 수익에 긍정적인 영향을 미쳤다"라고 결론지었다. 대신, 디지털 앨범 판매량이 평소보다 높았던 것은 제안 전략에 의해 생성된 방대한 미디어 관심 때문이었다. 하지만, 부로 등은 나인 인치 네일(Nine Inch Nails)이 그들의 새 앨범 〈더 슬립(The Slip)〉을 무료로 제공하기로 결정했을 때, 디지털 앨범 판매는 증가하지 않고 타격을 입었다는 것을 발견했다. 따라서 '소비자가 원하는 만큼 지불'하는 방식의 성공적인 특성은 가격 결정 접근 방식이 소비자의 관심을 유발하고 화제를 불러일으킬 수 있는지에 달려 있다.

2) 2차 가격 차별화: 버전 관리 및 묶음상품 전략

다른 두 종류의 가격 차별화는 소비자의 지불 의사가 관찰하기 어렵다는 인식에 기초한다. 예를 들어, 그것은 인구통계학적 특성과 거의 상관관계가 없다. 2차 가격 차별화는 상품의 변형이 다른 가격으로 제공된다는 것을 의미한다. 근본적인 관점은 소비자의 잠재적인 지불 의지로 적절한 구매 옵션을 스스로 선택하도록 유도한다는 것이다.

2차 가격 차별화를 구현하는 실용적인 방법으로는 ⓐ '비선형 가격 결정'의 구매 수량, ⓑ 선택한 상품의 버전('버전 관리'), 또는 ⓒ 특정 상품과 다른 상품 또는 서비스를 결합하여 상품의 가격을 변화시키는 것이 포함된다. 다음으로 이 3가지 옵션을 각각 간단히 살펴보겠다.

(1) 비선형 가격 결정: 수량 기반 가격 결정

비선형 가격 결정은 소비자가 구매한 수량을 기준으로 가격을 다르게 청구하는 관행을 말한다. 예를 들어, 레이의 클래식 포테이토 칩 한 봉지를 3.99달러 또는 '2봉지에 6달러'에 구입할 수 있는 지역의 슈퍼마켓에서는 이러한 관행이 일반적이다. 엔터테인먼트 상품에서 매켄지(McKenzie, 2008: 95)는 이 과정을 '수요곡선을 따라가는 고객'이라고 언급하며, 그는 '소형' 영화관 팝콘의 높은 가격과 중간 가격과 큰 가격을 얻기 위한 작은 한계 가격이 상승한다고 설명한다. "그들은 처음 몇 온스의 가격을 인상할 때, 추가 온스의 한계 가격을 크게 낮추지 않는다." 이것은 팝콘에 효과적으로 접근하기 위한 '최저가' 가격을 만든다.

그러나 팝콘은 부수적인 상품이다. 기업이 자사의 주요 엔터테인먼트 상품에 대해 수량 기반 가격 결정에 관여할 수 있을까? 엔터테인먼트 산업의 역사에 따르면 제작자나 유통업체가 소비자가 접근하는 상품의 수량에 따라 다른 가격을 제시한 경우는 거의 없지만, 최근의 상품 포트폴리오 전반에 걸쳐 소비자의 사용 수량에 따라 가격을 결정하려는 업계 외부인들의 시도는 비록 파괴적이지는 않더라도 꽤 성공적인 것으로 드러났다. 이는 위의 포테이토 칩의 예와 같이 한 특정 상품의 여러 '복제품'을 제공하는 것과 완전히 같지는 않다. 그러나, 엔터테인먼트 정보 상품의 좋은 특징은 후자의 접근 방식과는 무관하다. 어쨌든 소비자는 구매한 만큼 원하는 영화를 자주 볼 수 있다.[8)]

이 수량 기준 제안은 2가지 형태로 제공된다. 사용량 기준 가격은 사용 수준에 따라 달라지는데, 넷플릭스는 가입 가격이 달라 고객이 동시에 스트리밍할 수 있는 영화 수를 결정한다. 소비자가 더 높은 요금제에 접근하려면 지불하는 한계 가격은 일반적으로 사용량이 낮은 요금제보다 단위당 요금이 낮다. 사용량 기반 가격 결정은 사용량을 제어하는 부담을 소비자에게 전달하지만, 판매자는 여전히 모니터링, 청구 및 더 높은 '거래 비용'의 결제에 상당한 비용이 발생한다(Sundarajan, 2004: 1661).

그러나 최근 엔터테인먼트 소비에 많은 변화를 가져온 것은 고정 요금 또는 구독 모델이다. 이런 모델은 스포티파이에서 '듣고 싶은 모든 것' 또는 넷플릭스 및 아마존에서 '볼 수 있는 모든 것'을 대가로 한 가격의 형태를 띤다. 영화 극장에서도 이런 '정액 요금'이 인기를 끌고 있다. 일부 극장에서는 이전에도 이 아이디어를 실험한 적이 있는데, 그것은 대부분의 소비자들에게 어필하는 것처럼 보이는 단일 극장에 대한 소비자의 접근을 제한하지 않는 무비패스(moviepass) 등과 같은 더 큰 규모의 서비스이다(D'Alessandro, 2018).

고정 요금 가격 결정에서는 각 고객의 단위당 가격이 '가격/소비된 단위 수(P/N: Price/Number of Units Consumed)'로 계산될 수 있기 때문에 단일 상품

---

8) 어떤 면에서는 일부 버전 관리(아래에서 논의)는 수량 기반 가격 전략으로 해석될 수 있지만, 대여 버전은 제한된 시간 내에 반복 소비만 허용하며 구매 버전은 무제한 소비 기회를 제공한다. 또한 수량 기반 가격 결정 구현으로 소비 행위의 수를 줄이는 디지털 저작권 관리(DRM) 조치도 고려할 수 있다. 그러나 이러한 DRM은 소비량이 감소하여 할인된 가격으로 제공되지 않는다.

또는 소비 행위의 가격이 다르다. 따라서 소비자 전반에 걸쳐 가격(P)이 일정하다면, 소비된 단위 수(N)를 더 적게 소비하는 소비자 대비 더 많이 소비하는 고객의 경우 단위당 더 높은 가격을 지불한다. 단, 지불하는 '목표' 가격은 동일하게 유지된다. 이러한 논리로 인해 소비자는 '평균' 소비 가격을 낮추기 때문에 더 많이 소비할 자극을 느끼고, 이 전략은 한계비용이 낮은 경우에만 경제적으로 타당할 수 있기 때문에 엔터테인먼트의 정보 상품 제공에는 매우 적합하다.9)

제작자에게 가장 적합한 비선형 가격 결정은 무엇인가? 고전적인 연구 결과는 사용량 기반 가격 결정이 최적이라고 제안했지만(예: Wilson, 1993), 이러한 결론은 엔터테인먼트 상품에 대해 상당히 비현실적인 일부 가정(즉, 순수 독과점, 거래 비용 없음)과 함께 경제 분석에 기초했다. 이러한 가정을 완화하면서 일반적으로 정보 상품의 경우 순다라라잔(Sundararajan, 2004)은 정교한 분석 모델을 적용하여, 정보 상품의 경우 고정 요금 가격 결정 및 사용량 기반 가격 계획의 조합은 "항상 거래 비용이 0이 아닌 상황에서 이익이 개선되며, 순수 고정 수수료가 최적인 시장이 있을 수 있다"라고 결론 내렸다(p.1661). 그는 정보 상품 카테고리의 산업 초기에는 고정 수수료에 유리한 '사용량 기반 및 고정 수수료, 기준 잔액'이 반영되어야 한다고 주장했다. 이는 소비자 구축을 위한 보급 전략으로 저가의 고정 수수료 가격 체계를 강조할 수 있기 때문이다. 높은 보급률은 더 나은 권장 사항을 통한 네트워크 효과로 인해 시장 지배력을 개발하고 사용자를 위한 가치를 추가하는 데 도움이 된다.

또한 음악 스트리밍 서비스에 대한 블뢰머트와 파피스(Wlömert and Papies,

---

9) 그렇기 때문에 영화 극장에서의 할인 티켓과 비디지털, 정보 상품 같은 경우의 제공에는 덜 적합할 것이다.

2016)의 조사 결과는 1년 이상 2500명의 음악 소비자들로 구성된 패널의 실제 행동을 추적했는데, 고정 요금 스트리밍 구독이 장기적으로 생산자와 사업 시장의 수익을 위해 긍정적인 영향을 미칠 수 있다는 생각을 뒷받침한다. 그러나 이런 모델에는 버전 관리 및 번들링과 같은 다른 2차 가격 차별화도 포함되며, 이러한 전략을 논의할 때 학자들의 연구 결과를 확인할 수 있을 것이다.

(2) 버전 관리: 소비자가 선택하도록 하라!

버전 관리 역시 2차 가격 결정 방식이다. 여기서 판매자는 자신의 상품에 대한 다양한 '버전'을 시장에 제공한다. 이러한 버전은 소비자에게 어필할 수 있고 따라서 지불 의향이 더 높을 것으로 예상됨으로 가격별로 다르다. 즉, 더 높은 품질, 더 많은 기능 또는 추가 편익을 가진 버전은 더 높은 가격이 결정된다. 그런 다음 소비자는 상품이 너무 비싸다고 간주될 경우 구매를 포기하는 대신 자신이 가장 선호하는 버전을 '자체 선택'하고 원하는 만큼 지불한다. 엔터테인먼트 상품 이외의 전형적인 예로는 항공사가 동일한 비행기에서 일등석, 비즈니스 클래스, 이코노미 좌석 같은 다양한 가격으로 다양한 공간과 혜택을 제공하는 계층화된 티켓을 제공하는 관행을 들 수 있다.

버전 관리는 소비자가 선택하는 대안이 가격뿐만 아니라 품질에서도 다르기 때문에 '간접적인' 가격 차별화라고도 한다. 이러한 이유로 이 접근법의 또 다른 레이블은 2차 품질 차별화이다. 경영자의 주요 과제는 소비자가 적절한 버전을 선택하도록 유도하는 것이며, 모든 사용자에게 버전을 제공하되, 지불 의사가 높은 사용자가 더 저렴한 버전으로 전환하는 것을 막는 것이다.

버전 관리는 엔터테인먼트 회사에서 널리 사용된다. 책의 양장본, 문고판 및 전자책 형식은 일반적으로 다른 가격으로 제공되는 동일한 책 제목의 버전이다. 극장 상영, DVD, VOD/EST 스트림은 품질, 상황 및 이용 가능 시간이 다른 동일한 영화의 버전이다. 그리고 이러한 각 형식 내에서도 소비자가 선택할 수 있는 다양한 버전이 있다. 예를 들어 일반 DVD에서 '한정판(Deluxe Collector's Edition)'에 이르기까지 〈블레이드 러너(Blade Runner)〉와 같은 다양한 버전의 영화와, 유럽 및 아시아 극장에서 판매되는 다양한 '좌석 버전'을 고려해야 한다. 비디오 게임의 버전은 해상도와 규모의 차이를 가격에 반영하는 것으로 PC 버전, 콘솔 버전, 모바일 버전 등의 여러 형식이 있다. 또한 플레이어는 제한된 기능을 제공하는 무료 버전과, 그에 비해 혜택과 장점을 제공하는 '프리미엄(Premium)' 버전 중 하나를 선택할 수 있다. 이는 프리미엄이라고 하는 일종의 버전 관리이다. 다음 내용에서는 이 접근 방식의 경제학적 의미를 고찰할 것이다. 그리고 음악 앨범의 경우 표준 버전은 종종 추가 자료 및 때로는 고유한 패키지를 포함하는 '특수' 버전으로 보완된다.[10)]

버전 관리 효과에 대한 경험적 발견은 엔터테인먼트의 경영자가 버전 관리를 통해 상당히 다른 마진을 포착할 수 있음을 시사한다. 클레리데스(Clerides, 2002: 1395)가 분석한 도서 데이터 세트에서 그는 "양장본 여백이 문고판 여백보다 80%에서 396% 더 높으며", 그 차이가 통계적으로 유의하다는 것을 발견했다. 그리고 콕스(Cox, 2016)는 2010년 이전에 출시 된 5000개 이상의 중고 게임 데이터 세트를 사용하여, 게임 가격의 결정 요인인 OLS 회귀분석을 통해 게임에 대해 소비자가 지불할 의사가 있는지에 대한 지표를 분석하여, '특별판' 게임이 가격 변동의 주요 요인 중 하나임을

10) 온드(owned) 엔터테인먼트 커뮤니케이션(1장)의 맥락에서 패키징에 대한 논의도 참조하라.

알게 되었다. '특별판' 변수의 계수는 0.39인데, 다시 말하면, 게임의 '특별판' 버전은 평균적으로 표준 게임 0.39보다 약 48% 높은 가격을 결정한다. 분석에 상호작용을 더하면 비평가에 의해 긍정적으로 검토된 고품질 타이틀의 특수 버전은 등급이 낮은 타이틀의 특수 버전보다 체계적으로 높은 가격에 팔리는 경향이 있으며, 게임의 연령에 따라 특수 버전의 가격 우위가 떨어지는 경향이 있음을 알 수 있다.

꽤 인기 있는 버전 관리 모델인 '프리미엄(freemium)' 모델에 대해 우리가 알고 있는 것은 무엇일까? 무료 제공의 기본 전략은 종종 상품의 사용자 기반을 구축하고 그 사회적 관련성을 증가시켜 네트워크 효과를 수확하는 것이다. 레고 유니버스 MMOG(Lego Universe, Massive Multiplayer Online Game)가 처음 출시되었을 때만 해도 유료 버전은 가능했지만 충분한 사용자 수를 확보하지 못했다. 그 후 레고는 무료 플레이로 전환했으며, 의도한 대

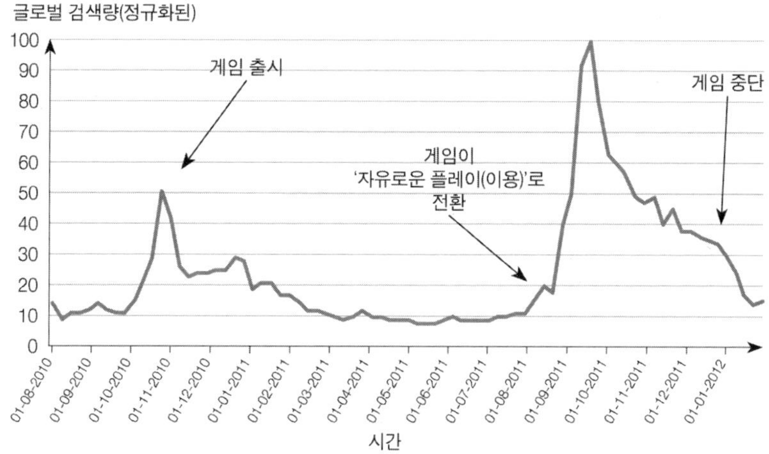

〈그림 4.4〉 시간 경과에 따른 레고 유니버스 MMOG의 검색량

주: 수치는 정규화된 전세계 구글 검색량이다.
자료: 구글 트렌드의 검색 데이터를 참조.

로 추가 관심과 플레이어를 끌어들였다. 이는 〈그림 4.4〉처럼 시간이 지남에 따라 나타나는 게임 검색량의 조사를 통해 알 수 있다. 그러나 이 경우에 주목할 만한 피드백 효과와 지속 가능한 상승 추세는 계속될 수 없었으며, 레고는 불과 몇 달 후에 게임을 중단하기로 결정했다.

음악의 경우, 파피스 등(Papies et al., 2011)은 잠재 계층의 선택 기반 결합 실험에서 광고를 포함한 무료 노래 버전이 음악 비용을 전혀 지불하지 않는 소비자를 끌어들일 가능성이 있다는 것을 발견했다. 하지만 2가지 버전, 즉 광고가 있는 무료 음악에서 유료 음악 간의 전환은 자주 발생하지 않는다. 연구진의 데이터에서, 광고 협찬 음악은 가격에 매우 민감한데 만약 그렇다면 시장에서 완전히 명백한 분야에만 호소하는 것처럼 보인다. 유일한 선택은 비용을 지불하는 것이었다. 그러므로 버전 관리를 통해 기업은 지불 의사가 낮은 부문으로부터 광고주를 통해 수익을 얻을 수 있다.

그렇다면 경영자는 이러한 모델에서 '무료'와 유료 버전의 올바른 값을 어떻게 결정할 수 있을까? 본질적으로, '무료' 버전의 모든 사용자의 순 기여도는 사용자가 창출하는 점진적인 광고 수익과 사용자가 유료 버전에 가입한 사람들을 위해 생성하는 잠재적 네트워크 가치이다. 예를 들어 스포티파이는 '무료' 사용자로부터 얻은 정보를 기반으로 유료 사용자에게 더 나은 재생 목록 및 권장 사항을 제공할 수 있다. 그러나 '무료' 버전의 모든 사용자의 잠재적 가입비 손실이라는 한 가지 요인은 여전히 감산되어야 한다. 소비자가 무료 버전이 없어 유료 버전에 가입할 때, 무료 버전을 제공하면 구독 요금에 '기회비용(opportunity costs)'이 발생한다. 따라서 엔터테인먼트 제공업체는 이러한 순 기여도를 극대화하는 방식으로 사용자를 위한 '무료' 버전의 가치를 설계해야 한다.11)

분석 모델에서, 우 등(Wu et al., 2013)은 프리미엄(freemium) 비디오 게임의

'유료' 버전이 플레이어가 게임 내의 '액세서리 판매'에 돈을 지불하는 부분 유료화에 대해 조사했다. 이러한 접근 방식의 배경은 '무료' 플레이어의 설치 기반에서 유료 버전으로 전환하는 사용자의 경우, 액세서리 구매를 통해 기존 및 신규 플레이어에 대한 게임의 매력을 높이는 직접 네트워크 효과를 발생시켜 가치를 창출한다는 것이다. 레고 유니버스 게임의 경우, '무료' 버전은 실제로 두 레벨만이 무료로 플레이할 수 있고, 나머지는 레벨은 모두 유료로 플레이해야 한다는 사실 때문에 네트워크 직접적인 효과의 개발이 구조적으로 지연되었다.

이러한 '액세서리 판매' 모델의 핵심 과제는 유료 기능의 '적절한' 매력 수준을 결정하는 것이다. 학자들은 유료 액세서리 기능의 장점이 사람들로 하여금 돈을 지불하도록 유도할 수 있음을 보여 준다. 게임 플레이어들은 경쟁을 원하기 때문에, 게임 기능을 향상시키는 액세서리에 투자한다. 그들은 이것을 '경쟁 효과'라고 부른다. 다만, 고가의 고기능 장비들은 무료로 구매한 무기 등으로 무기고를 비축한 소비자들에게는 상대적인 열등감을 느끼게 한다. 우 등(Wu et al., 2013)은 이 현상에 대해 '열등 효과'라고 명명했으며, 이는 기존 및 예비 '무료' 소비자를 게임으로부터 멀어지게 할 수 있는 요소가 된다.

경영자는 기본적인 전환 확률 외에 게임의 '무료' 버전을 사용하는 소비자 중에서 액세서리를 결제하는 소비자의 직접적인 네트워크 가치를 결정해야 한다. 그 이후에는 이 값을 '경쟁 효과'에서 사용자를 위한 액세서리 제공의 '열등 효과'를 뺀 순 효과에 대해 평가해야 한다. 이러한 맥락에서, 우 등의 연구는 경쟁력과 열등 효과가 서로 다른 액세서리 유형 간에

11) 사용자에 대한 '무료' 버전의 총 순 기여도가 부정적이면 '무료' 버전을 제공하는 것은 전혀 의미가 없다.

다르다는 유의미한 결과를 갖는다. 게임에서 중요한 무기 아이템은 열등 효과로 인해 플레이어 숫자에 부정적인 네트워크 효과를 발휘할 수 있는 반면, 장식용 액세서리의 경우는 그렇지 않다. 예를 들어 당신의 게임 캐릭터가 게임에서 멋지게 보였다 해도 다른 플레이어들은 거의 신경 쓰지 않는다.

게임 내 판매의 '열등 효과'는 무료 소비자를 쫓아낼 수 있을 뿐만 아니라, 액세서리의 가격도 이미 지불한 사람들에게는 매력적이지 않을 수 있다는 점에 주목해 보자. EA(Electronic Arts)는 게임에 대한 고정 수수료와 게임 제공의 유혹을 결합한 회사 중 하나이지만, 〈스타워즈 배틀프론트 2〉[12] 게임의 가격에 대항하는 주요 대중 소셜 미디어의 폭발적인 반응에서 교훈을 얻었어야 했다. 소비자는 게임의 가장 인기 있는 캐릭터에 접근하는 데 60달러를 지불하는 것보다 더 많은 돈을 필요로 할 것이며, 추가 지불 없이 게임을 성공적으로 플레이하는 데 몇 년이 걸리거나 심지어 아예 불가능할 것이라고 계산했다. 이러한 계산은 온라인에 게시되었고, 게이머들의 네트워크를 통해 널리 공유되었다. 〈배틀프론트〉 사례는 이러한 '돈을 많이 써야 이길 확률이 높은(pay-to-win)' 요소를 사용하는 것은 게임 성능이 저하될 수 있으며, 여러 소비자의 공정성 인식을 위반하기 때문에 회사 브랜드 이미지에도 부정적인 영향을 미친다는 것을 보여 준다.[13]

---

12) '핀볼(pinball)' 커뮤니케이션의 맥락에서 EA의 게임 가격 결정으로 발생한 소셜 미디어 상의 불꽃 튀는 토론도 참조하라.

13) 〈배틀프론트〉 및 기타 게임의 경우 보상을 분배하는 소위 '게임 아이템 무작위 뽑기 상자(loot boxes)'와 결합해 게임 내 구매가치를 더욱 떨어뜨린다. 그래서 다스 베이더(Darth Vader)를 위해 돈을 지불한다 해도 얻을 수 없다. 린드버그(Lindbergh, 2017)는 소비자가 이런 종류의 가격 모델에 어떻게 반응하는지에 대한 일화적인 보고서를 제공한다.

배리언(Varian, 1997)은 정보 상품의 버전화에 관한 연구 요약을 실용적인 의미로 결론지었다. 그는 ⓐ 제작자가 버전을 쉽게 만들 수 있는 방식으로 상품을 디자인해야 한다고 권장한다. ⓑ 먼저 지불 의사가 높은 고객 단위에 어필할 수 있는 적절한 품질 또는 적절한 수의 기능을 갖춘 상품을 만든 후, 상품의 격을 낮추거나 다른 부문에 어필할 수 있는 수준으로 가격을 낮추기 위해 기능을 제거하는 것이 더 쉽다. ⓒ 소비자는 '극도의 혐오'를 가질 수 있기 때문에 상품의 3가지 버전을 지니는 것이 2가지 버전보다 낫다(Simonson and Tversky, 1992). 작은 버전 vs. 큰 버전 또는 낮은 속도 vs. 고속 버전과 같은 2가지 버전을 제공하면, 두 버전 사이에 무관심한 일부 고객은 자연스럽게 낮은 옵션을 선택하여 극단적인 것을 피하게 된다. 세 번째 옵션을 추가하면 무관심하거나 불확실한 고객이 중간 옵션을 선택해 타협할 수 있다. 실제로 배리언에 따르면, 중간 옵션은 종종 두 옵션 조건에서 원래 가장 높은 옵션과 동일한 경우가 많다. 사실 새로운 '중간' 버전은 이전의 '대형' 버전이다. 마지막으로 배리언은 고령자나 학생처럼 관찰 가능한 특성보다 더 많은 금액을 지불할 의사가 있는 '관찰할 수 없는' 소비자 특성이 존재하는 경우에는 버전 관리가 특히 효과적이라고 언급한다. 이러한 좌표는 관찰 가능한 특성, 즉 3차 가격 차별화를 기반으로 하는 부분별 가격 설정을 비효과적으로 만든다.

(3) 결합 상품 방식인 묶음상품 전략: 버전 관리가 특별한 경우

2차 '간접적' 가격 차별의 마지막 종류는 2개 이상이 결합된 상품으로, 이 경우 소비자에게 제공되는 상품의 다른 '버전'과 유사하다. 묶음상품 전략은 소비자 단위의 개별 상품에 대한 지불 의사가 다를 때 경제적으로 의미가 있다. 그러나 판매자는 각 소비자 단위별 가격을 차별화하기 위해 울타리를 세울 수 없으므로, 모든 소비자는 지불 의사에 관계없이 가장 낮은 가격으로 버전을 구매하게 된다. "결합 상품을 생성함으로써 제작자는 평균 지불 의사로 판매할 수 있으며, 이는 일반적으로 더 많은 수익을 낼 것이다"(Varian, 1995: 5).

결합 상품 방식은 어떻게 작동할까? 상당히 다른 두 부분을 제공하는 라이브 음악 엔터테인먼트 장소의 예를 들어 보겠다(Nagle et al., 2011). 첫째, 대규모 '일반 엔터테인먼트 부문'은 제이-지나 케니 체스니(Kenny Chesney)와 같은 주로 인기 스타의 공연을 좋아하며, 이러한 이벤트에 대해 최대 60달러를 지불한다. 그러나 혁신적이지만 덜 알려진 신인 아티스트의 경우에 소비자들은 일반적으로 이러한 활동에 대해 약 25달러만 지불한다. 둘째, 이와는 대조적으로, '음악 애호가들'은 혁신적인 신인 아티스트를 발견하는 것을 절대적으로 좋아하는 동시에 스타의 공연을 즐긴다. 이런 경우에는 어떤 종류의 콘서트든 티켓 한 장에 약 40달러를 지불할 것이다. 〈그림 4.5〉는 지불 의사에 대해 설명하고 있는데, 패널 A는 '일반 엔터테인먼트 부문(general entertainment segment)'이며, 패널 B는 '음악 애호가들'에 대한 지불 의지를 나타낸다.

이러한 고객층에 직면하게 되면, 공연장은 스타 공연에 40달러와, 신인의 참신한 공연에 25달러를 부과하여 콘서트 가격을 별도로 결정할 수 있다. 이러한 가격 결정은 각 소비자층이 두 행사 모두에 참석한다는 것을 보장한다. 그러나 이러한 접근 방식은 공연장에 매력적인 연주자를 고용하기 위한 많은 비용으로 경제적 생존력을 위협할 수 있다. 두 종류의 콘서트에 모두 참석하는 고객은 총 65달러(즉, 40달러+25달러)를 지불하는 반면, 마니아에 대한 총 지불 의향은 80달러(즉, 40달러+40달러)와 일반 공연장에 대한 총 지불 의향은 80달러이다. 일반 엔터테인먼트 고객은 85달러(예: 60달러+25달러)에 달한다. 이 수치는 그림(패널 A)의 오른쪽 막대이다. 각 콘서트 가격을 최고 지불 샘플로 인기 스타 60달러, 신인 아티스트 40달러 수준

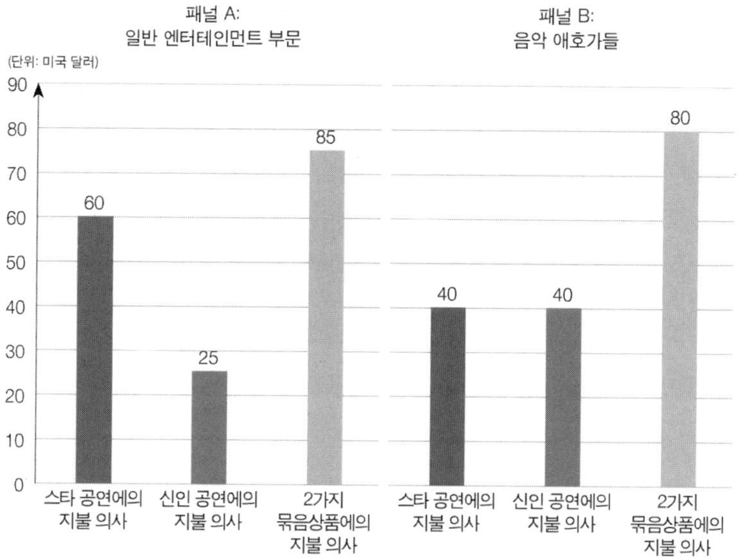

〈그림 4.5〉 고객 단위별 콘서트 비용 지불 의향

자료: Nagle et al.(2011) 참조.

으로 설정하면, 일반 엔터테인먼트 소비자들은 인기 스타 전용 티켓, 즉 부문 총 지출 60달러만 구매하고 음악 애호가들은 신인 아티스트 1장만 구매하기 때문에 훨씬 적은 수익인 40달러를 창출할 수 있다

이제 결합 상품 방식인 묶음상품을 고려해 보자. 공연장에서 각 유형의 콘서트 1개씩으로 구성된 묶음상품을 80달러에 동시에 제공할 경우, 그 번들은 두 부문의 총 지불 의향과 일치하여 전체 시장을 사로잡을 수 있다. 이는 각각 130달러와 160달러이며 또는 100달러의 총수익을 창출할 수 있다.[14] 실제로 개별 상품 및 결합 상품 방식인 묶음상품을 제공하는

14) 이 간단한 예에서 각 부분은 하나의 소비자 단위로만 구성된다. 그러나 매출에 임의 단위의 수를 곱한다고 해서 계산 논리가 달라지는 것은 아니다.

이런 접근 방식을 '혼합 묶음상품 전략'이라고 한다.

묶음상품화가 엔터테인먼트 상품에 효과적일까? 엔터테인먼트에서 묶음상품화의 예는 유통업자에 의해 제공되는 경우가 많다. 예를 들어 스포티파이는 월별 가격으로 노래 묶음상품을 제공하며 넷플릭스와 훌루는 영화와 TV 프로그램에 대해서도 동일하게 제공한다. 그러나 엔터테인먼트 제작자들은 묶음상품을 사용하는 오랜 전통도 가지고 있는데, 모든 음악 앨범은 고객에게 묶음상품 가격으로 제공되는 노래 묶음이며, '싱글'은 주로 앨범 판매를 위한 홍보 도구의 역할을 해 왔다. 앞서 제시한 예의 혼합 묶음상품 전략 접근 방식과 대조적으로, 음악 제작자들은 종종 소비자의 선택을 번들로 제한하여 앨범에서 악명 높은 히트 싱글을 제외하고는 다른 노래에 접근할 기회를 주지 않았다.

이런 '순수' 묶음상품 전략 접근 방식은 소비자가 결합 가격을 충분히 매력적이라고 인식하지 못하기 때문에, 묶음상품과 일반 상품의 구입을 회피할 위험이 있다. 이 접근 방식은 소비자가 훨씬 더 높은 가격으로 관심 있는 개별 상품 대신 묶음상품을 구매하도록 강요될 때 수익성이 좋을 수 있다.

엔터테인먼트 상품 묶음상품화의 효과에 대한 학술 연구가 우리에게 무엇을 알려 줄 수 있는지 살펴보자. 기초 연구로서 바코스와 브리뇰프슨(Bakos and Brynjolfson, 1999)은 엔터테인먼트의 동일한 상품이 낮은 한계비용으로 개별적으로 판매되었을 때에 비해, 결합된 상품을 제공함으로써 더 큰 매출과 수익을 창출할 기회를 제공한다는 것을 분석적으로 입증했다. 학자들이 이러한 이점을 명명한 이유 중 하나는 각 상품에 대한 평가를 개별적으로 예측하는 것보다, 묶음상품에 대한 소비자의 평가를 정확하게 예측하는 것이 더 쉽기 때문이다. 위의 동일 가격 대 차등 가격 분석에서 강조한 것처럼, 소비자의 지불 의사에 대한 불확실성이 '유효 가격 결정의적'(p.1614)이기 때문에 이는 중요한 요소이다. 또한 연구는 일반적으로 순수 묶음상품화보다 혼합 번들이 선호되어야 한다는 분석적 증거를 제공한다.

히트와 첸(Hitt and Chen, 2005)은 바코스와 브리뇰프슨의 번들 수익성에 대한 분석을 확장하여 고객이 고정 가격으로 더 큰 옵션 풀인 일명 '맞춤형' 번들로 정의된 수량의 상품을 선택할 수 있도록 했다. 학자들은 정보성 상품과 같은 저가 상품의 경우에, 맞춤형 번들링이 '순수한' 묶음상품화보다 생산자 복지와 소비자 복지 모두를 향상시키고 경제적으로 선호되는 혼합 묶음상품 유형을 구성한다는 것을 보여 준다.

이러한 분석적 조사 외에도, 학자들은 음악 산업의 경험적 데이터를 사용하여 번들의 효과에 대해 밝혀 왔다. 앞서 언급했듯이, 노래 번들은 오랜 전통을 가지고 있다. 엘버스(Elberse, 2010)는 합법적 또는 불법적인 다운로드 활동을 통제하면서, 개별 가격을 매기는 음악 개별 상품화(unbundling)의 효과를 밝혀냈다. 엘버스는 2005년부터 2007년까지 주간 판매 데이터를 사용하여 개별 곡의 버전인 '디지털 트랙'과 '디지털 앨범'의 앨범 판매를 연구했으며, 무작위로 선정된 224명의 아티스트가 발매한 모든 타이틀의 실제 앨범의 주간 판매량을 측정했다. 엘버스는 앨범 외에 개별 곡도 판매 가능한 혼합 번들이 음악 수익에 부정적인 영향을 미친다는 것을 발견했는데, 본질적으로 개별 곡 판매와 앨범 판매 간의 이윤 차이가 번들로 인한 음악 수요의 증가보다 더 크기 때문이다. 또한 엘버스는 불법 복제로 인해 "주 평균 혼합 번들 판매량의 약 3분의 1이 줄었는데, 이는 불법 디지털 음악 다운로드 활동이 증가했기 때문"이라고 설명한다.

엘버스는 산업 전환기의 데이터를 검토했지만, 다나허 등(Danaher et al., 2014)의 최근 결과는 음악에 대한 결합 번들 해제에 대해 비관적인 느낌을 덜 받게 한다. 그들의 연구는 체계적으로 레이블의 음악 가격을 변화시켰고, 그들이 속한 곡과 앨범의 판매를 연구했다. 시뮬레이션 결과 결합 상품 판매인 번들에 한해서 앨범 전용 정책이 현재의 혼합 번들에 비해 낮은 수익으로 이어진다는 결론을 내렸다. 음반 가격이 상당히 낮게 결정된 경우에도(예: 9.99달러가 아닌 6달러), 앨범만 사용할 수 있는 경우 전체 수익은 더 적었다.[15] 혼합 번들은 앨범 단위 판매량을 감소로 이어지지만, "싱글과 앨범의 공동 수익은 증가할 것"인데, 이는 주로 묶음상품으로 판매되지 않은 상품들이 있을 때만 여러 소비자가 시장에 진입하기 때문이다.

다나허 등의 시뮬레이션은 또한 현재 시행 중인 혼합 번들 방식이 최적이 아닐 수 있음을 시사한다. 그들은 앨범 가격이 너무 비싼 반면, 개별 곡 가격이 너무 낮다는 것을 알게 되었는데, 이것은 고객이 원하는 노래 몇 곡만 골라서 묶음상품의 다른 노래를 듣지 않는 방식을 취하지 않도록 유도한다. 그들의 분석에서 따르면 음반사에 최대 수익을 제공한 '최적'의 솔루션에는 7달러의 앨범 가격과 개별 곡의 계층화된 가격이 포함되었으며, 따라서 위에서 설명한 바와 같이 2차 가격 차별화의 묶음상품화와 차등 가격을 결합한다. 자세히 서술하자면, 앨범에서 가장 높은 평가를 받은 6곡의 경우 1.29달러, 7~10곡의 경우 1.09달러, 나머지 곡의 경우 0.89달러이다.

다시 말해 노래 가격이 오르면 손님의 부담이 적지만, 개별 곡만 사지 않고 앨범을 사는 고객의 비율이 높아진다는 논리이다. 차등 가격 요소가 없더라도, 학자들은 낮은 앨범 가격과 높은 개별 곡의 가격이 현재의 가격 체계보다 더 낫다는 것을 발견한다. 개별 노래당 표준 가격이 0.99달러라

15) 앨범만 구할 수 있던 상황에서 앨범 단위 판매량이 2배 가까이 늘었고 가격도 저렴했지만, 이는 개별 수록 곡의 판매 부진을 만회하지 못했다. 디지털 음악의 한계비용은 '0'이라는 점을 명심하라.

는 것은 어떤 조건에서도 경제적으로 최적이 아니었다.[16)]

넷플릭스와 스포티파이가 제공하는 정액제 모델은 특별한 종류의 대규모 묶음상품을 구성한다. 2012년부터 2013년까지 1년 동안 2500명 이상의 음악 소비자를 대상으로 한 다중 조사 연구에서, 블뢰머트와 파피스(Wlömert and Papies, 2016)는 스포티파이의 독일 시장 진출을 자연 실험군으로 사용하여, 대규모 번들의 제공이 음악 산업 수익에 어떤 영향을 미치는지 연구했다. 그들은 스포티파이의 묶음상품이 월간 구독료 또는 광고를 기반으로 '무료'로 제공되는지 여부에 관계없이, 디지털 다운로드 및 CD에 대한 지불과 같은 음악에 대한 소비자의 기타 지출을 잠식한다는 것을 발견했다. 그러나 유료 스트리밍의 경우, 음반사 매출에 미치는 순 효과는 분명히 긍정적이며 이는 최근 총 음악 수익에서 언급된 성장과 일치하는 결과이다.

그러나 '무료' 묶음상품의 경우, 광고 수익을 고려하더라도 수익에 대한 순 효과가 부정적이라는 사실을 발견했다. 이러한 번들의 가용성은 채택되기 전에 상대적으로 비활동적인 소비자에게만 지출에 긍정적인 영향을 미치는 반면, 다른 소비자에게는 음악에 대한 전반적인 지출을 낮추게 된다. 이는 스포티파이의 수익원과 일치한다. 반면 스포티파이 고객 4명 중 3명은 광고를 기반으로 한 '무료'에 가입했지만, 2014년은 스포티파이의 스트리밍 수익의 9%만이 이 모델을 통해 생성되었다(Mediabiz, 2015 참조). 이

16) 파피스와 반 헤이르더(Papies and van Heerde, 2017)는 엘버스와 다나허 등이 연구한 기간에 걸쳐 2003년부터 2010년까지의 데이터를 사용하여 혼합 묶음상품 전략으로 인해 발생하는 다른 부정적인 영향을 지적하고 있다. 이들은 개별 곡의 유용성이 라이브 콘서트가 녹음된 음악 판매에 미치는 긍정적인 영향을 감소시킨다는 것을 발견했다. 콘서트에 가는 많은 사람들은 나중에도 노래를 들을 수 있도록 디지털 음원 또는 실제 사본을 얻고 싶어 한다. 소비자가 정규 앨범을 사는 것보다 가장 원하는 트랙만을 고를 수 있는 선택권을 갖게 되면, 녹음된 음악에 돈을 적게 쓰는 경향이 있다.

후 '무료' 사용자 점유율은 감소했으며, 이는 '무료' 버전의 사용자 가치를 유료 버전에 비해 낮추려는 스포티파이의 노력과 연계된 추세이다.

(4) 교차 보조금 또는 비공식 묶음상품 전략

> 로비의 모든 요소는 구내 매장 메뉴판에 고객의 관심을 집중시키기 위해 설계되었다.
>
> — 할리우드 극장(Hollywood Theatres) CEO인 토머스 W. 스티븐슨(Thomas W. Stephenson)(Epstein, 2010: 33 인용)

엔터테인먼트 회사는 자사 상품들 중 일부를 다른 상품과 교차 보조한다. 이러한 관행은 특별한 종류의 묶음상품으로 간주될 수 있는데, 번들은 판매자에 의해 공식적으로 정의되지 않는 가격 결정 전략의 실질적 요소이다.[17)]

루안과 수디르(Luan and Sudhir, 2010)는 광고 효과에 대한 조사의 일환으로 DVD 가격의 결정 요인을 연구한다. 그들은 소매상들이 개봉 당시 히트 영화의 DVD를 할인한다는 것을 발견했으며, 그렇게 하는 것은 "매장 이용량을 높이기 위해 인기 있는 DVD의 출시를 활용하는 손실선도 가격 전략(loss-leader pricing strategy)과 일치한다"라고 주장한다(p.451). 다시 말해, 가장 큰 영화 회사들은 소비자가 다른 상품을 구매하도록 유도하는 소매업체에게 '핵심 가치 아이템' 역할을 한다는 것이다. 코카스 등(Kocas et al., 2018)은 도서 부분에 대해서도 유사한 연구를 한다. 미국의 소매업자는 종종 베스트셀러에 큰 할인 가격을 결정하여 가격을 매기며, 이 거래에 이끌린

---

17) 비공식 묶음상품 전략은 히트와 첸(Hitt and Chen, 2005)이 분석한 '맞춤형' 번들의 개념과 몇 가지 유사점을 공유한다.

소비자들이 다른 더 높은 이윤의 상품을 구매하기를 바란다. 아마존에서 수천 권의 도서를 보유한 VAR 모형의 추정치를 기반으로, 다중 카테고리 소매업체가 일반 서점과 비교했을 때, 이 전략을 더 자주 사용하고 혜택을 받는 경향이 있음을 발견했다. 그들은 베스트셀러 명소에 보조금을 지급함으로써 더 많은 것을 얻을 수 있다.

매켄지(McKenzie, 2008)는 유사한 교차 보조금 모델(cross-subsidization model)이 영화관 표준 관행이라고 주장하는데, 이는 영화 티켓보다 할인 판매에서 대부분의 수익을 창출한다. 팝콘 및 기타 상품의 할인은 매우 높은 이윤을 내는데, 이것은 극장들이 할인 판매 수익에 대한 고려 없이, 단독으로 결정될 경우 티켓 가격을 최적의 가격보다 낮게 유지하고 팝콘 등을 보조함으로써 이익을 얻을 수 있다는 것을 암시한다. 그렇게 함으로써, 극장

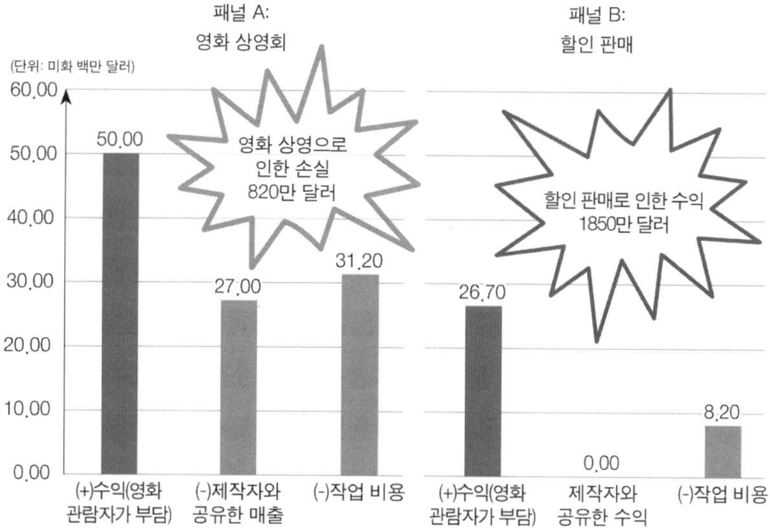

〈그림 4.6〉 영화관의 교차 보조금: 이게 핵심이야!

주: Studio Tense 그래픽 지원.
자료: Epstein(2010) 참조.

들은 이윤이 높은 팝콘을 사는 추가 구매자들을 얻을 수 있다.

〈그림 4.6〉은 엡스타인(Epstein, 2010)이 1997년 당시 450개 스크린을 보유한 미국 극장 체인이었던 할리우드 극장의 데이터를 통해 교차 보조 접근법을 보여 준다. 그림에 의하면 비록 할인권 수익은 입장권 수익의 절반 정도에 불과했지만, 극장 소유주는 이로 인해 발생한 820만 달러의 손실을 이윤이 높은 입장권 마진율을 통해 수익성 있는 사업으로 바꾸어 놓았다.

전 세계 대부분의 지역에서 기록적인 티켓 가격과 인플레이션 조정 가격은 20년 전에 비해 30% 가까이 상승했다. 학자들이 영화 티켓에 대해 측정한 높은 탄력성을 살펴보면 낮은 가격이 영화 마니아들을 더 끌어모을 것으로 예상된다. 극장 소유주가 현재 교차 보조금이 제공하는 경제적 잠재력을 충분히 활용하고 있는지 의심스럽다. 그들은 이것을 활용하는 대신에 이윤이 적은 상품으로부터의 수입에 너무 집중하는 것 같다.

3) 3차 가격 차별화: 소비자 그룹별 가격

3차 가격 차별화는 판매자가 특정 상품에 대해 각기 다른 소비자 집단에게 서로 다른 가격을 부과하는 세분화 접근법이다. 이런 그룹 단위는 측정 가능한 '항목'인 연령, 지역, 고용 상태 및 이전 구매와 같은 소비자 특성을 기반으로 정의할 수 있다. 예를 들어, 영화 극장은 학생이나 노인에게 할인을 제공하는 경우가 많으며, 아마존은 그들의 '주요' 고객 부문에 특별 할인을 제공한다. '간접적인' 가격 차별화라고 하는 버전과는 대조적으로, 3차 가격 차별화는 '직접적인' 가격 차별화라고 한다(Mortimer, 2007). 즉, 판매자가 소비자에게 직접 다양한 가격을 부여한다.

이 전략의 기본 개념은 다른 가격을 제공받는 소비자 그룹의 지불 의향이 다르다는 것이다. 2차 가격 차별화와 마찬가지로 1차 가격 차별화 시행의 어려움을 극복하기 위한 접근법이다. 그 효과는 세분화 기준이 지불 의사와 얼마나 밀접하게 연결되어 있는지에 따라 달라진다. 강력한 세분화 기준을 선택하는 것 외에도, 3차 가격 차별화에 대한 문제는 ⓐ 생산 회사의 허락 없이 물건을 수입해서 파는 그레이마켓의 '차익 거래' 가능성을 줄이는 펜스를 세우는 것이다. 예를 들어 학생이 학생 가격 5달러에 영화 티켓을 구입한 후, 성인용 가격인 10달러를 지불하는 것을 주저하는 성인에게 7달러 50센트에 다시 판매하는 식이다. ⓑ 이는 또한 가격의 잠식화 가능성을 줄이는 '울타리'를 세우는 것과 같다. 예를 들면 가격에 민감한 사람은 오후에 일을 쉬고 평소처럼 정가로 보는 대신 할인 가격으로 〈로그 원: 스타워즈 스토리(Rogue One: A Star Wars Story)〉의 낮 시간 영화를 보러 간다.

특별한 종류의 3차 가격 차별화는 가격을 명시적인 특성 대신 잠재된 특성에 기초하고, 시간에 따라 상품 가격을 조정함으로써 다른 부문에 접근하는 것이다. 여기서 중요한 차이점은 관심 있는 상품의 가격에 덜 민감하게 반응하는 상품 마니아와, 가격에 더 민감하게 반응하는 일반 소비자 사이의 차이이다. 마니아들도 새로운 엔터테인먼트 상품에 일찍 접근하기를 열망한다고 가정하면 이 전략은 먼저 마니아들에게 매력적인 '프리미엄(premium)' 가격으로 상품을 출시하고, 그 후에 가격을 낮추는 것을 제안한다. 이것은 가격 스키밍 전략(price skimming strategy: 상품 출시 초기에 높은 가격을 결정했다가 점차 가격을 낮추어 가는 전략. '상층 가격흡수 전략'이라도고 한다)이다.[18] 예를

18) 잠재 소비자 특성에 의한 이러한 세분화는 2차 가격 차별화라는 자체 선택 요소와 다소 중복된다. 후자의 관행은 상품(수량, 버전 또는 번들 생성)의 변경을 수반하는 반면, 잠재 특성에 따라 세분화한다는 것은 동일한 상품이 시간에 따라 다른 가격으로 제공된다는 것을 의미한다.

들어, 프리미엄 비디오 게임은 일반적으로 마니아로부터 단위당 더 높은 수익을 얻기 위해 출시 첫 주 또는 몇 달 동안 높은 가격으로 결정된다.

이 특별한 경우에 소비를 지연시키고 더 낮은 가격을 기다리는 애호가의 각 그룹 간 '잠식(cannibalization)'은 수익을 감소시킬 뿐만 아니라 부차적인 결과를 초래한다. 초기 판매 감소는 성공이 성공을 낳는 효과를 억제함으로써 상품의 성공을 해칠 수 있다. 충분히 가격에 민감한 새 영화의 팬들이 신작이 2주 후에 가격이 내려간다는 것을 안다면, 그들은 영화 개봉 주말을 건너뛰고 가격 변화를 기다릴지도 모른다. 그러면 이 영화는 언론에 의해 실패작으로 인식될 수 있고 다른 고객들도 멀리할 수 있다. 극장들은 심지어 작은 수요로 인해 영화 상영을 중단할 수도 있으며, 이는 영화의 성공 가능성을 더욱 제한한다.

게임뿐만 아니라, 영화의 홈 엔터테인먼트 버전에서는 스키밍이 일반적이다.[19] 도서의 경우, 스키밍은 수명주기 가격 관리보다는 버전 관리를 통해 이뤄진다. 그러나 시간 경과에 따른 가격 인하가 항상 적절한 것은 아니다. 대신, 가격은 주어진 상황에서 시간 경과에 따른 소비자의 지불 의지를 따라야 한다. 예를 들어, 학자들은 수명주기의 후반 단계에서 상품 가격을 올리는 것이 특정 음악에 적합한 전략일 수 있다고 제안했다. 믹슨과 레슬러(Mixon and Resler, 2000)는 음악의 경우, "구형 CD의 일반적인 고객은 새로 발매된 신작의 구매자보다 아티스트의 열성 팬일 가능성이 더 높다"라고 언급했으며, "구형 소재에 대한 수요곡선은 신소재 수요곡선보다 훨씬 덜 탄력적이며, 이는 더 높은 지불 의향과 일치한다"라고 주

---

19) 모티머(Mortimer, 2007)가 지적했듯이, 미국에서는 저작권법으로 인해 생산자들이 더 싼 '판매(sell through)' 버전을 소비자에게 대여하는 것을 금지할 수 없었기 때문에 이러한 가격 결정 접근법의 역동적인 부분이 필요했다.

장한다(p.466). 연구자들은 OLS 회귀분석을 사용한 118개 레코드에 대한 실증적 연구에서, 그들의 주장에 대한 잠정적인 지지를 뒷받침한다.

시간이 지남에 따라 가격을 다르게 결정하는 두 번째 대안은 피크 수요 시간 또는 요일에서 가격을 다른 수준으로 설정하는 것이다. 이 논리는 거래당 낮은 수익과 정가를 지불했지만, 저가 시간대로 전환한 고객의 잠식화를 상쇄하는 것 이상으로 충분한 '추가' 소비자를 확보할 수 있다. 아시아와 유럽의 극장 경영자들은 그런 접근 방식을 받아들였고, 수익성에 대해 시간이 지남에 따라 이러한 가격 변동을 주로 피하는 북미 지역 극장 경영자들의 대다수와는 다른 결론에 도달했다. 그렇다면 누가 옳은 걸까? 아니면 둘 다 옳은가? 문화적 차이를 비난해야 하는가? 영화 수요가 특히 높을 가능성이 높은 하루, 주, 계절 또는 연중에 영화 또는 음악 스트리밍을 다른 가격으로 제공하는 데도 유사한 논리를 적용할 수 있다.

4. 맺음말

이 장에서 우리는 경영자 및 학자들에게 엔터테인먼트의 가격 결정 관행에 대해 비판적으로 생각하도록 요구하고, 가격 관리 면에서는 약간의 예술성이 필요하지만 학문적 통찰을 통해 진정한 의미를 얻을 수 있음을 받아들였다. 엔터테인먼트 의사결정의 다른 영역과 마찬가지로, 우리의 논의는 기존 엔터테인먼트 사이언스 연구가 엔터테인먼트 가격과 관련된 몇 가지 긴급한 문제를 밝힐 수 있는 반면, 이 역동적인 분야에서는 몇 가지 문제가 추가 조사와 테스트를 필요로 한다는 것을 보여 주었다.

또한 우리는 가격 이론을 검토하고 엔터테인먼트 실무와 비교한 후, 엔터테인먼트에서 차등 가격에 대한 찬반양론에 대한 논의를 통해서, 엔터테인먼트 상품들이 고객에게 어필하는 상황에서 서로 다른 가격으로 다른 상품을 제공하는 것이 가치 있는 아이디어라는 결론을 내렸다. 우리는 확실히 그러한 차등 가격의 구현에 대한 장벽을 과소평가할 만큼 순진하지 않다. 이것은 제작자와 유통업자의 구조와 재정적 인센티브를 고려할 때 엔터테인먼트에 종사하는 많은 기업들의 보수주의와 전통주의와 결합되는 사소한 관행과는 거리가 멀다. 또한 우리는 미래 지향적인 경영자와 엔터테인먼트 사이언스 학자들이 가격 결정 전략의 경계를 계속해서 확장하기를 바란다.

이 장에서 3가지 광범위한 가격 차별화 접근법을 고려하고 엔터테인먼트의 맥락에서 응용 프로그램을 설명하면서, 개별 상품의 가격을 다르게 결정하는 방법을 모색하는 사례를 만들었다. 그리고 특별한 종류의 버전 관리인 다양한 종류의 '프리미엄(freemium)' 가격 모델 분석에 특정한 부분을 할애했다. 이제 개별 관리 결정에 대한 분석을 마치고자 한다. 마지막으로 중요하게 수행할 탐구 영역이 있다. 그것은 '경영자는 어떻게 다양한 의사결정 영역을 조정하고 상품, 커뮤니케이션, 유통 및 가격 결정 전략을 통합해야 하는가?'이다. 이를 위해 엔터테인먼트 마케팅의 통합된 전략적 접근 방식과 특히 블록버스터 및 틈새시장 개념에 대해 살펴보겠다. 이 분석을 통해 우리는 엔터테인먼트에서 관찰되는 현재의 경제적 발전을 보다 비판적인 시각으로 볼 수 있도록 하면서 이 책을 마칠 것이다.

참고문헌

Bakos, Y., & Brynjolfsson, E. (1999). Bundling information goods: Pricing, profits, and efficiency. *Management Science, 45*, 1613-1630.

Bittlingmayer, G. (1992). The elasticity of demand for books, resale price maintenance and the Lerner index. *Journal of Institutional and Theoretical Economics, 148*, 588-606.

Bourreau, M., Dogan, P., & Hong, S. (2015). Making money by giving it for free: Radiohead's pre-release strategy for In Rainbows. *Information Economics and Policy, 32*, 77-93.

Chen, H., De, P., & Yu Jeffrey, H. (2015). IT-enabled broadcasting in social media: An empirical study of artists' activities and music sales. *Information Systems Research, 26*, 513-531.

Chevalier, J. A., & Mayzlin, D. (2006). The effect of word of mouth on sales: Online book reviews. *Journal of Marketing Research, 43*, 345-354.

Clerides, S. K. (2002). Book value: Intertemporal pricing and quality discrimination in the US market for books. *International Journal of Industrial Organization, 20*, 1385-1408.

comScore (2007). For Radiohead fans, does 'Free'+'Download'='Freeload'?, November 5, https://goo.gl/amcD3A.

Courty, P. (2011). Unpriced quality. *Economics Letters, 111*, 13-15.

Cox, J. (2016). Play it again, Sam? Versioning in the market for second-hand video game software. *Managerial and Decision Economics, 38*, 526-533.

D'Alessandro, A. (2018). MoviePass jumps past 1.5M subscribers in the post-holiday period at the B.O., January 9, *Deadline*, https://goo.gl/HyNLXe.

Danaher, B., Huang, Y., Smith, M. D., & Telang, R. (2014). An empirical analysis of digital music bundling strategies. *Management Science, 60*, 1413-1433.

Davis, P. (2002). Estimating multi-way error components models with unbalanced data structures. *Journal of Econometrics, 106*, 67-95.

Davis, P. (2006). Spatial competition in retail markets: Movie theaters. *The Rand Journal of Economics, 37*, 964-982.

De Roos, N., & McKenzie, J. (2011). Cheap Tuesdays and the demand for cinema. Working Paper, Sydney University.

De Vany, A. (2006). The movies. In V. A. Ginsburgh & D. Throsby (Eds.), *Handbook of the economics of art and culture* (pp.615-665). Amsterdam: Elsevier.

Elberse, A. (2010). Bye-bye bundles: The unbundling of music in digital channels. *Journal of Marketing, 74*, 107-123.

Epstein, E. J. (2010). *The Hollywood economist — The hidden financial reality behind the movies*. Brooklyn: MelvilleHouse.

Gazley, A., Clark, G., & Sinha, A. (2011). Understanding preferences for motion pictures. *Journal of Business Research, 64*, 854-861.

Gerpott, T. J. (2016). A review of the empirical literature on pay-what-you-want price setting. *Management & Marketing, 11*, 566-596.

Gneezy, A., Gneezy, U., Riener, G., & Nelson, L. D. (2012). Pay-what-you-want, identity, and self-signaling in markets. *Proceedings of the National Academy of Sciences, 109*, 7236-7240.

Gong, J., Smith, M. D., & Telang R. (2015). Substitution or promotion? The impact of price discounts on cross-channel sales of digital movies. *Journal of Retailing, 91*, 343-357.

Groening, C., & Mills, P. (2017). A guide to pay-what-you-wish pricing from the consumer's viewpoint. *Business Horizons, 60*, 441-445.

Hitt, L. M., & Chen, P. (2005). Bundling with customer self-selection: A simple approach to bundling low-marginal-cost goods. *Management Science, 51*, 1481-1493.

Ho, J., Liang, Y., Weinberg, C. B., & Yan, J. (2017). Uniform and differential pricing in the movie industry: An empirical analysis. *Journal of Marketing Research*, forthcoming.

Kim, J.-Y., Natter, M., & Spann, M. (2009). Pay what you want: A new participative pricing mechanism. *Journal of Marketing, 73*, 44-58.

Kim, T. (2017). EA's day of reckoning is here after 'Star Wars' game uproar, $3 billion in stock value wiped out. *CNBC*, November 28, https://goo.gl/4dZpFo.

Kocas, C., Pauwels, K., & Bohlmann, J. D. (2018). Pricing best sellers and traffic generators: The role of asymmetric cross-selling. *Journal of Interactive Marketing, 41*, 28-43.

Leeds, J. (2007). In Radiohead price plan, some see a movement. *The New York Times*, October 11, https://goo.gl/nehN5E.

Lindbergh, B. (2017). Battlefront, Reddit: The video game pricing wars that might reshape the industry. *The Ringer*, December 2, https://goo.gl/BJ8tiV.

Linde, F. (2009). Pricing information goods. *Journal of Product & Brand Management, 18*, 379-384.

Luan, Y. J., & Sudhir, K. (2010). Forecasting marketing-mix responsiveness for new products. *Journal of Marketing Research, 47*, 444-457.

Marchand, A. (2016). The power of an installed base to combat lifecycle decline: The case of video games. *International Journal of Research in Marketing, 33*, 140-154.

McKenzie, R. B. (2008). *Why popcorn costs so much at the movies*. Leipzig: Springer.

Mediabiz (2015). Spotify weist Spekulationen um neue Fensterpolitik zurück. *Musikwoche*, December

9, https://goo.gl/c5nFHM.

Mixon Jr., F. G., & Ressler, R. W. (2000). A note on elasticity and price dispersions in the music recording industry. *Review of Industrial Organization, 17*, 465-470.

Mortimer, J. H. (2007). Price discrimination, copyright law, and technological innovation: Evidence from the introduction of DVDs. *Quarterly Journal of Economics, 122*, 1307-1350.

Nagle, T. T., Hogan, J. E., & Zale, J. (2011). *The strategy and tactics of pricing*. New York: Routledge.

Orbach, B. Y., & Einav, L. (2007). Uniform prices for differentiated goods: The case of the movie-theater industry. *International Review of Law and Economics, 27*, 129-153.

Papies, D., & van Heerde, H. (2017). The dynamic interplay between recorded music and live concerts: The role of piracy, unbundling and artist characteristics. *Journal of Marketing, 81*, 67-87.

Papies, D., Eggers, F., & Wlömert, N. (2011). Music for free? How free ad-funded downloads affect consumer choice. *Journal of the Academy of Marketing Science, 39*, 777-794.

Pearlstein, S. (2006). It was better with Bonzo. *Washington Post*, November 24, https://goo.gl/86sVPW.

Shiller, B., & Waldfogel, J. (2011). Music for a song: An empirical look at uniform pricing and its alternatives. *The Journal of Industrial Economics, 59*, 630-660.

Simonson, I., & Tversky, A. (1992). Choice in context: Tradeoff contrast and extremeness aversion. *Journal of Marketing Research, 29*, 281-295.

Sims, D. (2017). Hollywood has a bad-movie problem. *The Atlantic*, July 5, https://goo.gl/BxMfAE.

Smart Pricer (2018). UCI Kinowelt weitet Dynamisches Pricing mit Smart Pricer auf alle Kinos in Deutschland aus, January 8, https://goo.gl/BKVfGX.

Srinivasan, R. (2009). Pricing different movies differently, November 28, https://goo.gl/U3zs7h.

Sundararajan, A. (2004). Nonlinear pricing of information goods. *Management Science, 50*, 1660-1673.

Surowiecki, J. (2004). *The wisdom of crowds*. New York: Random House.

Thompson, D. (2012). Why do all movie tickets cost the same? *The Atlantic*, January 3, https://goo.gl/dF1ohW.

Thompson, P. (2008). Radiohead's In Rainbows successes revealed. *Pitchfork*, October 15, https://goo.gl/vUv355.

Ulin, J. C. (2014). *The business of media distribution* (2nd ed.). New York: Focal Press.

Varian, H. R. (1995). Pricing information goods. Working Paper, University of Michigan.

Varian, H. R. (1997). Versioning information goods. Working Paper, University of California, Berkeley.

Waskow, S., Markett, S., Montag, C., Weber, B., & Trautner, P., Kramarz, V., & Reuter, M. (2016). Pay what you want! A pilot study on neural correlates of voluntary payments for music. *Frontiers in Psychology, 7*, 1-10.

Wilson, R. B. (1993). *Nonlinear pricing*. New York: Oxford University Press.

Wlömert, N., & Papies, D. (2016). On-demand streaming services and music industry revenues — Insights from Spotify's market entry. *International Journal of Research in Marketing, 33*, 314-327.

Wu, C.-C., Chen, Y.-J., & Cho, Y.-J. (2013). Nested network effects in online free games with accessory selling. *Journal of Interactive Marketing, 27*, 158-171.

5장

엔터테인먼트 통합 마케팅

상품, 커뮤니케이션, 유통, 가격 결정 전략의 조합에 의한 블록버스터와 틈새 상품 만들기

금요일 밤은 모든 것이 마케팅에 관한 것이고, 토요일과 일요일에는 영화에 대한 입소문이다.

— 무명의 할리우드 스튜디오 마케팅 전략가(D'Alessandro, 2015a 인용)

초기 아이디어부터 최종 배급 채널 및 버전에 이르기까지 엔터테인먼트 경영자들이 상품을 마케팅할 때 손에 쥔 모든 도구(상품, 가격, 장소, 프로모션)에 대해 논의했으므로, 이제 한 가지 중요한 점에 집중해 보자. 이 모든 도구들은 더 넓은 시스템의 일부분이다. 이 시스템에서 각각의 마케팅 활동의 효과는 우리가 지금까지 강조해 온 규칙에 의해서뿐만 아니라 시스템의 다른 요소에 의해서도 결정된다.

만약 마케팅 활동이 다른 활동에 '적합'한 방식으로 수행된다면, 엄청난 시너지의 잠재력을 자유롭게 할 수 있는 반면, 적합성이 결여되면 활동의 효과가 크게 감소될 수 있다. 우리는 상호작용 효과를 포함한 연구를 논의할 때 때때로 시너지를 언급했지만, 그러한 논의는 하나의 특정 도구(브랜딩 같은) 측면에 많이 한정되었다. 그러나 엔터테인먼트 사이언스의 마지막 장에서는 이러한 접근 방식을 확장하고, 엔터테인먼트 제작자가 원하는 결과를 최대화하기 위해 상품, 커뮤니케이션, 유통 및 가격 결정 전략이 어떻게 조정될 수 있는지 총체적으로 살펴본다.

엔터테인먼트 기업들은 서로 다른 마케팅 수단들을 일관성 있게 통합하기 위한 2가지 기본적인 전략적 접근법을 개발했다. 우리는 첫 번째 접근 방식에 엔터테인먼트의 '경험적 접근법'이라고 이름 붙인다. 품질에 기반해 타인이 추종 행위를 하게 될 가능성을 가진 고품질 상품들의 창조가 그 중심에 있다. 따라서, 경험적 접근법은 상품의 호응성(playability)에 관한 모든 것이다. 여기에서 소비자가 좋은 경험을 했다는 이야기가 연속적으로 확산되면 그것이 성공으로 이어진다.

이 접근법의 주요 단점은 영향력 있는 소비자 및/또는 전문가들이 이 상품이 그러한 타인 추종 행위를 일으킬 만큼 충분히 훌륭하다고 인식하도록 요구하는 것이다. 즉, 엔터테인먼트 상품의 문화적·창조적 성격을 고려할 때, 이러한 일이 일어나는 것은 꽤 어려운 일이다. 나아가 극장과 소매점의 유통 공간이 부족하고, 새로운 오락물이 '대단하다'는 뉴스가 퍼지는 데 걸리는 시간을 감안할 때, 타인이 추종하는 행동을 구축하고 영향을 미치는 데 필요한 소비자 경험의 수가 가능할 정도로 훌륭한 엔터테인먼트 상품이 충분히 오래가지 않는다.

두 번째 전략적 접근법은 이러한 장애물을 피하는 것을 목표로 한다. 상품의 품질에 초점을 맞추는 대신, 상품에 대한 기대치를 창출하는 데 집중한다. 기본 아이디어는 높은 수준의 버즈(buzz)를 만들어 출시하기도 전에 상품을 판매하는 것이다. 이러한 '선판매 접근법'에 있어서, 핵심이 되는 것은 호응성이 아니라, 상품의 시장성이다. 그리고 시장성은 "개발 초기부터 프로젝트에 반영되어야 한다"(Lewis, 2003: 65).

경험적 접근법과 선판매 접근법은 각각 특정의 통합 마케팅 개념과 밀접하게 연결되어 있다. 틈새 개념은 경험적 접근법을 기반으로 하고 엔터테인먼트의 블록버스터 개념은 선판매 접근법에 달려 있다. 다른 모든 전략은 문제가 있다. 그것들은 물고기도 새도 아니므로 너무 자주 상품을 '중간에서 죽이는' 결과를 낳는다. 프렌드(Friend, 2016)가 말했듯이 "5000만 달러짜리 영화는 장르 영화보다 제작하는 데 더 많은 비용이 든다. 거의 시장에 텐트폴만큼이나 많이 들어간다. 정교하게 정의된 그룹이나 모든 사람을 위한 것이 아니어서 종종 충분한 관객을 찾을 수 없다."

다음에서는 통합마케팅 개념과 각 개념이 서로 다른 마케팅 도구를 사용하는 방법에 대해 설명한다. 틈새 개념의 경제학을 더 자세히 살펴보기 전에 지난 수십 년 동안 엔터테인먼트에서 지배적인 전략이 된 블록버스터 개념에 대한 논의를 시작하고자 한다. 그런 다음 2가지 통합 개념에 대한 엔터테인먼트 상태를 검토하여 논의를 마치려 한다. 엔터테인먼트 산업에서 마케팅 및 관리가 실행되는 현재 방식에서 비롯된 것으로 생각되는 과제에 대한 높은 수준의 성찰을 제공함으로써 분석을 마칠 것이다.

1. 선판매 접근법: 블록버스터 개념

1) 블록버스터 개념 정의

〈배트맨(Batman)〉은 현대 블록버스터의 템플릿이며, 기존 작품을 기반으로 했다. 어떤 종류의 진짜로 자연스러운 재미나 입소문처럼 출시 전 만들어진 과장 광고를 바탕으로 성공했다. 대규모 마케팅 캠페인이 포화될 정도로 선행되어서 오히려 실제 출시될 때는 분위기가 꺼질 정도였다. 그것은 품질은 전혀 상관이 없게 만드는 초기 비용을 높게 결정(front-loaded)하는 방식으로 돈을 벌었다. 그것은 개봉 주말에 1등이 되었고, PG-13 등급을 궁극적으로 4사분면 블록버스터로 전체 관람가인 일반 등급으로 만들면서 결국 단기 매매(quick-kill) 방식의 블록버스터로 시작했다.

— 멘델슨(Mendelson 2014), 팀 버튼(Tim Burton)의 영화 〈배트맨〉에 대해서

엔터테인먼트 기업들은 핵심 개념과 전략을 정의할 때 상당한 유연성을 보여 주었다. 특히 블록버스터 개념과 관련하여 엔터테인먼트 분야의 사람들은 다양한 다른 것들을 참고하기 위해 그 개념을 사용한다. 즉, 블록버스터는 시장 성과[영화감독이자 프로듀서인 프란시스 포드 코폴라가 블록버스터 영화를 "재정적 성공, 비평의 성공, 훌륭한 스토리텔링과 타이밍으로 묘사할 때"(Coppola, 2010: VI)]와 단일 상품 특성["제작 비용이 매우 비싸다"(Hall and Neale, 2010: 1)]을 포함한다.[1] 그러나 오

1) '블록버스터'는 어떤 단어인가? 원래 이 용어는 1940년대 초 미국 언론인들이 도시 전체를 파괴할 수 있는 거대한 폭탄을 설명하는 데 사용되었다. 나중에 이것은 대중에게 강력한 영향을 미치는 모든 것으로 전이되었다. 예를 들어 ≪시카고 트리뷴(Chicago Tribune)≫은 "블록버스터가 맨해튼에 상륙한 것처럼" 전쟁 동원의 결과로 모든 엔터테인먼트를 집단적으로 중단하라는 요청에 대한 브로드웨이 경영자의 반응으로 설명했다. 엔터테인먼트의 맥락에서 '블록버스터'는 '순수한 경제 용어'로 처음 사용되었다(Shone, 2004: 28). 초기에는 매우 성공적이어서 블록에 있는(on the block) 다른 쇼들이 중단되었고(busted), 나중에는 그 특성에 관계없이 극도로 성공적인 상품을 언급했다. 엔터테

늘날의 엔터테인먼트 산업에서 블록버스터 개념은 사실상 특정 기능을 결합한 제작자의 전체적인 전략적 노력을 설명한다. 상품, 커뮤니케이션, 유통 및 때로는 가격 요소[2]를 통해 출시 전 높은 수준의 인지도 및 시장성을 창출한다. 이렇게 우리는 블록버스터를 다룬다. 이어서 블록버스터를 구성하는 다양한 요소를 자세히 살펴보자(King, 2002 참조).

※ 상품 요소

블록버스터 개념은 강력한 브랜드를 특징으로 하며, 그리고/또는 높은 생산 비용을 흡수하는 상품에 가장 적합하다. 잘 알려진 브랜드와 많은 예산으로 친숙한 영웅과 스타를 제공할 수 있을 뿐 아니라 화려한 역사/미래 세트 구성, 특수 효과 또는 기술적 구성과 같은 강력한 자극을 제공할 수 있다. 이러한 요소를 통해 상품은 출시 전에 높은 수준의 관심과 흥미를 끌 수 있다.

블록버스터의 또 다른 필수 상품 요소는 '하이 콘셉트(high-concept: 작품의 내용이 아주 특이하지만 무척 재미있고 복잡하지 않아서 많은 인기를 끌 것 같은)'의 특성이다. 하이 콘셉트는 희미하지만 엔터테인먼트에서 인기 있는 용어이다. 본질적으로 이는 가치 제안에 '간단하게 전달할 수 있는 고유한 아이디어'(즉, 쉽게 전달할 수 있는)가 포함된 상품을 의미하며, 디즈니의 전 CEO이자 하이 콘셉트의 지지자인 마이클 아이스너(Michael Eisner)의 설명이다(Wyatt, 1993 참조). 이러한 쉬운 의사소통성은 특히 소비자의 관심을 끌기 위해 경쟁이 치열한 세계에서 제작자가 효과적으로 "상품을 대중에게 '설득(pitching)'할 수" 있

인먼트 상품의 실제 시장 실적과 관계없이 블록버스터라는 용어의 사용은 좀 더 최근의 현상이다. 2000년대 초반에 인기를 얻기 시작했다.

2) 이전 4장에서 오늘 사용된 엔터테인먼트에 대한 제한된 가격 결정에 대해 논의했다.

는 것이 중요하다(Wyatt, 1993: 8). 이 논리에 따라 감독이자 프로듀서인 스티븐 스필버그는 새로운 블록버스터 영화에 대한 아이디어를 "25단어 이하"로 말할 수 있는 것이 중요하다고 생각한다. 그렇게 되면 "그것은 꽤 좋은 영화가 될 것"이라고 믿는다(Wyatt, 1993:13 인용).[3)]

※ 커뮤니케이션 요소

그러나 어떤 종류의 상품을 갖는 것으로는 충분하지 않다. 블록버스터는 "또한 많이 홍보되고 광고된다"(King, 2002: 50). 대규모의 커뮤니케이션 예산은 주로 새로운 블록버스터가 출시되기 전에 상품의 잠재력을 실현하고 텍스트 및 시청각 요소를 홍보하여 조기에 알려지고 관심을 받도록 주로 사용된다. 예산 이외에도 블록버스터 커뮤니케이션은 상품의 '하이 콘셉트' 가치 제안과 일치해야 하며, 이를 '이해하기 쉬운(easy-to- grasp)' 방식으로 (음성과) 화면을 통해 언어적으로 전달해야 한다.

상징적인 이미지가 핵심이다. 예를 들어 영화 〈E.T.〉에서 친구 엘리엇(Elliot)의 자전거 바구니에서 날아다니는 E.T.의 실루엣과 함께 보름달을 생각해 보라. 그리고 우주의 어둠 속에서 괴물처럼 부서지는 〈에이리언(Allien)〉 알(egg)을 생각해 보라. 영화 〈죠스〉와 〈쥬라기 공원〉의 포스터를 생각해 보자. 〈죠스〉는 수영하는 소녀 아래에 거대한 상어가 있다. 〈쥬라기 공원〉은 타라노사우루스의 실루엣인데 2가지 모두 쉽게 알아볼 수 있고, 기억에 남을 수 있을 뿐만 아니라, 자명해서 관객이 영화에서 기대할 수 있는 자극에 대해 의문을 거의 남기지 않는다.

---

3) 25단어 규칙은 로버트 올트먼(Robert Altman)의 할리우드 풍자 영화 〈더 플레이어(The Player)〉에서 매우 두드러지게 나타나는데, 주인공인 부사장 그리핀 밀(Griffin Mill)이 스토리를 들은 다음, '마법의 문턱'(즉, 25단어를—옮긴이)을 초과했다고 비판한다.

두 경우 모두 강력한 '하이 콘셉트 시각화(high-concept visualization)'는 25단어 미만으로 영화의 가치 제안을 간결하게 전달하는 태그 라인(tag lines)으로 보완된다. 〈죠스〉는 "무서운 No.1 베스트셀러의 영화"로, 영화가 가져오는 무서운 내용과 유명 브랜드를 강조한다. 영화의 다른 슬로건은 "물에 들어가지 말라"고 경고하면서 영화가 소비자에게 제공하는 스릴을 더욱 강조했다. 그리고 쥬라기 공원의 포스터는 우리 대부분이 꿈꾸던 것을 관객에게 약속한다. 어린 시절부터 "6500만 년 동안의 모험"을 경험했다. 영화를 보러 와서 공룡과 시간을 보내십시오. 이 영화는 우리로 하여금 수백만 명의 다른 사람들과 함께 즉시 영화를 보게 하는 감정과 형상을 촉발했다.

※ 배급 요소

블록버스터 개념은 또한 많은 소비자가 즉시 이용할 수 있도록 상품의 광범위한 배급의 의미를 함축한다. 이는 이상적으로는 상품 및 커뮤니케이션 요소가 출시 시점에 소비자의 인식과 관심의 열풍을 일으키는 데 필요하다.

스캇 멘델슨(Scott Mendelson)이 이 섹션의 서두에서 언급했던 1989년 팀 버튼의 영화 〈배트맨〉은 블록버스터 콘셉트에 있어서 거의 완벽한 화신이지만 첫 번째는 아니다. 이 특별한 영광은 1975년에 유니버설에서 개봉한 스티븐 스필버그의 영화 〈죠스〉에 속한다. 〈죠스〉가 최초의 현대 블록버스터가 된 방법과 엔터테인먼트 마케팅이 블록버스터 개념의 도입 이후 얼마나 많이 변했는지 시간을 거슬러 올라가 살펴보자. 이는 또한 블록버스터 개념이 사람들이 종종 주장하듯이 엔터테인먼트 상품에 '내장'된 것이 아니라 엔터테인먼트 상품의 특정 특성에 대한 전략적 대응으로 엔터테인먼트 경영자에 의해 개발되었음을 보여 준다. 그런 다음 블록버스터와 관련된 확산 패턴을 분석하여 블록버스터 개념에 대한 사전 출시 활동과 버즈의 체계적인 역할을 설명하기로 한다.

2) '할리우드를 삼킨 괴물': 짧은 블록버스터 역사

> 그것은 모두 〈죠스〉와 함께 변할 것이다.
>
> — 캐닝(Canning, 2010a: 531)

만약 당신이 이십 대라면, 아마도 엔터테인먼트 사업에 특별한 관심을 가진 학생으로서 이것을 읽는다면, 한때 블록버스터가 지배하지 않는 엔터테인먼트 세계가 있었다는 것을 믿기 어려울 것이다. 그러나 이것이 사실이며, 우리는 블록버스터 개념의 경제적 논리를 완전히 이해하여 영화, 책, 게임 및 음악을 관리하는 엔터테인먼트 대기업의 접근 방식이 '거의 자연적인(quasi-natural)' 필수품이 아님을 인식하는 것이 기본이라고 생각한다. 영화 〈죠스〉 25주년을 맞아 PBS는 영화 산업과 엔터테인먼트 전반에 미치는 영화의 영향에 대해 주목할 만한 프로그램을 만들었다. 〈죠스〉를 '할리우드를 삼킨 괴물'(PBS, 2001)로 명명한 방송국은 (영화에서 소개한) 블록버스터 콘셉트가 엔터테인먼트 제작 및 마케팅 방식에 끼친 거대하고 변혁적인 충격을 언급했다. 블록버스터 개념의 경제적 잠재력은 엔터테인먼트 상품은 상품의 (예술적) 품질에서 마케팅 전략(외부 투자자가 훨씬 더 잘 연관될 수 있다)으로 초점을 이동했기 때문에 외부 투자자에게 훨씬 더 매력적이다. 위에서 확인한 블록버스터 개념의 3가지 요소를 모두 결합한 〈죠스〉의 마케팅을 자세히 살펴보자.

상품 요소와 관련해 〈죠스〉는 숫자를 셀 수 없을 정도로 엄청난 점유율과 장기적 베스트셀러인 피터 벤틀리(Peter Bentley)의 소설을 기반으로 했다.

이 영화는 44주 동안 ≪뉴욕타임스≫ 베스트셀러 목록에 올랐으며, 영화 개봉 당시 550만 부 이상이 인쇄되었다.[4] 영화제작자는 그 영화에 엄청난 돈을 투자했다. 그들은 소설가에게 저작권의 대가로 15만 달러(현재 가치로는 약 70만 달러)를 지급했고, 55일간 촬영에 350만 달러를 지출했다. 그 후 지출은 1220만 달러(현재 가치로는 약 6000만 달러)로 촬영 기간은 159일로 증가했는데, 이는 당시 가장 많은 예산 중 하나였다(Canning, 2010b).[5] 그리고 그것은 또한 하이 콘셉트 ―최초의 여름 공포물(thrill ride)이었다(Nall, 2012).

커뮤니케이션 측면에서 〈죠스〉는 홍보 활동과 대중 광고를 결합했다. 광고 캠페인은 영화 포스터에서 '상어와 만나는 소녀'의 시각적 모티프와 영화의 태그 라인에 중점을 두었으며, 존 윌리엄스의 상징적인 악보('duh DUN, duh DUN…')로 강조되는 스릴러 요소와 뛰어난 원천 자료를 강조했다. 캠페인은 사전 출시에 중점을 두었다. 영화제작자와 소설가는 개봉 8개월 전부터 TV와 라디오 토크쇼에 출연했으며 영화 개봉 3일 전에 '대규모 전국 광고 블리츠(blitz)'(Shone 2004: 27)가 열렸다.

TV 스팟은 개봉 전 이틀 동안 50번이나 방송되었다(Nall, 2012). 유니버설은 미국에서만 TV 캠페인을 위해 총 70만 달러(현재 가치로 약 300만 달러)를 지출했다. 매우 주목할 만한 것으로 스튜디오는 높은 상업적 기대를 가진 극장 소유주에 대한 신호로써 그 캠페인 자체를 상업 출판물 광고의 주제로 만들었다. 그렇게 함으로써 유니버설은 우리가 이 책의 앞부분에서 실

---

4) 오늘날 이 소설은 1100만 부 이상 판매되었다(Canning, 2010: 573). 흥미롭게도 벤틀리의 책은 ≪뉴욕타임스≫ 목록[당시 리처드 애덤스(Richard Adams)의 소설 『워터십 다운(Watership Down)』이 그 자리를 차지했다]에서 1위를 차지하지 못했다.

5) 엄청난 제작상 문제(유통에 관해서 다룬 3장에서 주장했듯이 영화의 여름 개봉에 대한 책임이 있다)로 인해 제작진은 '결함(Flaws)'이라는 별명을 붙였다(Canning, 2010b: 573).

증적으로 입증한 메커니즘의 효과인 영화에 대한 공급 측 지원을 헷지(hedge)하기를 바랐다. 마지막으로, 블록버스터 콘셉트의 배급 요소와 관련하여 이 영화는 북미 전역의 490개 스크린에서 동시 개봉했다(*Time*, 1975). 당시 제작진의 고의적인 공급 축소에도 불구하고 〈죠스〉는 영화 역사상 가장 광범위한 개봉작 중 하나였다.

〈죠스〉는 즉각적으로 성공해, 개봉 주말 전례 없는 770만 달러라는 박스오피스를 만들었으며 여름 내내 성공적인 상영을 했고, 북미 박스오피스에서 1억 달러 장벽을 넘은 최초의 영화가 되었다. 극장에서만 전 세계적으로 거의 5억 달러를 벌어들였으며, 이는 오늘날의 통화로 20억 달러 이상에 해당한다. 이 영화는 여전히 인플레이션을 감안한 박스오피스 수익(*Boxofficemojo.com*, 2017) 측면에서 가장 성공적인 10편의 영화 중 하나이다. 이 엄청난 성공으로 엔터테인먼트 회사가 처음에는 영화에서, 그 다음에는 게임, 책, 음악에서 블록버스터 콘셉트의 성공의 잠재력을 인식하게 되었다.

우리는 I권, II권, III권에서 엔터테인먼트 기업들은 기존 질서의 변화에 저항하는 것으로 악명이 높다는 증거를 주장하며 제시했는데, 유니버설의 경영자들이 이렇게 중요한 자산으로 그렇게 용감하게 실험하는 이유는 무엇일까? 그들은 아마도 지난 몇 년 동안 다른 사람들에 의한 전통적인 배급 모델의 변화에 주목했을 것이다(Shone, 2004). 예를 들어, 영화를 널리 배급한다는 아이디어는 일부 돈이 많이 들어간 "칠면조 요리"가 나쁜 입소문을 제압하기 위해 사용되었다(Canningm, 2010a). 또한 3년 전 처음에는 6개 스크린에서만 상영되다가 두 번째 주말에 323개 스크린에서 상영된 영화 〈대부〉에 사용되었다. 워너가 1971년 영화 〈빌리 잭(Billy Jack)〉의 재개봉을 위해 행했던 것과 같이 다른 스튜디오도 이전에 TV 광고를 사용했다. 이 영화는 원래 개봉에서 실패했지만 TV 광고를 붙여 4000만 달러를 벌었다.

하지만 결정적인 힘은 찰스 브론슨(Charles Bronson)이 주연을 맡은 컬럼비아/소니(Columbia/Sony)의 액션 영화 〈브레이크아웃(Breakout)〉일 것이다. 100만 달러라는 적당한 예산으로 제작되었지만, 출시 전 주에 전국적인 광고 캠페인과 함께 당시 전례 없는 1300개의 북미 스크린을 통해 〈죠스〉보다 단 한 달 전에 출시되어, 약 1600만 달러를 벌어들였고 아마도 유니버설을 설득해 〈죠스〉와 함께 '블록버스터 경로'를 가도록 했을 것이다. 그럼에도 불구하고 블록버스터 개념의 모든 다른 요소를 결합하여 〈죠스〉는 엔터테인먼트 마케팅의 파괴적인 전환을 시작하여, 드물게 고립된 마케팅 활동을 통합 전략으로 전환했다.

그렇게 함으로써 스필버그의 영화는 많은 엔터테인먼트 상품들이 출시되는 방식을 변화시켰을 뿐만 아니라 상품 자체가 블록버스터 개념의 핵심 요소라는 우리의 생각과 일치하도록 만들어진 여러 종류의 상품 자체도 바꾸었다. 할리우드 영화의 데이터를 바탕으로 블록버스터 개념이 엔터테인먼트 기업의 활동을 어떻게 하도록 했는지 실증적 증거를 제공하겠다. 제작되는 상품의 종류와 관련하여 블록버스터 전략의 채택은 영화 브랜드의 존재와 활용에 분명히 영향을 미쳤다.

〈그림 5.1〉의 패널 A는 영화 브랜드(즉, 시퀄 및 리메이크)의 라인 확장이 전통적으로 제작된 영화의 조합에서 미미한 역할을 했다는 것을 보여 준다. 이 그림은 1970년대 중반 블록버스터 개념의 발전과 함께 얼마나 급격하게 변화했는지를 보여 준다. 이러한 브랜드 자산에 대한 투자는 블록버스터 이전에는 10% 미만이었지만 2014년에 처음으로 50%를 초과했다. 다시 말해, 이제 영화 산업 자금의 절반 이상이 시퀄과 리메이크작으로 흘러가고 있다.[6)]

〈그림 5.1〉의 패널 B는 블록버스터 개념이 제작되는 영화 장르에도 영

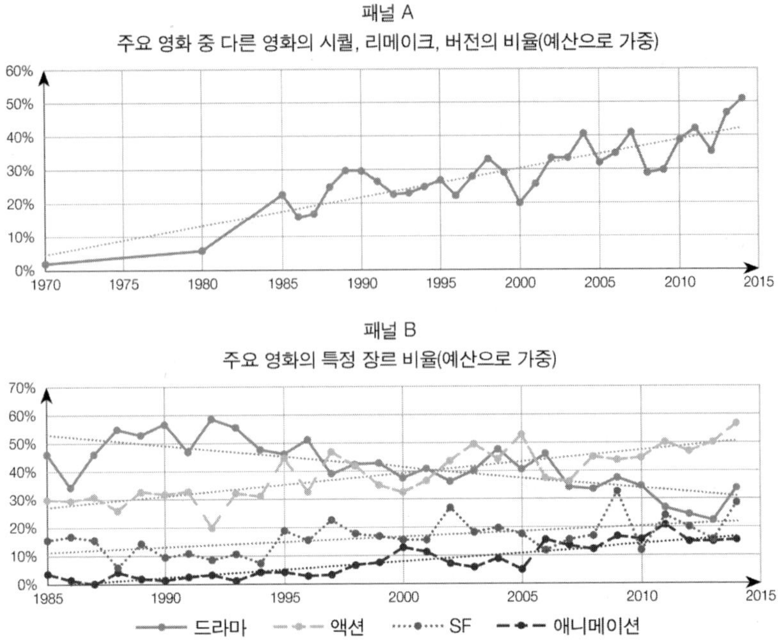

〈그림 5.1〉 시간 경과에 따른 주요 할리우드 영화의 브랜드 및 장르

주: 모든 비율은 영화제작 예산에 따라 가중치가 부여되었고, 샘플은 주어진 연도 중 가장 많은 제작 예산을 가진 100개의 영화로 구성된다. 가는 점선은 추정된 선형 추세이다.
자료: The Numbers(대부분의 제작 예산) 및 IMDb(영화 장르 및 라인 확장 상태) 등을 참조.

향을 미친다는 것을 보여 준다. 하이 콘셉트 아이디어에 맞는 액션, SF, 애니메이션과 같은 장르는 할리우드 프로듀서로부터 늘어나는 리소스를 끌어들이는 반면, 드라마(매력적인 태그 라인에 판매 포인트를 덜 쉽게 넣는)는 리소스를 적게 끌어온다.

루빈슨과 뮬러(Rubinson and Muller, 2016)는 1946년부터 2013년까지 톱 30

---

6) 2003~2013년 할리우드 영화에서 다른 브랜드의 명성에 대한 개요는 엘버스와 크라스니(Elberse and Krasney, 2013)가 수집한 데이터베이스를 참조하라.

영화 중 장르의 유행을 분석한 결과 블록버스터 개념이 개발된 이후 '현실적인' 영화보다 '비현실적인' 영화의 등장이 있음을 밝혔다. 액션 및 어드벤처 영화는 거의 150%(1973년 이전 8.4%에서 이후 20.6%) 증가한 반면 영화 드라마는 3분의 1이나(1973년 이전 23.1%에서 이후 15.6%로) 감소했다.

또한 할리우드 스튜디오는 블록버스터 개념의 '머니 넥서스(money nexus)'(Stringer 2003)를 인정하고 이전보다 블록버스터 제작 및 커뮤니케이션에 훨씬 더 많은 비용을 지출했다.

〈그림 5.2〉에서 패널 A는 인플레이션을 고려하더라도 1970년 이후 제작비 예산과 광고 지출이 모두 증가했음을 보여 준다. 1970년 할리우드

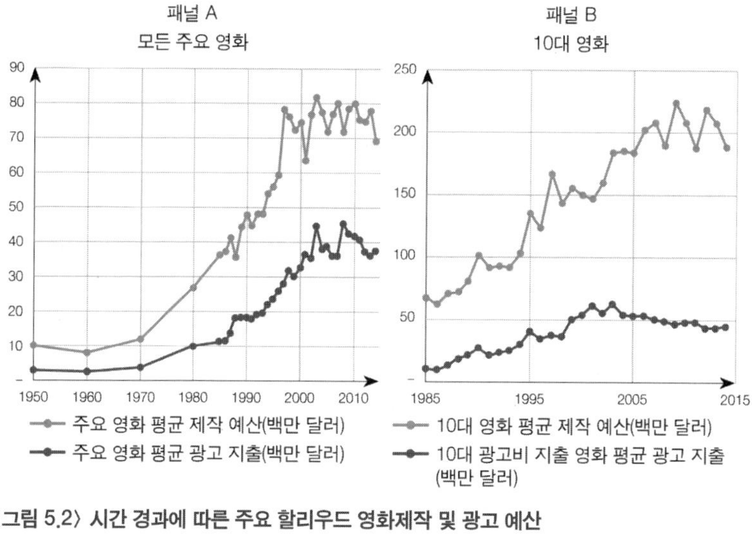

〈그림 5.2〉 시간 경과에 따른 주요 할리우드 영화제작 및 광고 예산

주: • 모든 수치는 2014년 기준 '백만 달러'로 저자의 추정치이다.
• 패널 A에서 '주요 영화'는 모든 '스튜디오 영화'(2007년까지)와 이어지는 해에 해당 연도의 100대 영화를 의미하고, 패널 B의 숫자는 각각 제작 예산이 가장 높은 10편의 영화와 해당 연도에 가장 많이 광고된 10편의 영화를 나타낸다.
• 디지털 광고는 2000년대 초부터 안정적인 광고비 지출 함수에 숫자로 완전히 표현되지 않았을 수 있다.

자료: MPAA 보고서와 The Numbers(제작 예산) 및 Kantar Media(광고 지출)의 데이터 등을 참조.

영화와 관련된 평균 총비용은 약 1600만 달러(2014년 달러 기준)였지만 그 수는 10년 만에 130%(3700만 달러) 증가했다. 그리고 그 이후로 3배 이상 증가했다. 또한 패널 B에서 알 수 있듯이 총 6300만 달러라는 당시 숨 막힐 정도로 많은 예산이 들어간 〈죠스〉도 초기 블록버스터의 거의 4배라는 기록을 깨는 오늘날의 할리우드 10대 영화의 평균 총비용에 비교하면 적어 보인다.[7)] 엔터테인먼트 경영자는 이러한 '슈퍼 블록버스터'라는 용어를 만들었으며, 이를 종종 '텐트폴'이라고도 부른다. 이러한 전개는 단일 프랜차이즈 내 서로 다른 상품과 비교할 때 더욱 뚜렷하다. 〈스타워즈〉의 일곱 번째 시리즈인 2015년작 〈깨어난 포스〉는 3억 6000만 달러에 제작된 것으로 알려졌으며 초기 〈스타워즈〉 영화는 인플레이션을 감안해도 4200만 달러를 썼다.

블록버스터 개념은 또한 할리우드 배급 관행을 근본적으로 바꿨다. 새로운 상품을 소비자가 어디에서나 사용할 수 있도록 하는 블록버스터 개념의 핵심 요소인 집중 배급은 이제 적어도 할리우드 스튜디오에서 새로운 엔터테인먼트 상품을 출시할 때 표준이 되었다. 〈그림 5.3〉은 주요 영화가 소개된 평균 상영관 수가 1970년대 초 100개 미만에서 약 3000개로 확대되었음을 보여 준다. 예산이 가장 많은 영화 10편의 평균 개봉 주말 극장 수는 현재 4000개를 넘었다.

이 수치는 또한 블록버스터 개념이 배급에 미친 영향에 대한 좀 더 구체적인 증거를 제시한다. 첫 번째 〈스타워즈〉 영화는 1977년에 43개 극장에서만 개봉된 반면, 그 이후로 에피소드마다 개봉 극장 수가 증가했다.

---

7) 영화의 제작 및 마케팅에 드는 실제 비용은 북미 극장 개봉만 포함되어 있으므로 훨씬 더 높다는 점을 명심해야 한다. 엔터테인먼트 상품 특성에 대한 II권 2장에서 엔터테인먼트 회사를 위한 중요한 리소스로 제작 및 마케팅 예산에 대한 논의를 참조하라.

〈깨어난 포스〉는 4134개의 극장에서 개봉되었으며, 이는 〈새로운 희망(A New Hope)〉의 거의 100배에 달한다. 38년의 세월과 새로운 전략적 마케팅 개념이 영화 배급에서 얼마나 큰 차이를 만들 수 있을까?

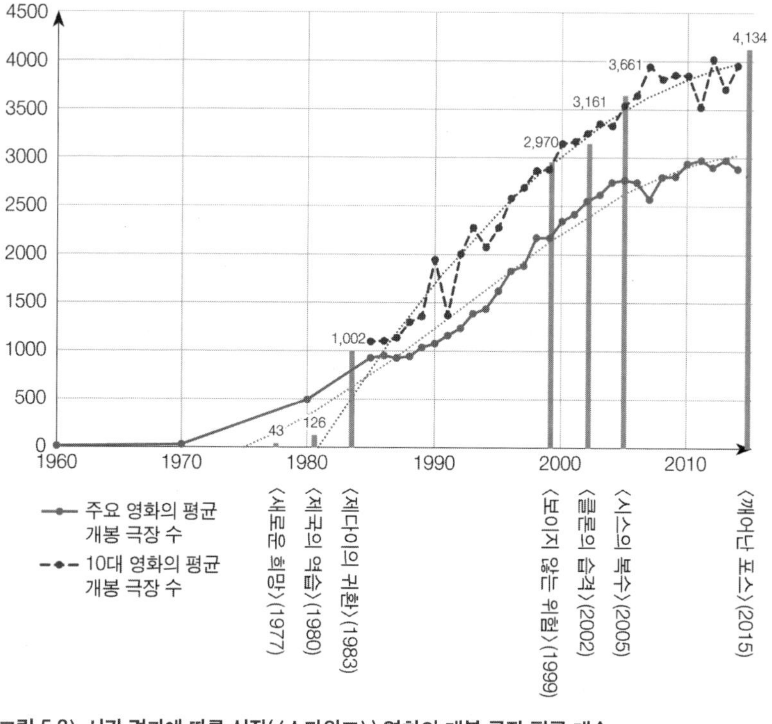

〈그림 5.3〉 시간 경과에 따른 신작(〈스타워즈〉) 영화의 개봉 극장 평균 개수

주: '주요 영화'는 제작 예산 측면에서 특정 연도의 100대 영화이다. 가는 선은 추정된 추세이다.
자료: The Numbers 및 기타 출처의 데이터를 참조.

3) 블록버스터 확산: 혁신자와 버즈가 필요하다!

케빈, 이건 기업의 명운을 건 영화야. 대화가 얼마나 좋은지는 중요하지 않아. 얼마나 많은 장난감을 팔 수 있는지에 관한 것이라고.

— 새로운 슈퍼맨 영화에 대한 워너 브라더스 경영진과의 만남을 회상하는 작가 겸 감독 케빈 스미스(Kevin Smith)(Brand, 2013: 182 인용)

블록버스터 개념의 중요한 의미는 실질적으로 다른 형식의 신상품 확산을 소개한다는 점이다. 출시 전부터 포커스를 받으며 처음부터 어디에서나 볼 수 있기 때문에 블록버스터 상품은 초기에 집중화된 확산 패턴을 보인다. 수익은 출시 시점에서 가장 높은 경향이 있으며, 그 다음 날들과, 주들, 달들에 기하급수적으로 감소하는 경향이 있다. 따라서 블록버스터 상품은 매우 짧은 시간에 막대한 수익을 창출할 수 있다. 영화 〈아바타〉가 전 세계에서 10억 달러 수익을 창출하는 데 단 15일이 걸렸으며 블록버스터 게임인 〈콜 오브 듀티: 모던 어페어 3(Call of Duty : Modern Warfare 3)〉는 그 이정표에 도달하는 데 하루가 덜 걸렸다. 하지만 부작용은 접근 방식에 내포된 전략적 결정으로 인해 블록버스터 개념에 따라 마케팅될 때 엔터테인먼트 상품이 본질적으로 짧은 수명주기가 더욱 짧아진다는 것이다.

〈그림 5.4〉는 북미 극장에서 시간이 지남에 따라 처음 7개의 〈스타워즈〉 에피소드의 누적 흥행 수익의 진화를 비교함으로써 블록버스터 개념이 엔터테인먼트 상품의 확산 패턴에 미치는 가속화 효과를 보여 준다. 블록버스터 마케팅을 어느 정도만 사용했던 시리즈의 초기 영화(영화가 개봉된 비교적 적은 수의 극장을 생각해 보라)가 2억 달러(2015년)의 수익을 창출하는 데 50일 이상이 걸렸음을 보여 준다. 시리즈의 세 번째 영화는 그 수준에 도달하는 데 약 15일이 걸렸고, 여섯 번째 영화는 약 6일, 일곱 번째 영화는

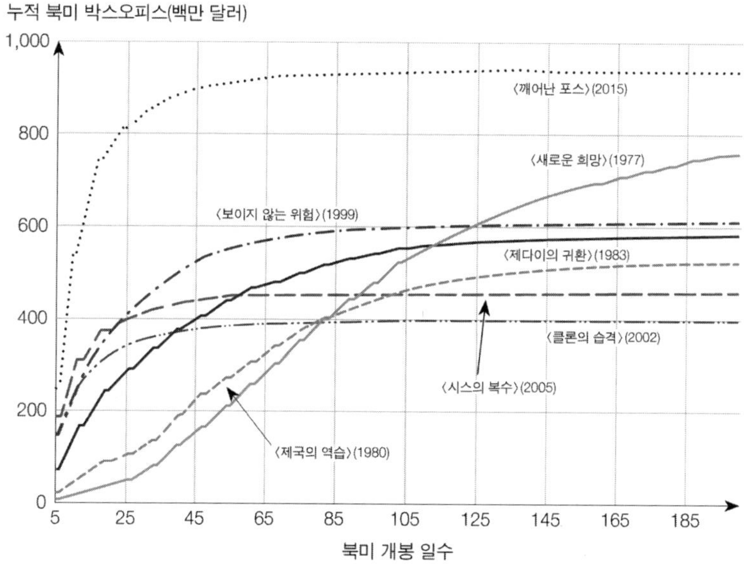

〈그림 5.4〉 스타워즈 첫 7편의 일일 흥행 수익

주: 모든 가치는 2015년 달러로 인플레이션 조정했다. 데이터를 사용할 수 없는 기간에는 결측 값(R^2가 0.99 이상이다)을 채우기 위해 로지스틱 회귀분석을 사용했다.
자료: The Numbers의 데이터를 참조.

2.5일 만에 기록을 통과했다.8)

블록버스터의 확산 가속화는 영화에만 국한되지 않는다(Elberse, 2013: 64 참조). 비디오 게임 데이터에서도 찾을 수 있는데 거기에서 우리의 관찰과 10년 전의 클레멘스와 오하시(Clements and Ohashi, 2005)의 관찰의 차이를 설명한다. 클레멘스와 오하시(Clements and Ohashi, 2005)의 책은 경영자들이 극도로 조기에 집중하는 특성 때문에 블록버스터 타이틀을 '로켓'이라고 부

8) 돈의 더 빠른 회수는 생산자에게 몇 가지 이점을 가져다준다. 그러나 상품이 투자를 회수하는 데 필요한 시간을 전반적인 성공과 혼동해서는 안 된다. 〈스타워즈〉는 적어도 재개봉을 고려할 때 전체 북미 영화 수익 측면에서 여전히 가장 성공적인 것으로 남아 있다.

르는 책으로 유명하다(März, 2011: 3). 예를 들어, 아사이(Asai, 2009)가 2005년 일본의 판매 패턴과 1980년의 판매 패턴을 대조했을 때, 블록버스터 시대의 초기 단계에서 새로운 싱글이 수익의 80%를 창출하는 데 16주가 필요한데 25년 후에는 단지 9주에 불과하다는 것을 알게 되었다. 총수익 대비 25년 만에 9주에 불과했다. 앨범의 경우 총수익의 80%를 획득할 때까지 1980년에는 11주가 지나야 했으나 2005년에는 4주에 불과했다.

확산 가속화는 블록버스터 개념의 필수 요소이다. 왜냐하면 엔터테인먼트 상품의 품질 부족이 소비자의 채택에 미칠 수 있는 부정적인 영향을 줄여 주기 때문이다. 블록버스터 개념은 다른 소비자의 의견(입소문으로 명료하게 되거나)이나 전문가들(리뷰를 통해)에 영향을 받지 않고, 마케팅 자극만으로 상품을 채택하기로 결정한 소비자를 대상으로 한다. 즉, 프랭크 바스(Frank Bass)가 기본 확산 모델에서 혁신자(Innovators)라고 명명한 소비자이다(Bass, 1969; II권 4장에서 바스의 모델에 대한 논의 참조). 통합된 마케팅 도구를 통해 블록버스터 개념은 신상품을 비판으로부터 분리하고 높은 수준의 시장성을 보장하는 높은 혁신 매개변수를 만드는 것을 목표로 한다.

에로틱한 베스트셀러 소설 『그레이의 50가지 그림자(50 Shades of Grey)』의 영화 각색의 예를 들어보자. 영화의 높은 혁신 매개변수 및 시장성은 첫날에는 3000만 달러 이상, 첫 주말에는 8500만 달러의 북미 박스오피스를 창출했다. 영화의 모방 매개변수와 그에 따른 호응성이 상당히 낮은 것으로 판명되었지만(개봉 주말 박스오피스는 영화의 전체 북미 극장 수입의 절반 이상으로 끝났다) 시장성은 특히 영화제작 비용 측면에서 즉각적인 성공을 보장했다. 영화 제작비가 단지 4000만 달러에 불과했기 때문이다. STX 엔터테인먼트의 CEO 애덤 포겔슨(Adam Fogelson)이 "[블록버스터] 영화의 성공의 75%는 시장성"이라고 주장했을 때 강조한 것이 바로 블록버스터 상품의 시장성의 중요한 역할이다(Friend, 2016 인용).

블록버스터 개념이 혁신자와 시장성에 관한 모든 것이라면 입소문(buzz)이 그것의 중요한 메커니즘이다. '언드(평가형)' 의사소통력의 맥락에서 깊이 논의한 버즈는 〈그레이의 50가지 그림자〉의 개막일에 관객을 극장으로 몰아넣었다. 익명의 마케팅 임원이 말했듯이 "이 영화에 대한 열렬한 욕구를 가진 관객이 있었고, 그들은 영화를 보고 첫 주말 동안 대화에 참여해야 했다"(D' Alessandro, 2015b 인용). 이러한 혁신자들에게 있어 많은 소비자와 전문 리뷰어들이 영화의 질이 낮다고 느낀 것은 중요하지 않았다.9)

버즈는 엔터테인먼트 상품의 품질(아티스트의 작업과 소비자의 변덕스러운 취향에 따라 다르다)보다 마케팅 담당자의 영향을 훨씬 더 많이 받을 수 있기에 블록버스터 개념은 엔터테인먼트 제작자에게 상당히 매력적이다. 매년 슈퍼볼이 열리기 몇 주 전에 "나쁜 영화를 가지고 있다고 생각하는 일부 영화제작자"는 슈퍼볼을 방영하는 방송국인 CBS에 "1개에 500만 달러가 넘는 스팟 광고 2개를"[CBS CEO인 레스 문베스(Les Moonves)(Lieberman and Busch, 2016 인용)] 요구한다.

이에 비해 바스의 모델(상품의 호응성 요소에 해당하는)에서 모방 매개변수의 역할은 블록버스터의 경우 비교적 작다. 이것이 품질이 블록버스터의 성공과 무관하다는 것을 의미하는가? 그렇지 않다. 상품의 품질은 블록버스터에서도 중요하며 블록버스터 제작자는 우수한 품질을 선호한다. 그러나 그것이 전제 조건은 아니다. 품질이 낮다는 것은 모방자가 적고 호응성이 적다는 것을 의미한다. 이는 블록버스터를 포함한 모든 엔터테인먼트 상품의 장기적인 성공을 저해한다는 것을 알고 있다(예: Hennig-Thurau et al., 2006). 따라서 블록버스터 관리의 핵심 과제는 설령 사람들이 별로 좋아하지 않

9) 영화는 시네마스코어 C+ 등급, IMDb 등급은 영화 관객들로부터 10점 만점에 4.1점을 받았으며, 리뷰어들로부터 받은 '토마토미터(Tomatometer)' 점수는 24%에 불과했다.

을 때라도 강한 버즈를 발생시켜 새로운 엔터테인먼트 상품이 충분히 성공할 수 있도록 하는 것이다. 그것이 훌륭한 상품으로 판명된다면 더 좋겠다. 이제 통합 마케팅 전략의 관점에서 블록버스터 개념의 주요 대안인 틈새 세그먼트를 타깃으로 하고 이를 흥미롭게 하여 성공하는 엔터테인먼트를 제작하는 방법을 살펴보자.

2. 경험적 접근법: 틈새 개념

블록버스터 개념은 소비자가 쉽게 이해할 수 있고, 열광할 수 있는 특정 종류의 상품을 필요로 한다. 그러나 이런 조건은 브랜드 파워가 부족하거나 복잡한 스토리라인, 색다른 리듬의 특징을 가진 엔터테인먼트 프로젝트로는 충족되지 않는다. 이러한 종류의 프로젝트에 가장 유망한 마케팅 전략은 무엇일까?

블록버스터 마케팅에 대한 전략적 대안은 실제 상품 경험을 주목하는 접근 방식인 틈새 개념이다. 이제 이 틈새 개념과 그 핵심 특성에 대해 논의하여 소비자 사이에서 모방자의 역할과 틈새시장에 출시된 엔터테인먼트 콘텐츠의 확산을 위한 상품 품질의 역할을 강조한다. 그런 다음 논란이 되는 '롱테일' 현상과 그것이 엔터테인먼트 마케팅이라는 틈새 개념의 성공을 위한 역할을 살펴본다.

1) 틈새 개념 정의

틈새 개념은 블록버스터 마케팅에 필수적인 대규모 제작 예산 및 대규모 광고와 같은 막대한 재정적 투자를 피할 수 있다(Elberse, 2013 참조). 대신,

틈새 개념은 대중 시장이 아닌 구체적이고 명확하게 정의된 소비자 부문을 대상으로 하는 신상품 생산에 적당한 금액을 투자하는 것을 포함한다. 세그먼트 구성원 간의 선호도가 다소 동질적이다는 생각 외에 이러한 세그먼트를 정의하는 기준 집합은 하나도 없다. 예를 들어, 영화의 경우 이러한 세그먼트는 특정 장르(예: 공포영화 애호가) 또는 특정 영화 유형('아트하우스 드라마'를 생각하라)을 좋아하는 사람들일 수 있다. 음악의 경우 지역 그룹(내슈빌 출신) 또는 장르(재즈)가 될 수 있다.

타이밍 측면에서 틈새 개념은 마케팅 및 PR 계획이 제품 출시 전이 아니라 출시되면 주로 수행된다는 것을 의미한다. 틈새 마케팅에서 커뮤니케이션의 목표는 출시 전 입소문을 내는 것이 아니라(상품의 시장성 잠재력이 충분하지 않아서 출시 전 흥미를 보장할 수는 없다) 상품을 경험하는 소비자가 아직 상품을 소비하지 않은 다른 사람들에게 해당 경험의 영향을 전달할 수 있도록 하는 것이다. 즉, 커뮤니케이션은 소비자 반응의 증가에 관한 것이다. 유통 노력은 또한 틈새 개념에 주로 집중되어 있다. 몇 개의 극장(목표 집단에 따라 선정된다)에서의 영화, 소수의 엄선된 서점의 소설, 특정 레코드 상점 또는 일부 지역 라디오 방송국의 신곡으로 출시된다. 그러나 음악과 게임의 경우 틈새 배포가 더 어렵다. 왜냐하면 많은 매출이 일어나는 곳이 이제 디지털이고 인터넷이 글로벌 플랫폼이기 때문이다.

틈새 개념이라는 것이 낮게 시작하지만, 그것의 야망이 작은 것으로 혼동되어서는 안 된다. 대신 그 아이디어는 목표 집단의 초기 반응을 바탕으로 시간이 지남에 따라 고객 기반을 확장하는 것이다. 목표 집단이 상품을 긍정적으로 받고 핵심 그룹 외부의 다른 사람들이 관심을 갖고 있음을 나타내는 신호가 있을 때 마케팅 담당자의 임무는 마케팅 도구를 함께 사용하여 상품의 확산을 지원하는 것이다. "상품이 이륙하거나 이륙 직전의 징후를 보이면 생산자가 점차 유통 범위 또는 강도를 높이고 더 많은 광고로 상품을 지원하여 성장을 더욱 강화할 것이다"(Elberse, 2013: 60).

이러한 유형의 에스컬레이션 접근 방식은 엔터테인먼트 분야에서 오랜 전통을 가지고 있다. 이는 영화가 블록버스터 이전 시대에 배포되고 홍보된 방식과 유사하다. 몇 개의 프리미어 극장의 설립부터 시작하여 미국과 전 세계로 몇 주와 몇 달에 걸쳐 확장된다.

2) 틈새 확산: 모방자와 품질이 필요하다

틈새 마케팅을 더 잘 이해하기 위해 확산 관점을 취하면 이미 신상품을 채택한 다른 사람들의 사회적 영향을 기반으로 결정을 내리는 모방자들에 개념의 초점을 맞추고 있음을 알게 된다. 앞서 설명했듯이 모방자의 수는 엔터테인먼트 상품의 호응성(playability)과 밀접한 관련이 있다. 블록버스터의 성공은 상품의 혁신자와 시장성에 달려 있지만 틈새시장의 성공은 주로 모방자와 호응성에 달려 있다. 우리는 후자가 대부분 상품(경험)의 품질에 의해 결정되며 이는 소비자의 입소문과 비평가의 리뷰의 기초가 된다고 주장했다.

영화 〈나의 그리스식 웨딩〉을 예로 들어 보겠다. 그 영화는 500만 달러에 촬영된 후 2002년 북미 단일 극장에서 개봉되었다. 출시 전 광고 예산은 13만 달러에 불과했다. 〈그림 5.5〉는 적절한 배급 및 광고 활동과 결합된 고품질에 대한 소비자의 인식이 시간이 지남에 따라 엄청난 수익을 창출하는 방법을 보여 준다. 영화에 대한 관심은 결국 목표 집단을 넘어서 쏟아져 일반 영화 관람객들 사이에서도 인기를 얻었다. 결국 이 영화는 북미 극장에서만 2억 4000만 달러(2002년 기준) 이상을 벌어들였다. 따라서 높은 수준의 품질은 성공적인 틈새 마케팅을 위한 필수 조건으로 간주되어야 하며 마케터는 이러한 품질 요구 사항을 준수하는 방식으로 노력과

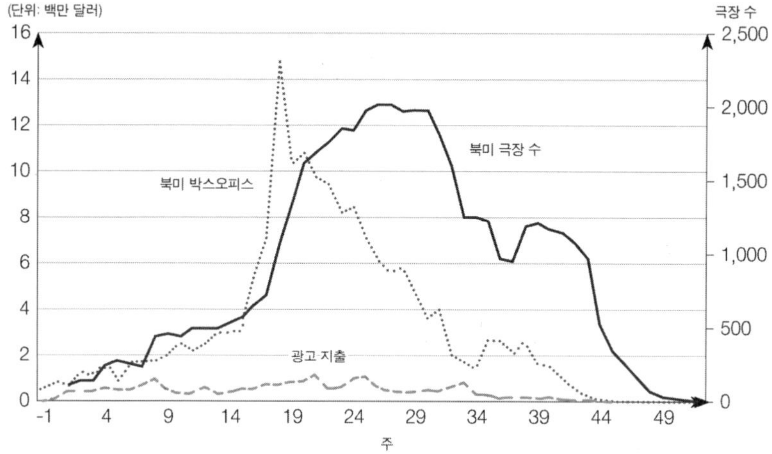

〈그림 5.5〉 영화 〈나의 그리스식 웨딩〉의 주간 박스오피스, 배급 및 광고 지출

자료: The Numbers(박스오피스 및 극장) 및 Kantar Media(광고)의 데이터를 참조.

자원을 배분해야 한다. 예를 들어 일반적인 블록버스터의 경우 제작 및 출시 시기 결정은 각본이 마무리되기 전에 이뤄진다.

그러나 이러한 접근 방식은 틈새 마케팅에 문제가 될 수 있다. 시간의 압박으로 인해 불만족스러운 스토리라인이 최종 영화로 전환될 수 있기 때문이다. 또한 품질에 대한 인식과 선호도가 소비자마다 크게 다르기 때문에 강력한 입소문 연쇄 확산(Elberse, 2013)을 발화하려면 올바른 목표 집단을 선택하고 유능한 방식으로 접근하는 것이 필수적이다. 틈새 마케팅에 참여하려는 사람들이 직면해야 할 2가지 근본적인 과제를 언급하겠다. 첫 번째는 '품질 문제'이다. 엔터테인먼트 상품은 창의적이고 문화적이며 쾌락적이기 때문에 생산자가 혁신 관리의 모든 모범 사례를 충족하더라도 고품질을 보장할 수 없다. 또 다른 문제는 '초기 인식 문제'이다. 틈새 확산의 주요 초점은 모방자에 있지만 항상 일정한 수준의 초기 인식이 필요하다. 혁신 매개변수가 0이면 모방자 간에 확산 과정을 시작할 수 있는 사람이 없다.

이것은 많은 틈새 마케팅 담당자에게 가장 큰 어려움이다. 거의 매 분마다 새로운 엔터테인먼트 옵션이 나타나는 오늘날의 일반적인 경쟁이 치열한 세계에서 혼란을 없애고 소비자에게 새로운 상품을 출시하기 전에 많은 광고 예산을 배정하지 않고 새 상품을 소비자가 인식할 수 있는 관심을 이끌어 내는 것은 어려운 일이다. 이 규칙에는 예외가 있지만 많지는 않다. 또한 유통업체(예: 영화관 및 소매업체)는 일반적으로 이러한 환경에서 인내심이 거의 없다. 부족한 자원을 수많은 대안 사이에 할당해야 하며 많은 유통업체가 시간이 지남에 따라 성장할 수 있는 틈새 상품을 위해 이러한 리소스를 예약할 수 있다(높은 시장성으로 많은 청중을 끌어 들일 것으로 예상되는 새로운 상품에 지원을 쏟아붓는 대신).

유통업체와의 좋은 관계를 통해 이러한 문제에 대한 해답을 찾는 것은 확실히 틈새 마케팅의 성공 잠재력을 엄청나게 높일 것이다.

3) 롱테일: 디지털 미디어의 기회 이용하기

틈새시장을 포용하십시오.

— 앤더슨(Anderson, 2004: 174)

틈새 개념의 경제적 잠재력은 소위 '롱테일(long tail)' 현상이다. '롱테일'은 ≪와이어드(Wired)≫ 지에 기사를 썼고 나중에 블로그와 비즈니스 서적(Anderson, 2004, 2006)에 글을 썼던 크리스 앤더슨(Chris Anderson)에 의해 처음 대중화된 관찰이다. 앤더슨에 따르면 디지털화는 소비자가 더 작고 분산된 틈새 상품에 대한 액세스를 제공하고 수요를 증가시킨다. 이러한 개발은 엔터테인먼트 상품에도 적용되어 틈새 타이틀의 상업적 잠재력을 높인다.

〈그림 5.6〉은 디지털 이전 시대와 디지털 시대에 사용 가능한 엔터테인먼트 상품의 레퍼토리의 판매 분포를 비교하여 롱테일의 아이디어를 보여 준다. 롱테일 현상의 기본 논리는 디지털화가 틈새 상품의 상업적 관련성을 높이는 방식으로 생산 및 유통을 변화시킨다는 것이다. 생산 변화, 특히 디지털 생산 기술로 인한 낮은 비용은 독립 상품들의 진입 장벽을 낮춘다. 이로 인해 많은 수의 기존 상품이 확장되어야 한다. 즉, 꼬리를 확장한다(그림의 가로 화살표).

그러나 그 현상에 근본적인 것은 분포 변화이다. 꼬리를 더 두껍게 만들어야 한다(그림의 세로 화살표). 인터넷은 엔터테인먼트 상품의 보관 비용을 대폭 절감하기 때문에 이전에는 소비자가 사용할 수 없었던 상품을 이제

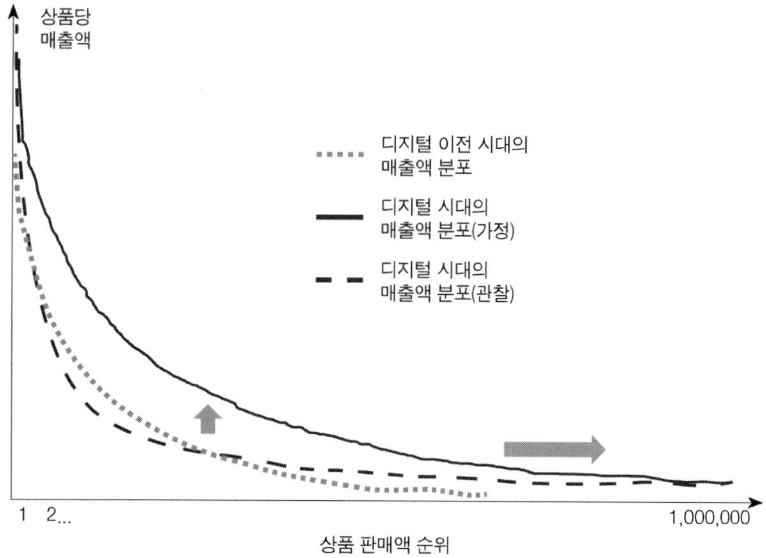

〈그림 5.6〉 틈새 타이틀로의 매출 분포 선

주: 함수 과정은 예시이며 실제 데이터를 기반으로 하지 않았다.

사용할 수 있다. 앤더슨(Anderson, 2004)은 디지털화 이전 시대에 월마트 매장은 연간 최소 10만 장을 판매하는 CD만 수익성 있게 판매할 수 있다고 주장한다. 대조적으로 아마존은 디지털 소매업체 및 엔터테인먼트 렌탈 회사에 저장 비용이 거의 중요하지 않기 때문에 기본적으로 사용 가능한 모든 노래와 앨범을 취급할 수 있다. 이론적으로 두 종류의 변경 사항을 결합하면 회색 점선 판매 곡선이 그림에서 검정색 실선 곡선으로 변환된다. 아마존, 음악 스트림 업체인 랩소디(Rhapsody: 현재 '새로운' 냅스터)와 DVD 대여 회사인 넷플릭스의 데이터를 근거로 앤더슨은 이 회사들은 실제 매장에서 구할 수 없는 타이틀을 통해 수익의 20~57%를 벌고 있고, 틈새시장(또는 '롱테일') 상품의 시장이 "평균 오프라인 상점에서 판매되는 상품 시장보다 크지는 않더라도" 상당하다고 주장한다(Anderson, 2004: 174).

그의 가정은 디지털 이전 시대에는 규제로 인해 소비자인 우리가 가장 선호하는 상품을 선택하는 데 방해가 있었고, 우리 모두는 다른 사람들이 좋아하지 않는 상품을 선호하도록 유도하는 매우 특이한 기호를 가지고 있다고 가정했다. 그리고 추천 기술은 이 방대한 대안 중에서 우리가 원하는 것을 찾는 데 도움이 될 수 있다.[10)]

롱테일 현상에 관한 실증적 연구는 좀 더 복잡한 그림을 그린다. 사용 가능한 엔터테인먼트 상품의 수가 디지털 플랫폼에서 분명하게 증가했으며 틈새 타이틀이 엔터테인먼트에 관한 소비자 지출의 상당 부분을 끌어당긴다는 광범위한 동의가 있다. 예를 들어 아마존 데이터를 사용해서, 브리뇰프슨 등(Brynjolfsson et al., 2003)은 2000년에 책 판매의 거의 40%가 10만 번째나 그 이하의 도서에 대한 것이라고 추정했다. 좀 더 최근의 후속

---

10) '언드(평가형)' 엔터테인먼트 커뮤니케이션에 관한 2장에서 소비자 의사결정을 위한 추천자와 그들의 역할에 대한 논의를 참조하라.

연구에서도 비슷한 그림이 그려져 있다(Brynjolfsson et al., 2009). 호주 소비자들이 구입한 다양한 도서 제목의 수는 불과 3년(2004년에서 2007년까지) 만에 63% 증가했다(*The Economist*, 2009). 따라서 소비자로서 우리는 분명히 새롭게 제공되는 틈새 타이틀을 사용한다.11)

그러나 여전히 불분명한 것은 틈새 타이틀에 대한 소비자의 수요가 누구의 비용으로 발생하는지이다. 엘버스(Elberse, 2008)는 2000년과 2007년 사이의 다른 기간에 비디오 및 음악 판매[닐슨(Nielsen)의 비디오스캔(VideoScan)과 사운드스캔(SoundScan)의 미국 판매액], 비디오 대여[호주 서비스 퀵플릭스(Quickflix)로부터] 및 음악 스트림(랩소디 서비스에서)에 대한 광범위한 분석을 수행했다. 엘버스의 연구 결과는 베스트셀러 타이틀이 아니어서 힘들었음을 시사한다. 엘버스는 곡선의 상단에 있는 타이틀에 대한 관심이 증가하고 있다고 지적한다. 실제로, 소스 전반에 걸쳐 베스트셀러 상품은 종종 '파레토 원칙'이라고 하는 80-20 경험칙(즉, 효과의 80%가 20% 사례에서 발생)에 따라 (또는 그 이상) 수익에서 가장 큰 비중을 차지한다. 그리고 TV 프로그램, 음악 및 책으로부터 나온 데이터는 가장 성공적인 타이틀이 차지하는 수익 점유율이 커지는 경향이 있음을 보여 준다(*The Economist*, 2009).12)

따라서 워너 CEO인 제프 뷰크스(Jeff Bewkes)는 다음과 같이 말한다. "히트(hits)와 테일(tail) 모두 잘하고 있다"(*The Economist*, 2009 인용). 디지털 롱테일

11) 그들의 후속 연구는 또한 특정한 한계를 지적한다. 브리뇰프슨 등은 꼬리가 길어졌지만 소비자는 꼬리 끝 부분에 특별히 관심이 없었으며 곡선의 기울기가 '극도의 틈새' 타이틀로(순위가 10만 위 미만인 타이틀) 곡선의 기울기가 가팔라졌다.

12) 예를 들어, 영국에서 1위 앨범은 4년 전보다 2008년에 더 많이 판매된 반면 다른 모든 음악은 더 적게 판매되었다. 미국에서 가장 많이 본 5개의 TV 프로그램은 2001년과 다른 모든 쇼보다 2009년, 그리고 10년 전보다 2008년 영국에서 상위 10권 베스트셀러 책이 75% 더 많이 팔려 다른 모든 책의 추세를 쉽게 앞지르고 있다. 자세한 내용은 이코노미스트지(*The Economist*, 2009)를 참조하라.

환경에서 힘든 타이틀은 중간에 있는 타이틀, 즉 메가 히트와 틈새 작품 사이의 타이틀인 것으로 보인다. 소비자는 이제 볼 만한 장관(블록버스터가 제공) 또는 특이한 즐거움(틈새 타이틀이 제공할 수 있다)을 위해 점점 더 많이 가고 있지만, 그들은 장관을 이루거나 충분히 개성적이지 않는 상품은 점점 더 무시한다. 이것은 〈그림 5.6〉에서 검정색 점선(디지털 시대의 '관찰된' 판매 분포)이 보여 주는 것이다. 선이 회색 점선보다 높게 시작한다(가장 큰 히트가 더 많은 돈을 지배한다). 그러나 그 아래로 떨어지다가 꼬리 끝쪽을 향해 가다가 다시 회색 점선을 통과한다(틈새 타이틀은 이전보다 더 많은 것을 얻는다).

마지막으로 틈새 상품에 대한 소비자들 사이의 인기가 틈새 마케팅에 참여하는 개별 제작자의 밝은 전망과 혼동되어서는 안 된다. 대신 틈새 엔터테인먼트 상품에 대한 수요 증가로 인해 가장 많은 혜택을 받는 것은 유통업체(예: 아마존, 구글, 애플, 넷플릭스 및 스포티파이)이다. 소비자는 수많은 다른 종류의 타이틀에 유혹되지만 유통업체만이 원하는 구색을 제공할 수 있고, 그로부터 소비자가 자신의 고유한 선호에 딱 맞는 타이틀을 선택할 수 있다. 단일 또는 소수의 틈새 엔터테인먼트 상품의 개별 제작자는 그러한 선택을 제공할 수 없다. 그리고 소비자가 각 제작자의 작품을 검색하는 데 드는 비용은 대부분 엄청날 것이다. 단, 관련 타이틀 카탈로그를 소유한 강력한 틈새 브랜드(예: 전문 DVD 레이블 기준)를 제외하고는 예외이다. 롱테일 현상에 관해서는 "엔터테인먼트의 진정한 비즈니스는 소수의 소비자의 관심을 끌 수 있는 디지털 플랫폼을 소유하는 것이다"(*The Economist*, 2017). 결과적으로 상품 마케팅에 틈새 개념을 사용하는 엔터테인먼트 제작자는 롱테일 현상의 힘에 의존해서는 안 된다. 대신, 그들은 여전히 틈새 개념이 가져오는 문제를 해결하고, 목표 집단과 유통업체 사이에 충분한 인지도를 생성하고, 고품질 결과를 보장하고, 소비자가 적극적으로 검색할 만큼 눈에 띄게 상품의 레퍼토리를 개발했다.

엔터테인먼트 제작자가 선택('중간'에서 길을 잃지 않기를 원한다면)해야 하는 2가지 지배적인 통합 마케팅 전략을 개괄한 후 우리는 책의 거의 끝부분에 도달했다. 그러나 우리는 이 2가지 접근 방식의 사용과 관련하여 업계의 현재 상태와 이 상태가 엔터테인먼트의 미래에 미칠 수 있는 결과를 잠깐 살펴보지 않고서는 여러분을 놓아 줄 수 없다.

3. 블록버스터 vs. 틈새 상품: 오늘 우리의 위치와 최고의 상품들이 넘치는 문제

1) 블록버스터 세계에서 살기!

> 이 산업은 유동적이며 텐트폴(tent pole: 가장 수익을 많이 낼 대작으로 기대되는 작품)을 위해 텐트를 치고 중국 달러를 좇는 거물들에 의해서 돌아가고 있다. 많은 돈(수많은 0이 붙은)으로 시작하면 우리가 얻는 것은 슈퍼히어로이다. 스파이더맨, 슈퍼맨, 배트맨, 제다이맨, 시퀄맨, 프리퀄맨, 공식 스크립트 등.
>
> — 제87회 아카데미 시상식에서 배우 잭 블랙(Jack Black)(Toronto Mike, 2015 인용)

오늘날 엔터테인먼트는 전례 없을 정도로 블록버스터에 의해 지배되고 있다. 메이저 스튜디오와 레이블은 블록버스터 작품만을 개발하는 것처럼 보이며 모든 카드를 큰 베팅에 넣고 있다. 잭 블랙의 비꼬는 소감은 현재 영화관을 장악하고 있는 고예산 시퀄, 리메이크, 베스트셀러/게임/만화 각색, 장난감에서 영감을 받은 작품의 지배력에 대한 많은 사람들의 우려를 담고 있다. 많은 주요 제작자들이 거의 모든 다른 제작 활동에서 철수했다. 아트하우스 계열사를 매각(또는 재배치)하고 '블록버스터의 잠재력'

이 없는 것으로 보이는 프로젝트를 폐기했다. 영화제작자 린다 옵스트(Lynda Obst)는 엔터테인먼트 상품이 주요 스튜디오 및 레이블 외부에서 완전히 제작되지 않는다면 블록버스터 포맷으로만 만들어질 수 있는 산업의 상태를 '새로운 비정상(new abnormal)'의 상태라고 명명했다. 옵스트(Obst, 2013)는 "좋은 이야기를 담은 원작 영화가 오늘날의 할리우드에서 자체적으로 만들어질 수 있는지 … 테리 길리엄과 함께 만든 〈더 피셔 킹〉… 그리고 내가 가진 최고의 대본을 얻을 수 있을까요?"라고 묻는다. 옵스트의 대답은 "그렇지 않다(Ha! No way!)"(p.9)이다. 그 감정은 (〈귀여운 여인(Pretty Woman)〉 등의) 프로듀서 로라 지스킨(Laura Ziskin)이 오늘 제작할 수 있는 영화가 무엇인지 물었을 때 대답한 것('없다'라고 대답했다)과 비슷하다(Obst, 2013: 9 인용). 비교 가능한 주장을 I권, II권, III권에서 다룬 다른 형태의 엔터테인먼트에서도 들어 왔다. 스튜디오들이 블록버스터에 집중하는 것은 콘셉트에 대한 해

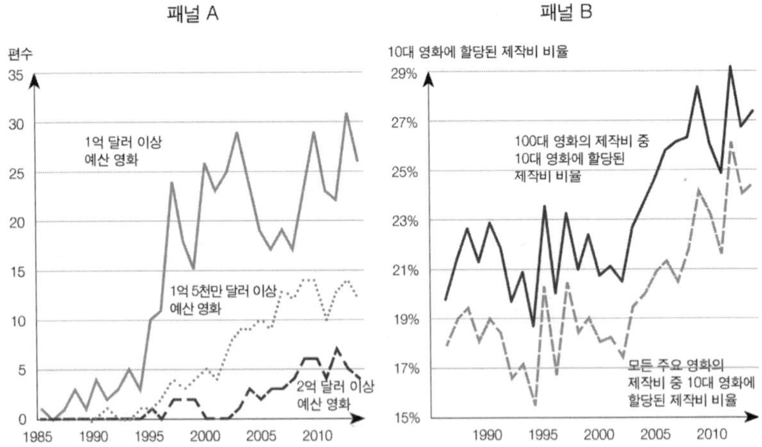

〈그림 5.7〉 예산 확대 추세

주: 모든 데이터는 2014년 달러 기준이다. 예산 데이터를 사용할 수 있는 총 북미 박스오피스가 100만 달러 이상(인플레이션 조정됨)인 주요 영화를 포함한다.
자료: The Numbers 및 일부 추가 출처의 데이터를 참조.

석만큼이나 급진적이다. 〈그림 5.7〉의 패널 A는 미국 제작자가 1억 달러 이상을 투자한 연간 영화 수를 보여 준다(2014년 가치, 제작 원가만). 그 수는 1985년 한 영화에서 현재 31개로 증가했다. 예산이 1억 5000만 달러와 2억 달러 이상인 영화의 경우 훨씬 더 극적으로 늘어난다. 이러한 추세는 주요 스튜디오와 레이블이 출시하는 총 상품 수를 줄이는 환경에서 발생한다.

패널 B는 영화 산업이 이전과는 다르게 투자를 하고 있으며 더 많은 부분이 대규모 제작물에 유입되고 있음을 보여 준다. 예를 들어, 가장 비싼 10편의 영화는 2014년 모든 주요 제작물에 사용된 4달러 중 거의 1달러를 흡수했지만 1985년에는 그 숫자가 18%에 불과하여 거의 40%의 변화를 보였다. 우리는 또한 예산 범주에서 제작자의 예산 할당에서 불평등(또는 집중)의 척도로 지니(Gini) 계수를 계산했다. 계수는 0에서 1까지 범위이며 더 높은 값은 더 강한 편향을 나타내는 것으로 1986년 이후 가장 비싼 100개의 영화에서 0.25에서 0.41로, 모든 주요 제작물 중에서는 0.39에서 0.59로 증가했다.[13)]

우리는 블록버스터 개념과 그 요소(예: 강력한 브랜드와 프랜차이즈)의 경제적 잠재력을 이 책의 몇 군데에서 주목했다. 이러한 이점들은 적어도 부분적으로 그 산업이 블록버스터로 옮겨 가는 것을 설명해 준다. 그러나 우리가 〈그림 5.7〉과 그 밖에 곳에서 보게 되는 블록버스터 개념의 극단적 형성의 논리는 무엇인가? 우리는 세계화와 디지털화의 메가트렌드를 책임지

---

13) 시간에 따른 예산 할당 불평등의 증가는 거의 선형적이다. 각 회귀 함수의 R^2 값은 0.84(가장 큰 영화 100개) 및 0.95(모든 주요 영화)이다. 값이 '0'(완전 평등)에 가까울수록 평등하고(편향성이 적고) '1'(완전 불평등)에 근접할수록 불평등하다(편향성이 크다)는 것을 나타낸다. 여기에서 언급하는 모든 숫자는 계수의 정규화 버전을 나타낸다(범위는 0~1).

고 있다. 세계화는 더 많은 시장이 접근 가능하고 무역 장벽이 줄어들면서, 엔터테인먼트 블록버스터에 대한 레버리지/수익 잠재력을 엄청나게 증가시켰다.

그리고 디지털화는 인터넷을 통한 글로벌 커뮤니케이션을 가능하게 하고(지구 전체에 떠들썩한 분위기를 조성하는 데 필수적이다) 동시에 여러 (디지털) 채널을 통한 엔터테인먼트 상품 출시 비용을 전 세계적인 규모로 대폭 줄임으로써 글로벌 시장 공략을 더욱 촉진했다. 넷플릭스가 아마존 호스팅 서버에 영화를 업로드하는 순간, 현재 190여 개국의 소비자들은 넷플릭스의 한계비용을 최소화하면서 즉시 관람할 수 있다. 물류는 음악(스포티파이와 아이튠즈를 통해), 책(아마존을 통해), 심지어 전 세계 극장으로 전송되는 디지털 영화 파일에도 유사하다.

오늘날, 메이저 (미국 기반의) 엔터테인먼트 제작자들이 버는 돈의 대부분은 그들의 고향 대륙 밖에서 온다. 1980년에 할리우드 스튜디오는 북미 이외의 지역에서 수익의 25% 미만을 창출했다(Friend, 2016). 현재 국제적 수익은 스튜디오 매출의 3분의 2까지를 차지한다(McNary, 2016). 즉각적인 결과는 주요 생산자들이 '글로벌 소비자'를 염두에 두고 있다는 것이다. "스튜디오들이 [영화를 결정할 때] 고려하는 것은 분명히 해외시장이다"[감독 스티븐 소더버그(*The Deadline Team*, 2013 인용)].

메이저 제작자들 사이에 널리 공유된 가정은 비동질적인 관객들에게 즐거움을 제공하는 가장 좋은 방법은 가능한 한 상품을 화려하게(따라서 비싸게) 만들고 세계적인 명성을 가진 브랜드를 사용하는 것이다. 즉, 눈길을 더 많이 끌기 위해 더 많은 예산을 쓰는 것이 더 높은 수익으로 이어진다고 믿는다. 비록 긍정적인 관객 평가가 블록버스터 개념의 초점은 아니지만, 프랜차이즈 로직은 확실히 이점이 있다. 그것은 값비싼 구경거리가 세계적인 '즐거운 쾌락'으로 확인되었다. 이와는 대조적으로, 스마트한 대화처럼 비용이 적게 드는 눈길 끌기들은 덜 강력한 것으로 간주되어, 적어도 일부 주요 글로벌 관객들에게 어필하지 않거나, 혼란스럽게 하거나, 또는 너무 많은 것을 요구하는 위험을 안고 있다.14)

경제적 결과는 매니저들이 블록버스터에 집중한 것에 대해 보상해 준 것 같다. 우리는 베스트셀러 타이틀로 확보한 수익의 비율이 엔터테인먼트-상품 유형 전반에 걸쳐 증가하고 있다는 증거를 인용했다. 하지만 이것이 극도의 대규모 제작비 투자가 관객들의 어필과 재정적 성과로 이어

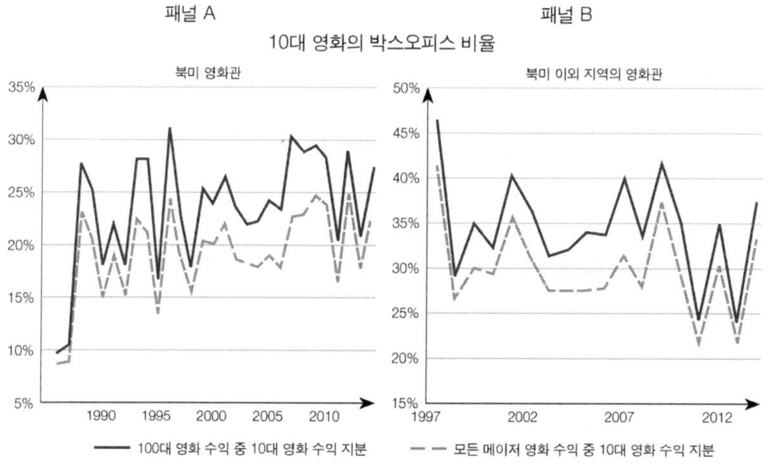

〈그림 5.8〉 가장 비싼 상품이 소비자에게 가장 크게 영향을 미치는가?

주: 모든 데이터는 2014년 달러 기준이다. 예산 데이터를 사용할 수 있는 북미 박스오피스 총 100만 달러(인플레이션 조정됨) 이상인 주요 영화를 포함한다.
자료: The Numbers 및 일부 추가 출처의 데이터를 참조.

---

14) 새터화이트 등(Satterwhite et al., 2016)은 마블의 영화적 세계관인 마블 시네마틱 유니버스의 음악에 대한 흥미로운 시청각 분석을 제공하는데, 제작자가 관객을 혼란스럽게 하거나 불쾌감을 주는 위험을 피하기 위해 의도적으로 강렬하고 기억에 남는 음악 테마를 피한다고 결론지었다. 그들은 영화가 '나쁜' 음악을 사용하지 않고 '부드럽고 공격적이지 않은 음악'을 사용한다고 주장한다.

진다는 것을 의미하는가? 〈그림 5.8〉의 패널 A는 북미 박스오피스에서 가장 비싼 영화제작에 의해 창출되는 수익의 비율이 실제로 지난 몇 년 동안 증가했음을 보여 준다. 이러한 제작에 더 많은 자원을 할당함으로써 현재 10개의 가장 큰 영화들은 예년보다 더 높은 소비자 수입의 몫을 끌어모으고 있다. 그러나 우리는 또한 가장 비싼 영화 10편이 차지하고 있는 수입의 상당한 편차가 있다는 것을 알아야 한다. 그리고 패널 B는 가장 비싼 제작물에 할당된 더 높은 비용 점유율이 북미 이외의 지역에서 더 높은 수익 점유율로 이어지지는 않는다는 것을 보여준다.

이러한 결과에 관계없이 그 산업은 엄청난 예산과 그들이 만들어 내는 장엄한 볼거리가 전 세계의 많은 청중을 끌어들일 수 있는 쉬운 해법이라고 여긴다. 가장 매력적인 상품은 디지털 유통을 통해 어필할 수 있으므로 추가되는 수백만 소비자에게 낮은 한계비용으로 도달할 수 있으며 글로벌 수익의 불균형적인 몫을 확보하는 데 도움이 된다. 일곱 번째 〈스타워즈〉 에피소드인 〈깨어난 포스〉로 디즈니(Fleming, 2016)는 거의 8억 달러의 수익을 올렸다. 팔로우스(Follows, 2016)는 자신의 데이터베이스 수익의 절반이 "영화 중 가장 많이 지불한 6%의 영화에서 나온 것"이라고 추정한다.

이것이 오늘날 엔터테인먼트 세계에서 일어나는 일이다. 극한 블록버스터의 세계이다. 스튜디오와 대기업의 수익성이 대부분 높아서 지금은 여러분이 직접 연구를 수행하거나 자신의 엔터테인먼트 상품을 제작(또는 배포)하도록 맡길 수 있다. 그러나 우리는 엔터테인먼트 업계가 극단적인 블록버스터에 집중함으로써 갖게 되는 체계적인 위험을 먼저 언급하지 않고서는 그렇게 할 수 없다. 장기적으로 엔터테인먼트 회사의 지속 가능성과 생산성을 위협할 가능성이 있는 위험이다. 과거에 블록버스터 개념이 했던 것과 같이 예외적일 때 효과적인 것들이 표준화되면 반드시 계속 효과적으로 작동하는 것은 아니다.[15]

2) 최고의 상품들이 넘치는 함정

모든 사람의 최적 전략은 블록버스터를 공격적으로 좇는 것이다. 하지만 모두가 그렇게 하면 집단적 결과가 좋지 않다.

— 금융 애널리스트 더그 크리츠(Doug Creutz)(Lieberman, 2017 인용)

디지털 시대에 추가되는 소비자에게 도달하는 데 한계비용이 낮아질 것으로 전망됨에 따라 대부분의 제작자는 이제 전 세계적으로 최대 수의 소비자에게 어필하는 극한의 블록버스터 상품을 제공하기 위해 노력하고 있다. 소비자의 관심과 흥미를 보장하기 위해 상품당 지출을 어느 때보다 많이 하면서 말이다. 유명 브랜드를 통해 높은 수준의 친숙함을 제공하는 것 외에도, 그들은 일반적으로 도피감(escapism)과 같이 보편적으로 적용 가능한 주요한 동기를 해결하여 다양한 소비자에게 어필하는 흥분을 제공하려고 시도한다.

이러한 접근 방식이 표준이 되었다는 사실은 엔터테인먼트 기업에 몇 년 안에 엔터테인먼트 비즈니스의 일부 또는 전체 산업의 지위를 위협할 수 있는 서로 연결된 수많은 과제를 가져온다. 이러한 과제는 극단화되고 주요 관심사가 되는 블록버스터 개념으로부터 등장하는 다중 대상의 일반적 특성의 엔터테인먼트 상품이 증가되는 것과 관련이 있다. 과제의 집단적 성격을 감안할 때 단순할 수 없거나 가능하더라도 1명의 경영자가 그것에 대응할 수 없다(그리고 경제적으로도 유리하지 않을 수도 있다). 그럼에도 불구

---

15) 이 통찰력은 또한 과거 데이터를 사용하는 경험적 연구의 모든 한계를 상기시킬 수 있는 마지막 기회를 제공한다(엔터테인먼트 사이언스 및 기타 분야). 연구의 유용성은 항상 연구가 수행된 맥락의 적합성과 관련이 있다. 맥락이 의미 있는 방식으로 변경되면 과거의 경험적 결과는 예측력을 잃게 된다.

하고 이를 공유하는 것이 필수적이라고 생각한다.[16] 산업계의 현재 주요 과제는 다음과 같다.

※ 첫 번째 과제

우리는 소비자의 엔터테인먼트 기호들은 다양하다고 주장했다(그리고 경험적 증거를 제공했다). 극단적인 '블록버스터로만 구성된' 상품 포트폴리오는 수요의 다양성을 해결하지 못한다. 블록버스터는 정의에 따라 소규모 그룹이나 개인의 고유한 이익이 아닌 많은 소비자가 공유하는 공통 이익에 초점을 맞추고 있다. 이 과제에 추가하는 것은 블록버스터 논리법이 자신의 자산을 보호해야 한다는 것이다. 핵심 캐릭터 자체가 수백만 달러 규모의 브랜드이기 때문에 영웅을 죽이는 것은 스토리라인의 선택이 아니며 다양성과 신선한 자극의 잠재력을 더욱 제한한다. 엔터테인먼트 형식(예: 영화) 내에서 이러한 비슷함은 해당 엔터테인먼트 형식의 매력을 감소시킬 수 있다. 복잡한 TV 드라마와 몰입형 비디오 게임에 대한 관심이 증가하고 있는 주요 원인으로 블록버스터 전용의 지위를 꿥고 있는 영화들에서 이러한 관심 상실의 신호를 어느 정도 이미 관찰할 수 있다.

그리고 이 책에서 다룬 모든 엔터테인먼트 형식에서 비슷함이 지배한다면 소비자의 엔터테인먼트에 대한 흥미가 함께 줄어들지 모른다. 우리는 이미 유통 결정에 대한 논의에서 오늘날의 디지털 세계에서는 소비자가 하나의 (전통적인) 엔터테인먼트 형태에서 다른 형태로만 이주하는 것에 국한되지 않는다는 점을 강조했다. 대신 젊은 소비자들은 소셜 미디어를

16) 여기서 논의한 내용은 앞서 헤니그-투라우(Hennig-Thurau, 2013)가 작성한 내용에서 영감을 받았다. 그 이후로 상황이 진정되지 않고 오히려 악화되었다고 느낀다(〈레고 무비(The Lego Movie)〉에 대한 우리의 기대는 틀렸지만…)

그 자체로 엔터테인먼트의 한 형태로 본다. 그들이 전화와 앱, 데이터에 소비하는 시간과 돈은 전통적인 엔터테인먼트에 새로운 반란을 일으켰다는 증거이다. 그리고 디지털 (소셜) 미디어 인프라(예: 페이스북 또는 구글)를 제공하는 회사는 영화, 음악 또는 책을 생산하는 회사와 크게 다르다. 사람들은 전통적인 미디어와 디지털 미디어 대기업의 거래를 또 다른 적이자 친구 관계라고 생각할 수 있다. 전통적인 엔터테인먼트 제작자들은 소셜 미디어 회사에 콘텐츠를 판매하지만, 소비자들에게 소셜 미디어의 매력은 단순히 영화를 보거나 노래를 듣는 것 그 이상이다.

블록버스터 개념의 '과용'으로 인한 엔터테인먼트 콘텐츠 표준화의 영향을 가장 많이 받는 소비자 세그먼트는 무엇일까? 엔터테인먼트 선호도가 공통분모와 다른 모든 세그먼트 —이것은 최대한 매력적으로 보이게 하려는 제작자들의 노력으로 타협이 되는 사랑받는 코믹, 그래픽 소설, 게임 캐릭터를 발굴하려는 젊은 남성 팬을 포함한다. 영화광이라고 자칭하는 더 알 구멘토(The R-gumentor, 2016)가 영화에 대한 흥분의 상실을 어떻게 설명하는지 들어보라. "지난 5~7년 동안 대부분의… 영화가 시작되었다. 나는 점점 더 불안감을 느낀다. 내가 아는 한, 그들 중 가장 좋은 것조차 너무 '깨끗'하다. 너무 매끄럽고, 너무 세련되고, 너무 예의 바르고, 너무 완벽하다. 그리고 그 완벽함과 '깨끗함'은 모든 것에 영향을 준다. 언어, 옷, 캐릭터의 전체적인 모습부터 액션 장면과 싸움이 디자인된 방식까지, 도대체 캐릭터의 내적 갈등과 감정적 고통조차도 시야 내에 남아 있는 경향이 있다. 영화에서는 먼지조차도 깨끗해 보인다…." 그는 많은 "영화는 제작의 모든 측면에 참여하는 훌륭한 예술가들과 함께 다소 전문적으로 제작되고 매우 재미있다. 그들은 과격한 광경, 많은 재미있는 원 라이너 및 최신 특수 효과를 제공한다. 그리고 그들은 나를 지루하게 했다". 마케팅 이론은 젊은 남성 팬이 블록버스터의 전체 고객 기반의 일부에 불과하더라도 젊은 남성 팬의 흥분이 엔터테인먼트 제작자에게 특히 우려할 만하다는 것을 보여 준다.

더 알 구멘토와 같이 "최신 블록버스터를 보고 싶어서 기다릴 수 없고," 〈아바타〉와 〈반지의 제왕〉과 같은 대규모 예산 영화를 좋아하는 영화로 올리는 애호가들은 혁신 학자들이 '리드 사용자(lead users)'라고 칭하는 것에 딱 맞다. 그들은 상품 범주에 열광할 뿐만 아니라 주류 소비자의 미래 선호도를 예고하는 사람들이다(von Hippel, 1986; Urban and von Hippel, 1988). 현재 시장 개발에 대한 리드 사용자의 불만은 경제적 영향을 미칠 수 있는 다가오는 추세를 나타낼 수 있으므로 엔터테인먼트 제작자는 주의 깊게 주목해야 한다.

우리는 이 문제에 있어 혼자가 아니라고 덧붙인다. 일부 산업 경영자는 기술적으로 완벽하지만 창의적으로 단조로운 상품 범위로 소비자를 외면하는 위험을 인식한다. 예를 들어, 전설적인 할리우드 임원인 빌 매카닉(Bill Mechanic)은 현재 블록버스터의 초점이 영화의 다양한 매력을 제거하고 영화 전반을 위협한다고 우려를 표명했다. "큰 것은 본질적으로 나쁘지 않다. 작은 것은 본질적으로 좋지 않다. 좋은 것은 좋은 것이고 나쁜 것은 나쁜 것이다. … 만약 연극 영화가 앞으로 10년 안에 사라진다면 그것은 스스로 성취하는 예언이 될 것이다. 세상은 더 어두운 곳이 될 것이고 범인은 신기술이 아니라 무언가를 생각하지 않은 경영자이다"(Mechanic, 2017). 기존 장르와 프랜차이즈 패턴이 다양하고 관객들로부터 열광적인 환영을 받은 〈데드풀(Deadpool)〉과 〈엑스맨〉 스핀오프인 〈로건(Logan)〉과 같은 영화는 이러한 좌절감을 극복하려는 시도이다. 그러나 그들은 과격함으로 많은 청중을 외면하고 폭력과 '슬픔'을 더한다(둘 다 R 등급을 받았다). 본질적으로 이것은 그들이 블록버스터 레시피를 위반한다는 것을 의미한다. 이 두 영화는 신선하고 창의적인 감각을 추가하여 성공적으로 수행했지만 다시 한번 그렇게 하려면 계속해서 예술적 성과를 가져와야 한다. 이는 위험을 초래하고 극단적인 블록버스터 경제학과는 거의 호환되지 않는다.

※ 두 번째 과제

우리는 성공적인 엔터테인먼트 제작을 위한 예술적이고 창의적인 재능의 중요한 역할을 강조했다. 그러나 극단적인 블록버스터만의 접근 방식은 이 그룹에게 그다지 매력적이지 않다. 창작자들은 그들의 생각을 다듬을 공간을 원하지만 블록버스터나 프랜차이즈 및 유니버스들(메타 시네마틱 유니버스 등)은 그런 공간을 제공하지 않는다. 우리는 마블의 영화적 세계관인 마블 시네마틱 유니버스(Marvel's cinematic universe)에 있어서 마블의 임원인 케빈 페이지가 하는 주도적 역할에 주목했다. 오늘날의 극한 블록버스터 세계에서는 경영진과 '위원회'가 창의적인 영역을 지배하는 것이 규칙이다. 만약 창작자가 위원회의 아이디어에 반대한다면, 디즈니의 스타워즈 프랜차이즈(Debruge, 2017)의 2018년 출품작인 영화 〈솔로(SOLO)〉를 제작하기 위해 고용된 감독 필 로드(Phil Lord)와 크리스 밀러(Chris Miller)에게 일어난 것처럼 창작자가 '창의성 차이' 때문에 해고될 수 있다.

다중 시장에 대한 어필은 블록버스터에 필수적이다. 특히 투자 금액이 1억 달러에 달하며 창작자의 생각을 구체화화며 실험하는 것은 단일 재정적 실패(예술적 품질이 아닌 다중 시장 포지셔닝 부족으로 인한)가 제작자의 경제적 생존능력에 지진과 같은 영향을 미칠 때는 위험한 옵션이 된다. 결과적으로 단기적으로 아티스트는 다른 회사나 다른 형태의 엔터테인먼트로 이동하여 창의적인 아이디어를 실현할 수 있는 더 나은 조건을 찾고자 한다. 이 이동은 최근 영화 대신 TV 드라마 제작에 참여하기로 결정한 영화감독들에게 보여졌다. 이러한 창작자의 이동은 새로운 형태의 엔터테인먼트(예: Pähler vor der Holte and Hennig-Thurau, 2016)에 전례 없는 수준의 예술적 품질을 제공하는 시리즈들에 대한 최근의 인기에 확실히 기여했다. 이는 전통적인 엔터테인먼트의 예술적 품질을 더욱 악화시키고 새로운 디지털 형식에 대한 경쟁력을 더욱 약화시킬 수 있다.

※ 세 번째 과제

블록버스터 경제는 엄청난 개봉 전 입소문(버즈)을 만들고, 개인적 친구들의 입소문(즉, 양질의 정보)을 기다릴 수 없기 때문에 상품을 소비하는 대중의 관심을 끌기 위해 전 세계적인 매력을 지닌 강력한 브랜드를 필요로 한다. 그러나 이러한 반응을 자극할 수 있는 글로벌 '우버 브랜드(uber brands)'의 레퍼토리는 분명히 제한되어 있다. 엔터테인먼트 제작자가 거의 모든 리소스를 기존 브랜드의 확장에 쓰기 때문에 극한 비율의 블록버스터에 필요한 슈퍼스타 지위를 구축할 수 있는 새로운 것은 거의 없다. 할리우드는 요즘 유용한 브랜드를 찾기 위해 모든 문화 아카이브를 뒤지고 있으며, 이 검색은 선구적인 창작자가 참여할 때 때때로 놀라운 결과를 유발할 수 있다. 장난감 브랜드에 영감을 주는 서사적 스토리텔링으로 바꾼 〈레고 무비(The Lego Movie)〉를 생각해 보라(극장에서만 거의 5억 달러를 벌었다). 그러나 훨씬 더 자주 그런 사냥은 이상한 결과를 낳았다. 엄청나게 인기 있는 비서사적인 〈푸룻 닌자(Fruit Ninja)〉 게임(플레이어가 스마트폰이나 태블릿에서 터치스크린으로 제어되는 칼날로 과일을 자르는 게임)의 영화 각색 개요는 다음과 같다. "100년마다 혜성이 지구를 향해 날아가면서 농장에 떨어져 과일을 감염시키는 기생충을 남긴다. 감염된 과일은 그런 다음 인간 숙주를 찾는다. 인류를 특정 파멸로부터 지키는 유일한 것은 과일을 죽이고 '반과일(anti-fruit)'을 관리하여 숙주를 구출하는 닌자의 비밀 사회이다. 농산물을 살해하는 구세주는 과일 닌자 게임 기술을 기반으로 인구로부터 모집된다"(French, 2017). 워너가 브랜드를 구입했으므로 곧 전용 블록버스터 형식으로 극장에서 출시되었다.

또한, (우리가 보여 준 것처럼 엔터테인먼트 소비에 내재된) 포만감 효과는 가장 강력한 브랜드 프랜차이즈의 지속에도 도전한다. 2017년 여름, 기존 영화 브랜드의 여러 블록버스터 확장이 예상보다 낮은 실적을 기록했다(예: 다섯 번째 〈트랜스포머(Transformers)〉 영화와 〈에이리언〉의 여덟 번째 시리즈). 업계의 일부는 미지근한 결과가 영화의 품질이 부족했기 때문이라고 생각했다. 그러나 전임자들이 비슷한 품질 등급에도 불구하고 성공을 거두었기 때문에 타깃층 사이에서 브랜드에 대한 관심이 감소하고 있다고 비난하는 것이 더 합리적이다. “옛날에 할리우드는 네 번째 출품작 이후에 다섯 번째 해적 영화를 만들려고 하지 않았을 것이다. 처음 3개보다 훨씬 적은 수익을 올렸고, 국내 매표소에서 대규모 제작비를 채우지도 못했다. 옛날 옛적에 〈베이워치〉와 같은 소멸된 TV 자산은 … 값비싼 여름의 핵심으로 변모하는 것으로 간주되지 않았다. 관객들은 나쁜 리뷰를 받았기 때문에 이 영화를 피하지 않았다. 애초에 관심이 없었기 때문에 피했다”(Sims, 2017).

※ 네 번째 과제

블록버스터 개념은 높은 수준의 시장성을 창출할 수 있는 제작자의 능력에 달려 있다. 즉, 친구들로부터의 양질의 정보가 유출되기 전에 많은 소비자가 상품에 대해 비용을 지불하게 한다. 그러나 거의 모든 사람이 하나 이상의 디지털 소셜 네트워크(일부 엔터테인먼트 사이언스 교수도!)의 구성원인 시대에 친구 간의 정보 확산 속도는 계속해서 가속화되고 있다. 개봉일에 새로운 영화에 대한 부정적인 정보를 소셜 네트워크 회원 간에 공유하면 영화의 성적이 저하될 수 있다는 경험적 증거를 제시했다. 로튼 토마토와 같은 집계 사이트는 전문적인 리뷰를 위해 동일한 즉각적인 정보를 제공한다. 이 효과가 가속화되면 사람들을 혁신자(Innovators)에서 모방자

(Imitators)로 전환할 수 있다. 모방자는 유료 및 소유 미디어가 아니라 '언드(earned)' 미디어에 따라 '좋은' 경우에만 블록버스터를 소비하는 것이다. 이러한 변화는 상품의 품질이 열악할 경우 블록버스터 제작자가 막대한 투자에서 더 많은 지분을 잃을 위험을 수반하며, 이는 블록버스터 방식의 근본적인 경제적 논리에 도전한다. 요즈음 따돌림 당하고 있는 블록버스터 감독, 제작자이자 금융가인 브렛 래트너(Brett Ratner)가 그러한 실시간 품질 정보를 "우리 비즈니스의 파괴"(Hibberd, 2017 인용)[17]라고 명명하는 것이 옳았을지 모른다. 정확히 하자면 극도의 블록버스터 비즈니스의 파괴라고 할 것이다.

※ 다섯 번째 과제

마지막으로, 엔터테인먼트 제작자는 광고 비용이 증가함에도 불구하고 블록버스터 개념을 효과적으로 유지할 수 있는 방법을 찾아야 한다. 선형 TV의 도달 범위가 악화되고 점점 더 세분화되는 미디어 세계(예: Thompson, 2017)에서 출시 전에 새로운 엔터테인먼트 블록버스터에 대한 중요한 사람들에게 흥분을 일으키는 것은 점점 더 어려워지고 있다. 그리고 비용이 많이 든다. 인터넷 광고주(페이스북 및 구글)의 복점(duopoly: 상품이 단 2개 기업에서 공급되는 상태)으로 인해 온라인 광고 비용이 낮아지지 않고 계속해서 상승하며, 더 나아가 블록버스터의 수익성을 위협할 것이다. 디지털 광고 비용이 증가하면 더 큰 출시로 가는 추세가 가속화될 것이다. 그 이유는 혼란을 없애고 필요한 수익을 창출할 수 있을 뿐이기 때문이다.

전체적으로 산업계는 여기서 최고의 상품들이 넘치는 함정이라 부르는

17) 래트너는 특히 로튼 토마토에 대해 말하고 있었지만 그의 비평이 다른 출처와 즉각적인 양질의 정보 형태에도 적용될 것임을 쉽게 알 수 있다.

딜레마에 부딪히고 있다. 비정기적인 전략을 업계 표준으로 만들어서 경영자는 전략 자체의 효과가 더 이상 확실하지 않은 새로운 환경을 만든다. 소비자의 블록버스터 채택과 경제적 결과에 관한 대부분의 경험적 결과의 기초가 되는 데이터는 그러한 상품이 규칙이 아니라 예외인 맥락에서 수집되었다. '극단적인 블록버스터 경제'에서 결과가 어떻게 변할 수 있는지 여부와 방법은 불분명하다. 따라서 "검증되지 않은 아이디어를 승인(green lighting)하는 데 따르는 위험을 피함으로써 엔터테인먼트 경영자가 가장 큰 위험을 떠안을 수 있다"라고 지적한 엡스테인(Epstein, 2017)이 옳다.

이러한 환경적 변화는 블록버스터의 관리와 관련하여 우리가 언급한 관찰이 유효하지 않다는 것을 의미하지는 않지만 붙잡지 못하는 경향이 있다. 소비자가 브랜드 영화만을 접하게 되면, 가능한 모든 대안이 큰 브랜드이기 때문에 그러한 브랜드가 제공하는 이점은 사라질 것이다. 따라서 경영자가 주 효과보다는 상호작용 효과를 면밀히 살펴보도록 권장한다. 변경되지 않는 것은 상황별 통찰력이다. 브랜드를 특히 강력하게 만드는 요인과 조건은 무엇일까? 개별 엔터테인먼트 제작자가 극단의 블록버스터 경쟁에 참여하는 대신(또는 틈새 개념을 적용하여) 옵션이 있을까? 일부는 소비자의 입소문에 대한 경쟁이 치열해지는 것을 피하면서 상품을 마케팅할 수 있는 새롭고 대안적인 방법을 찾고 있다.

가수 비욘세(Beyonce)가 2013년 12월 셀프 타이틀 앨범 〈비욘세〉를 발표했을 때, 며칠 후 아이튠즈와 CD에 등장했다. 값비싼 사전 출시 광고 캠페인이 없었다. 대신 가수는 페이스북 페이지(Hampp and Lipshutz, 2013)를 통해 출시를 발표했다. 3년 후 비욘세는 〈레모네이드〉 앨범으로 이 접근 방식을 반복했으며 다른 음악 스타(예: 리한나, 드레이크, U2)도 그 뒤를 따랐다. 일부 관찰자들은 이 접근 방식을 '서프라이즈 릴리스(surprise release)' 전략이라고 한다(Huddleston, 2016).

그리고 영화감독 스티븐 소더버그는 2013년 영화제작에서 은퇴를 선언했다가(Child, 2013) 4년 후 복귀했다. 새로운 '서비스 거래' 마케팅 전략을 가지고 그는 창작자로서 자신의 영화 〈로건 럭키(Logan Lucky)〉의 광고 및 배급뿐 아니라 전체 권한을 가졌다(Guerrasio, 2017). 그는 영화에 대한 비극장적(non-theatrical) 권리를 사전 판매하고 할리우드 스튜디오 대신 20명의 직원 스타트업과의 수익 공유 계약 조건에 따라 배급 및 광고를 처리하도록 함으로써 그렇게 할 수 있었다. 이러한 접근 방식은 실험이며 작동할 수 있다면, 특정 조건에서만 작동할 수 있다(소더버그의 영화는 북미의 3000개 이상의 극장에서 개봉했지만 첫 주말 수익은 800만 달러에 불과했다). 그럼에도 불구하고 우리는 엔터테인먼트 경영자(또는 엔터테인먼트 사이언스 학자?)가 블록버스터 및 틈새 개념의 대안으로 미래에 새로운 마케팅 개념을 생각해 낼 수 있는지 궁금하다.

4. 맺음말

엔터테인먼트 사이언스의 마지막 장에서는 엔터테인먼트 마케팅 믹스의 다양한 요소가 조율되는 방식에 숨겨진 가치가 있음을 설명했다. 우리는 블록버스터 개념과 틈새 개념이라는 고유한 논리를 따르는 2가지 통합 엔터테인먼트 마케팅 전략을 도입했다. 강력한 브랜드, 쉽게 소통할 수 있는 '하이 콘셉트' 상품, 상품 자체에 대한 막대한 투자와 집중적인 배포 광고를 결합한 블록버스터 개념의 논리는 강력한 출시 전 버즈를 만들어 새로운 상품을 '사전 판매'하는 것이다. 본질적으로 엔터테인먼트 상품의 성공과 실행 품질(및 그러한 품질의 생산과 관련된 위험)을 분리한다. 주요 '판매 포인트'는 '가정용' 브랜드의 친숙성이며, 많은 소비자에게 어필하는 볼거리(스펙터클)로 보완된다. 반대로 틈새 개념은 대규모 투자의 사용을 자제하고 출시 전이 아니라 출시 후에 초점을 맞춘다. 전문 청중을 위한 고품질과 입소문 및 전문 비평가와 같은 다른 이해 관계자의 행동을 통해 정보에 입각한 연속된 확산에 방아쇠를 당긴다.

우리는 블록버스터 콘셉트가 엔터테인먼트 분야에서 지배적인 콘셉트가 되었으며 종종 매우 극단적인 수준으로 옮겨지고 있음을 보여 주었다. 디지털화와 세계화의 결합은 천문학적 보상의 잠재력을 제공한다. 메이저 제작사들은 〈스타워즈〉와 같은 수십억 달러의 멀티 상품 프랜차이즈와 마블의 슈퍼히어로로 채워진 것과 같은 '유니버스'(마블 시네마틱 유니버스)를 점점 더 목표로 삼고 있다.

우리는 단일 상품에 대한 블록버스터 논리법에 대한 이론적 및 경험적 지지를 하지만, 그 지배력에 대해 우려하는데 그것이 다양한 경제의 일부로 작동하는 것이 업계 표준에 맞지 않을 수도 있다. 엔터테인먼트에 대한 블록버스터만의 접근 방식은 이 장에서 제시한 몇 가지 도전에 직면해 있다. 이는 시스템적 위험을 수반하여 잠재적으로 소비자를 전통적인 엔터테인먼트 형식에서 소셜 미디어와 같은 새로운 엔터테인먼트 형식으로 몰아넣고, 따라서 대규모의 위험과 비싼 실패를 내포한다.

참고문헌

Anderson, C. (2004). The long tail. *Wired Magazine*, January 10, https://goo.gl/2NQJUr.

Anderson, C. (2006). The long tail: *Why the future of business is selling less of more*. New York: Hyperion Books.

Asai, S. (2009). Sales patterns of hit music in Japan. *Journal of Media Economics, 22*, 81-101.

Bass, F. M. (1969). A new product growth model for consumer durables. *Management Science, 15*, 215-227.

Boxofficemojo.com (2017). All time box office. Domestic grosses, adjusted for ticket price inflation, July 24, https://goo.gl/hPDwrS.

Braund, S. (2013). *The greatest movies you'll never see: Unseen masterpieces by the world's greatest directors*. London: Cassell.

Brynjolfsson, E., Yu Jeffrey, H., & Smith, M. D. (2003). Consumer surplus in the digital economy: Estimating the value of increased product variety at online booksellers. *Management Science, 49*, 1580-1596.

Brynjolfsson, E., Hu, Y. J., & Smith, M. D. (2009). A longer tail? Estimating the shape of Amazon's sales distribution curve in 2008. In *Workshop on Information Systems and Economics*.

Canning, B. (2010a). How Jaws heated up summer movies. In A. B. Block & L. A. Wilson (Eds.), *George Lucas's Blockbusting* (pp.531-532).

Canning, B. (2010b). Jaws. In A. B. Block & L. A. Wilson (Eds.), *George Lucas's Blockbusting* (pp.572-573).

Child, B. (2013). Star Wars Episode VII pushed back to Christmas 2015. *The Guardian*, November 8, https://goo.gl/bApFrt.

Clements, M. T., & Ohashi, H. (2005). Indirect network effects and the product cycle: Video games in the U.S., 1994-2002. *Journal of Industrial Economics, 53*, 515-542.

Coppola, F. (2010). Introduction. In A. B. Block & L. A. Wilson (Eds.), *George Lucas's Blockbusting* (Vols.VI-VIII). New York: HarperCollins books.

D'Alessandro, A. (2015a). Legendary's Michael Mann pic 'Blackhat': What the hell happened? *Deadline*, January 20, https://goo.gl/u7gj4Z.

D'Alessandro, A. (2015b). 'Fifty Shades' lower with $22.26 M; 'Hot Tub 2's tracking off. *Deadline*, February 23, https://goo.gl/PiagvV.

Debruge, P. (2017). Why movies need directors like Phil Lord and Chris Miller more than ever. *Variety*, June 21, https://goo.gl/udAqYg.

Elberse, A. (2008). Should you invest in the long tail? *Harvard Business Review, 86*, 88-96. https://goo.gl/EGtyEJ.

Elberse, A., & Krasney, N. (2013). How Hollywood's original and not-so-original films fare at the box office. https://goo.gl/wfWWdD.

Epstein, A. (2017). 'The Matrix' reboot: It's finally happened. Hollywood has run out of all the ideas. *Quartz*, March 15, https://goo.gl/3oGv18.

Fleming Jr., M. (2016). No. 1 'Star Wars: The Force Awakens' — 2015 most valuable movie blockbuster tournament. *Deadline*, March 28, https://goo.gl/Rtj96X.

Follows, S. (2016). How movies make money: $100 m+ Hollywood blockbusters, July 10, https://goo.gl/uYwnJe.

French, A. (2017). How to make a movie out of anything—Even a mindless phone game. *The New York Times*, July 27, https://goo.gl/A3NWGA.

Friend, T. (2016). The mogul of the middle. *The New Yorker*, January 11, https://goo.gl/8hYXxT.

Guerrasio, J. (2017). Steven Soderbergh has a new plan to make Hollywood movies outside the control of big studios. *Business Insider*, June 8, https://goo.gl/Si9mA8.

Hampp, A., & Lipshutz, J. (2013). Beyoncé unexpectedly releases new self-titled 'Visual Album' on iTunes. *Billboard*, December 13, https://goo.gl/mG3NNa.

Hennig-Thurau, T. (2013). Why the 'Buzz Economy' is not a sustainable business model. *Medium*, November 19, https://goo.gl/KJhbpt.

Hennig-Thurau, T., Houston, M. B., & Sridhar, S. (2006). Can good marketing carry a bad product? Evidence from the motion picture industry. *Marketing Letters, 17*, 205-219.

Hibberd, J. (2017). Rotten Tomatoes is 'the destruction of our business,' says director. *Entertainment Weekly*, March 23, https://goo.gl/vnriTx.

Huddleston Jr., T. (2016). Beyoncé's 'Surprise' album wasn't all that surprising. *Fortune*, April 25, https://goo.gl/vUgnts.

King, G. (2002). *New Hollywood cinema*. New York: Columbia University Press.

Lewis, J. (2003). Following the money in America's sunniest company town: some notes on the political economy of the Hollywood blockbuster. In J. Stringer (Ed.), *Movie Blockbusters* (pp.61-71). London: Routledge.

Lieberman, D. (2017). Hollywood bear: Why media analyst is gloomy about the movies. *Deadline*, March 17, https://goo.gl/HanNbM.

Lieberman, D., & Busch, A. (2016). Hollywood tees up movie ads for Super Bowl: TV's most expensive event. *Deadline Hollywood*, January 29, https://goo.gl/m1zhCu.

März, U. (2011). Bestseller mit Ansage. *Zeit Online*, June 30, https://goo.gl/osWaup.

McNary, D. (2016). Universal, Disney finish 2015 with record worldwide grosses. *Variety*, January 4, https://goo.gl/TR3on2.

Mechanic, B. (2017). Bill Mechanic on movie biz: Big problems & a few suggestions on how to fix them. *Deadline*, March 31, https://goo.gl/6rvu85.

Mendelson, S. (2014). Tim Burton's 'Batman' at 25, and its wonderful, terrible legacy. *Forbes*, June 23, https://goo.gl/93xDpk.

Nall, J. (2012). Open wide: The influence of "Jaws" on modern high concept films. *Student Film Reviews*, May 6, https://goo.gl/oX4yZ3.

Obst, L. (2013). Sleepless in Hollywood. *Tales from the new abnormal in the movie business*. New York: Simon & Schuster.

Pähler vor der Holte, N., & Hennig-Thurau, T. (2016). Das Phänomen Neue Drama-Serien. Working Paper, Department of Marketing and Media Research, Münster University.

PBS (2001). The monster that ate Hollywood. *Frontline*, November 22, https://goo.gl/4DiBo5.

Rubinson, C., & Mueller, J. (2016). Whatever happened to drama? A configurational — comparative analysis of genre trajectory in American cinema, 1946-2013. *The Sociological Quarterly, 57*, 597-627.

Satterwhite, B., Ramos, T., & Zhou, T. (2016). The Marvel symphonic universe. *Every Frame a Painting*, September 12, https://goo.gl/4JDqn3.

Shone, T. (2004). *Blockbuster*. New York: Free Press.

Sims, D. (2017). Hollywood has a bad-movie problem. *The Atlantic*, July 5, https://goo.gl/BxMfAE.

Stringer, J. (2003). *Movie blockbusters*. New York: Routledge.

The Economist (2009). A world of hits, November 26, https://goo.gl/qVMq3v.

The Economist (2017). The battle for consumers' attention, February 9, https://goo.gl/Lyt33S.

The Deadline Team (2013). Steven Soderbergh's state of cinema talk. *Deadline*, April 30, https://goo.gl/3md7zK.

The R-gument(or) (2016). Why Hollywood might want to scale back (a little): A rant against modern tentpole filmmaking, August 26, https://goo.gl/jwS478.

Thompson, D. (2017). TV's ad apocalypse is getting closer. *The Atlantic*, August 10, https://goo.gl/qPZock.

Time (1975). Summer of the shark. *Time Magazine*, June 23, https://goo.gl/oaM6zF.

Toronto Mike (2015). What Jack Black said at the Oscars, February 26, https://goo.gl/ZJ8YY8.

Urban, G. L., & von Hippel, E. (1988). Lead user analyses for the development of new industrial products. *Management Science, 34*, 569-582.

von Hippel, E. (1986). Lead users: A source of novel product concepts. *Management Science, 32*, 791-805.

Wyatt, J. (1993). *High concept: Movies and marketing in Hollywood* (5th ed.). Austin: University of Texas Press.

이제 '엔터테인먼트 사이언스'의 힘을 발휘해 봐요!

이게 그거다.

—마이클 잭슨의 노래

엔터테인먼트 매니지먼트는 전통적으로 엔터테인먼트 상품의 상업성과 관련해 시나리오 작가 윌리엄 골드먼의 상징적인 발언('어떻게 될지 아무도 몰라요')에서 묘사된 패러다임인 "직감(gut feeling)"과 경영 본능에 의존해 왔다. 그러나 골드먼의 발언은 35년 이상의 학문적 연구와 강하게 대조되는데, 이 학문적 연구는 엔터테인먼트 상품에 관한 소비자의 결정과 그 상품의 재무 성과가 체계적이고 비임의적인 패턴을 따른다는 충분한 경험적 증거를 제공한다. 학자들은 이러한 패턴을 데이터와 계량 알고리즘으로 연구해 왔으며, 그 기초가 되는 규칙이나 이론을 규명했다. 엔터테인먼트 사이언스 I~III권에서는 그러한 통찰의 광대한 몸뚱이를 하나로 모아 이른바 '엔터테인먼트 사이언스 이론'을 향해 첫걸음을 내디뎠다. 여러분이 이 책의 페이지에서 확실히 주목했듯이, 이 이론은 포괄성과 거리가 멀다. 무엇이 엔터테인먼트 상품을 성공하게 하는지를 설명하는 데 있어서 많은 공백과 빈 공간이 있다. 그리고 어떤 주장은 다른 주장들보다 훨씬 더 데이터에 의해 강하게 지지된다(그리고 어떤 주장은 아직 경험적으로 전혀 시험하지 않았다). 그러나 거의 모든 이론은 정의에 따르면, 거의 항상 그 현상에 대해 배울 것이 더 많기 때문에, 확정적이고 최종적인 이론을 접하는 것은 매우 드문 일이다(하나가 있을지라도).

엔터테인먼트 사이언스의 일반적인 논리는 생활과 경제의 다른 분야와 마찬가지로 엔터테인먼트에서의 성공은 일정한 패턴과 규칙을 따르고, 데이터와 알고리즘은 우리가 그것들을 이해하는 데 도움을 줄 수 있다는 것이다. 엔터테인먼트 사이언스의 밑바탕은 엔터테인먼트 세계를 복잡하고 다방면으로 보는 확률론적 세계관이다. 이런 복잡한 세상에서는 하나의 요소나 하나의 마케팅 기구의 사용은 결코 소비자의 반응이나 100% 확실성을 가진 상품의 성공을 설명하지 못하고, 다만 소비자가 어떤 식으로 반응하거나 엔터테인먼트 상품이 히트할 확률을 높일 뿐이다. 이것은 엔터테인먼트 사이언스가 속한 학문 분야인 어떤 사회과학에서도 항상 그러하며 앞으로도 그럴 것이다.

단편적이기는 하지만 엔터테인먼트 사이언스는 '순수' 이론이 아니라 응용된 이론이다. 엔터테인먼트 상품의 성패에 관한 실용적 주제를 다루며, 우리는 그것을 경영자나 엔터테인먼트 산업에 관련된 다른 사람들에게 유용하게 사용하고자 한다. 엔터테인먼트 사이언스는 무엇이 더 잘 작동하는지(그리고 왜 더 잘 작동하는지)에 대해 논쟁을 벌이지만, 엔터테인먼트에서 창의성을 몰아내기 위한 시도는 하지 않는다. 그 대신 엔터테인먼트 사이언스 이론은 엔터테인먼트와 그 상품을 규정하는 구체적인 요소, 엔터테인먼트 상품이 거래되는 시장, 엔터테인먼트 소비자에 대한 철저한 분석과 이해를 바탕으로 하고 있다. 그러한 세부 사항들은 엔터테인먼트의 맥락에서 어떻게 사물이 경제적으로 작용하는지에 대한 우리의 관점을 형성한다. I권 1장에서는 엔터테인먼트의 쾌락적·문화적 특성과 그 밖의 여러 측면을 포함한 상품 특성에 대해 심도 있게 논의했다. 이 장에서는 또한 서로 다른 특성이 마케팅 전략의 효과에 어떻게 영향을 미치는지에 대한 링크도 제공했다. I권의 나머지 장인 2~6장에서는, 엔터테인먼트 시장의 특성과 소비자들이 엔터테인먼트를 경험하기 위한 결정을 내리는 방법에 대한 분석으로 이 토론을 보완했다.

그리고 II권, III권은 초기 아이디어의 창출에서부터 그것의 수명주기가 끝날 때까지 엔터테인먼트 경영자가 엔터테인먼트 상품을 마케팅하기 위해 사용할 수 있는 도구에 바쳐졌다. 마케팅에 대한 우리의 관점은 광고나 다른 판촉 활동에 국한된 것이 아니라 시장과 소비자를 다루는 엔터테인먼트 회사의 모든 활동을 포괄하는 총체적 관점이라는 점에 주목했다. 이러한 마케팅 관점은 모든 엔터테인먼트 상품의 경험 품질을 결정하는 창의성과 예술성을 위한 공간을 제공하며, 관객과 전문가들이 이에 어떻게 반응하는지를 결정한다. 이러한 경험 품질은 필수적이며 따라서 I~III권 전체에서 논의한 '엔터테인먼트 마케팅 믹스'의 첫 번째 요소가 된다. 우리는 '위대한 엔터테인먼트'에 기여하는 것이 무엇인지 더 잘 이해하기 위해 자료와 알고리즘뿐만 아니라 문화 이론에 근거한 연구 결과를 보고했다. 하지만 예술가들은 안심할 수 있다. 비록 우리의 통찰력이 품질이 무엇인지 규정하는 데 도움이 되기는 하지만, 다음 걸작을 위한 공식은 없으며, 그것이 언젠가 곧 바뀔 것이라고 기대하지 않는다. 우리는 알고리즘의 힘이 엔터테인먼트 그 자체를 창조하는 것보다 복잡한 사업 결정을 개선하는 데 있어 경영자들에게 훨씬 더 유용하다고 주장했다.

경험 품질과 더불어 엔터테인먼트 경영자들이 마음대로 가지고 있는 마케팅 도구의 전 영역에 대해 논의했다. 엔터테인먼트 사이언스의 가장 잘 발달한 분야 중 하나인 엔터테인먼트 성공을 위한 브랜딩의 힘을 강조하고 특정 장르 등 다른 (브랜드가 아닌) 특징들이 상품을 위해 하는 역할을 연구했다. 우리는 새로운 엔터테인먼트 상품의 개발에 대한 오래된 주장을 반박했고, 엔터테인먼트 혁신이 경영자들이 신상품의 성공 가능성을 예측하는 데 도움을 주는 특정한 전략, 문화, 구조, 방법으로부터 실제로 이익을 얻을 수 있다는 사례를 구축했다. II권 5장은 예측을 위한 '하나뿐인' 접근법을 제시하지 않았다. 대신에, 우리는 독자들이 그/그녀의 회사의 독특한 요구와 자원에 가장 적합한 접근법을 개발하기 위한 영감으로 우리가 제시하는 대안적 접근법을 평가하기를 바란다.

III권 1장과 2장은 페이드(유료) 미디어, 온드(소유) 미디어, 그리고 (악성) 입소문과 (악성) 상품에 대한 전문적인 리뷰를 포함하는 언드(평가형) 미디어를 아우르는 다양한 커뮤니케이션 접근법이 엔터테인먼트 상품에 얼마나 효과적인지에 대한 이해도 제공했다. 이 글을 쓸 당시 할리우드에서는 로튼 토마토(Rotten Tomato: 미국의 영화 평론가들의 평가를 모아놓는 사이트)가 영화를 망친다는 이야기가 많았다(예: Rodriguez, 2017). 엔터테인먼트 사이언스는 인과관계와 상관관계를 분리함으로써 독자들이 전문적 리뷰가 가지고 있는 '진정한' 효과를 판단하고, 이미 문제가 된 상황을 악화시키기만 하는 임시변통의 결정을 피하도록 도울 것이다.

III권 3장은 또한 ① 기존 유통 창구에 대한 변경 사항 및 ② 불법 채널이 오늘날 엔터테인먼트 성공에 미치는 영향(즉, 불법 복제의 영향)에 대한 열렬한 논쟁에 과학적 층을 추가하고 대안적 구제책을 논의한다. 우리는 III권 4장에서 엔터테인먼트 경영자가 모든 상품의 가격을 동일하게 결정하는 전통적인 접근 방식을 재고하는 대신 매력이 다른 상품 간에 가격을 다르게 하는 것이 대가를 지불할 수 있음을 보여 주었다.

우리는 III권 5장에서 실전에 사용된 2가지 지배적인 통합 마케팅 전략으로서 블록버스터와 틈새 마케팅에 대한 토론으로 엔터테인먼트 사이언스 이론을 끝냈다. 여기서, 우리는 산업을 위해 경고한다. 엔터테인먼트 사이언스를 단편적으로 적용하여 디지털화와 세계화의 경제적 잠재력을 '극한 블록버스터'라는 단일 유형의 상품으로 축소해서 이용하는 것은 전체 산업으로서의 엔터테인먼트에 위협이 된다. 그것은 소비자들을 영화, 음악, 게임, 책으로부터 그리고 소셜 미디어와 같은 새로운 경쟁적인 형태의 엔터테인먼트에 이르기까지 전반적으로 멀어지게 할 수 있다.

우리는 엔터테인먼트 사이언스(이론과 책)가 독자들이 엔터테인먼트 상품에 대한 결정을 내릴 때 '과학적으로' 생각하는 가치를 강조하도록 도움을 주고자 했다. 그렇게 함으로써 이론과 데이터 분석을 통해 예술적 기술과 경영 직관의 힘을 향상시키고자 했다. 그렇게 하면 독자들이 '어떻게 될지 아무도 몰라요'라는 통설을 뒤로 하고, 분석 함정(엔터테인먼트의 복잡성과 상품이 갖는 창의적 특성의 주요 역할을 무시하고, 분석 기술을 순진하고 부주의하게 사용하는)을 피할 수 있다. '아무도 몰라요'뿐만 아니라 '이론 없는' 분석도 테이블에 많은 가치를 남긴다. 우리는 우리가 그러한 도움을 줄 수 있기를 바라며, 엔터테인먼트 사이언스(이론)와 함께 일하거나 그것과 함께 확장하는 데 있어서 행운을 빈다. 이제 헤어질 시간이다. 전설적인 작곡가 오스카 해머스타인(Oscar Hammerstein)의 말을 의역하여 여러분을 떠나도록 하겠다. 사랑하는 독자 여러분! 안녕히 계십시오. 안녕히 계십시오.

참고문헌

Rodriguez, A. (2017). The 10 worst summer 2017 movies that Rotten Tomatoes helped destroy. Quartz, August 25, https://goo.gl/7CDHTs.

찾아보기

(작품 — 영화, 음악, 음반, 게임, 도서)

(인명)

지은이

토르스텐 헤니그-투라우 (Thorsten Hennig-Thurau)

독일의 저명 경제학자로 주로 미디어·영화·소셜 미디어 경제와 관계 마케팅을 연구했다. 현재 뮌스터대 마케팅 센터 마케팅·미디어 연구 의장이다. 루네버그대 경영학과를 나와 하노버대에서 경제학 박사를 받았다. 웨스트필름스대 경제학과 교수, 바우하우스대 미디어학부 교수, 런던 시티대 카스비즈니스 스쿨 연구 교수 등을 지냈다. 영화 불법 복제물의 경제적 피해 영향을 학술적으로 처음 규명했다. 저서에 『관계 마케팅: 고객 만족 및 고객 보존을 통한 경쟁력 확보』 등이 있다. JSR 리서치 '최우수논문상(2005)'을 받고 비즈니스 잡지 ≪Handeliet≫에 의해 독일·오스트리아·스위스 '상위 1% 학자'(2007)로 선정되었다.

마크 B. 휴스턴 (Mark B. Houston)

미국의 마케팅 학자로 주로 채널·영화 마케팅 및 혁신 전략에 대해 연구했다. 현재 텍사스크리스천대(TCU) 닐리비즈니스 스쿨 마케팅학과 교수이다. 볼리바르 사우스웨스트침례대 경영학과와 미주리대 MBA를 각각 나와 애리조나주립대에서 경영학 박사를 받았다. 미주리대, 세인트루이스대, 볼링그린주립대, 트룰라스케대, 텍사스A&M대 메리비즈니스 스쿨의 마케팅학과 교수, 독일 뮌스터대 객원 교수 등을 역임했다. 식품회사 블루 벨 크리머리즈의 초대 의장을 지냈다. 저서에 『전략적 마케팅과 계획』 등이 있다. 마케팅·유통 채널 연구로 쉐스재단의 '최우수논문상'(2018)과 '루이스스턴 상'(2019)을 각각 받았다.

엔터테인먼트 사이언스(Entertainment Science)의 최신 버전과
저자와 다른 독자들을 만나려면 웹사이트 http://entertainment-science.com와
페이스북 https://www.facebook.com/EntertainmentScience을 방문하십시오.

옮긴이

이청기

현재 KBS공영미디어연구소 연구위원(Ph. D.)으로서 주로 미디어·엔터테인먼트 산업·전략을 연구하고 있다. KBS 입사 이후 KBS 콘텐츠전략팀장, KBS 미디어텍과 KBS 아트비전의 이사, e-KBS 대표 등을 역임했다. 미국 보스턴 Hult 인터내셔널 비즈니스 스쿨에서 MBA를, 서울 광운대에서 박사 학위를 각각 취득했다. 숙명여대 미디어학부 겸임교수를 맡아 '엔터테인먼트 비즈니스', '미디어경영 및 마케팅' 등을 강의했다.

김정섭

성신여대 문화산업예술대학원 문화산업예술학과 교수(Ph. D.)로서 엔터테인먼트 예술 콘텐츠 및 엔터테인먼트 산업 전반을 연구하고 있다. 저서『케이컬처 시대의 배우 경영학』,『케이컬처 시대의 뮤직 비즈니스』,『한국대중문화예술사』,『명품배우 만들기 스페셜 컨설팅』, 역서『할리우드 에이전트』등을 펴냈다. 학술논문은「배우 손예진의 코어 페르소나와 주연 작품에 대한 수용자 반응과의 정합성 분석」등이 있다.

조영인

한국문화예술연구소 소장(Ph. D.)으로 문화 콘텐츠 전반을 연구 중이다. 미스 춘향 숙(2003), 미스코리아 서울 미(2004) 출신으로 한국무용가와 배우로 활동했다. SBS 〈바람의 화원〉, KBS 〈대조영〉과 〈달이 뜨는 강〉, TV조선 〈바람과 구름과 비〉 등을 안무 감독했다. 영인베스트먼트 대표, 허드슨헨지 투자본부 이사, 동국대와 추계예술대 강사 등을 맡고 있다. 학술논문은「문화상호주의로 분석한 BTS 안무 연구」등이 있다.

조희영

중앙대 첨단영상대학원 영상학과 교수(Ph. D.)로서 주로 영상 산업·정책, 트랜스 미디어 스토리텔링 기반의 콘텐츠 기획 전략 등을 연구하고 있다. 한국영화아카데미의 프로듀싱 과정 졸업 후 CJ CGV, CJ E&M, 타임와이즈인베스트먼트 등에서 영화 및 문화 콘텐츠 투자·유통에 관한 실무 경험을 축적했다. 학술논문은「한국영화 제작자·감독·배우 네트워크 분석: 2013-2019 개봉작을 중심으로」등이 있다.

박정은

경희사이버대 실용음악학과 겸임교수(Ph. D.)로서 실용음악, 음악교육을 주로 연구하고 있다. 크로스오버 바이올리니스트로서 첫 솔로 앨범 〈LIBER TANGO〉 발매 후 포털의 '바이올리니스트' 부문 1위에 올랐으며, 야마하뮤직코리아 데몬스트레이터로도 활동했다. 저서 『월드 뮤직』을 출간했다. 학술논문은 「초·중등학교 대중음악 교육과정 기준 개발 연구」, 「국내 음악산업의 디지털 음악제작과 유통구조 분석」 등이 있다.

이규탁

한국조지메이슨대 교양학부 교수(Ph. D.)로 재직 중이며, 케이 팝(K-pop)과 대중음악 분야를 집중적으로 연구하고 있다. 저서에 『케이 팝의 시대』, 『대중음악의 세계화와 디지털화』, 『갈등하는 케이, 팝: 한국적인 동시에 세계적인 음악』이 있으며, 학술지, 신문, 잡지 등에 대중음악과 케이 팝에 관한 다수의 글을 쓰고 방송에도 출연하고 있다. 역서는 『교양의 효용』, 『모타운: 젊은 미국의 사운드』(공역)가 있다.

이은혜

동국대 영상대학원 공연예술학과 교수(Ph. D.)로서 뮤지컬, 예술 콘텐츠, 엔터테인먼트 산업을 주로 연구하고 있다. 미국 브로드웨이 뮤지컬 배우 출신으로 미국에서 〈미스 사이공〉, 〈왕과 나〉, 한국에서 〈캐츠〉, 〈원효〉 등을 각각 주연했다. 저서에 『알기 쉬운 뮤지컬 가창 실기』가 있으며, 학술논문은 「손드하임의 뮤지컬 융합 양식을 향한 실험과 전략」, 「아시아의 중심, K-Musical의 역할과 가능성」 등이 있다.

한울아카데미 2312

엔터테인먼트 사이언스 III — 엔터테인먼트 통합 마케팅

지은이 | 토르스텐 헤니그-투라우·마크 B. 휴스턴
옮긴이 | 이청기·김정섭·조영인·조희영·박정은·이규탁·이은혜
펴낸이 | 김종수
펴낸곳 | 한울엠플러스(주)
편집 | 배소영

초판 1쇄 인쇄 | 2021년 8월 5일
초판 1쇄 발행 | 2021년 8월 20일

주소 | 10881 경기도 파주시 광인사길 153 한울시소빌딩 3층
전화 | 031-955-0655
팩스 | 031-955-0656
홈페이지 | www.hanulmplus.kr
등록 | 제406-2015-000143호

Printed in Korea.
ISBN 978-89-460-7312-8 93320 (양장)
978-89-460-8090-4 93320 (무선)

* 책값은 겉표지에 표시되어 있습니다.
* 무선제본 책을 교재로 사용하시려면 본사로 연락해 주시기 바랍니다.
* 이 책의 일부 글자는 아모레퍼시픽의 아리따 돋움·부리체를 사용해 디자인되었습니다.

엔터테인먼트 사이언스 I — 엔터테인먼트 경영·경제학

• 토르스텐 헤니그-투라우·마크 B. 휴스턴 지음
• 이청기·김정섭·조영인·조희영·박정은·이규탁·이은혜 옮김
• 448면 | 2021년 6월 발행

이제는 단연 '엔터테인먼트'의 시간!

3권 시리즈로 담은 빅 히트 솔루션

[엔터테인먼트 사이언스 I · II · III]

**영상, 음악, 공연, 출판, 게임 등 엔터테인먼트 상품을
문화산업학과 엔터테인먼트 경영·경제학 시각에서 통찰해
'프로젝트 성공'의 경험적·이론적·통계적 솔루션 제공**

가장 현대적인 관점에서 엔터테인먼트 상품, 사업, 산업
특성을 경험적·이론적·통계적으로 통합 분석함으로써
리스크는 줄이고 수익을 드높이는 혜안을 제시한다.

기획-투자-제작-유통-이용 등 가치 사슬의 전 과정에서
적용될 이론, 법칙, 전략을 명쾌하게 제시함으로써
학술적·실용적 가치를 겸비한 통찰을 가능하게 한다.

엔터테인먼트 분야의 현장 전문가와 아티스트 출신 학자 등
실무 경험이 풍부한 전문가들이 번역에 나서 실무와 이론,
현장과 학계의 괴리를 최대한 좁혔다.

'엔터테인먼트'의 시간, 이 책이 유용한 이유이다.

I권은 과거 수십 년간 현장과 연구를 통해 축적된 경험, 직관, 데이터를 기반으로 문화산업학과 엔터테인먼트 경영·경제학의 시각에서 영상, 음악, 공연, 출판, 게임 등 엔터테인먼트 상품의 본질과 특성을 깊이 있게 통찰한다. 이어 이를 체계적으로 관리하고 마케팅하여 성공으로 이끄는 데 필수적인 시장과 소비자, 사업 모델들을 탐구한다. 산업의 '리스크'에 방점을 두는 전통 산업론자들의 시각을 뛰어넘어 적극적이고 공세적인 입장에서 엔터테인먼트 사이언스를 탐색함으로써 리스크를 피하고 이용자들에게 매력적인 최적의 콘텐츠와 서비스를 선보일 혜안을 제공하고자 한다.